학교에서
긍정적 행동지원
시스템 구축하기

기능적 행동평가

Deanne A. Crone · Leanne S. Hawken
Robert H. Horner 공저
최진혁 · 황순영 공역

Building Positive Behavior Support Systems in Schools

Functional Behavioral Assessment

학지사

역자 서문

　최근 특수교육 현장에서는 학생의 문제행동에 대한 관심이 지속되고 있다. 문제행동에 대한 관심은 일반학교, 일반교사, 장애/비장애 학생의 부모로까지 확대되어 긍정적 행동지원에 대한 관심으로까지 이어졌다. 이러한 현상은 '문제행동을 어떻게 다룰 것인가'에 대한 질문의 해답을 찾기 위한 것이다. 학교 현장에서는 문제행동 중재 시에 '아브라카다브라'와 같은 마법을 기대하기도 하고, 답답한 마음에 입증되지 않은 유사과학(pseudoscience)에 의존하기도 한다. 이에 『학교에서 긍정적 행동지원 시스템 구축하기: 기능적 행동평가(Building Positive Behavior Support Systems in Schools: Functional Behavioral Assessment)』는 마법과 같은 방법이 아니라 조금은 더 체계적인 방법으로 현장의 관심을 충족시켜 줄 것이다.

　이 책은 문제행동을 보이는 학생이 있는 학교(급)에서 긍정적 행동지원(Positive Behavior Support)을 체계적이고 실제적으로 실행하는 방법으로 구성되어, 여러 문제행동 중재 접근법 중에서도 기능적 접근법을 제공하는 것을 목표로 한다.

　이 책의 저자들은 '학생의 문제행동은 학습된 작동행동(operant)이다.'라는 관점을 바탕으로, 그 행동을 발생시키는 배경사건, 선행사건을 파악하고, 유지시키는 강화요소를 분석하는 절차를 제시한다. 특히 일선학교(급) 현장에서의 '기능적 행동평가' 실시, '행동지원계획 수립 및 평가'와 같은 실제적인 절차를 담고 있다. 뿐만 아니라 긍정적 행동지원 수행 과정에 필요한 학교 역량 개발과 교직원 조직·운영에 대한 정보를 담고 있다는 점이 긍정적 행동지원과 관련된 다른 문헌과의 차이점이라고 할 수 있다.

　역자들은 다년간 학부와 대학원에서 긍정적 행동지원, 정서·행동장애, 자폐성장애, 국제행동분석가(BCBA) 과정과 관련된 강의를 맡아 왔다. 서울특별시, 부산광역시, 울산광역시, 경상남도 교육청에 소속된 여러 특수학교와 특수학급의 긍정적 행동지원 적용을 위해 컨설팅, 연수 등을 지속적으로 제공하고 있다. 또한 미국 뉴욕주와 버지니아주에 소속된 응용행동분석을 적용하는 Fred S. Keller School, Rockland Middle School, Hilltop Elementary School, Valley Cottage Elementary School, The Faison School for Autism에서 기능적 행동평가 실시, 행동지원계획 수립·시행과 같은 실무를 담당했던 행동분석 전문가라고 할 수 있다. 이 책에서 이야기하고 있는 내용에 대한 실무적 이해를 바탕으로 번역이 이루어졌음을 밝힌다.

역자들이 지켜본 학교 현장의 행동중재는 항상 성공적이지는 않다. 현장 교사들은 수업과 업무로 언제나 바쁘게 움직이고, 학생들도 교사의 마음처럼 쉽게 따라 주지만은 않는다. 때론 실패가 존재하는 행동중재 과정 속에서 역자들은 학생과 교사를 위해 가장 효율적인 방법이 무엇인지 항상 고민하였다. 스키너(B. F. Skinner)의 글을 인용하며 그 답을 조금씩 찾아 가고자 한다.

A failure is not always a mistake,
it may simply be the best one can do under the circumstances.
The real mistake is to stop trying.

실패가 언제나 실수인 것만은 아니다.
실패는 그 상황에서 할 수 있는 가장 최선이었을 것이다.
진짜 실수는 도전을 멈추는 것이다.

– B. F. Skinner –

학생을 위해 현장에서 도전을 멈추지 않는 교사, 부모, 치료사에게 이 책이 조금이나마 도움이 되기를 기대한다.

2020년의 문을 열며
역자 일동

저자 서문

◈ 이 책의 목적

이 책은 학교에서 개별 행동지원을 성공적이고 효율적으로 적용하기 위한 청사진으로 설계되었다. 이 책의 목적은 문제행동에 대한 해결 방법을 파악하고 적용하는 데 필요한 기술을 향상시키는 것이다. Part I은 학교 시스템 내에서 기능적 행동평가(FBA)를 적용하는 데 필요한 몇 가지 역사와 현황을 제공한다. Part II는 세 명의 예시 학생에 대한 행동지원계획(BSP)을 설계하고 평가하기 위한 FBA 과정을 보여 준다. Part III는 학교 및 교육청에서 FBA 기반 행동지원계획(FBA-BSP) 시스템을 적용하는 데 필요한 역량을 개발하기 위한 체계를 제시한다. Part IV는 FBA-BSP 절차의 효율성과 접근성을 향상시키기 위해 사용할 수 있는 기술 및 FBA-BSP를 적용하는 집단과 제한점에 대해 설명한다.

◈ 주요 독자

학교심리학자, 상담교사, 특수교사, 일반교사와 같이 행동지원팀에 참여하거나 이끌 수 있는 교육자들을 위해 이 책을 구성하였다. 다양한 행동지원 시스템과 자원을 만들 수 있는 학교관리자와 학교관리팀에게 도움이 될 것이다.

우리는 학교가 오직 한 개인에게 의존하는 것 대신에 행동지원팀을 지정하고 훈련시킬 때 가장 성공적으로 문제행동을 감소시킬 수 있다는 것을 알아냈다.

특히 초기에 이 팀의 성공은 FBA와 BSP에 능숙한 구성원들과 이 구성원들을 효율적이고 효과적으로 구성하는 역량에 달려 있다. 이 책은 행동지원팀의 구성원과 팀장이 지침서로 사용할 수 있도록 구성되었다.

◈ 이 책을 통해 기대할 수 있는 결과

이 책은 다음의 다섯 가지 주요 결과를 가져올 수 있도록 구성되었다.

- FBA를 위한 전문적 기준
- FBA 수행을 위한 효율적이고 효과적인 모형
- 행동지원을 설계할 때 FBA결과를 사용하는 구체적인 방법
- BSP의 적용, 모니터링, 수정을 위한 구체적인 절차
- 학교 내에서 기능 기반 행동지원 적용 역량을 구축하기 위한 구체적인 절차

◈ 이러한 결과를 성취하기 위해 필요한 요소

학교 내에서의 개별 행동지원의 성공은 지속 가능성을 보장할 수 있는 자원에 달려 있다. 지속 가능성은 ① 충분한 재정 및 인적 자원, ② 장기적인 안목, ③ 학교 내에서의 충분한 역량, ④ 행정적 지원을 통해 향상된다. Rob Horner, George Sugai 등(Horner, Sugai, & Todd, 1996; McIntosh, Filter, Bennett, Ryan, & Sugai, 2010)은 기능 기반 행동지원 시스템이 지속 가능할 수 있도록 학교가 갖추어야 하는 핵심적인 특성을 다음과 같이 제시하였다.

- 학교는 3대 연간 개발 목표 중 하나로 행동지원을 선정해야 한다.
- 학교의 구조 변화를 이끌 수 있는 팀을 구성해야 한다. 이 팀에는 학교관리자, 최소 한 명의 행동분석 전문가, 교사·교직원이 포함되어야 한다.
- 팀 전체가 FBA-BSP에 대한 훈련을 받아야 하며, 한두 명만을 훈련시켜 이들이 다른 구성원을 훈련시키는 것을 피해야 한다. 각 학교에서 5~10명의 팀구성원을 함께 훈련시키는 것이 중요하다.
- 팀이 새로운 절차를 계획, 설계, 적용할 수 있도록 적절한 시간과 자원을 제공해야 한다.
- 교사와 교직원에게 행동지원팀의 목적과 팀이 제공하는 서비스를 받을 수 있

는 방법을 알려 주어야 한다.

• 교사에게 FBA-BSP 적용 결과에 대한 정기적이고 정확한 정보를 제공할 수 있는 평가 시스템이 마련되어야 한다.

• 새로운 절차는 최소한의 시간으로 핵심 관련자들에게 가치 있는 결과를 만들어 주어야 한다.

◈ 이 책이 필요한 이유

공립학교들은 심각한 어려움에 직면하고 있다. 발생하는 문제행동과 그 심각성은 효과적인 교육을 위협한다. 평균 5%의 학생이 학교의 훈육 지도 의뢰건의 절반 정도를 차지한다(Sherrod, Getch, & Ziomek-Daigle, 2009; Sugai, Sprague, Horner, & Walker, 2000). 폭력적이고, 파괴적이고, 위험한 행동을 보이는 학생들은 학교의 근본적인 교육 기능을 감소시킨다.

이러한 상황의 밝은 부분은 과거 어느 때보다 문제의 패턴을 예방하고 변화시킬 준비가 되어 있다는 것이다(Carr et al., 1999; Gresham, Sugai, Horner, Quinn, & McInerney, 1998; Scott & Caron, 2005; Scott & Eber, 2003; Sugai, Horner, et al., 2000). 기능적 행동평가(FBA)라고 불리는 실용적이고 효과적인 행동 대응 기술은 학교에 보다 쉽게 적용될 수 있다. FBA 기술은 문제행동을 뒷받침하는 변인들을 파악하고 문제행동을 감소시키고 생산적인 기술을 개발하기 위한 환경을 구축하는 데 사용될 수 있다(예: Ervin, DuPaul, Kern, & Friman, 1998; Lewis & Sugai, 1996; Sugai & Horner, 2000). Carr 등(1999)은 긍정적 행동지원을 사용한 중재 연구의 3분의 2에서 문제행동이 80% 이상 감소되는 것을 보여 주었다(Gage, Lewis, & Stichter, 2012). 특히 중요한 것은 중재가 기능평가를 바탕으로 구성되고, 일반 교직원에 의해 일반적인 환경에서 적용되며, 포괄적인 방법으로 적용되었을 때, 중재의 효과가 있을 가능성이 더 높았다는 것이다.

FBA는 학교가 기대할 수 있는 강력하고 효율적인 기술이다. 2004년에 개정된 IDEIA는 학교에서의 행동지원을 위해 FBA 정보를 수집하고 적용할 것을 권장하고 있다(IDEIA, 2004; von Ravensberg & Tobin, 2006).

안타깝게도 FBA의 긍정적인 가치와 결과는 높게 평가되는 반면, 학교에 이 기술의 유용을 기대하기에는 제한요소들이 존재한다. 예전의 FBA는 숙련된 전문가와 상당한 시간이 요구되는 절차였다. (사용할 수 있는 사람과 필요한 시간 측면에서) FBA가 학교에서 사용할 수 있는 기본적인 도구가 되기 위해서는 절차의 효율성이 개선되어야 한다. 이 사항들이 이 책의 주안점이다.

이 책에서는 학교심리학자, 교사, 학교관리자, 가족, 행동전문가들과의 협력을 통해 개발할 절차를 설명한다. 절차는 일반적인 학교의 요구사항, 기술, 시간 제약에 맞추도록 설계되었다. 또한 학교 및 교육청의 의견을 바탕으로 FBA와 개별 행동지원이 학생에게 실제적으로 적용될 수 있도록 구성하였다.

◈ 기능적 행동평가

FBA는 문제행동을 예측하고 유지하는 상황에 대한 정보를 수집하는 방법이다. 이러한 정보를 얻기 위해서 학생, 교사, 부모를 대상으로 학생의 행동과 일상 루틴에 대한 인터뷰를 실시한다. 또한 문제행동이 가장 많이 발생하는 상황에서 학생을 관찰할 수 있다. 이러한 경우, 체계적인 환경 조작이 필요할 수 있다. FBA를 통해 ① 문제행동에 대한 관찰 가능하고 측정 가능한 기술을 얻고, ② 문제행동이 발생하거나 발생하지 않는 때를 예측할 수 있는 배경사건 및 선행사건을 파악하며, ③ 문제행동을 유지시키는 후속결과를 파악할 수 있다(O'Neill et al., 1997). 이 정보는 문제행동에 영향을 미치는 주요 환경 특성을 설명하는 가설을 수립하는 데 사용된다.

FBA는 심각한 문제행동에 대한 형태적 접근법(topological approaches)에 비해 여러 가지 장점을 가지고 있다. 첫째, FBA를 통해 BSP 개발에 필요한 개별적 차이와 환경적 변인을 고려할 수 있다(O'Neill et al., 1997). 둘째, 중재 전략이 직접적이고 논리적으로 문제행동과 연관될 수 있다. 바람직한 행동과 수용 가능한 대체행동을 향상시키고 문제행동을 감소시키기 위한 전략을 제시함으로써 문제행동 평가결과를 중재 전략 선택과 연결시킬 수 있다(O'Neill et al., 1997). 마지막으로, 가장 중요한 것은 여러 연구에 따르면 FBA가 중재 효과를 향상시킨다는 점이다

(DuPaul & Ervin, 1996; Gage et al., 2012; Ingram, Lewis-Palmer, & Sugai, 2005).

문제행동을 지닌 학생은 요구, 복잡성, 위험성 간의 연속성을 보이기 때문에 실제 FBA 과정은 모든 학생에게 동일하지 않다. 경미하고 단순한 문제행동을 보이는 학생에 비해, 문제행동의 만성성과 심각성으로 인한 정학과 전학의 위험성을 가진 학생은 더 포괄적인 평가를 필요로 한다. 반면에 이 책에서 제시된 모형은 이러한 차이에 따라 세 가지 FBA 접근법(약식 FBA, 완전한 FBA, 기능 분석)을 제시한다. 각 접근법은 해당 학생에게 필요한 요구 수준과 필요한 지원 수준의 일관성에 바탕을 둔다. 이 일관성을 통해 문제행동의 예측변인과 후속결과를 파악하고 문제를 해결하는 데 주안점을 둔다. 각각의 접근법은 문제행동에 대한 관찰 가능하고 측정 가능한 정의를 필요로 한다. FBA의 다층적 접근법은 학교가 가진 제한적인 시간과 자원에 대한 인식에 따른 것이다. 여러 번의 직접적인 행동관찰은 문제행동을 보이는 모든 학생에게 실용적이지도 않고 필요하지도 않다. 경미한 문제행동을 보이는 학생을 위해서는 학생의 문제행동에 대해 잘 알고 있는 교사를 대상으로 인터뷰(약식 FBA)를 실시하는 것만으로도 검증 가능한 초기 가설을 수립하고 초기 BSP를 설계하는 데 충분할 것이다.

더 심각하고 복잡한 문제행동을 지닌 학생을 위해서는 문제 상황에서 시행되는 직접 관찰과 같은 보다 광범위한 평가를 필요로 한다. 직접 관찰은 완전한 FBA와 기능 분석에 필수적인 부분이다.

◈ 기능적 행동평가가 필요한 경우

장애 학생에게 퇴학, 전학, 10일 이상의 정학 가능성이 있는 경우, 학교는 FBA를 실시해야 한다(von Ravensberg & Tobin, 2006). 비록 한정된 상황을 위해 FBA가 필요한 경우라도, 학교에서 발생하는 문제행동을 해결하는 전문적인 접근법으로 FBA를 사용할 수 있다. 이 기능 기반 접근법을 활용하면 전문적인 기준을 만족하는 것과 동시에 문제행동을 감소시키고 적절한 행동을 향상시키는 학교 역량을 개발할 수 있다.

◈ 책의 구성

제2판에서는 새로운 장과 현재의 교육 환경 및 연구를 반영하는 최신 자료를 추가하였으며, 학교 차원의 긍정적 행동지원(SWPBS)의 다층 체계에 적합할 수 있는 내용을 확장하여 추가하였다. 도움 저자가 1장, 8장, 9장, 11장의 자료를 추가하였고, Deanne A. Crone은 제10장을 집필하였다. Leanne S. Hawken과 Deanne A. Crone은 제2장을 광범위하게 수정하였다.

제1장에서는 학교에서 FBA-BSP를 맥락적으로 적합하고 효과적으로 적용하는 것에 대하여 고찰하고, 학교 시스템 내 FBA 적용 과정에서 발생할 수 있는 문제점에 대한 실제적인 논의를 제공한다. 제3장에서는 세 명의 예시 학생에 대하여 FBA를 실시하는 자세한 과정을 설명하고, 관찰 및 평가를 위한 도구를 소개한다. 제4장에서는 세 명의 예시 학생을 위한 효과적이고 효율적인 BSP를 개발하는 과정을 보여 준다. 제5장에서는 BSP를 평가하고 수정하기 위한 데이터 기반 의사결정 과정을 설명한다. 제6장에서는 행동지원팀 개별 구성원의 역할과 책임을 개괄적으로 설명하고, 팀을 조직적이고 효율적으로 구성할 수 있는 핵심 요소를 다룬다. 제7장과 제8장에서는 (FBA 실행, BSP 설계, 적용, 평가, 수정을 위한 전문성을 갖춘 인력을 배치하기 위한) 학교 내 역량과 교육청 내 역량을 구축하는 방법을 개괄적으로 다룬다. 제9장에서는 학습 기술 및 학습 활동과 관련된 문제가 발생할 때 사용할 수 있는 FBA-BSP 절차 적용 방법을 설명한다. 제10장에서는 유아교육 상황에서 FBA-BSP가 어떻게 적용될 수 있는지를 검토한다. 마지막으로 제11장에서는 데이터 수집과 적용에 가장 적절할 수 있는 방법에 대해 설명한다. 모든 관련 양식과 도구를 부록으로 수록하였다.

차례

제 I 부
학교에서 기능적 행동평가(FBA) 사용하기: 배경과 체계

 제1장
학교에서의 기능적 행동평가(FBA): 역사적 배경과 현 동향 ■ 21

제2장

학교에서의 기능적 행동평가: 행동지원의 모든 단계에서 기능적으로 평가하기 ■ 37

제 Ⅱ 부

학교 시스템 속에서 기능적 행동평가 실시하기: 예시 사례

제3장

기능적 행동평가 실행하기 ■ 67

제4장
행동지원계획 수립하기 ▪97

제5장
행동지원계획의 평가 및 수정 ▪117

제 Ⅲ 부
학교 시스템 속에서 기능적 행동평가 사용하기:
학교 기반 역량 및 교육청 기반 역량 개발

 제6장
행동지원팀에 누가 참여할 것인가: 어떻게 하면 팀으로 함께 일할 수 있도록 행동지원팀을 관리할 수 있을까 ■ 137

제7장
기능적 행동진단을 위해 행동지원팀에 대한 학교 내부 역량을 어떻게 만들 수 있을까 ■ 161

제**8**장
FBA-BSP 지원을 전달할 수 있도록 학군의 역량 향상시키기 ▪ 177

제 IV 부
특정 문제 또는 특정 집단에 적용된 기능적 행동평가

 제**9**장
학업적 문제에 대한 기능적 행동평가 ▪ 201

제10장
취학 전 아동의 기능적 행동평가 ▪ 237

제11장
기능적 행동평가와 중재에서 기술 동향 ▪ 275

부록

학교에서 기능적 행동평가(FBA) 사용하기

배경과 체계

제1장 학교에서의 기능적 행동평가(FBA): 역사적 배경과 현 동향

Robert E. O'neill & Kaitlin Bundock

들어가며

미국통계센터(National Center for Education Statistics)의 최근 조사에 따르면, 교육청과 학교의 징계 및 안전 문제가 지속되거나 증가하고 있다(Neiman & Hill, 2011; Robers, Kemp, Truman, & Snyder, 2013). 학교가 보고한 방해행동, 괴롭힘, 신체적 폭력, 폭력조직 활동의 비율이 50%를 상회하는 것으로 나타났다. 광범위한 연구에서는 정학, 퇴학과 같은 전형적인 접근은 문제행동을 감소시키는 데 효과적이지 않다는 것을 보여 주고 있다(Skiba & Raush, 2006; Skiba, Ritter, Simmons, Peterson, & Miller, 2006). 교사, 학교 운영자, 여러 교직원은 경험을 통해 학교 차원의 긍정적 행동지원(schoolwide positive behavior support: SWPBS)을 효과적으로 적용하고 평가하는 것이 지속적으로 중요하다고 인식하고 있다. 이에 최근 수십 년간 다양한 단계에 따라 행동지원을 제공하는 개념[다층지원체계, multi-tiered systems of support(MTSS)]이 형성되었다. 1단계에서는 학교 모든 학생에게 보편적인 지원을 제공하고, 2단계에서는 추가 지원을 필요로 하는 학생에게 더 목표화된 전략을 제공하며, 3단계에서는 더 심각하고 만성적인 문제행동을 보이는 학생에게 집중적인 지원을 제공한다(Crone, Hawken, & Horner, 2010; Sailor, Dunlap, Sugai, & Horner, 2011). 주로 3단계에서는 기능적 행동평가(functional behavioral assessment: FBA) 전략이 핵심적인 역할을 담당한다.

FBA에 대한 역사적 관점

FBA 전략에 대한 최근 강조사항과 FBA 전략의 적용은 많은 점에서 응용행동분석(applied behavior analysis) 분야에 뿌리를 두고 있다. 행동적 수행과 환경적 변인 및 영향 간의 기능적 관계를 분석하는 것이 중요하다. B. F. Skinner로부터 이러한 논의가 시작된 것으로 유명하다(예: Skinner, 1953, 1966). 문제행동을 중재하기 위한 행동전략을 적용하고 평가하는 연구들이 1960년대에 나타나기 시작하였다(예: Lovaas, Freitag, Gold, & Kassorla, 1965; Risley, 1968; Wolf, Risley, & Mees, 1964). 초기의 연구들은 일반적으로 문제행동을 유지시키는 유관(contingencies)을 개념화하였으며, 중재 전략을 개발하고 적용하는 기초가 되었다. 이 개념적 체계는 Brian Iwata 등과 같은 영향력 있는 연구의 기초가 되었다(Iwata, Dorsey, Slifer, Bauman, & Richman, 1982/1994). 이들은 문제행동에 대한 정밀한 실험 분석 방법론을 최초 주요 논문(seminal article)과 이후의 주요 논문에서 설명하고 있다. 이 분석방법을 통해 관련 중재 전략을 파악하고 적용할 수 있다.

이후 FBA 실시에 대한 연구 및 절차를 설명하는 서적과 매뉴얼이 폭발적으로 증가하였다(예: Dunlap & Kincaid, 2001). 이에 따라 미국뿐만 아니라, 국제적으로 FBA를 실시하는 것은 교육과 인적서비스의 다양한 분야에서 필수가 되었다(O'Neill & Stephenson, 2010). 최근 재승인된 미국 특수교육 증진법(Individuals with Disabilities Education Improvement Act: IDEIA, 2004)에서는 FBA를 의미하는 조항이 구체적으로 포함되어 있다. 또한 미국 특수교육협회(Council for Exceptional Children: CEC), 긍정적 행동지원 학회(Association for Positive Behavioral Support: APBS), 행동분석가 자격증 위원회(Behavior Analyst Certification Board: BACB)와 같은 전문가 조직은 FBA 절차 및 요소를 사용하도록 규정하고 있다.

FBA 과정의 기본 요소

FBA는 다층지원체계(MTSS)의 모든 3단계에서 다양하게 사용할 수 있는 핵심적 관점과 전략들을 제공한다. 그러나 앞에서 언급한 바와 같이, FBA는 더 심각하고 만성적인 문제행동을 보이는 학생을 위한 3단계의 행동지원의 주요 요소로 다루어졌다(Crone & Horner, 2003). FBA는 학생이 보이는 행동의 범위, 행동 관련 배경사건 및 선행사건, 행동을 강화하고 유지시키는 후속결과를 문서화하기 위한 주요 평가 절차이다(O'Neill, Albin, Storey, Horner, & Sprague, 2015). 그리고 이러한 정보를 분석하고 체계화하여 종합적인 행동지원계획(behavior support plan: BSP)을 수립한다(Bambara & Kern, 2005; Umbreit, Ferro, Liaupsin, & Lane, 2007). 다양한 환경의 광범위한 인구집단에 대한 기능 기반 중재(function-based intervention)의 효과성은 방대한 문헌에 걸쳐 소개되고 있다(Gage et al., 2012; Goh & Bambara, 2012; Miller & Lee, 2013).

　　FBA 과정은 세 가지 기본적인 전략 중 한 가지 이상의 방법을 통해 평가정보를 수집하는 것을 의미한다. 이 과정에는 인터뷰, 설문지, 평가 척도를 통해 관련자(교사, 부모 등)에게 얻은 '간접' 정보, 관련 상황(예: 교실)에 대한 체계적인 직접 관찰, 체계적인 실험 기능 분석이 포함된다. 체계적인 실험 분석 과정에서는 다양한 환경 요소를 조작하고 이것들이 학생 행동에 영향을 미치는 것에 대해 데이터를 수집한다(Cipani & Shock, 2007; O'Neill et al., 2015; Umbreit et al., 2007). 앞으로 여러 정보와 예시를 통해 전략들을 다룰 것이다.

학교 상황의 FBA 절차

　　1980년대 초 FBA 접근법이 시작된 이후, 학교에서 FBA를 적용하는 것에 초점을 두고 연구가 주로 이루어져 왔다. 이 분야에서 광범위한 학생 집단, 다양한 상황에서 연구가 수행되었으며, 장애학생, 비장애학생, 일반교육 상황, 특수교육 상황에서 연구가 이루어졌다(Ervin et al., 2004; Solnick & Ardoin, 2010). 예를 들어, 지난 30년 동안의 논문을 고찰한 연구에 따르면, FBA 논문의 36%는 학교 상황과 관련된 연구였다(Beavers, Iwata, & Lerman, 2013). Anderson, Rodriguez와 Campbell(2014)은 1985년부터 최소 160편의 논문에서 학교 상황 속의 FBA를 다루고 있다고 보고하였다. 이 논문들은 개념, 절차, 데이터 기반 연구였다.

　　FBA를 학교에 적용하는 것에 관한 연구는 복잡한 사례를 담고 있다. 몇몇 연구에서 나타난 FBA의 효과적인 실시와 행동지원계획(BSP) 적용을 위한 교직원 훈련의 가능성은 긍정적이라고 할 수 있다(예: Crone, Hawken, & Bergstrom, 2007). 그러나 여전히 교직원들이 FBA 적용과 기능 기반 지원(function-based support)에 어려움을 겪는다고 설명하고 있다. 이러한 어려움은 시간 부족, 전문성 요구, 관리자 지원의 부족에서 비롯된다(예: Hanley, Iwata, & McCord, 2003).

학교 상황에서 효과적으로 FBA와 기능 기반 지원(Function-Based Support) 적용하기

Crone 등(2007)은 학교 상황에서 FBA 적용의 성공 사례를 제시하였다. 연구자들은 3년 동안 10개의 학교 팀을 훈련시켰다.

FBA와 개별화된 기능 기반 지원을 적용하고 평가하기 위한 개념과 절차가 훈련 내용으로 구성되었다. 연구자들은 훈련 워크숍과 현장 컨설팅을 제공하였다. 이 프로젝트가 진행되는 동안 연구 참여자들은 77명의 학생에게 FBA를 실시하고 기능 기반 지원을 적용하였다. 연구결과에 따르면 연구 참여자의 FBA 지식 평가(FBA Knowledge Test) 점수가 향상되었다. 또한 개별화된 체계 평가 도구(Individual Systems Evaluation Tool: ISET)를 통해 평가한 결과, 훈련 과정에서 연구 참여자가 배운 요소를 더 많이 적용하게 된 것으로 나타났다. 연구 참여자는 FBA 훈련 수용 설문(FBA Training Acceptability Questionnaire)에서 긍정적인 평가를 내렸다. 모든 학생을 대상으로 결과 데이터를 수집하지는 않았다. 하지만 일부 학생들을 대상으로 단일대상연구를 실시하였으며, 긍정적 행동은 향상되고 문제행동은 감소되는 결과를 보여 주었다.

Ellingson, Miltenberger, Stricker, Galensky와 Garlinghouse(2000)는 문제행동을 보이는 학생 세 명을 담당한 교사 세 명과 협력 연구를 수행하였다. 연구자는 교사 인터뷰와 교사 대상 설문을 실시하였으며, 교사는 학생 행동의 기능에 대한 가설을 수립하기 위해 직접 관찰 데이터를 수집하였다. 연구자와 교사는 협력하여 기능 기반 BSP를 개발하고, 교사는 기능 기반 BSP를 적용하였다. 연구결과에 따르면 학생 세 명 모두의 문제행동이 긍정적으로 변화된 것으로 나타났다.

Christensen, Renshaw, Caldarella와 Young(2012)은 행동장애 위험군의 학생을

가르치는 일반 교사와 협력하여 수행한 연구를 보고하였다. 연구자들은 FBA를 수행하고 기능 기반 지원을 적용하는 교사들을 위한 훈련과 지원활동을 지속적으로 제공한 후, 연구에 참여한 교사로부터 수집한 데이터를 제시하였다. FBA 지식 평가(FBA Knowledge Test)에서 교사가 절차를 이해하는 정도가 향상되는 결과를 보여 주었다. 사회적 타당도·수용성 평가 결과에서도 평가 절차와 중재 절차에 대하여 교사와 학생 모두 긍정적으로 평가하는 것으로 나타났다. 또한 학생 수행에 대한 관찰 데이터는 긍정적 행동과 문제행동의 긍정적인 변화를 보여 주었다.

이러한 연구들에 따르면 FBA 절차와 기능 기반 지원의 학교 상황 적용 가능성을 확인할 수 있다. 이 연구들에서 소개된 성공적인 적용 사례는 '외부' 전문가(예: 대학 기반 연구자, 대학원생)의 지속적이고 실질적인 개입과 지도를 바탕으로 이뤄졌다.

FBA 절차의 수용성

앞에서 설명한 연구와 더불어 최근 연구에서 행동장애 아동을 지도하는 교사와 전문가를 대상으로 전국에 걸쳐 표본 설문조사를 실시하였으며, 주(state)의 학교심리학자를 대상으로 표본 설문조사를 실시하였다(O'Neill et al., 2014). 이 연구는 다양한 FBA의 수용성(acceptability)과 유용성(usefulness)에 대한 교사와 학교심리학자의 인식에 초점을 두었다. 연구 참여자에게 문제행동을 보이는 학생에 대한 간략한 설명문(vignette description)을 제시하였다. 그리고 연구 참여자에게 다양한 FBA 절차(예: 평가 척도·설문지, 인터뷰, 체계적 직접 관찰, 기능 분석)의 사용 의지, 적절성, 적용 경험 여부, 유용성, 훈련과 자원의 효과성에 대한 인식에 따라 점수를 주도록 하였다. 또한 FBA 절차에 대해 자유롭게 응답하게 하였다.

모든 집단의 약 100% 응답자가 서비스 전·후에 제공되는 훈련, 컨설팅, 콘퍼런스, 서적, 온라인 자료와 같은 훈련 경험을 가지고 있는 것으로 응답하였다. 모든 집단은 FBA 절차에 대한 높은 수준의 수용성을 보여 주었다. 교사와 학교심리학자 간에는 통계적으로 유의미한 차이가 있었다. 학교심리학자에 비해 교사들의 체계적 직접 관찰과 기능 분석 조작(functional analysis manipulation)에 대한 사용 의지, 적절성, 유용성에 대한 인식이 더 높게 나타났다. 이러한 차이는 통계적으로 유의미하게 나타났지만, 그 효과 크기는 상대적으로 작았다. 하지만 두 전문가 집단 간의 잠재적 관점 차이에 주목할 수 있다. 연구 참여자들이 자유롭게 응답한 영역을 질적 연구 방법을 이용하여 분석하고 유목화하였다. FBA를 실시하기 위해서는 많은 시간이 필요하다는 우려를 가장 많이 언급하는 것으로 파악되었다. 특히 교사(6명)에 비해 다수의 학교심리학자(60명)가 주로 이러한 우려를 언급하였다. 이것은 학교심리학자가 처리해야 하는 많은 업무와 함께 FBA 절차까지 실시해야 하는 데 어려움을 겪기 때문일 수 있다. 반면, 교사는 일상적인 학교 업무의 부분으로 이러한 평가를 실시하는 것에 익숙해져 있기 때문일 수 있다.

잠재적 어려움과 쟁점

앞에서 제시한 연구에서는 학교에서 발생하는 문제행동의 감소를 위한 FBA의 잠재적 효과성과 FBA를 적용하는 교직원의 능력 수준을 보여 준다. 하지만 지속적으로 발생하는 어려움이 남아 있다. 앞서 언급한 것처럼, 많은 논문에서 다루고 있는 학교 상황 속 FBA 절차는 대학교 연구자와 같은 외부 인력에 바탕을 두고 적용되었다. Anderson 등(2014)의 최근 분석 논문에서는 게재된 논문의 70% 이상에서 학교 상황 속의 기능 분석은 외부 인력에 의해 실시된 것으로 나타났다. 따라서 일관적이고 적절한 충실도를 바탕으로 교직원이 직접 FBA와 기능 기반 전략을 적용하는 것에 대한 추가 연구가 필요할 것이다.

Cook 등(2012)과 Van Acker, Boreson, Gable과 Potterson(2005)은 데이터를 바탕으로 이 점을 강조하고 있다. 연구자들은 주(state)의 교직원으로부터 FBA와 행동중재계획(behavior intervention plans: BIP) 샘플을 받아 분석하였다.

연구결과에 따르면 모범적인 FBA 및 BIP와 비교했을 때 제공받은 FBA와 BIP는 그 적절성에 있어서 상당히 부족한 것으로 나타났다. 또한 실제 적용하는 전문가들을 위한 주정부 수준의 정책, 자원, 지원이 부족한 것으로 나타났다(Allday, Nelson, & Russel, 2011; Weber, Killu, Derby, & Barretto, 2005).

학교에서 FBA를 실시하며 공통적으로 겪게 되는 문제는 많은 연구에서 다루어졌다(Hanley et al., 2003). Scott, Anderson과 Spaulding(2008)은 시간의 부족, 인력과 자원에 영향을 받는 지속 가능성, 적용 타당성이 FBA와 관련된 가장 큰 잠재적 어려움이라고 제시하였다.

시간

FBA를 적용할 때 필요한 시간은 주요 한계점 중 하나이다(Packenham, Shute, & Reid, 2004). 일반적으로 효과적인 FBA를 위해서는 다양한 인터뷰, 평가, 체계적 관찰, 실행 과정이 필요하다. 앞에서 설명한 설문 데이터에서 나타난 것처럼, 학교심리학자는 FBA를 적용하는 것 이외에 다른 주요 업무를 처리해야 한다. 다른 수많은 업무와 FBA를 균형 있게 처리하는 것은 어려울 것이다. 다른 연구에서는 설문조사를 통해 학교심리학자와, 특수교육 관리자, 교사로부터 얻어진 피드백을 수집하였다(Desrochers, Hile, & Williams-Moseley, 1997; Nelson, Roberts, Rutherford, Mathur, & Aaroe, 1999). 이 연구에서 교직원들은 시간의 부족을 이유로 FBA 적용을 어려워하는 것으로 나타났다.

지속 가능한 지원을 위한 자원

FBA 적용은 많은 비용과 물리적 자원을 필요로 하지 않는다. 하지만 효과적인 적용을 위해서는 훈련을 받은 전문가와 시간이 필요하다. 치료 상황과 교육 상황에서 이루어진 많은 FBA 연구에서 연구자는 '외부 인력(outsider)'이었다고 앞서 설명하였다. 하지만 외부 연구원보다 학교 기반 전문 인력이 FBA를 효율적으로 적용할 수 있도록 훈련받는 것이 중요하다(Crone et al., 2007).

또한 학교 차원의 긍정적 행동지원(SWPBS) 속에서 예방적 접근법으로 FBA를 적용해야 하는 상황이라면 FBA를 적용할 수 있는 전문 인력보다 FBA를 필요로 하는 학생이 더 많을 수 있다(Scott, McIntyre, Liaupsin, Nelson, & Conroy, 2004). 많은 학생은 FBA를 바탕으로 한 중재방법을 통해 가장 효과적인 지원을 받을 수 있다. 따라서 FBA를 효과적이고 편리하게 적용할 수 있는 일반교사와 특수교사와 같은 전문 인력이 현장에 필요하다.

훈련

FBA의 복잡성으로 인해 FBA를 담당하는 인력에게 서비스 제공 전과 서비스 제공 중에 훈련을 제공하는 것은 필수적이다. 하지만 안타깝게도 대부분의 일반 교사와 일부 특수교사들은 적절한 훈련을 받지 않은 것으로 나타났다(Allday et al., 2011; Blood & Neel, 2007; Christensen et al., 2012; Desrochers et al., 1997; Scott, McIntyre, et al., 2004, 2005; Stormont, Reinke, & Herman, 2011). 심지어 Stormont 등 (2011)이 조사한 일반교사 대부분(57%)은 자신의 학교에서 FBA가 사용된 적이 있는지도 모르고 있었다. 뿐만 아니라, Desrochers 등(1997)은 미국 정신지체협회 (the American Association on Mental Retardation) 심리학 분과의 회원을 대상으로 연구를 진행하였다. 연구결과에 따르면 연구 대상자들은 FBA를 적용하는 데 어려움으로 동료 전문가의 부족, 지원의 부족, FBA 수행을 위한 지식의 부족을 꼽았다. 이 연구결과는 특수교사와 일반교사를 위한 훈련 부족이 FBA 적용을 위한 주요한 잠재적 어려움으로 작용하고 있다는 것을 보여 준다.

FBA가 필요하고 FBA로 충분한 절차가 될 수 있다는 것에 사람들이 동의하지 않는다는 점도 서비스 전과 서비스 중에 훈련을 설계하고 제공하는 데 겪는 어려움 중 하나이다(Scott, McIntyre, et al., 2004). 많은 사람은 FBA를 통해 행동을 조작적으로 정의하고, 예측할 수 있는 선행사건-행동-후속결과(antecedent-behavior-consequence: ABC) 관계를 파악하고, 자극 통제(stimulus control)와 행동 기능을 결정하고, 적절한 대체행동을 파악하고, 대체행동의 효과를 형성하기 위해 선행사건과 후속결과를 조작한다는 것에 동의한다(Scott, Alter, Rosenberg, & Borgmeier, 2010). 하지만 학생 행동의 기능을 어떻게 식별할 수 있을지에 대해 의견 차이가 있고, FBA 결과를 바탕으로 어떻게 중재를 개발할지에 대한 의견 차이가 있다 (Ervin et al., 2004; Gage et al., 2012; Reid & Nelson, 2002). 행동 기능을 파악하기 위해 사용될 수 있는 체계는 평가 척도를 이용하는 것으로부터 직접 관찰과 환경변인을 실험적으로 조작하는 방법까지 다양하다(Ervin et al., 2004; Reid & Nelson, 2002). 또한 몇 번의 관찰을 통해 FBA를 수행해야 하는지에 대한 다양한 의견이 존재한다. Reid와 Nelson(2002)은 14개의 연구를 분석하였는데 FBA 적용에 필요한 전체 시간이 3회에서 20회까지 다양하게 나타났다. 중재 개발을 위한 FBA가 어떻게 적용되고 사용되는지가 문헌들에서 이렇게 큰 차이를 보인다면, 효과적인 훈련을 제공하기 어렵다.

적용의 충실도(fidelity)와 타당도(validity)

FBA 적용에 대한 마지막 어려움은 학교에서 사용할 수 있는 제한된 자원을 수용하며 FBA를 적용하는 것이다. FBA는 높은 수준의 기술을 요구하며, 일반적으로 엄격한 절차이어야 하지만, 학교에서 적용할 수 있도록 효율적이고 접근성이 뛰어나야 한다(Allday et al., 2011; Scott, McIntyre, et al., 2004; Scott, McIntyre, et al., 2005).

전통적인 FBA를 변형하는 것은 FBA의 타당도를 감소시킬 수 있다. 따라서 실현 가능성과 편리성을 균형적으로 고려하며, 방법론적으로 엄격한 FBA 적용하는 과정의 충실도를 유지하는 것은 어려울 수 있다.

방법론적인 엄격성을 유지하기 위해, 외부 연구자가 주로 FBA 데이터를 수집하고 회기 수와 길이를 결정한다(Solnick & Ardoin, 2010). 그러나 앞에서 설명한 바와 같이 외부 전문가를 이용할 경우, FBA를 지속적으로 적용하지 못할 수 있다. 반면, 학교 기반 전문가가 FBA를 적용할 때에는 가장 중요한 요소인 데이터 수집의 충실도 및 타당도가 감소될 수 있다(Desrochers et al., 1997; Katsiyannis, Conroy, & Zhang, 2008; Mueller & Nkosi, 2007; Van Acker et al., 2005). 가설을 설정하고 검증하는 것에도 같은 문제가 발생할 수 있다(Van Acker et al., 2005).

FBA의 수용성 관련 설문 연구에서는 환경 변인을 조작하는 직접 방법(direct method)보다는 인터뷰, 서류 검토, 관찰, 체크리스트, 평가 척도를 통해 데이터를 수집하는 간접 방법(indirect method)이 더 많이 사용되는 것으로 나타났다(Desrochers et al., 1997; Katsiyannis et al., 2008; Mueller & Nkosi, 2007; Van Acker et al., 2005). 간접 방법은 기능 분석과 같은 직접 방법 결과와 비교했을 때, 혼합된 결과 데이터를 가지고 있기 때문에 FBA 타당도의 위험성을 내포할 수 있다. 그러나 치료실 기반 FBA에 비해 학교 상황에 기반한 FBA를 위해서는 간접 방법이 더 많은 맥락 정보를 제공할 수 있다(Mueller & Nkosi, 2007). 그리고 일반적으로 학교 기반 근무자에게 간접 방법이 더 많이 수용되는 것으로 보인다(Desrochers et al., 1997).

학생 행동의 기능과 관련된 가설을 수립하고 검증하는 것은 FBA 과정 중에 타당도에 있어 어려움을 겪는 영역이다. Van Acker 등(2005)은 위스콘신주에서 수집한 자료와 FBA를 분석하였다. 연구에서 FBA를 적용하는 많은 사람과 팀이 중재방법을 결정할 때 문제행동의 기능을 고려하지 않는 것으로 나타났다. 더불어 이 연구에서는 가설을 검증하고 확증하는 과정에 일반적으로 인정되는 적절한 방법을 이용하지 않은 결과를 보여 주었다. 이 연구의 결과는 편리성과 실현 가능성이라는 이유로 FBA 적용 타당도가 희생되는 것으로 나타났다.

시간의 제약, 자원의 부족, 타당도와 편리성의 균형을 위해 FBA를 학교에 적용하는 것은 어려울 수 있다. 하지만 이러한 문제를 해결하기 위해 다양한 형태의 FBA가 개발되고 있다.

추천할 수 있는 최선의 방법

맥락(context)은 학생의 학업적 요구와 FBA를 적용할 때 고려해야 하는 행동 관련 요소인 학교의 고유한 배경 요소와 환경 요소에 초점을 맞출 필요성을 의미한다. FBA 적용을 위한 최상의 방법은 세 가지(도구 및 전략, 전문가, 훈련)로 제시될 수 있다. 연구에서는 각 범주에 따라 긍정적인 결과를 성취할 수 있는 다양한 방법을 소개하고 있다.

도구 및 전략

학교에서 적용하기 위해 개발된 방법과 자료는 인터뷰, 평가 척도, 체계적 관찰 (예: ABC 관찰)과 같은 간접 방법부터 구조화된 기능 분석 조작(functional analysis manipulation)까지 다양하다. 행동전문가와 다른 전문가(예: 학교심리학자)가 주로 이러한 방법을 적용할 수 있다. 여기서 FBA를 수행하는 데 필요한 가장 편리하고 효과적인 방법이 무엇인지에 대한 근본적인 질문이 발생한다. 여러 연구에 따르면 통제된 조작(controlled manipulation)을 통한 방법에 비해 간접 방법과 서술 관찰법(descriptive observation)은 행동 기능과 관련 요인을 타당하게 판단하지 못할 수 있다(Cunningham & O'Neill, 2007; Gage et al., 2012; Iwata, DeLeon, & Roscoe, 2013). 이러한 연구 데이터에 따라 연구자들은 학교에서 전문가가 변인을 통제하고 실험적으로 조작하는 방법이 최선의 방법이 될 수 있다고 추천해 왔다(Iwata &

Dozier, 2008). 하지만 많은 교사가 이렇게 할 수 있는 방법도 없을 뿐 아니라, 시간
과 자원이 부족하며, 전통적인 방법을 수행할 수 있는 훈련도 받을 수 없다는 것은
분명하다. 최근에는 기능, 맥락, 편리성의 원리에 부합하려는 시도를 바탕으로 더
다양한 방법이 개발되고 있다.

시도 기반 기능 분석(Trial-Based Functional Analysis)

시도 기반 기능 분석은 환경 변인의 실험적 조작을 통해 학생 행동의 기능을 파
악하기 위해 설계된 방법이다(Bloom, Iwata, Fritz, Roscoe, & Carreau, 2011). 전형적
인 기능 분석은 유관성(contingency)에 차이를 두어(예: 문제행동의 발생 여부에 따라
관심 또는 회피 제공) 10~15분의 회기를 반복적으로 제시하는 과정으로 이루어진
다. 시도 기반 기능 분석은 교실에서 사용할 수 있도록 변형된 방법으로 자연스러
운 교실 루틴 속에서 주기적으로 회기를 4분씩 제시하며 기능 분석 절차를 실시하
는 것이다(Bloom et al., 2011). 연구에 따르면 일반적인 교실 상황에서 시도 기반
기능 분석 결과의 60%가 전통적인 기능 분석 절차에서 얻어진 결과와 일치하는
것으로 나타났다. 이것은 특정 학교와 교실에서도 시도 기반 기능 분석이 도움이
될 수 있다는 것을 보여 준다.

또한 연구에서 특수교사와 보조인력(paraprofessional)도 훈련을 통해 시도 기반
기능 분석을 자신의 교실에 사용하여 효과적으로 학생 행동의 기능을 파악할 수
있고, 문제행동에 긍정적인 효과가 있을 수 있는 적절한 중재를 적용할 수 있다는
것을 보여 주었다(Bessette & Willis, 2007; Lambert, Bloom, & Irvin, 2012).

약식 FBA(Truncated FBA)

약식 FBA 절차는 네 단계(교사 인터뷰, 행동 기능 파악, 가설 수립, 중재 개발 및 적
용)로 줄인 FBA를 의미한다(Packenham et al., 2004). 약식 FBA 절차의 가장 큰 차
이점은 다양하게 발생하는 학생의 행동을 목격한 교사의 보고를 직접 관찰을 대
체하여 이용하는 것이다. 기능적 행동 경로(functional behavior pathway) 양식과
같은 다양한 양식을 약식 FBA에 사용할 수 있다(Sugai, Lewis-Palmer, & Hagan-
Burke, 1999). 이 양식을 통해 우려되는 행동을 파악하고, 행동에 영향을 미치는
선행사건 변인과 후속결과 변인을 파악할 수 있다. 교사와 관계자를 위한 기능평

가 체크리스트(The Functional Assessment Checklist for Teachers and Staff: FACTS, McIntosh, Borgmeier, et al., 2008)는 문제행동을 파악하고, 문제행동이 발생하는 루틴을 파악하며, 루틴 속에서 존재하는 관련 영향을 파악하는 데 도움을 준다. 기능적 행동 경로(functional behavior pathway) 양식은 기술적이고 행동학적인 용어보다 좀 더 쉬운 단어를 사용하여 교사와 다른 학교 관련 교직원들이 쉽게 접근할 수 있도록 구성되어 있다(Scott, Alter, Rosenberg, & Borgmeier, 2010). 기능적 접근법을 이용하여 학생 행동을 고찰하는 체계를 교사에게 제공할 때 이 양식을 사용할 수 있다. McIntosh, Borgmeier 등(2008)은 FACTS를 사용한 10개의 연구 논문을 분석하였다. 연구결과에 따르면 이 체크리스트의 검사ㆍ재검사 신뢰도(test-retest reliability)와 관찰자 간 신뢰도(interobserver agreement)는 높은 수준의 증거를 가지는 것으로 나타났다. 또한 중재 유용성(treatment utility)과 사회적 타당도(social validity)에 있어서도 높은 수준의 증거를 보여 주었다. 이 연구는 학교에서 FACTS를 효과적이고 일관적으로 사용할 수 있다는 결과를 보여 주었다. 뿐만 아니라, 직접 관찰 및 기능 분석 절차와 비교하여 얻어진 FACTS의 수렴 타당도(convergent validity)는 중간에서 높음으로 나타났다. 이것은 FACTS를 통해 얻은 정보가 관찰을 통해 얻어진 정보와 일치할 수 있다는 것을 보여 준다. 학교에서는 학교의 특수한 상황과 필요에 따라 적합한 절차를 선택하고 적합하게 변화시킬 수 있는 능력이 필요하다.

인력: 팀 접근의 중요성

FBA 적용에 관련된 인력을 평가한 가장 최근 연구는 팀 기반 절차의 영향을 분석하는 데 주안점을 두었다. FBA 연구를 분석한 Goh와 Bambara(2012)는 모든 변인에 걸쳐 FBA 적용의 성공에 가장 주요한 영향을 미치는 것이 팀 협동성이라는 것을 보여 주었다.

Lee와 Jamison(2003)은 문제 해결 및 FBA 절차에 대한 훈련을 받은 학생지원팀(student assistance teams: SATs)이 회피, 기술의 부족, 관심 획득과 같은 변별 기능에 따라 올바르게 중재를 선택할 수 있었다는 결과를 보여 주었다. 또한 FBA 절차 속의 최선의 방법이 팀 기반 접근법이 될 수 있다는 점을 제시하였다.

그러나 팀 구성과 훈련은 중요한 쟁점이 될 수 있다. Scott, McIntyre 등(2004)은 세 개의 그룹에게 행동 관련 간략한 설명문(behavioral vignette)을 읽게 하였고, 그 설명문을 바탕으로 행동의 기능을 파악하도록 하는 연구를 수행하였다. 한 그룹은 연구자로 구성되어 있었으며, 다른 한 그룹은 학교기반팀으로 구성되었고, 마지막 그룹은 3분의 1이 연구자로 구성되어 있었다. 연구가 시작되기에 앞서 각 팀은 여섯 시간 동안 FBA에 대한 훈련을 받았지만 설명문에 나타난 행동의 기능에 대해 의견이 다양하였다. Benazzi, Horner와 Good(2006)은 여러 행동지원계획(BSP)을 평가하였다. 연구자는 행동전문가가 포함된 행동지원팀이 개발한 BSP, 행동전문가가 포함되지 않은 행동지원팀이 개발한 BSP, 행동전문가 혼자서 개발한 BSP를 평가하였다. 행동전문가가 포함된 팀이 개발한 BSP와 행동전문가 혼자서 개발한 BSP가 기술적으로 더 적절한 것으로 판단되었다. 그러나 행동전문가가 포함된 팀이 개발한 계획과 행동전문가가 포함되지 않은 팀이 개발한 계획의 수용성과 맥락 적합성이 더 높은 것으로 나타났다. 이러한 결과는 행동 이론과 절차에 대한 전문가와 학생과 맥락에 대해 잘 알고 있는 구성원을 팀으로 구성하는 것이 중요하다는 것을 보여 준다. 지속적인 연수(professional development)가 성공적인 FBA의 적용을 지원하는 핵심요소라는 것은 분명하다(Christensen et al., 2012; Gage et al., 2012; Scott, McIntyre, et al., 2005; Van Acker et al., 2005).

연수와 훈련

연구결과에 따르면 교사 및 기타 학교 기반 인력에게 서비스 전과 서비스 중에 양질의 훈련을 실시하여 보다 효과적으로 FBA를 적용할 수 있다(Bessette & Willis, 2007; Christensen et al., 2012; Gage et al., 2012; Lambert et al., 2012; Skinner, Veerkamp, Kamps, & Andra, 2009). 훈련은 효과적인 FBA를 파악하고 적용하는 데 필수적이다. 최근 연구에서는 훈련 내용에 포함되어야 하는 핵심 요소를 제안하고 있다. 첫째, 다수의 회기에 걸쳐 제공하는 훈련에 비교하여, 후속 유지 훈련이 없이 한 번만 훈련을 제공하는 것은 효과가 없다는 것이 증명되었다(Scott, McIntyre, et al., 2005). 단 한번 훈련을 받은 개인과 팀은 학생 문제행동에 가혹하고 배제적인 처벌을 더 많이 사용하고 있는 것으로 나타났으며, 일반적으로 행동 기능을 바탕으로 두지 않은 중재방법을 적용하는 것으로 나타났다(Scott, McIntyre, et al., 2005). 다수의 회기에 걸쳐 훈련을 제공할 경우에는 FBA의 개념을 이해시키고, FBA 예시를 제공하고, 실제 상황 속의 FBA 모델링을 실시하고, 수행자가 스스로 FBA를 적용하는 과정에서 지원을 제공할 수 있다. 따라서 다수의 회기에 걸친 훈련을 제공할 때 더욱 효과적이다(Scott, Nelson, & Zabala, 2003).

긍정적 행동지원이 학교 차원의 시스템으로 작용하기 위해서는 훈련받은 학교 인력에 투자하는 것이 중요하다. 그리고 외부 전문가 없이도 궁극적으로 훈련받은 인력이 중재 리더로서 FBA를 적용할 수 있는 능력을 향상할 수 있도록 전념하는 것이 필요하다(Scott et al., 2003). 사례 연구는 네 가지 측면을 효과적인 훈련에 포함시키는 것이 중요하다고 제시하였다. 교사 지식, 교사 기술 계발, 학생 행동 변화, 사회적 타당도 측면이 훈련에 포함되어야 한다(Christensen et al., 2012). 이상적인 결과에 집중하는 방법과 그 결과를 성취하는 방법을 교사에게 훈련시키는 것은 효과적인 훈련 시스템을 제공하는 것을 의미한다. 또한 행동분석학 또는 특수교육학과 관련된 전문적 용어를 사용하기보다 익숙하고 일반적인 단어를 이용하여 개념과 절차를 설명하는 것은 접근성 향상을 위해 중요하다(Scott, Alter, Rosenberg, & Borgmeier, 2010). 뿐만 아니라, 교사의 이상적인 경험과 용어를 바탕으로 효과적인 FBA 절차를 검토하는 것이 중요하다(Scott, Alter, et al., 2010).

요약 및 결론

학교에서 FBA와 기능 기반 지원을 적용하는 것은 아주 중요한 시점에 서 있다. 앞에서 제시된 증거처럼, 학교 상황에서 사용할 수 있는 집중적이고 개별 행동 지원(3단계)을 위한 효과적이고 전문적인 방법이 존재하는 것은 분명하다. 연구에 따르면 기능에 기반을 두지 않는 지원 전략을 지속적으로 적용할 경우에는 최선의 경우 효과가 없으며, 최악의 경우 역효과를 가져올 수 있다(Ellingson et al., 2000; Filter & Horner, 2009; Ingram et al., 2005; Newcomer & Lewis, 2004). 그러나 여전히 많은 상황에서 연구와 실제 사이에 차이가 존재한다. 일관적인 방법, 타당한 방법, 편리한 방법을 통해 학교에 효과적인 절차를 적용하는 부분에서도 연구와 실제 사이에 차이가 존재한다(Allday et al., 2011). 학교 인력이 효과적인 행동지원을 성공적으로 적용하기 위해서 연구자와 수행자는 절차와 자료를 개발하고 효과적인 훈련 전략 및 관리 전략을 개발하는 데 노력해야 한다. 이 목표를 위해 이 책의 나머지 부분에서는 다양한 전략과 절차를 자세히 설명할 것이다.

제2장 학교에서의 기능적 행동평가: 행동지원의 모든 단계에서 기능적으로 평가하기

최근 학교의 문제행동을 둘러싼 배경

학생과 교사는 점점 커지는 위기에 직면하고 있다. 학생의 방해행동, 공격행동, 학업적 실패는 많은 학교에서 발생하고 있다. 공립학교가 겪는 가장 큰 문제는 학생을 위한 훈육이 부족하다는 것이다(National Center for Education Statistics, 2010). 이러한 훈육의 부족을 이유로 교사는 교장과 학생지원팀으로부터 도움을 받기 원한다. 행동 문제를 지닌 학생은 학업, 사회성, 일상생활 기능에서의 여러 가지 문제에 직면할 위험이 있다(Bradshaw, Bottiani, Osher, & Sugai, 2014). 문제행동을 보이지 않는 학생에 비해 문제행동을 보이는 학생의 고등학교 중퇴, 정학, 퇴학, 다른 학교에 배치, 개인과 사회를 대상으로 한 범죄, 부모 및 형제자매와의 관계 형성의 어려움, 범죄로 인한 체포의 가능성이 더 높을 수 있다(Bowen, Jenson, & Clark, 2012; Walker, Colvin, & Ramsey, 1995). 이런 학생은 학생 자신에게 피해를 줄 뿐만 아니라, 학교관리자, 교사, 학급 또래에게 여러 문제를 일으킬 수 있다. 학교관리자는 문제행동과 관련된 교사, 부모, 학생의 요구에 많은 시간을 할애해야 한다. 교사는 문제행동에 대처하기 위해 수업을 자주 중단해야만 한다. 문제행동을 지닌 학생은 주로 교육과정의 수정 및 교실 환경의 수정을 필요로 한다. 이를 통해 학생 자신의 최대한의 성취를 달성할 수 있을 것이다.

학교관리자, 교사, 부모, 사회는 문제행동을 보이는 학생으로 인해 어려움을 겪는 경우가 많다. 이들은 학교를 문제행동과 씨름하는 공간으로 만들기보다 배움을 위한 공간으로 만들고자 한다. 안타깝게도 훈련과 자원의 부족 때문에, 많은 학교는 문제행동 해결을 위한 도구와 기술이 부족한 것이 현실이다.

역사적으로 보면, 학교에서 발생하는 문제행동에 대한 일반적인 반응은 방과 후 학교에 남게 한다든지, 정학 또는 퇴학과 같은 방법이었다. 이러한 반응적 접근법(reactive approach)은 해당 환경에서 학생을 제거하는 단기적 해결책으로 사용되었다. 장기적 관점에서 방과 후에 학교에 남게 한다든지, 정학, 퇴학과 같은 방법은 문제행동 감소에 비효과적이다. 뿐만 아니라, 행동 변화의 일반화와 적절한 대체행동의 습득에도 비효율적이다(Costenbader & Markson, 1998; Royer, 1995). 명백히 학교는 행동관리 이상의 방법을 필요로 한다. 예방적 접근법(proactive approach)에 관심을 둔 학교는 연속적인 3단계로 구성된 학교 차원의 긍정적 행동지원(SWPBS)을 적용해야 한다.

학교 차원의 긍정적 행동지원(SWPBS)의 개관

SWPBS는 학교의 모든 학생을 지원하기 위해 학교 차원에서 적용되는 예방 · 중재 시스템이다(Horner, Albin, Todd, Newton, & Sprague, 2010). SWPBS에서는 학교에 다니는 모든 학생이 어느 정도 수준의 행동지원을 필요로 한다. 그리고 필요한 지원의 수준과 집중도는 학생이 보이는 문제행동의 수준에 따라 달라진다. 행동지원의 집중도는 1단계에서 3단계로 점차 증가한다. SWPBS의 각 단계에 따른 지원 수준이 [그림 2-1]에 제시되어 있다.

대부분의 학생은 행동 기대(behavior expectation)에 반응할 수 있으며, 이 학생들에게는 학교 차원의 행동 계획(schoolwide behavior plan)으로 이루어지는 1단계가 유용할 수 있다(예: Lewis & Sugai, 1999; Lewis, Sugai, & Colvin, 1998; Taylor-Greene et al., 1997). 1단계 SWPBS에서는 3~5개의 행동 기대(예: 서로 존중하기, 책임감 가지기)를 긍정적인 언어로 기술하고, 모든 학교 맥락(예: 복도, 식당, 교실) 속에서 이러한 행동 기대를 지도하며, 행동 기대를 따르는 학생에게 강화를 제공하고, 행동 기대를 따르지 않는 경우에 따르는 결과를 서로 동의하게 한다. 학교 팀은 학생별로 훈육 지도실에 보내는 횟수(Office discipline referral: ODR)와 같은 데이터를 이용할 수 있다. 이러한 데이터를 바탕으로 해당 단계의 지원의 효과성을 결정하고 수정의 필요성을 결정하게 된다. 1단계 SWPBS에서 교사는 교실 행동관리 계획을 모든 학생에게 적용한다. 전국에 걸친 연구에 따르면 학생의 75~85%에게 1단계 SWPBS를 통해 지원할 수 있다고 나타났다(이 학생들에게는 추가적인 행동지원이 필요하지 않는 것으로 나타났다. Horner et al., 2009).

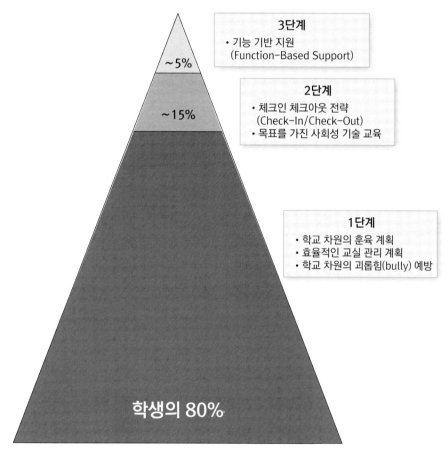

[그림 2-1] 학교 차원의 긍정적 행동지원(SWPBS)

1단계 SWPBS에 반응하지 않는 학생에게는 목표화된 중재를 포함하는 2단계를 적용할 수 있다. '목표 그룹(targeted group)' 학생이란 심각한 문제행동으로 발전할 위험성이 있는 5~15%의 학생을 의미한다. 이 그룹은 또래 관계의 부족, 낮은 학업 성취, 좋지 않은 가정환경을 가진 학생일 수 있다(Hawken, Adolphson, MacLeod, & Schumann, 2009).

이러한 학생은 일반적으로 행동 기대를 습득하기 위해 더 많은 연습을 필요로 하고, 성공적 학습을 위해 교수적 수정을 필요로 한다. 예를 들어, 2단계에서는 체크인 체크아웃(Check-In/Check-Out: CICO) 중재를 통해 학교 일과 동안 교사의 피드백과 관심을 더 많이 제공할 수 있다. 이 장에서 CICO에 대하여 더 자세하게 설명할 것이다(Crone et al., 2010). 또는 2단계 중재에서 사회성 기술 교육을 제공하여 또래와 상호작용하는 방법과 분노 조절 기술을 가르칠 수 있다(Kalberg, Lane, & Lambert, 2012). 2단계 행동중재의 핵심적인 요소는 효율성(학생이 선정된 후 즉시 지원을 제공)과 중재 적용의 비용 효율성(많은 시간을 필요로 하지 않으며 학생 그룹에게 사용될 수 있는 중재 절차)이라고 할 수 있다.

소규모 그룹 학생들(1~7%)에게는 3단계 중재가 필요할 수 있다. 3단계 중재에서는 FBA를 실시하고 개별 행동지원계획(BSP)을 사용한다(March & Horner, 2002; O'Neill et al., 2015). FBA를 통해 데이터를 수집하고, 이 데이터를 이용하여 문제행동의 이유를 파악한다(문제행동의 기능이 무엇인가?). 어떤 학생은 교사의 관심을 얻기 위해 문제행동을 보이기도 하고, 어떤 학생은 너무 어려운 수업 과제에서 회피하기 위해 문제행동을 보이기도 한다. FBA 데이터를 이용하여 개별 BSP를 개발하는 것은 문제행동을 중재하기 위한 매우 효과적인 도구라고 할 수 있다(Filter & Horner, 2009; McIntosh & Av-Gay, 2007; O'Neill & Stephenson, 2009).

이 책의 주요 목표는 FBA에서 BSP로 이어지는 과정을 효과적이고 효율적으로 적용하기 위한 도구를 제공하는 것이다. 이 책에서는 FBA에서 BSP로 이어지는 과정을 '기능 기반 지원(function-based support)'이라고 부를 것이다. 앞으로 이어질 장에서는 FBA-BSP 적용을 위한 양식과 지침을 제공할 것이다. 이 자료를 소개하기에 앞서 SWPBS의 각 단계에 들어가 있는 FBA 방법과 과정을 이해하는 것이 중요하다(앞으로 자세한 내용을 설명할 것이다). 우선적으로 세 개의 모든 단계에 FBA 방법을 적용하고자 하는 학교에서는 문제행동을 '기능적으로(functionally)' 평가해야 한다.

참고: 이 책은 FBA 및 행동관리 입문서로 구성되지 않았다. FBA와 행동관리와 관련된 유용한 자료는 많이 존재한다. 보충 자료 부분에 이런 자료의 목록을 제시하였다. 이 책은 이미 FBA-BSP에 대한 지식과 경험을 가지고 있지만 학교 기반 시스템으로 FBA-BSP를 효과적이고 효율적으로 적용하기 위한 실제적 도움을 필요로 하는 독자를 위해 구성되었다.

문제행동을 기능적으로 평가하기

　　과거 학교에서는 행동의 형태와 형식을 바탕으로 중재를 적용하였다. 예를 들어, 학생이 마구 말을 내뱉거나 말대꾸를 하는 경우, 단순히 이 행동을 위해 적절한 중재가 무엇인지 판단하고자 했다(Sprick, 2008). 이러한 중재는 이 행동이 일어난 기능과 이유를 바탕으로 하지 않았다. 문제행동을 보이는 아동을 위해 중재를 설계할 때 겪는 가장 큰 어려움 중 하나는 중재에 따른 반응이 개인에 따라 매우 가변적이라는 것이다. 한 아동에게 효과가 있었던 전략이 비슷한 문제행동을 보이는 다른 아동에게 동일한 효과를 보이지 않을 수도 있다. 학생의 개별적 특성과 문제행동에 내재된 기능을 고려하지 않고 행동 유형(예: 싸움, 절도, 말대꾸, 욕설)에 따라서만 반응하는 행동중재계획을 개발할 경우 원하는 효과를 기대할 수 없으며, 그 시간도 오래 걸릴 것이다.

　　'문제행동 발생의 방아쇠 역할을 하는 것이 무엇인가? 문제행동을 통해 학생이 얻는 보상이 무엇인가?'와 같이 성공적인 중재를 계획하기 위해서 중재자는 문제행동 자체와 선택할 수 있는 중재 목록 이상의 요소를 고려해야 한다. 교사와 직원은 개별 학생, 학생 그룹, 특정 학교 상황·루틴에 어떤 중재가 가장 효과적인지를 결정하기 위한 수단을 강구해야 한다.

　　행동지원의 모든 세 단계에 FBA를 적용하고자 하는 학교는 문제행동을 기능적으로 평가해야 한다. 단순히 문제를 해결하기 위한 요리책과 같은 접근법에 의존해서는 안 된다. 문제행동을 기능적으로 평가하기 위해서 학교 구성원은 다음과 같은 가정에 대하여 모두 동의해야 한다. ① 인간의 행동은 기능적이다, ② 인간의 행동은 예측 가능하다, ③ 인간의 행동은 변화 가능하다.

인간의 행동은 기능적이다

사람의 행동에는 이유가 있다는 사실은 기능 기반 행동지원의 주요 원리이다. 즉, 행동 대부분은 기능적이다. 행동은 목적을 가지고 있다. 행동의 기능은 자신이 원하는 것을 얻으려고 하는 것일 수 있고, 성인의 관심과 또래의 관심을 얻으려고 하는 것일 수 있으며, 혐오적인 상황이나 사람으로부터 회피하는 것일 수 있다. 행동의 결과 및 후속결과는 미래에 그 행동이 일어날 가능성에 영향을 미친다. 지적인 능력을 가진 인간인 학생은 자신이 원하는 결과를 얻기 위해 어떤 전략이 가장 효과적인지 파악할 수 있다. 학생은 비효과적인 전략보다는 효과적인 전략을 사용하려고 한다. 예를 들어, 치어리더 팀의 일원이 되고 싶어 하는 학생은 연습하는 것과 입단 테스트에 제시간에 참여하는 것이 더 효과적이라고 배운다. '인기 있는' 팀원이 되기 위해 입단 테스트가 공정하지 못했다고 계속 불평하는 것은 비효과적이라는 것을 알기 때문이다.

역설적이지만 학생들은 자신이 원하는 결과를 얻기 위해서 문제행동이 올바른 행동에 비해 더 효과적이라는 것을 배우기도 한다. 울고 짜증 내는 행동을 통해 어려운 과제를 피할 수 있고, 교사에게 욕을 내뱉는 행동을 통해 또래의 관심을 끌 수도 있다. 교사의 불편한 감정을 보고 학생은 나의 부적절한 행동이 원하는 것을 얻기 위한 효과적인 전략이 될 수 있다는 것을 깨닫게 된다. 결과적으로, 문제행동이 지속되거나 심해지게 된다. 다음과 같은 경우를 예로 들 수 있다.

> 제임스는 소리를 내어 읽는 것에 어려움을 가진 중학교 1학년이다. 사회 수업 시간에 각 학생은 책을 돌아가며 읽기로 하였다. 제임스 차례가 되었을 때, 제임스는 화를 내었다. 책을 바닥에 던지고 교사에게 욕을 하였다. 교사는 교감 선생님 사무실에 제임스를 보냈다. 이 문제행동은 지속되고 더 심해졌다.

> 마이클은 초등학교 2학년이다. 학생이 줄을 설 때 마이클에게 줄 맨 끝에 서라고 이야기하면 다른 학생을 밀쳐 버렸다. 교사가 마이클에게 교실 문을 잡고 있도록 지시하면 밀치는 행동이 멈추었다.

이 문제행동은 학생들이 점심 식사를 위해 줄 서 있을 때마다 발생하였다. 이 문제행동은 매일 지속되었다.

리사는 관심의 중심에 서는 것을 좋아하는 초등학교 5학년 학생이다. 큰 소리를 내거나 부적절한 농담을 하여 또래 학생이 웃어 버리게 만든다. 교사는 리사의 이러한 행동을 5학년에게 적합한 길이의 긴 수업을 제공하는 것으로 중단시키려 하였으나 지속되었다.

이 학생들은 교사를 방해하고 좌절시키기도 한다. 하지만 이러한 행동을 주어진 맥락 안에서 이해할 수 있다. 각각의 학생은 부적절한 행동을 함으로써 원하는 결과(난처한 상황에서 회피, 특혜 획득, 또래의 관심 획득)를 얻을 수 있었다. 부적절한 행동은 학생에게 기능적으로 작용한 것이다.

인간의 행동은 예측 가능하다

인간의 행동은 진공 상태에서 일어나지 않는다. 환경 조건에 따라 문제행동이 시작되기도 하고, 멈추기도 하며, 지속되기도 한다. 제임스의 경우를 예로 들어 보자. 제임스는 자신이 소리 내어 잘 읽지 못하는 것을 보여 주기 싫어한다. 비록 교사는 이러한 제임스의 어려움을 알고 있었지만, 학생의 문제행동에 당황스러워하였다. 교사는 제임스의 문제행동이 예측 불가능한 행동이라고 생각한다. 또한 교감 선생님의 사무실에 보내 꾸짖더라도, 문제행동이 멈추지 않는 이유를 파악하지 못한다. 좀 더 분석해 보면 행동지원팀은 제임스 행동의 두 가지 요소가 주요한 영향을 미치는 것에 주목하였다. 첫째, 대그룹 상황에서 소리 내어 읽게 했을 때 제임스의 행동이 자주 발생하였다. 이 환경 조건이 문제행동의 예측변인(predictor) 또는 선행사건(antecedent)으로 작용한 것이다. 둘째, 문제행동 때문에 제임스를 교감 선생님 사무실로 보낼 때, 제임스는 또래 앞에서 소리 내어 읽어 난처해지는 상황에서 회피할 수 있게 되었다. 다른 학생처럼 제임스도 읽지 못한다는 것을 보여 주는 것보다 차라리 사고뭉치로 보이는 것이 더 나을 것이라고 생각할 수 있다. 이 사례에서 교감 선생님 사무실로 보내는 것은 제임스에게 보상으로 작용하는 후속결과(consequence)라고 할 수 있다. 또래 앞에서 읽는 상황을 회피하기 위해 큰 소리로 울어 버릴 수밖에 없었던 것이다. 제임스의 울음 행동(tantrum)을 시작하게 만들고 유지시키는 선행사건과 후속결과를 찾아냄으로써 제임스의 문제행동은 더욱 예측 가능해진다.

인간의 행동은 변화 가능하다

인간의 행동은 예측할 수 있을 뿐만 아니라, 변화시킬 수도 있다. 문제행동의 기능, 예측변인, 후속결과를 파악할 때 적절한 행동중재 전략을 정확하게 찾아낼 수 있으며, 그 중재 전략에 대해 기술할 수 있다. 행동에 대한 기능적 평가를 통해 아동에 내재된 병리학 측면에서 효과적인 환경 루틴을 설계할 수 있다. 행동지원팀은 문제가 될 수 있는 루틴(예: 사회 수업에서 제임스가 소리 내어 읽게 되는 상황)을 분석하고, 이 루틴을 변화시키는 실현 가능하고 실제적인 방법을 결정한다.

앞으로 문제행동을 감소시키고 적절한 행동을 향상시키는 목표를 충족하기 위해 1단계, 2단계, 3단계에서 사용할 수 있는 FBA 방법을 자세하게 설명할 것이다.

1단계와 FBA

우리의 경험에 비추어 볼 때, 교사들은 좀 더 집중적인 행동지원을 필요로 하는 학생을 위해 FBA를 사용해야 한다는 것을 발견하였다. IDEA(1997; 2004 개정 IDEIA)는 이 부분을 명시하고 있다. 배치에 변화를 주거나(예: 더 높은 수준으로 제한된 상황에 배치), 퇴학될 위험이 있는 학생을 위해 교사는 FBA를 실시하고 BSP를 적용하도록 해당 조항에서 명시하고 있다. 하지만 SWPBS 모든 단계에 걸쳐 문제행동을 기능적으로 평가하고 대처할 수 있다. 1단계 SWPBS 속에서 FBA를 적용하고자 한다면, 학교는 ① 문제행동을 지탱하는 선행사건·예측변인과 후속결과를 평가해야 하며, ② 모든 학교 인력을 위해 문제행동을 기능적으로 평가할 수 있는 도구를 제공해야 한다.

문제행동을 지탱하는 선행사건과 후속결과를 평가할 때, 학교 인력은 예측 가능

한 실패 요소를 파악해야 한다(Scott et al., 2012). 즉, 학생이 문제행동을 일으키는 환경 변인을 파악하는 것이다. 10~15명의 학생이 같은 문제행동(예: 점심 식당에서 떠드는 행동)과 행동 오류(예: 복도에서 바르게 걷지 않는 행동)를 보이는 경우가 있다. 이러한 경우에는 개별적 수준의 중재가 필요하지 않다. 환경을 변화시키거나 명확한 행동 기대를 다시 가르쳐야 한다.

[그림 2-1]에 제시된 것처럼, 1단계는 학교 차원의 훈육 계획과 효과적인 교실 행동관리를 포함한다. 1단계의 FBA는 문제행동을 예측할 수 있는 선행사건과 환경적 특성에 초점을 맞추고 있다. 1단계를 적용할 때 학교에서는 학교 차원의 행동 기대를 형성시키고 행동 기대를 명확하게 가르친다(Horner et al., 2010). 이런 명확한 지도는 학교의 모든 환경(예: 복도, 식당, 운동장)에서 일어나야 하며, 중재자는 교실 상황에서 학교 차원의 행동 기대가 어떻게 적용되는지 교육해야 한다. 이러한 예방적 시스템은 문제행동의 선행사건과 예측변인에 초점을 두고 있다. 예를 들어, 학교 차원의 행동 기대를 형성시키지 못한 학교에서는 많은 학생이 행동 기대에 대해 모르기 때문에 문제행동을 보일 수 있다. 또는 교사가 특정 학생에게 요구하는 행동 기대가 다른 학생들과 다르기 때문에 문제행동을 보일 수도 있다. 규칙 위반에 따른 후속결과가 학교 전반에 걸쳐 일관적이라는 것은 1단계 SWPBS 적용을 위한 선행사건의 특성이라고 할 수 있다.

교사와 교직원과 관계없이 모든 상황에서 후속결과가 일관적으로 적용된다는 것을 학생들에게 알려 주어야 한다. 교사와 교직원들이 일관적으로 반응할 때 다음과 같은 상황을 예방할 수 있다. "캐롤 선생님의 수업에 늦게 들어가도 된다. 캐롤 선생님은 내가 늦은 것에 대해 아무런 이야기도 하지 않는다. 하지만 윈 선생님의 수업에는 제시간에 들어가려고 노력한다. 이 수업에 늦어 버리면 방과 후에 늦은 만큼 남아 있어야 하기 때문이다."

1단계에 적용되는 FBA 방법은 3단계에 적용되는 것과 유사하다. 즉, 행동 변화를 위해 벌과 같은 부정적인 후속결과를 사용하기보다 새로운 행동을 가르치는 데 주안점을 둔다. 1단계 SWPBS에서 많은 학생이 실수를 계속하거나 학교 차원의 행동 기대를 따르지 않을 때, 학교는 언제 어디서 이러한 문제가 발생하는지(문제행동의 예측변인) 파악하고 무엇을 다시 가르쳐야 하는지를 파악한다. 학교는 문제가 될 수 있는 루틴, 상황, 시간을 찾아내는 것이 필요하다. 이러한 요소를 파악하기 위해 학교는 학교 전반에 걸쳐 발생하는 문제행동을 추적할 수 있도록 시스템을 변화시켜야 한다. 많은 학교에서는 훈육 지도실에 학생을 보내는 횟수(office discipline refferals: ODR)를 이용하여 기록한다.

ODR을 기록하고 분석하기 위해 학교 차원 정보 시스템(School-wide Information System: SWIS; May et al., 2000)과 같은 웹 기반 시스템을 활용할 수 있다. SWIS 관련 정보는 www.pbisapps.org에서 얻을 수 있다. 1단계 SWPBS의 효과를 평가하기 위한 데이터를 추적하는 데 SWIS를 이용할 수 있으며, 2단계 및 3단계 행동지원을 평가하기 위해서도 SWIS를 이용할 수 있다.

학교는 학교 차원의 훈육 계획을 효과적으로 적용하기 시작했다면(1단계), SWIS를 이용하여 문제가 되는 장소와 시간을 찾아내고, 1단계를 위해 추가적 지원을 필요로 하는 교사를 파악할 수 있다. [그림 2-2]는 이러한 방법론이 어떻게 사용되는지를 보여 준다. 이 데이터는 (가상의) 학교의 첫 몇 개월 동안 각 장소에 따른 지도실에 보낸 횟수(ODR)를 보여 주고 있다. 이 학교의 경우, 대부분의 문제행동은 교실, 휴게실, 운동장에서 발생한다. 따라서 1단계 행동지원팀은 FBA 방법론을 이용하여 해당 상황을 위한 행동 기대를 다시 가르치고, 문제행동을 예방하기 위해 해당 환경을 변화시키는 것이 필요하다는 가설을 세웠다.

만약 특정 1~2개 교실에서 이 문제가 특별히 더 많이 발생한다면, 이 교실에서만 행동중재가 필요할 수도 있다. 예를 들어, 6학년을 담당하는 일반교사인 산체스가 30명 중 15명의 학생을 한꺼번에 훈육 지도실로 보냈다. 첫 4개월 동안 10명의 학생을 최소 2번씩 훈육 지도실로 보냈고, 5명의 학생은 ODR을 3번 받았다. 크고 작은 규칙 위반이라는 이유로 총 40번 이상 훈육 지도실로 학생을 보냈다. 이 학교의 전체 ODR의 빈도가 높은 것이 사실이지만, ODR 대부분이 한 교사로부터 나왔다. 즉, 이 교사를 위한 지원이 필요하다는 것을 의미한다. 1단계 행동지원팀은 산체스의 수업 내 개별 학생에게 초점을 두기보다는 1단계(교실 행동 관리)가 적절하게 적용되는지 평가한 후, 높은 빈도의 문제행동을 발생시키는 예측변인(선행사건)과 후속결과를 파악한다. 또한 산체스는 훈육 지도실로 보내는 방법 대신 교실에서 문제행동을 처리할 수 있는 방법을 위한 훈련과 지원을 받을 필요가 있다.

1단계에서 FBA 방법론을 적용함으로써 추가적인 행동지원(2단계, 3단계)을 필요

로 하는 학생 수가 감소할 것이다. 1단계의 FBA를 적용할 때 최종 단계는 모든 교직원이 핵심 행동 원리를 이해할 수 있도록 훈련시키는 것이다. 앞에서 핵심 원리를 설명하였다(인간의 행동은 기능적이며, 예측 가능하며, 변화 가능하다). 〈표 2-1〉은 이러한 훈련 과정에서 다루어야 할 주제의 개요를 제시하고 있다. 새로운 학년이 시작될 때 1~2번의 직원회의 중 1시간 정도 훈련을 실시할 수 있다. 행동에 영향을 미치는 통제할 수 없는 요소(예: 물리적 제약, 가정환경)가 있더라도 학교에서 통제할 수 있는 문제행동 관련 예측변인과 후속결과를 이해할 수 있도록 훈련을 실시해야 한다. 일단 교사들이 훈련받은 원리를 바탕으로 문제행동을 기능적으로 평가할 수 있다면, 같은 원리를 2단계 행동지원에도 적용할 수 있을 것이다. 이제 2단계 SWPBS에서 FBA를 적용하는 방법을 소개할 것이다.

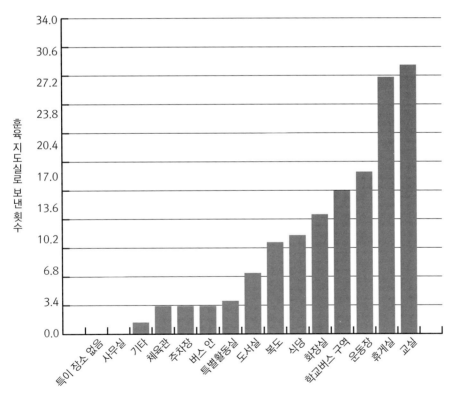

💎 [그림 2-2] 장소에 따른 훈육 지도실로 보낸 횟수

〈표 2-1〉 문제행동을 기능적으로 평가하기: 전 교직원을 위한 훈련의 개관

■ **문제행동에 대한 설명**
- 발달적(예: 피아제)
- 의학적 · 생리학적(예: 호르몬, 증후군, 진단)
- 행동적
  - 행동은 후속결과로 인해 유지된다.
  - 학생은 ① 자신이 원하는 것을 얻기 위해, ② 자신이 원하지 않는 상황에서 회피하기 위해 문제행동을 보인다.

■ **인간의 행동은**
- 기능적이다.
- 예측 가능하다.
- 변화 가능하다.

■ **행동의 ABC**
- A＝선행사건
- B＝행동
- C＝후속결과

■ **ABC 패턴을 관찰하여 기능을 파악할 수 있다**
- 기능
  - (또래 또는 성인의) 관심 획득
  - (어려운 과제와 불편한 상황으로부터) 회피
  - 유형 강화제(예: 컴퓨터를 이용하고 싶어 한다. 운동장에서 선호하는 공을 가지고 싶어 한다. 줄의 맨 앞에 서고 싶어 한다.)
  - 감각(앞뒤로 몸 흔들기, 손톱 물어 뜯기와 같이 행동 자체가 강화작용을 가진다.)

■ **ABC와 기능을 파악하는 연습하기**
- 학교에서 일어난 사례를 이용하기

■ **선행사건 중재에 초점 맞추기**
- ABC 순서—이 순서 중에 'A'에 초점 맞추기
- (예: 식당의 소음 때문에 학생이 문제행동을 보인다.) 선행사건이 제거될 수 있는가?
- 선행사건을 상쇄시킬 수 있는가(예: 배고플 때 학생은 문제행동을 보인다. 학교에서 아침 식사를 제공할 수 있는가)?

2단계와 FBA

2단계 행동지원에 적합한 학생들은 행동 기대에 대한 보다 많은 연습과 피드백을 필요로 한다. 일반적으로 2단계 중재에는 경계선급 학생 그룹을 포함시키고, 심각하고 만성적인 문제행동을 보이는 학생 그룹을 포함시키지 않는다. 2단계의 목적은 행동지원이 필요한 학생 개개인을 위해 중재를 개별화하기보다 학교가 유사한 행동 중재를 필요로 하는 모든 학생에게 효과적으로 적용될 수 있는 중재를 개발하는 것이다. 구체적으로 2단계 중재의 핵심적 특징은 다음과 같다. ① 유사한 중재를 모든 학생에게 적용한다(교사의 적은 노력), ② 중재를 지속적으로 사용할 수 있도록 하고, 중재에 즉각적으로 접근할 수 있도록 한다, ③ 학생에 대한 도움을 요청하는 방법과 가능하다면 중재를 적용하는 방법을 모든 교직원에게 훈련시킨다, ④ 학교 차원의 행동 기대를 일관성 있게 유지한다, ⑤ 데이터를 바탕으로 향상을 지속적으로 모니터한다, ⑥ 기능적 평가 데이터를 바탕으로 중재를 수정할 수 있다(Hawken et al., 2009).

예를 들어, 2단계에서는 체크인 체크아웃 중재(Check-In/Check-Out, CICO; Crone et al., 2010), 사회성 기술 훈련, 멘토링, 학습 개별지도, 성공적 휴식 시간 중재(운동장에서 휴식 시간 중에 어려움을 보이는 목표 학생을 위한 중재; Hawken et al., 2009)를 적용할 수 있다.

교사 인터뷰는 FBA 데이터 수집을 위해 편리한 방법이다. 하지만 2단계 SWPBS에서는 불가능할 수 있다. 문제는 5~15% 학생이 2단계 행동지원을 필요로 할 수 있다는 것이다. 600명의 학생이 있는 초등학교라면, 2단계 중재에 앞서 90명의 학생들을 위해 교사 인터뷰를 실시해야 하는 것을 의미한다. 중·고등학교는 더 큰 규모(예: 1500~3000명 이상의 학생)이다. 따라서 이런 학교에서는 학년별로 더 많은 교사 인터뷰를 필요로 한다. 또한 더 심각한 문제행동을 보이는 학생(3단계, 학생의 7%)을 위한 서비스를 제공해야 한다. 이러한 상황에서 학교 인력이 20~30분이 걸리는 인터뷰를 많은 교사를 대상으로 학년마다 진행한다는 것은 불가능하다.

따라서 2단계 지원이 필요한 각 학생에 대한 공식적인 교사 인터뷰를 진행하기 대신, 2단계 중재를 선택할 때 기능을 고려해야 한다. 예를 살펴보자.

로더릭 랜드워드 선생님은 할레라는 학생을 위한 행동지원팀에 참여하게 되었다. 이 학생은 하루 종일 가벼운 문제행동(예: 허락 없이 말하기, 자리이탈 행동)을 보이는 학생이다. 행동지원팀은 할레의 학업 수준(성적, 과제 완수 백분율)을 살펴보았다. 데이터에 따르면 학생은 학령기 수준의 학업 수준을 보여 주고 있으며 교사도 학업적으로 문제가 없다고 보고하였다. 할레는 어려운 과제를 회피하려고 문제행동을 보이는 것은 아니라고 가설을 세웠다. 그리고 로더릭 랜드워드 선생님은 이 학생이 어른의 관심을 즐기는지에 대한 질문을 받았고, 그렇다고 확신하였다. 행동지원팀은 할레에게 CICO를 적용하기로 결정하고 격주로 향상을 모니터하기로 결정하였다. CICO에서 할레는 매일 아침 CICO 코디네이터 선생님을 찾아가 일일 향상 일지(Daily Progress Report: DPR)를 받아 교실에 와야 한다. 할레가 학교 차원의 행동 기대를 따르면, 로더릭 랜드워드 선생님은 일일 향상 일지에 피드백을 남긴다. 오후에 할레는 CICO 코디네이터 선생님에게 자신의 일일 향상 일지를 가지고 가서 검사를 받는다. 매일 성인들과의 상호작용은 긍정적인 관심을 받을 기회를 제공한다. 이 시나리오에서 알 수 있듯이 할레에게 2단계 중재를 적용하기로 한 결정 과정이 5~10분으로 줄어들 수 있었다. 공식적인 교사 인터뷰를 실시했다면 인터뷰만 20~30분이 소요되었을 것이다.

2단계를 적절하게 적용하였지만 효과가 없을 수 있다. 좀 더 개별화된 3단계 지원으로 넘어가기 전에 보다 심층적으로 FBA를 실시할 차례이다[2단계 지원과 3단계 지원에 따른 FBA 모형에 대한 정보는 Eber, Swain-Bradway, Breen와 Phillips(2013)의 연구를 참고할 수 있다]. 하루 종일 가벼운 문제행동을 보이는 할레에게 CICO를 적용한 사례로 다시 돌아가 보자.

지난 6주간 격주로 행동지원팀 회의를 가졌다. 중재 초기에 할레가 반응을 보이는 것으로 나타났다(일일 향상 일지 덕분에 백분율 점수가 증가하였다). 하지만 학생의 향상 정도가 최근 감소하였다. 행동지원팀은 로더릭 랜드워드 선생님을 대상으로 FBA 교사 인터뷰를 약식으로 진행하기로 결정하였다. 또한 선생님은 할레를 대상으로 인터뷰를 실시하기로 했다. 교사 인터뷰에서 선생님은 할레가 수업시간에 허락 없이 크게 말하는 행동은 줄어들었지만 또래와 속삭이는 행동이 증가되었다고 말했다. 이러한 이유로 CICO에 따른 일일 목표 점수를 다 채우지 못했다. 학생 인터뷰에서 할레는 CICO를 좋아하고 CICO 속에서 얻을 수 있는 유형 강화제(예: 연필, 스낵)도 좋아하지만 이러한 강화제 메뉴가 "지겨워졌다."고 말했다. 보상으로 무엇을 받기 원하는지 물어보았는데 친구들과 이야기 나누거나 음악을 들을 수 있는 자유 시간을 원한다고 했다. 또한 장기 목표를 달성했을 때 받을 수 있는 보상으로 친구들과 방과 후에 영화를 같이 보러 갈 수 있는 영화 쿠폰을 원했다. 행동지원팀은 CICO 코디네이터와 상의하여 강화 시스템에 변화를 주기로 결정하였다. 그러자 할레는 일일 점수 목표(수업시간에 80% 이상 점수 획득)를 정기적으로 달성할 수 있었다.

CICO 중재에 FBA를 적용하는 방법으로 SWIS/CICO 웹 기반 데이터 시스템(SWIS-CICO Web-based data system)을 사용할 수 있다(May, Talmadge, Todd, Horner, & Rossetto-Dickey, 2014). 학교에서는 일일 향상 일지를 바탕으로 수업시간별로 학생이 받는 백분율 점수를 시스템에 입력할 수 있다(초등학교에서는 점심시간을 기준으로 시간을 나누어 데이터를 입력할 수 있다). 훈육 지도실에 학생을 보내는 횟수(ODR)를 이용해 문제가 주로 발생하는 학교 환경을 파악하는 것처럼, SWIS/CICO을 이용해서도 특정 학생의 문제행동을 발생시키는 예측변인이 될 수 있는 수업시간을 파악할 수 있다. 매일 여러 교사가 수업시간마다 돌아가면서 수업하는 중·고등학교에서 이 방법이 유용할 수 있다. [그림 2-3]은 SWIS/CICO 데이터베이스 예시이다. 그래프를 보면 20일 동안 크리스 블랙이라는 학생이 받은 백분율 점수이다(가상의 데이터이지만 전형적인 데이터이다). 집중적인 중재가 제공되는 3단계 지원을 적용하기보다 행동지원팀은 학생의 문제행동이 주로 발생할 수 있는 수업시간을 파악하였다. 크리스 블랙은 3교시와 6교시를 제외한 모든 수업시간에 행동 기대 기준(수업시간에서 80%의 점수 획득)을 달성하였다. 3교시 수업에서는 20일 중 17일만 학생의 점수 획득 여부가 기록되었는데, 이것은 학생이

3교시 수업을 들어오지 않았거나 교사가 해당 수업시간의 일일 향상 일지에 점수 피드백을 적지 않았기 때문이다. 6교시 수업에서는 학생이 행동 기대 목표를 거의 달성하였다. 따라서 행동지원팀은 교사 및 학생 약식 인터뷰를 실시하였고, 3교시에 집중하여 행동을 향상시키기로 결정하였다.

행동지원의 1단계와 2단계에서 문제행동을 기능적으로 평가하는 과정(FBA)을 통해 집중적인 행동지원을 필요로 하는 학생의 수를 줄일 수 있을 것이다.

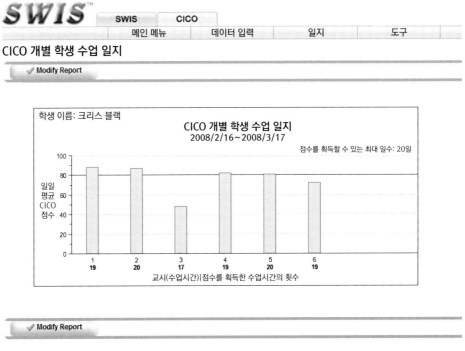

💎 [그림 2-3] 학생이 수업시간에 획득한 CICO 백분율 점수

Copyright by Educational and Community Supports, University of Oregon. Reprinted by permission.

3단계와 FBA

2단계에서 3단계 지원으로 변화되었다는 것은 그동안 학생의 문제행동의 강도와 빈도가 증가하였다는 것을 나타내며, 더 집중적인 행동지원이 필요하다는 것을 의미한다. 3단계 지원에서는 다른 수준의 평가를 실시해야 한다. 즉, 약식 FBA(brief FBA), 완전한 FBA(Full FBA), 기능 분석(functional analysis)을 실시해야 한다. 각 수준에 따른 FBA와 절차에 대하여 자세히 설명할 것이다. 앞에서 설명한 것처럼 학생이 2단계 중재에 반응하지 않을 때와 2단계에서도 약식 FBA를 실시할 수 있다.

FBA 절차

3단계 행동지원팀에게 도움 요청이 들어왔을 때 FBA를 시작한다. 교사, 학교관리자, 팀 구성원, 가족, 학생, 핵심 관계자가 행동지원팀에게 지원을 요청할 수 있다. FBA 수준에 따른 목표, 도구, 소요 시간을 〈표 2-2〉에서 보여 주고 있다.

〈표 2-2〉 FBA 수준에 따른 목표, 방법, 도구, 소요 시간

평가 수준	목표	방법	도구	소요 시간
약식 FBA	문제행동 정의 하기	약식 인터뷰	F-BSP 프로토콜(교사 인터뷰에서만 사용) 또는 FACTS-A	20~30분
			FACTS-B	20분
완전한 FBA	문제행동이 발생하는 시간, 상황, 이유 파악 하기	약식 인터뷰	F-BSP 프로토콜: (교사/부모/학생 인터뷰에서 사용)	20~30분
			SDFA	20~30분
		확장된 인터뷰	FAI	20~45분
		직접 관찰	FAO	30분~4시간
		기록 자료 검토	학교 기록 자료	30분
기능 분석	파악한 내용 확정하기	직접 관찰 또는 체계적·실험적 조작	FAO	20분 또는 더 많은 시간이 필요

참고　이 정보는 제안 사항일 뿐이다. 학교와 교육청에 따라 다른 형식으로 진행할 수 있다. 이 표에서 제시한 각종 양식을 부록에서 확인할 수 있다. F-BSP(기능적 행동평가·행동지원계획 프로토콜, Function-Based Behavior Support Plan Protocol); FACTS-A(교사와 관계자를 위한 기능평가 체크리스트-Part A); FACTS-B(교사와 관계자를 위한 기능평가 체크리스트-Part B); SDFA(학생 중심 기능평가, Student-Directed Functional Assessment); FAI(기능평가 인터뷰, Functional Assessment Interview (O'Neill et al., 1997)); FAO(기능평가 관찰 양식, Functional Assessment Observation Form).

우리는 문제행동과 선행사건 및 후속결과에 대한 정보를 효율적으로 수집할 수 있는 인터뷰 도구와 관찰 도구를 개발해 왔다. 이것들을 Part III에서 소개할 것이다. 부록에 양식을 수록하였다.

시간 관리에 집중하고 책임을 잘 분배하는 효율적인 조직일수록 FBA 과정을 신속하게 진행할 수 있다. 정기적인 미팅, 시간 제한을 둔 회의 안건, 세부적인 실행계획, 중앙 집중화된 기록 관리는 시간 활용 효율성을 향상시킬 수 있다. 이러한 방법을 이 책에서 자세하게 소개하고자 한다. 문제행동의 복잡성과 심각성에 따라 평가 과정의 집중도 역시 달라질 수 있다는 것을 알게 되면 기능 기반 행동지원의 효율성은 더욱 향상될 수 있다. 모든 학생에게 완전한 FBA가 필요하지 않다. 약식 FBA를 통해 많은 학생의 문제행동을 적절하게 평가할 수 있다.

약식 교사 인터뷰를 통해 약식 FBA를 실시할 수 있다. 약식 교사 인터뷰를 통해 문제행동을 정의하고 문제행동의 선행사건과 후속결과를 파악한다. 교사가 학생과 학생의 문제행동에 대해 잘 알고 있으면 이 정보만으로 효과적인 BSP(행동지원계획)가 수립될 수 있을 것이다. 약식 FBA는 다음과 같은 상황에 적절하다고 할 수 있다. ① 문제행동이 심각하거나 복잡하지 않아야 한다, ② 교사 인터뷰를 통해 행동지원팀이 문제행동 관련 선행사건, 후속결과, 기능을 확실하게 파악할 수 있어야 한다, ③ 학생이 정학, 퇴학, 다른 학교 배치의 위험성이 없어야 한다.

이러한 위험성을 가지고 있거나, 복잡하거나, 심각한 문제행동을 가진 학생에게는 완전한 FBA를 실시해야 한다. 심각한 문제행동을 보이지 않는 학생이지만 행동지원팀이 초기 교사 인터뷰를 통해 확실한 가설을 수립하지 못할 경우에도 완전한 FBA를 실시할 수 있다. 이때 적어도 2개 이상의 상황조건에서 학생을 직접 관찰하여 완전한 FBA를 실시한다. 이와 함께 다른 교사, 부모, 해당 학생을 대상으로 보충 인터뷰를 실시하고 해당 학생 관련 학교 기록 자료를 검토할 수도 있다.

적은 수의 학생에게 문제행동을 정확하게 평가하고 효과적으로 중재하기 위한 기능 분석을 실시한다. 기능 분석은 평가의 정밀성과 정확도를 향상시키기 위해 선행사건과 후속결과를 실험적으로 조작하는 과정을 통해 이루어진다. 따라서 반드시 기능 분석은 응용행동분석에 능숙한 사람이 실시해야 한다.

자원의 부족으로 인해 학교는 포괄적 FBA 모형을 필요로 할 것이다. 학교는 편리하고, 효과적이고, 통합적이며, 학생이 보이는 다양한 문제행동에 적합하게 변화시킬 수 있는 FBA 모형을 필요로 할 것이다. 이 책에서 다양한 수준의 모형(약식 FBA, 완전한 FBA, 기능 분석)을 설명하고 이 세 가지 모형을 구분하여 적용하는 결정 과정을 설명할 것이다.

약식 FBA(Brief FBA)

먼저, 문제행동을 정의해야 한다. 행동지원팀은 문제행동의 조작적 정의(operational definition)를 내려야 한다. 문제행동의 예측변인과 후속결과도 파악해야 할 것이다. 주로 교사 인터뷰를 통해 과정을 마칠 수도 있다. 교사는 행동지원팀의 가장 좋은 정보 원천이 될 수 있다.

교사는 매일 학생을 가르치고 관찰한다. 명확한 촉구와 연습을 제공한다면 교사는 예측변인, 후속결과, 문제행동 기능에 대한 충분한 정보를 제공하게 된다.

다음 단계에서는 문제행동 발생의 이유, 즉 검증 가능한 가설을 수립하기 위해 인터뷰 데이터를 활용해야 한다. 검증 가능한 가설이란 문제행동, 예측변인, 후속결과, 추정 가설을 기술하는 것이다. 다음은 검증 가능한 가설(testable hypothesis)의 예시이다. "제임스에게 어려운 문단을 소리 내어 읽으라고 했을 때, 학생은 교사가 자신을 사무실로 보내도록 만들고, 또래에게 자신이 잘 읽지 못하는 모습을 보여 주어 부끄러워지는 상황에서 회피하려고 책을 바닥에 던져 버리며 교사에게 욕을 한다."

초기 가설을 수립한 즉시 행동지원팀은 문제행동에 대한 평가의 적절성 여부, 추가 정보 필요 여부를 다음과 같은 질문을 통해 판단해야 한다. 행동지원팀은 가설을 통해 문제행동을 정확하게 설명하고 있는지 확신하는가? 행동지원팀이 틀렸다면 그 결과가 얼마나 심각할 것인가? 가설에 대한 확신이 부족하다면, 추가적인 평가 정보를 수집해야 한다. 즉, 완전한 FBA를 실시해야 한다. 그리고 학생이 정학, 퇴학, 다른 학교에 배치의 위험성을 가진다면 더 많은 시간과 자원을 이용하여 평가 과정을 진행해야 한다.

가설에 대해 확신하고 관련 위험성이 없다면 약식 FBA를 바탕으로 BSP를 수립한다. 행동지원팀은 전략들을 제안하고 교사는 이것을 실시한다. 그리고 제안된 전략의 효과를 평가하기 위한 추후 일정을 정한다.

완전한 FBA(Full FBA)

이 과정에서는 문제행동에 대한 가설을 조직화하고 검증하게 된다. 완전한 FBA의 목적은 BSP의 효과성과 효율성을 향상시키는 것이다. 약식 인터뷰와 함께 직접 관찰 및 확장된 인터뷰를 실시한다. 문제행동이 주로 발생하는 상황에서 관찰하고, 적어도 한 번은 또래와 비교하여 학생을 관찰한다. 즉, 목표 학생의 문제행동을 또래와 비교하는 것이다. 또래와 목표 학생의 행동을 비교를 하지 않으면, 행동의 빈도, 심각성이 또래와 상이하게 차이가 나는지 파악하기 어려워진다. 이와 더불어, 문제행동이 발생할 때마다 예측변인과 후속결과를 기록해야 한다.

보충 인터뷰를 통해 완전한 FBA를 실시해야 한다. 부모, 다른 교직원을 대상으로 인터뷰를 실시하여 문제행동을 파악할 수 있는 더 자세한 정보를 얻을 수 있다. 관찰 도구와 인터뷰 도구 샘플을 부록에 수록하였다.

완전한 FBA를 마치고 난 후, 행동지원팀은 검증 가능한 가설을 확정하거나 수정한다. 문제행동의 예측변인, 후속결과, 기능을 정확하게 파악했는지에 관해 확신이 서지 않는다면, 다음과 같은 질문을 통해 다른 결정을 내려야 한다. 현재의 FBA를 바탕으로 BSP를 설계해야 하는가? 아니면 상당한 시간과 자원을 투자하여 기능 분석을 실시해야 하는가?

이 결정은 중간에 바꿀 수 없다. 기능 분석은 상당한 시간을 필요로 하고, 응용행동 분석 전문가의 도움을 필요로 하기 때문이다. 제1장에서 설명한 시도 기반 기능 분석(trial-based functional analysis)을 이용할 때에도 마찬가지로 전문가의 도움이 필요하다.

행동지원팀은 사례별로 기능 분석을 실시할 수 있는 자원을 가지고 있는지 반드시 판단해야 한다. 관련 자원이 준비되어 있다면, 기능 분석을 추진할 수 있다. 그러나 관련 자원이 부족하다면 검증 가능한 가설에 나타난 심각성에 따라 부적절한 후속결과에 먼저 집중하고, 그것에 맞추어 기능 분석 시행 여부를 결정해야 한다. 예를 들어, 학생이 자신과 다른 사람에게 심각한 위험성을 가진다면, 학생 행동에 대한 기능 분석을 실시할 수 있다. 기능 분석을 실시할 수 없다면, BSP 설계를 시작해야 한다(현시점에서는 BSP를 설계하고 평가하기로 결정하는 것이 합리적일 것이다).

기능 분석(Functional Analysis)

기능 분석을 통해 문제행동, 예측변인, 기능을 경험적으로 명확하게 파악할 수 있다. 가설을 검증하기 위한 기능 분석은 환경 변인을 실험적이고 체계적으로 조작하는 과정을 통해 이루어진다(Vollmer & Northrup, 1996). 기능 분석 결과를 통해 선행사건, 유지 후속결과, 기능을 명확하게 파악할 수 있다. 이 정보를 바탕으로 BSP를 설계하고 적용할 수 있다.

〈표 2-2〉에서 제시된 것과 같이 가장 심각한 후속결과를 가져오는 사례일수록 평가 기간이 가장 길어진다. 평가 기간은 20~30분, 몇 시간에서 20시간 이상으로 늘어나기도 한다. 심각한 행동 후속결과 경우에 처한 교사는 가치 있는 평가라도 몇 시간을 기다릴 수 있을 정도로 한가하지 않다. 교사에게 문제행동을 지금이라도 중재할 수 있는 중간 계획(intermediary plan)이 필요하다. 학교는 종합 위험 관리 계획(universal crisis plan)을 가지고 있어야 한다. 행동지원팀이 FBA를 완전히 마쳤더라도, 학생과 교실의 안전을 지키기 위해 학교는 단기 위험 관리 계획(short-term crisis plan)을 통해 교사를 뒷받침해 주어야 한다(이 장의 보충 자료에서 위험 관리 계획에 관련된 자료를 참고할 것).

중재: BSP 평가와 수정의 단계는 어떻게 진행될까

적절한 FBA 수준을 결정하고 시행한 즉시, 행동지원팀은 BSP 설계, 적용, 수정의 과정을 시작한다. BSP는 반드시 다음과 같은 요소를 포함해야 한다. ① 배경사건과 예측변인의 변화를 통한 문제행동 예방 절차, ② 적절한 행동을 가르치기 위한 절차, ③ 문제행동의 후속결과를 변화시킬 수 있는 절차, ④ BSP의 맥락 적합성에 대한 고려, ⑤ BSP의 효과를 평가하기 위한 데이터 수집 절차, ⑥ 중재 적용, 평가, 후속 평가 일정을 BSP에 포함시켜야 한다.

<표 2-3> 행동지원계획의 설계 단계와 절차

- **문제 파악하기**
  - 지원 의뢰 신청서 접수하기
  - 공식 지원계획 수립 여부 결정하기
- **FBA 실시**
  - 조작적 용어(operational term)를 이용하여 문제행동 기술하기
  - 가설을 수립하고 검증하기 위한 인터뷰 및 관찰 실시하기
  - 필수적인 경우 기능 분석 실시하기
- **행동지원계획 설계**
  - 행동 목표 수립
  - 경쟁행동 경로 양식(Competing Behavior Pathway form) 작성하기(부록 B의 단계 6을 참고할 것)
  - 적용 가능한 중재 전략 목록 만들기
  - 모든 관련 맥락적 변인 고려하기
  - BSP 요소 선택하기
- **계획의 적용**
  - 행동지원팀 구성원 각자의 역할과 책임 결정 및 동의
  - 핵심 관련자(예: 부모, 학생)의 역할과 책임 결정 및 동의
  - 추후 평가회의 시간 결정하기
  - BSP의 중재계획 문서화하기
  - 참가 구성원에게 BSP 나누어 주기
  - BSP 적용하기

〈표 2-3〉에 BSP를 설계하는 과정이 목록화되어 있다. BSP 예시는 제4장에 제시되어 있다. BSP 설계에 대한 추가 정보가 필요하다면 이 장 끝에 있는 보충 자료에 제시된 기본 자료를 참고할 수 있다.

BSP 적용 후, 행동지원팀은 효과성과 효율성을 평가해야 한다. BSP 적용 후 2~3주 이내에 팀이 모여서, BSP 목표를 검토하고, 행동 데이터를 평가하고, 목표 성취 여부를 결정해야 한다. 목표를 달성했다면 BSP의 효율성을 다음과 같은 질문을 통해 평가해야 한다. BSP가 적절한 수준으로 효율적이었는가? 그렇지 않다면 시간과 자원을 절약할 수 있게 설계할 수 있는가? BSP의 효율성이 적절했다면 행동지원팀은 BSP를 재수정하거나 재평가할 필요가 없을 것이다. 1~2개월 동안 추

후 평가 회의를 실시할 수 있다. BSP 효율성이 향상되어야 한다면 필요한 수정 사항에 대해 결정하고, 수정된 BSP를 적용해야 한다. 2~3주 후에 행동지원팀은 다시 수정된 BSP의 효과성과 효율성을 평가해야 한다.

　(초기 계획이 시작된 2~3주 후) 최초 평가 회의에서는 목표가 성취되지 않았다고 판단할 수 있다. 이러한 경우, 행동지원팀은 BSP를 수정하기에 앞서, 목표가 성취되지 못한 이유를 판단해야 한다. 일반적으로 BSP가 적절하게 적용되지 못한 경우 효과적이지 못할 수 있다. 따라서 계획을 적용하기 어려웠던 맥락적 제한점(contextual limitation)을 찾아보아야 한다(맥락적 적절성에 대하여 제4장에서 다룰 것이다).

　심각한 맥락적 제한점이 발견되었다면 행동지원팀은 이것을 고려하여 계획을 수정할 수 있다. 맥락적 제한점이 발견되지 않았다면, 충실도(fidelity)를 고려하여 BSP를 다시 적용한다.

　계획을 적절하게 적용하였음에도 불구하고 목표가 성취되지 않았을 경우도 있다. 이 경우는 문제행동 초기 평가가 정확하게 진행되지 않았기 때문일 수 있다. 행동지원팀은 추가 FBA가 필요할지 결정해야 한다. 원래의 BSP가 약식 FBA 데이터를 바탕으로 설계되었다면 추가적으로 실시한 FBA가 적절할 것이다. 추가 평가의 필요성이 있다면, 관찰, 인터뷰, 또는 체계적 조작을 통해 문제행동을 파악해야 한다. 추가 평가의 필요성이 없다면 BSP를 수정하여 적용하고 2~3주 이내에 계획의 효과성과 효율성을 다시 평가해야 한다. 약식 FBA, 완전한 FBA, 기능 분석 과정을 [그림 2-4]에 제시된 순서도에서 확인할 수 있다.

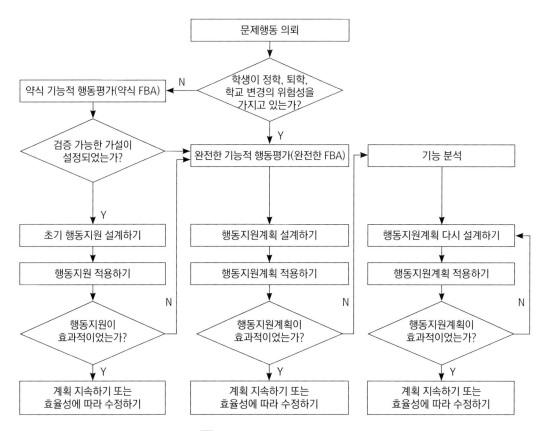

🖋 [그림 2-4] FBA-BSP 과정 순서도

보충 자료

기능평가 수행

Bloom, S. E., Iwata, B. A., Ritz, J. N., Roscoe, E. M., & Carreau, A. B. (2011). Classroom application of a trial-based functional analysis. *Journal of Applied Behavior Analysis, 44*(1), 19-31.

Chandler, L. K., & Dahlquist, C. M. (2001). *Functional assessment: Strategies to prevent and remediate challenging behavior in school settings*. Upper Saddle River, NJ: Merrill Prentice Hall.

Johnston, S. S., & O'Neill, R. E. (2001). Searching for effectiveness and efficiency in conducting functional assessments: A review and proposed process for teachers and other practitioners. *Focus on Autism and Other Developmental Disabilities, 16*(4), 205-214.

Jolivette, K., Barton-Arwood, S., & Scott, T. M. (2000). Functional behavioral assessment as a collaborative process among professionals. *Education and Treatment of Children, 23*(3), 298.

O'Neill, R. E., Albin, R. W., Storey, K., Horner, R. H., & Sprague, J. R. (2015). *Functional assessment and program development: A practical handbook* (3rd ed.). Pacific Grove, CA: Brooks/Cole.

Steege, M. W., & Watson, T. S. (2009). *Conducting school-based functional behavioral assessments: A practitioner's guide* (2nd ed.). New York: Guilford Press.

기능평가 인터뷰 도구

활동 루틴 평가 양식(부록 E)

약식 기능평가 인터뷰 양식(부록 F)

기능적 행동평가 · 행동지원계획 프로토콜(부록 B)

교사와 관계자를 위한 기능평가 체크리스트(부록 C)

학생 중심 기능평가 인터뷰(부록 D)

기능평가 인터뷰(O'Neill et al., 2015)

기능평가 관찰 도구

기능적 행동평가 관찰 양식(Sugai & Tindal, 1993)

O'Neill, R. E., Albin, R. W., Storey, K., Horner, R. H., & Sprague, J. R. (2015). *Functional assessment and program development: A practical handbook* (3rd ed.). Pacific Grove, CA: Brooks/Cole.

행동지원계획 개발 도구

기능적 행동평가 · 행동지원계획 프로토콜(부록 B)

행동관리

Gable, R. A., Park, K., & Scott, T. M. (2014). Functional behavioral assessment and students at risk for or with emotional disabilities: Current issues and considerations. *Education and Treatment of Children, 37*(1), 111−135.

Kamps, D., Wendland, M., & Culpepper, M. (2006). Active teacher participation in functional behavior assessment for students with emotional and behavioral disorders risks in general education classrooms. *Behavioral Disorders, 31*(2), 128−146.

Mueller, M. M., Sterling−Turner, H. E., & Moore, J. W. (2005). Towards developing a classroom−based functional analysis condition to assess escape−to−attention as a variable maintaining problem behavior. *School Psychology Review, 34*(3), 425−431.

Scott, T. M., DeSimone, C., Fowler, W., & Webb, E. (2000). Using functional assessment to develop interventions for challenging behaviors in the classroom: Three case studies. *Preventing School Failure, 44*(2), 51−56.

Smith, B. W., Sugai, G., & Brown, F. (2000). A self−management functional assessmentbased behavior support plan for a middle school student with EBD. *Journal of Positive Behavior Interventions, 2*(4), 208.

Stoiber, K., & Gettinger, M. (2011). Functional assessment and positive support strategies for promoting resilience: Effects on teachers and high-risk children. *Psychology in the Schools, 48*(7), 686-706.

학교 차원·학급 차원·특정 상황에 따른 중재

Scott, T. M., Anderson, C. M., & Spaulding, S. A. (2008). Strategies for developing and carrying out functional assessment and behavior intervention planning. *Preventing School Failure, 52*(3), 39-50.

Sprick, R. (2008). *Evidence-based behavioral strategies for individual students* (2nd ed.). Eugene, OR: Pacific Northwest Publishing.

Trussell, R. P., Lewis, T. J., & Stichter, J. P. (2008). The impact of targeted classroom interventions and function-based behavior interventions on problem behaviors of students with emotional/behavioral disorders. *Behavioral Disorders, 33*(3), 153-166.

Wills, H. P., Kamps, D., Hansen, B., Conklin, C., Bellinger, S., Neaderhiser, J., et al. (2010). The classwide function-based intervention team program. *Preventing School Failure, 54*(3), 164-171.

위험 관리 계획

Shukla, M., & Albin, R. (2003). Twelve practical strategies to prevent behavioral escalation in classroom settings. *Preventing School Failure: Alternative Education for Children and Youth, 47*, 156-161.

Sprick, R. (2008). *Evidence-based behavioral strategies for individual students* (2nd ed.). Eugene, OR: Pacific Northwest Publishing.

학교 시스템 속에서 기능적 행동평가 실시하기
예시 사례

제3장

기능적 행동평가 실행하기

들어가며

이번 장에서는 학교에 사용할 수 있는 절차를 자세히 소개할 것이다. 기능 분석을 제외한 약식 FBA와 완전한 FBA에 초점을 두어 설명할 것이다. 기능 분석에 대해서는 보충 자료를 참고하기 바란다. 이 장에서는 제시한 학생 세 명의 사례를 통해 FBA-BSP 과정을 소개할 것이다. 앞으로 소개할 학생은 실제 사례는 아니지만 다양한 형태의 학생을 나타내는 사례가 될 수 있을 것이다.

사례 1

베라는 성인 관심의 중심에 서길 원하는 유치원생이다. 이 학생은 참을성이 부족하고 수업시간에 허락 없이 말한다. 교사에게 또래에 대하여 '험담(tattle)'을 자주 한다. 교구를 함께 나누어 쓰려고 하는 또래에게 소리를 지르고, 교사에게 말을 걸고, 큰 소리로 울어 버린다. 운동장 쉬는 시간에는 자신을 화나게 하는 또래를 밀어 넘어뜨리는 행동을 보인다. 베라의 부모는 최근 이혼하였다. 베라는 유치원에 입학한 후 첫 6개월 동안 학생의 화내는 행동(temper tantrum)과 기타 문제행동 때문에 훈육 지도실에 10번 불려 왔다.

사례 2

　톰은 일반학급에 소속된 초등학교 3학년 학생이다. 학년 중간에 톰은 현재 학교로 전학 왔다. 싸움, 괴롭힘, 성인에 대한 무례한 행동 때문에 교사는 톰을 행동지원팀에 의뢰하였다. 톰은 매우 짧은 시간 동안 큰 소리로 울기도 한다. 학습능력에 있어서 톰은 읽기와 쓰기에 어려움을 보이며, 매주 1.5시간 읽기 영역을 특수교사에게 지도받는다. 톰은 운동은 좋아하고, 점심 쉬는 시간에 스포츠 활동을 이끄는 역할을 좋아한다.

사례 3

　로널드는 수업방해행동과 신체적 공격행동을 보이는 열두 살 중학교 1학년 학생이다. ADHD로 진단받았으며, 리탈린(Ritalin)이라는 약물을 복용 중이다. 3학년 때 로널드가 낮은 학업 성취와 잦은 문제행동 때문에 특수교육 서비스를 받기로 결정되었다. 새 학년이 시작된 20주 동안 로널드는 50번 이상의 ORD(훈육 지도실에 학생을 보내는 횟수)를 나타내었으며, 학교에서는 문제행동을 이유로 로널드의 퇴학을 고려하고 있다.

평가 과정

　행동지원팀에 의뢰함으로써 평가를 시작할 수 있다. 일반적으로 교사가 의뢰하지만 부모와 점심시간 관리 직원 같이 교육과 관계없는 직원도 의뢰할 수 있다. 코디네이터를 통해 의뢰할 수도 있으며, 의뢰 담당자·코디네이터는 외뢰받은 사항을 행동지원팀으로 넘기고 팀은 FBA-BSP 과정을 시작한다. [그림 3-1] [그림 3-2] [그림 3-3]과 같이 각 사례별로 지원 의뢰 신청서(Request for Assistance Form)를 작성하여 제출한다. 지원 의뢰 신청서 양식은 부록 A에 첨부되어 있다.

　코디네이터는 각 학생별로 교사 의뢰를 검토하며 FBA-BSP 과정에 주요한 정보가 될 수 있는 사항에 참고 요소를 적어 둘 수 있다. 예를 들어, 베라([그림 3-1])와 로널드([그림 3-3])의 담당 교사는 방과 후 학생을 남게 하기, 훈육 지도실에 학생

지원 의뢰 신청서

날짜: 2014/1/4 _____　　교사/팀: 릴러 _____

IEP 적용 여부: 네, (아니요)(해당 사항에 동그라미)

학생 이름: 베라 _____　　학년: 유치원 _____

현재 상황	문제행동	가장 일반적인 결과
예측할 수 없을 정도의 공격행동	허락 받지 않고 말하기 베라는 협담 쟁이다.	또래 화내기 대상 학생에게 유치원에서 할 수 있는 행동이 아니라고 알려 준다.

사용해 본 방법은 무엇인가? 그 방법의 효과는 있었는가?
항상 학생에게 협담하지 말라고 말해 준다. 또래를 밀어 버리는 행동을 보일 경우 30분간 훈육 지도실로 보내고 베라 엄마에게 알려 준다. 새 학년을 시작한 이래로 계속 이 방법을 사용하고 있지만 아직 이런 행동이 변화되지 않는다. 이 전략을 계속 사용할 것이지만 효과는 없다.

대상 학생을 위한 행동 목표·기대행동은 무엇인가? 또래 협담하지 않기 _____

문제행동이 발생하는 상황을 변화시키기 위해 사용해 본 방법은 무엇인가?

___ 학생 기술 수준에 맞추어 과제 수정	_X_ 자리 배치 조정	___ 활동 스케줄 수정	기타
___ 학생 학업 기술 향상을 위한 개별지도	___ 교육과정 수정	___ 추가 도움 제공	

기대행동을 가르치기 위해 사용해 본 방법은 무엇인가?

_X_ 문제행동 발생 가능성이 있을 때 기대행동 상기시키기	___ 모든 학급을 대상으로 규칙과 기대행동 명료화하기	___ 학급에서 기대행동 연습하기	기타
___ 기대행동에 대한 보상 프로그램	_X_ 대상 학생과 구두 동의 얻기	___ 자기관리 프로그램	
___ 행동에 대한 체계적 피드백 제공	___ 개별 행동 계약서	___ 학생 또는 부모를 대상으로 한 행동 계약서 만들기	

문제행동에 대한 후속결과는 무엇인가?

_X_ 특혜 없애기	_X_ 학생 부모에게 쪽지 보내기 또는 전화통화	_X_ 훈육 지도실에 보내기	기타
___ 타임아웃	___ 방과 후 학교에 남기	_X_ 혼내기	
___ 학교 상담교사에게 의뢰	___ 학생 부모와 미팅	___ 학생 개별 미팅	

🏅 [그림 3-1] 지원 의뢰 신청서-베라

The form itself is adapted from Todd, Horner, Sugai, and Colvin. Copyright 1999 by the National Institute for Direct Instruction, Eugene, Oregon.

지원 의뢰 신청서

날짜: 2013/10/5 _____   교사/팀: 스미스 _____

IEP 적용 여부: 네, (아니요)(해당 사항에 동그라미)

학생 이름: 톰 _____   학년: 3학년 _____

현재 상황	문제행동	가장 일반적인 결과
대부분 교실에서 발생 운동장, 식당에서 발생하지 않음 학생이 원하지 않는 것을 시킬 때 마다 발생	싸우기 다른 학생 이름 부르기 어른 밀어 버리기 어른한테 말대꾸하기	성인과 또래 학생과 말다툼을 한 다. 훈육 지도실로 보낸다.

사용해 본 방법은 무엇인가? 그 방법의 효과는 있었는가?

학생을 혼내고 훈육 지도실로 보낸다. 9월에는 학년 수준의 그룹 읽기 활동을 시켰고, 1:1 도움을 제공하였다. 그룹 읽기 시간에 가장 효과적으로 행동이 변화하는 것처럼 보였다. 학생의 읽기 기술을 계속 지도할 것이다. 효과가 있을 때까지 학생을 훈육 지도실로 보낼 것이다.

대상 학생을 위한 행동 목표·기대행동은 무엇인가? 다른 사람에게 예절 바르게 행동하기

문제행동이 발생하는 상황을 변화시키기 위해 사용해 본 방법은 무엇인가?

			기타
_X_ 학생 기술 수준에 맞추어 과제 수정	_X_ 자리 배치 조정	___ 활동 스케줄 수정	
___ 학생 학업 기술 향상을 위한 개별지도	_X_ 교육과정 수정	_X_ 추가 도움 제공	

기대행동을 가르치기 위해 사용해 본 방법은 무엇인가?

			기타
_X_ 문제행동 발생 가능성이 있을 때 기대행동 상기시키기	___ 모든 학급을 대상으로 규칙과 기대행동 명료화하기	___ 학급에서 기대행동 연습하기	
___ 기대행동에 대한 보상 프로그램	_X_ 대상 학생과 구두 동의 얻기	___ 자기관리 프로그램	
___ 행동에 대한 체계적 피드백 제공	___ 개별 행동 계약서	___ 학생 또는 부모를 대상으로 한 행동 계약서 만들기	

문제행동에 대한 후속결과는 무엇인가?

			기타
___ 특혜 없애기	___ 학생 부모에게 쪽지 보내기 또는 전화통화	_X_ 훈육 지도실에 보내기	
___ 타임아웃	___ 방과 후 학교에 남기	_X_ 혼내기	
___ 학교 상담교사에게 의뢰	___ 학생 부모와 미팅	___ 학생 개별 미팅	

[그림 3-2] 지원 의뢰 신청서-톰

The form itself is adapted from Todd, Horner, Sugai, and Colvin. Copyright 1999 by the National Institute for Direct Instruction, Eugene, Oregon.

지원 의뢰 신청서

날짜: 2014/2/1 _____　　교사/팀: 잭슨 _____

IEP 적용 여부: (네), 아니요(해당 사항에 동그라미)

학생 이름: 로널드 _____　　학년: 중학교 1학년 _____

현재 상황	문제행동	가장 일반적인 결과
항상 발생한다. 느닷없이 갑자기 문제행동이 발생하는 것처럼 보인다.	공격적이고 통제 불가능할 정도의 놀리는 행동	학생에게 바르게 행동하라고 계속해서 말한다. 결국 또래는 대상 학생의 행동을 무시한다. 훈육 지도실로 보내기, 정학

사용해 본 방법은 무엇인가? 그 방법의 효과는 있었는가?

새 학년에 들어서서 학생을 방과 후에 남겨 보기도 하고, 훈육 지도실에 보내기도 하고, 부모에게 메모를 보내기도 하고, 혼내기도 하고, 정학까지 시켜 보았다. 이 학생은 현재 이런 훈육 방법에 전혀 동요되지 않고, 학생에게 바르게 행동하라고 이야기하는 것이 지겨울 정도이다!

대상 학생을 위한 행동 목표·기대행동은 무엇인가?　싸우지 않기 _____

문제행동이 발생하는 상황을 변화시키기 위해 사용해 본 방법은 무엇인가?

			기타
___ 학생 기술 수준에 맞추어 과제 수정	_X_ 자리 배치 조정	___ 활동 스케줄 수정	
___ 학생 학업 기술 향상을 위한 개별지도	___ 교육과정 수정	___ 추가 도움 제공	

기대행동을 가르치기 위해 사용해 본 방법은 무엇인가?

			기타
_X_ 문제행동 발생 가능성이 있을 때 기대행동 상기시키기	_X_ 모든 학급을 대상으로 규칙과 기대행동 명료화하기	___ 학급에서 기대행동 연습하기	
___ 기대행동에 대한 보상 프로그램	___ 대상 학생과 구두 동의 얻기	___ 자기관리 프로그램	
___ 행동에 대한 체계적 피드백 제공	___ 개별 행동 계약서	___ 학생 또는 부모를 대상으로 한 행동 계약서 만들기	

문제행동에 대한 후속결과는 무엇인가?

			기타
_X_ 특혜 없애기	_X_ 학생 부모에게 쪽지 보내기 또는 전화통화	_X_ 훈육 지도실에 보내기	
___ 타임아웃	_X_ 방과 후 학교에 남기	_X_ 혼내기	
_X_ 학교 상담교사에게 의뢰	___ 학생 부모와 미팅	___ 학생 개별 미팅	

♢ [그림 3-3] 지원 의뢰 신청서-로널드

The form itself is adapted from Todd, Horner, Sugai, and Colvin. Copyright 1999 by the National Institute for Direct Instruction, Eugene, Oregon.

보내기, 부모와의 훈육 상담과 같은 '처벌 절차'에 의존하는 것으로 나타났다. 교사는 "새 학년이 시작한 후 이런 처벌 전략을 사용해 오고 있다."고 말하였지만, 코디네이터는 '아직 이런 행동이 변화되지 않는다.' '이 학생은 현재 훈육 방법에 전혀 동요되지 않는다.'와 같은 정보를 기술할 수 있다.

지원 의뢰 신청서는 다섯 가지 주요 요소에 주안점을 두고 작성되어야 한다. 첫째, 현재의 반응적 전략이 효과가 없다. BSP는 문제행동을 중재하기 위해 더욱 예방적이고 다양한 접근법을 포함할 것이다. 둘째, 주로 교사의 스트레스, 격앙(exasperation) 수준은 지원 의뢰 신청서의 주요 자료가 될 수 있다. 현재 사용 중인 전략을 묻는 질문에 대한 로널드 담당 교사의 대답은 교사의 좌절 수준을 보여 줄 수 있다. 로널드의 담당 교사에게는 지금이라도 초기 단계의 BSP가 필요하다. 셋째, 교사가 비효과적인 전략을 지속하면, 결국엔 효과가 있을 것이다 라고 믿고 있는지 기술해야 한다. "이 전략을 계속 사용할 것이지만 효과는 없다." "효과가 있을 때까지 학생을 훈육 지도실로 보낼 것이다."

이러한 중재의 효과성 여부를 떠나서 교사는 문제행동 변화에 처벌이 가장 효과적이라는 확고한 믿음을 가지고 있을 수 있다. 이러한 중재의 비효과성이 지속되더라도, 처벌 전략을 지속적으로 사용하려고 할 수도 있다. 코디네이터와 행동지원팀은 행동변화를 위한 다른 전략을 찾아보고 알아볼 수 있도록 교사를 도와주어야 한다.

톰의 담당 교사는 처벌 전략에 의존하고 있지만 문제행동을 감소시키기 위해 교육과정 수정도 시도해 보았다([그림 3-2]). 교사는 이런 노력이 어느 정도는 성공적이라고 생각하고 있었다. 행동지원팀은 이 효과적인 방법을 좀 더 확대시키기로 결정하였다. 이러한 성공적인 교사의 노력을 응원하고 지원해야 한다.

지원 의뢰 신청서를 분석할 때 고려해야 할 네 번째 주요 요소는 문제행동에 대한 교사의 설명이 명확하지 않은지, 충분한 정보를 제공하지 않는지 파악하는 것이다. 베라를 '험담쟁이(tattle-tale)'라고 기술하였고, 로널드를 '공격적' '통제 불가능'이라고 기술하였다. 이것은 관찰 가능하고 측정 가능할 수 있도록 기술한 것이 아니다. 교사는 행동이 가장 많이 발생할 것 같은 시간을 파악할 수 없었다. 교사에게 행동은 그저 '항상' '예측할 수 없을 정도로' '느닷없이' 발생하는 것으로 보인다. 행동지원팀은 교사가 문제행동의 조작적 정의를 만들고 가장 적절한 예측변인을 파악할 수 있도록 도와주어야 한다.

문제행동에 대한 조작적 정의란 관찰 가능하고 측정 가능한 용어를 이용하여 행동을 기술하는 것을 의미한다. 행동을 명확하게 기술할 때, 두 명의 관찰자가 독립적으로 학생을 관찰하고, 행동 발생 여부에 대하여 서로 동의할 수 있다. 예를 들어, 로널드를 단지 '공격적'이라고 기술하는 대신에 '로널드는 또래 학생을 상처 입힐 정도의 상당한 힘으로 친구의 팔을 때린다.' 또는 '로널드는 자신의 의자와 주변 또래의 의자를 찬다.'와 같이 기술할 수 있다.

행동을 조작적으로 정의 내리고 예측변인을 파악하는 것은 처음 많은 교사에게는 생소할 수 있다. 하지만 행동평가 용어를 이용하는 기회가 많아질수록 문제행동을 정의하고 예측변인과 후속결과를 파악하는 데 능숙해질 것이다. 그리고 행동지원팀은 질 높은 정보를 담은 지원 의뢰 신청서를 받게 될 것이다. 로널드와 톰의 지원 의뢰 신청서를 비교해 보면, 톰의 담당 교사는 8년차 경력 교사이다. 이 교사는 지난 3년간 네 명의 학생에 대한 도움을 의뢰한 적이 있다. 반대로 로널드의 담당 교사는 초임교사이다. 문제행동을 보이는 까다로운 학생을 처음 담당하게 되었다. 이 두 명의 교사에 따라 정보의 명료성에 큰 차이를 볼 수 있다.

마지막 요소로 코디네이터는 '싸우지 않기' '또래 험담하지 않기'와 같은 부정적으로 기술된 기대행동에 주목해야 한다. 학생에게 허락되지 않는 행동에 대하여 알려 줄 때에는 반드시 기대행동을 가르쳐야 한다. 학생에게 기대행동을 명료하게 가르친다는 것은 부적절한 행동을 대체할 수 있는 행동을 가르친다는 것을 의미한다. '손과 발을 바르게 하기'와 '예절 바르게 행동하기'는 학생에게 기대행동을 알려 주는 규칙이라고 할 수 있다. BSP를 개발할 때 행동지원팀은 교사로 하여금 기대행동을 정의하고, 가르치고, 보상할 수 있는 방법을 파악할 수 있도록 도와주어야 한다.

약식 FBA

다음은 약식 FBA를 실시할 단계이다. 담임교사 (대상) 인터뷰를 통해 약식 FBA를 실시할 수 있다(중 · 고등학교의 경우 담임교사가 없을 수 있다. 이러한 경우, 도움을 의뢰한 교사를 대상으로 인터뷰를 실시해야 한다). 약식 FBA는 학생에 대해 잘 알고 있는 교사가 제공하는 충분한 정보를 필요로 한다. 인터뷰의 주요 목적은 다음과 같다. ① 문제행동을 파악해야 한다, ② 문제행동의 주요 특성을 찾아야 한다, ③ 문제행동이 가장 많이 발생할 가능성이 있는 시간을 파악해야 한다, ④ 문제행동들의 공통적인 예측변인과 배경사건을 파악해야 한다, ⑤ 문제행동을 다시 발생하게 만드는 문제행동의 대표적인 후속결과를 파악해야 한다.

교사 인터뷰

　필수적인 FBA 정보를 제공할 수 있다면, 행동지원팀은 교사 인터뷰 방법 중 팀에게 익숙한 교사 인터뷰 방법을 선택하여 사용할 수 있다. 기능적 행동평가 · 행동지원계획 프로토콜(The Functional Behavioral Assessment-Behavior Support Plan Protocol: F-BSP Protocol)은 기본적으로 교사와 관계자를 위한 기능평가 체크리스트(Functional Assessment Checklist for Teachers: FACTS; March et al., 2000)를 바탕으로 구성되었으며, 앞에서 설명한 인터뷰 목적에 부합하는 교사 인터뷰 도구로 구성되어 있다. 구성된 인터뷰 도구는 편리하고, 사용하기 쉽고, 쉽게 훈련받을 수 있을 것이다. [그림 3-4] [그림 3-5] [그림 3-6]에는 앞의 세 가지 사례에 따른 교사 인터뷰 작성 내용을 제시하고 있다. 교사 인터뷰는 단지 기능적 행동평가 · 행동지원계획 프로토콜(F-BSP Protocol) 전체의 일부분이라는 것을 알아 두어야 한다. 이 프로토콜의 각 부분은 제3장, 제4장, 제5장에 걸쳐 설명할 것이다. 기능적 행동평가 · 행동지원계획 프로토콜(F-BSP Protocol) 양식은 사용 방법과 함께 부록 B에 수록되어 있다.

　일반적으로 행동지원팀원이 교사 인터뷰를 진행한다. 교사가 FBA 과정에 점차 익숙해지면, 팀원의 도움이 없이도 교사 혼자서 인터뷰 양식에 따라 작성할 수 있을 것이다. 인터뷰에 약 20~30분이 소요된다. 평가 도구로써 인터뷰 양식의 장점은 다음과 같다. 첫째, 문제행동을 불확실하게 기술하는 것을 예방할 수 있다는 것이다. 같은 문제행동이 발생하는 동일한 사건을 두 사람에게 보여 주고 문제행동에 대해 기술한 내용을 제시하는 방법으로 유용성을 향상시킬 수 있다. 예를 들어, 단순히 '리사는 ADHD 아동 같다.'와 '리사는 정신없이 군다. 책상은 구겨진 종이로 가득하고, 필요한 책과 교구들 찾게 시키면 또래에 비해 3배 이상 시간이 걸린다. 10분 이상 자리에 앉아 있는 경우가 드물다. 자신의 차례가 아닌 경우에도 대답하고 다른 아동과 사람들을 방해한다.'라고 기술한 것은 담고 있는 정보에 있어 큰 차이를 보인다.

기능적 행동평가 · 행동지원계획 프로토콜(F-BSP Protocol)의 교사 인터뷰를 통해 문제행동에 대한 빈도, 강도, 맥락에 관해 기술함으로써 세부적이고, 측정 가능하고, 객관적인 정보를 얻을 수 있다. 지원 의뢰 신청서에 나타난 베라는 '험담쟁이'로 적혀 있었다. 하지만 베라에 대한 교사 인터뷰([그림 3-4])를 통해 문제행동에 대해 훨씬 명료한 정보를 다음과 같이 얻을 수 있었다. '베라는 성인의 관심을 얻고 자신이 원하는 물건을 얻기 위해 화내는 행동을 나타내는 것으로 보인다.' 이 문제행동은 일주일에 3~4번 발생하고, 한 번 발생하면 '1~5분' 지속된다. 행동은 '위험하지 않다. 하지만 교사에게 방해된다.'

기능적 행동평가 · 행동지원계획 프로토콜(F-BSP Protocol)을 통해 얻을 수 있는 두 번째 장점은 문제행동을 파악할 때 아동보다 아동의 루틴에 초점을 둘 수 있다는 것이다. 즉, 변화시킬 수 있는 사건과 상황에 초점을 맞춘다는 것이다. 이 과정을 통해 행동지원팀은 문제행동 예측변인과 패턴을 찾아내고 어느 영역에 가장 큰 영향을 미칠 수 있을지 파악할 수 있다. 가장 큰 문제를 가진 시간과 그렇지 않은 시간을 파악할 수 있다. 예를 들어, 로널드에 대한 지원 의뢰 신청서에는 로널드의 문제행동은 '항상 발생한다' '느닷없이 갑자기 문제행동이 발생하는 것처럼 보인다.'라고 적혀 있었다. 하지만 로널드에 대한 F-BSP 인터뷰([그림 3-6])를 통해 다른 시간보다 특정 시간에 로널드의 문제행동이 훨씬 많이 발생한다는 것이 명확하게 나타났다. 수학 수업과 읽기 수업 시간에 로널드의 문제행동이 발생할 가능성이 매우 높은 것으로 나타났다. 이것은 문제행동 가설을 수립하고 효과적인 BSP를 개발하는 데 주요한 정보로 작용한다.

F-BSP 프로토콜에 따른 교사 인터뷰의 마지막 단계는 문제행동의 발생 이유를 검증 가능한 가설로 만드는 것이다. 문제가 될 수 있는 각 루틴에 따라 검증 가능한 가설을 수립한다. 많은 학생의 경우 복잡한 문제행동 패턴을 가진다. 따라서 행동지원팀은 명확한 루틴을 여러 개 파악해야 한다.

기능적 행동평가 인터뷰: 교사/교직원/부모용

학생 이름: 베라   나이: 5   학년: 유치부   날짜: 2014/1/6

인터뷰 대상: 릴러(교사)

인터뷰 진행자: 칸(수행팀원)

학생 프로필: 학생이 잘하는 것 또는 학교에서 보이는 학생의 강점은 무엇인가? 매우 세심하고 성인과 어린 동생을 위해 배려할 줄 안다. 자신의 의견을 말한다.

단계 1A: 교사/교직원/부모 인터뷰

행동에 대해 기술하기

> 문제행동은 어떤 형태로 나타나는가?
> 또래 아동이 대상 학생의 물건을 같이 나누어 쓰려고 할 때, 대상 학생은 화내고, 또래에 대해 험담하고, 울어 버리고, 자신의 물건을 되찾으려고 공격적이게 된다.
>
> 문제행동이 얼마나 자주 발생하는가?
> 일주일에 3~4번
>
> 문제행동이 한 번 발생하면 얼마나 오래 지속되는가?
> 1~5분
>
> 문제행동이 방해되는 정도와 위험한 정도는?
> 그렇게 위험하지않다. 하지만 교사에게 방해된다.

선행사건에 대해 기술하기

루틴 파악하기: 언제, 어디서, 누구에게 문제행동이 가장 많이 발생하는가?

스케줄 (시간)	활동	문제행동	문제행동 발생 가능성	문제행동 대상
9:00	등교, 개별 활동		낮음 1 ②3 4 5 높음 6	
9:15	아침 활동 시간, 대그룹 수업	또래 험담, 밀치기, 칭얼거리기	1 2 3 4 ⑤ 6	또래
9:45	간식	또래 험담, 밀치기, 칭얼거리기	1 2 ③ 4 5 6	또래
10:00	글자 공부 대그룹 수업 시간	또래 험담, 밀치기, 칭얼거리기	1 2 3 ④ 5 6	또래
10:20	미술 · 음악 대그룹 수업 시간	또래 험담, 밀치기, 칭얼거리기	1 2 3 4 ⑤ 6	또래
10:50	쉬는 시간	또래 험담, 밀치기, 칭얼거리기	1 2 3 ④ 5 6	또래
11:05	소그룹 활동	또래 험담, 밀치기, 칭얼거리기	1 2 ③ 4 5 6	또래
11:30	하교		1 ② 3 4 5 6	

선행사건(배경사건) 요약하기

어떤 상황이 문제행동을 발생시키는 것으로 보이는가? (어려운 활동, 활동 전환, 구조화된 활동, 소그룹 상황, 교사 지시, 특정 개인 등)

구조화된 시간이나 비구조화된 활동 상황 모두에서 문제행동이 발생한다. 1명 이상의 또래가 학생 옆을 지나가거나 또래와 학생이 함께 걸어갈 때마다 발생한다. 활동 난이도는 이 행동에 영향을 미치지 않는 것으로 보인다.

문제행동이 가장 많이 발생하는 시간은 언제인가? (시간, 요일)

대그룹 아침 활동 시간, 미술/음악 대그룹 수업 시간, 쉬는 시간

문제행동이 가장 적게 발생하는 시간은 언제인가? (시간, 요일)

아침 등교 시간/개별 활동 시간, 하교 시간

배경사건: 문제행동을 더 심하게 만드는 상황, 사건, 활동이 있는가? (약을 복용하지 않음, 학업 실패 경험, 가정에서의 갈등, 식사를 놓침, 수면 부족, 또래와의 갈등 경험 등)

아침 학교 버스에서 안 좋은 일이 있었으면 화난 상태로 등교한다.

후속결과에 대해 기술하기

문제행동이 발생하면 주로 어떤 일이 일어나는가? (교사의 반응, 또래의 반응, 훈육 지도실로 학생 보내기, 학습활동에서 학생 제외시키기, 교사와 학생 간 주도권 갈등 등)

주로 또래 아동들은 뒤로 물러나 버리고 대상 학생은 물건을 차지해 버린다. 교사는 친구에 대해 험담하는 것이 나쁜 행동이라고 말해 준다. 교사는 학생 엄마에게 알려 주고, 학생 엄마도 문제행동에 대해 자녀에게 말한다. 학생이 교실에서 화내는 행동(큰 소리로 울기, 친구에게 소리지르기, 친구 그림 찢어 버리기)을 보일 경우 훈육 지도실로 보낸다.

- - - - - - 인터뷰 종료- - - - -

단계 2A: 검증 가능한 설명 제시

배경사건	선행사건	행동	후속결과
아침에 가정이나 버스에서 안 좋은 일이 있음	또래와의 대그룹 상황, 물건을 나누어 써야 할 때	1. 또래 험담, 밀치기, 청얼거리기, 울기	교사는 올바른 행동에 대해 말해 준다. 엄마도 가정에서 올바른 행동에 대해 말해 준다. 또래로부터 원하는 물건을 뺏는다.

행동 기능

위에 목록화된 ABC 순서를 바탕으로 생각하는 행동의 발생 이유는 무엇이겠는가? (교사 관심 획득, 또래 관심 획득, 원하는 물건·활동 획득, 원하지 않는 행동으로부터 회피, 요구 상황으로부터 회피, 특정 사람으로부터 회피 등)

1. 베라는 성인의 관심을 얻고 자신이 원하는 물건을 얻기 위해 화내는 행동을 나타내는 것으로 보인다.

검증 가능한 설명이 정확하다고 생각되는 확신 정도는?

매우 확신		중간		확신하지 못함
6	5	4	③	2	1

💎 [그림 3-4] 교사 인터뷰-베라

The form itself is adapted by permission from March et al. (2000). Copyright 2000 by Educational and Community Supports, University of Oregon.

기능적 행동평가 인터뷰: 교사/교직원/부모용

학생 이름: 톰   나이: 8   학년: 3   날짜: 2013/10/7

인터뷰 대상: 스미스(교사)

인터뷰 진행자: 샌드(수행팀원)

학생 프로필: 학생이 잘하는 것 또는 학교에서 보이는 학생의 강점은 무엇인가? 운동에 소질 있고, 운동 활동에 리더가 되길 원하고, 다른 또래는 대상 학생을 자신의 팀으로 데려오려고 한다.

단계 1A: 교사/교직원/부모 인터뷰

행동에 대해 기술하기

문제행동은 어떤 형태로 나타나는가?

학생이 좌절감을 느끼면 공부하려고 하지 않고, 책을 집어 던지고, 소리 지르고 놀리는 행동으로 교사를 '돌아 버리게' 만들려고 한다.

문제행동이 얼마나 자주 발생하는가?

크게 화내는 행동은 일주일에 2~3번 주로 아침에 발생한다.

좌절감을 느낄 때 작게 화내는 행동이 발생하며, 학습 거부 행동이 하루 종일 발생한다.

문제행동이 한 번 발생하면 얼마나 오래 지속되는가?

크게 화내는 행동은 1시간 이상 발생하며 점심시간 때까지 지속된다.

짧게 화내는 행동이 나타날 때에는 더 자주 다시 발생하고, 다시 학생에게 지시할 때마다 발생한다.

문제행동이 방해되는 정도와 위험한 정도는?

학생의 학업 향상에 부정적인 영향을 미친다. 학급 전체에 방해가 된다. 밀치는 행동은 멍을 들게 만들기도 한다.

선행사건에 대해 기술하기

파악하기: 언제, 어디서, 누구에게 문제행동이 가장 많이 발생하는가?

스케줄(시간)	활동	문제행동	문제행동 발생 가능성 낮음 1 2 3 4 5 6 높음	문제행동 대상
8:45	등교, 이야기 나누는 시간		1 ②3 4 5 6	
9:00	수학 수업	수업 거부 교사에게 소리 지르기	1 2 3 4 ⑤ 6	보조인력
9:45	음악 · 미술 · 사회 수업	책상에 물건 내려치기	1 2 3 4 ⑤ 6	교사
10:15	자율 학습 시간	또래 밀치기	1 2 3 ④ 5 6	또래, 교사
10:45	쉬는 시간		① 2 3 4 5 6	
11:00	읽기 수업		1 2 ③ 4 5 6	또래, 교사
12:00	점심		① 2 3 4 5 6	
12:45	쓰기 수업		1 2 ③ 4 5 6	교사
1:00	문학 수업		1 2 3 ④ 5 6	교사
2:00	쉬는 시간		① 2 3 4 5 6	
2:15	과학 수업		1 2 ③ 4 5 6	또래, 교사

선행사건(배경사건) 요약하기

어떤 상황이 문제행동을 발생시키는 것으로 보이는가? (어려운 활동, 활동 전환, 구조화된 활동, 소그룹 상황, 교사 지시, 특정 개인 등)

크게 화내는 행동 - 구조화된 시간, 학습 어려움, 쉬는 시간 전, 또래와의 부정적 사회작용

작은 불만 행동/지시 따르지 않기 - 1:1 지원 없이 해야 하는 어려운 과제

문제행동이 가장 많이 발생하는 시간은 언제인가? (시간, 요일)

크게 화내기 - 수학 시간 또는 09:45~10:45 수업 시간

작은 불만 행동/지시 따르지 않기 - 문학, 자율 학습 시간, 읽기, 쓰기, 과학

문제행동이 가장 적게 발생하는 시간은 언제인가? (시간, 요일)

쉬는 시간, 점심시간, 등교/이야기 나누는 시간

배경사건: 문제행동을 더 심하게 만드는 상황, 사건, 활동이 있는지? (약을 복용하지 않음, 학업 실패 경험, 가정에서의 갈등, 식사를 놓침, 수면 부족, 또래와의 갈등 경험 등)

학생은 학업 실패에 대한 경험을 가지고 있다. 1:1 학습 보조인력이 학교에 나오지 않은 날은 문제행동이 더 심해진다.

후속결과에 대해 기술하기

문제행동이 발생하면 주로 어떤 일이 일어나는가? (교사의 반응, 또래의 반응, 훈육 지도실로 학생 보내기, 학습활동에서 학생 제외시키기, 교사와 학생 간 주도권 갈등 등)

수업을 하지 못할 정도로 문제행동이 방해된다. 또래는 대상 학생에게 조용히 하라고 말하기도 하고, 교사는 학생을 꾸짖기도 한다. 훈육 지도실에 학생을 보내기도 한다. 결국 대상 학생은 아무런 학습 활동을 하지 않고 수업을 마치기도 한다.

- - - - - 인터뷰 종료- - - - -

단계 2A: 검증 가능한 설명 제시

배경사건	선행사건	행동	후속결과
1:1 학습 보조인력 결근	쉬는 시간 전 구조화된 수업 시간, 또래가 대상 학생에 대해 이야기하기	1. 수업 거부, 소리 지르기, 책으로 내려치기, 또래 방해하기	교사 관심, 또래 관심
학업 실패 경험	학습 보조인력이 없이 어려운 과제 제시	2. 수업 거부, 소리 지르기, 책으로 내려치기	교사 관심, 과제 회피

행동 기능

위에 목록화된 ABC 순서를 바탕으로 생각하는 행동의 발생 이유는 무엇이겠는가? (교사 관심 획득, 또래 관심 획득, 원하는 물건·활동 획득, 원하지 않는 행동으로부터 회피, 요구 상황으로부터 회피, 특정 사람으로부터 회피 등)

1. 톰은 또래 관심과 교사 관심을 얻기 위해 크게 화내는 행동을 보인다.

2. 톰은 자신이 스스로 하지 못할 것 같은 과제로부터 회피하고 교사 관심을 얻기 위해 작게 화내는 행동·수업거부 행동을 보인다.

검증 가능한 설명이 정확하다고 생각되는 확신 정도는?

매우 확신			중간		확신하지 못함
6	5	4	③	2	1

[그림 3-5] 교사 인터뷰-톰

기능적 행동평가 인터뷰: 교사/교직원/부모용

학생 이름: 로널드 _____ 나이: 12 학년: 중학교 1학년 날짜: 2014/2/3

인터뷰 대상: 잭슨(교사) _____

인터뷰 진행자: 앤드류(수행팀원) _____

학생 프로필: 학생이 잘하는 것 또는 학교에서 보이는 학생의 강점은 무엇인가? 매일 학교에 온다.

단계 1A: 교사/교직원/부모 인터뷰

행동에 대해 기술하기

문제행동은 어떤 형태로 나타나는가?
그룹 수업 시간에 적응을 잘 못한다. 또래가 말을 시키면 대상 학생은 화내고 주로 또래 학생의 팔을 때린다. 그 또래 학생을 기억하고 있다 그 또래와 하교 후에 자주 싸운다.
수업을 거부하고 교사에게 소리를 지르기도 한다.

문제행동이 얼마나 자주 발생하는가?
싸우기. 일주일에 약 1번
수업 거부. 매 수업마다. 교사에게 소리 지르기. 일주일에 약 2번

문제행동이 한 번 발생하면 얼마나 오래 지속되는가?
교실에서 싸우기. 약 5분
훈육 지도실에 보내지 않으면 수업시간 동안 계속 발생. 소리 지르기는 짧게 마치지만 자주 발생함

문제행동이 방해되는 정도와 위험한 정도는?
싸우는 행동은 매우 위험. 한 번은 또래 학생이 코피가 나서 보건 교사에게 보낸 적도 있음
소리 지르기는 수업과 교사에게 방해됨. 수업 거부 행동으로 인해 학생이 중학교 1학년을 마치지 못할 위험이 있음

선행사건에 대해 기술하기

루틴 파악하기: 언제, 어디서, 누구에게 문제행동이 가장 많이 발생하는가?

스케줄 (시간)	활동	문제행동	문제행동 발생 가능성						문제행동 대상
			낮음					높음	
8:20~9:15	과학 수업	싸우기	1	2	3	④	5	6	또래
9:20~10:15	수학 수업	소리 지르기, 수업 거부	1	2	3	4	5	⑥	교사
10:20~11:15	읽기 수업	소리 지르기, 수업 거부	1	2	3	4	5	⑥	교사
11:20~12:15	스페인어 수업	소리 지르기, 수업 거부	1	2	3	4	⑤	6	교사
12:20~1:00	점심시간		①	2	3	4	5	6	
1:05~2:00	사회 수업	싸우기	1	2	3	④	5	6	또래
2:05~3:00	체육 수업		①	2	3	4	5	6	

선행사건(배경사건) 요약하기

어떤 상황이 문제행동을 발생시키는 것으로 보이는가? (어려운 활동, 활동 전환, 구조화된 활동, 소그룹 상황, 교사 지시, 특정 개인 등)

싸우기 – 그룹 수업을 할 때 가장 자주 발생. 특히 특정 또래 학생과의 그룹 수업

수업 거부/소리 지르기 – 수업 중 과제가 많거나 어려운 경우

문제행동이 가장 많이 발생하는 시간은 언제인가? (시간, 요일)

싸우기 – 과학, 사회 수업

수업 거부/소리 지르기 – 수학, 읽기, 스페인어 수업

문제행동이 가장 적게 발생하는 시간은 언제인가? (시간, 요일)

점심시간이나 체육 수업 시간에는 아무런 문제 없음

배경사건: 문제행동을 더 심하게 만드는 상황, 사건, 활동이 있는지? (약을 복용하지 않음, 학업 실패 경험, 가정에서의 갈등, 식사를 놓침, 수면 부족, 또래와의 갈등 경험 등)

특정 또래 학생이 주변에 있거나 지난 이틀 중에 싸운 적이 있으면 더욱 문제행동이 심하게 나타남

후속결과에 대해 기술하기

문제행동이 발생하면 주로 어떤 일이 일어나는가? (교사의 반응, 또래의 반응, 훈육 지도실로 학생 보내기, 학습활동에서 학생 제외시키기, 교사와 학생 간 주도권 갈등 등)

싸우기 – 다른 학생들은 피하고 교사에게 알림. 교사는 대상 학생을 훈육 지도실로 보냄

수업 거부/소리 지르기 – 교사와 긴 말다툼을 하더라도 결국 수업활동을 하지 않음. 많은 과목에서도 낙제 점수를 받고 있음

- - - - - - 인터뷰 종료- - - - - -

단계 2A: 검증 가능한 설명 제시

배경사건	선행사건	행동	후속결과
특정 또래 학생, 수업 활동을 모니터 하지 않는 경우	그룹 협동 활동 지시. 또래는 대상 학생에게 별 의도 없이 말하기 부정적인 말하기	1. 화내고, 자신을 혼자 내버려 두라고 친구에게 말함. 행동을 계속 두면, 친구의 팔을 때림	다른 학생들은 멀리 떨어짐 훈육 지도실로 자주 보냄
학업 실패 경험	많은 과제나 어려운 과제를 시킴	2. 수업 거부. 교사에게 소리 지르기	아무 활동도 하지 않고 수업을 마침. 교사는 학생과 말다툼을 하게 됨. 훈육 지도실로 보냄

행동 기능

위에 목록화된 ABC 순서를 바탕으로 생각하는 행동의 발생 이유는 무엇이겠는가? (교사 관심 획득, 또래 관심 획득, 원하는 물건·활동 획득, 원하지 않는 행동으로부터 회피, 요구 상황으로부터 회피, 특정 사람으로부터 회피 등)

1. 로널드는 부정적인 또래 상호작용으로부터 회피하고 자신의 힘을 과시하려 또래를 때린다.

2. 로널드는 과제에서 회피하기 위해 수업을 거부하고 교사와 말다툼을 한다.

검증 가능한 설명이 정확하다고 생각되는 확신 정도는?

매우 확신			중간		확신하지 못함
6	5	4	③	2	1

🛡 [그림 3-6] 교사 인터뷰–로널드

The form itself is adapted by permission from March et al. (2000). Copyright 2000 by Educational and Community Supports, University of Oregon.

검증 가능한 가설 수립

검증 가능한 가설(testable hypothesis)은 BSP의 처방전과 같다. 검증 가능한 가설은 문제행동 감소를 위해 변화시켜야 하는 예측변인과 후속결과를 제시한다. 또한 문제행동을 대체하도록 가르쳐야 할 새로운 행동을 나타낸다.

또한 문제행동의 기능을 기술하는 검증 가능한 가설을 통해 FBA와 BSP의 연결점을 찾을 수 있다. 연구에 따르면 문제행동은 주요 기능으로 적어도 정적 강화와 부적 강화를 가지고 있다(Carr, 1977; O'Neill et al., 1997). 획득(예: 관심, 유형물)을 통해 유지되는 문제행동은 학생에게 정적 강화의 기능을 가진다(O'Neill et al., 1997). 반대로 원하지 않는 것으로부터 회피함으로써 유지되는 문제행동은 학생에게 부적 강화의 기능을 가진다(O'Neill et al., 1997). 같은 형태를 가진 행동이라도 동일 학생에게 다른 기능으로 작용하기도 하고 다른 학생에게 다른 기능으로 작용하기도 한다.

톰의 루틴 매트릭스([그림 3-5]의 루틴 영역)를 분석, 선행사건 관련 질문에 대한 대답([그림 3-5])에 따르면 최소 두 개의 루틴(요구 상황이 있으며 쉬는 시간 앞의 구조화된 수업시간, 요구 상황이 있지만 1:1 학습 보조인력이 없는 구조화된 수업시간)에서 문제행동이 발생할 가능성이 매우 높다. 첫 번째 루틴에 대한 검증 가능한 가설을 다음과 같이 수립할 수 있다. '어려운 학습 과제가 제시되며 쉬는 시간 앞의 구조화된 수업 시간에 톰은 수업을 거부하고, 교사에게 소리를 지르고, 책을 세게 내려친다.' 베라의 문제행동에 대한 검증 가능한 가설은 다음과 같다. '대그룹 수업 상황에서 또래가 베라의 물건을 사용하려고 할 때, 베라는 교사의 관심을 얻기 위해 험담을 하고, 밀치고, 칭얼거리거나 울어 버린다.' 다음은 로널드의 문제행동에 대한 검증 가능한 가설이다. '긴 시간 동안 교사의 감독이 적은 그룹 수업 시간 중, 또래가 로널드에 대해 부정적으로 말할 경우 로널드는 다른 학생을 주먹으로 때린다. 또래가 자신에 대하여 부정적으로 말하는 것을 멈추게 하기 위해 때려 버린다.'

F-BSP 프로토콜 교사 인터뷰 두 번째 페이지 하단에는 행동지원팀이 검증 가능한 설명을 확신하는 정도를 기록하게 되어 있다. 1~6점으로 구성되어 있으며, '확신하지 못함'으로 판단할 경우 1점, '매우 확신'으로 판단될 경우 6점으로 기록한다. 루틴이 문제행동을 발생시킬 가능성이 있고 유지시킬 가능성을 가진다고 생각될 경우 4, 5 또는 6점으로 기록한다. 문제행동의 발생 가능성에 대해 확신이

부족한 경우 1, 2 또는 3점으로 기록한다.

이제 약식 FBA를 마쳤다. 행동지원팀에 따라 교사가 이야기한 문제가 된 루틴 속에서 발생하는 문제행동을 관찰할 수도 있다(관찰에 대해서 앞으로 설명할 것이다). 다음의 기준에 만족할 경우, 행동지원팀은 완전한 FBA를 실행하지 않고 BSP를 설계할 수 있다. ① 대상 학생은 장애를 가지고 있지 않지만 정학, 퇴학, 다른 학교에 배치의 위험성을 가지고 있어야 한다. 또는 이 학생을 위한 기타 훈육 조치가 공교육 접근성을 제한하고 있어야 한다. ② 행동지원팀이 초기 검증 가능한 가설의 정확성에 대한 확신(6점 중 4점 이상의 확신)을 가지고 있어야 한다. 이 기준들 중 한 가지가 만족되지 않을 때 행동지원팀은 완전한 FBA를 실시해야 한다.

완전한 FBA

보충 인터뷰

약식 FBA를 바탕으로 완전한 FBA를 실시한다. 완전한 FBA는 자연스러운 상황 속의 학생 관찰, 보충 인터뷰로 구성된다. 더 많은 교사, 부모, 대상 학생을 상대로 인터뷰를 실시한다. 이러한 사람들은 문제행동 이해를 위한 중요한 정보를 제공해 줄 것이다.

F-BSP 프로토콜 교사 인터뷰를 변형하여 부모에게 사용할 수 있다([그림 3-7]). 가족을 대상으로 인터뷰를 진행할 때에는 학교와 직접적으로 관련된 사항에 대해서만 이야기 나누는 것이 어려울 수 있다. 가족은 자녀의 학교 문제뿐만 아니라, 금전적 어려움, 이혼, 약물과 같은 다양한 어려움을 가지고 있을 수 있다. 인터뷰 진행자는 '모든 것을 해결'해야 한다는 생각이 들기도 하고, '이 모든 것이 학생이 문제행동을 보이는 이유'라는 생각에 모든 가족 이력 정보를 수집하려고 할 수 있다. 문제행동의 배경사건으로 작용하는 주요 가족 문제를 파악하는 것이 중요하다. 하지만 인터뷰 진행자는 유치원에서 고등학교로 이어지는 교육을 더 효과적으로 만들 수 있도록 학교 관련 시야를 가지고 변화 가능한 사항에만 초점을 맞추어야 한다.

예를 들어, 이혼으로 인해 해당 학생과 다른 가족구성원에 대해서도 정서적 어려움을 겪는 가족이 있다. 학교는 이혼에 대한 조언을 제공할 필요가 없다. 이혼

기능적 행동평가 인터뷰: 교사/교직원/부모용

학생 이름: 톰   나이: 8   학년: 3   날짜: 2013/10/7

인터뷰 대상: 톰 어머니

인터뷰 진행자: 샌드(수행팀원)

학생 프로필: 학생이 잘하는 것 또는 학교에서 보이는 학생의 강점은 무엇인가? 사랑스럽고, 창의적이고, 에너지 넘치고, 운동에 소질이 있다.

단계 1A: 교사/교직원/부모 인터뷰

행동에 대해 기술하기

문제행동은 어떤 형태로 나타나는가? 숙제하는 방법을 모르는 것 같다. 엄마, 아빠한테 말대꾸를 계속하고, 숙제를 찢어 버리고, 연필을 던지고, 울고, 칭얼거린다. 문제행동이 얼마나 자주 발생하는가? 숙제가 있는 날에는 매일 저녁마다 발생한다. 문제행동이 한 번 발생하면 얼마나 오래 지속되는가? 저녁 식사 시간 전까지(약 2시간 동안) 문제행동이 방해되는 정도와 위험한 정도는? 가족과 아동에게 매우 힘든 상황이다. 매일 다투게 된다. 크게 위험하지는 않다.

선행사건에 대해 기술하기

루틴 파악하기: 언제, 어디서, 누구에게 문제행동이 가장 많이 발생하는가?

스케줄 (시간)	활동	문제행동	문제행동 발생 가능성 낮음　　　　　　　높음 1　2　3　4　5　6	문제행동 대상
7:15~7:45	일어나기, 옷 입기	일어나기 싫어함, 불평함	1　②　3　4　5　6	어머니
7:45~8:15	아침 식사		①　2　3　4　5　6	
8:15~8:30	등교 버스 타기	한두 번 또래와 말다툼	1　2　③　4　5　6	또래
			1　2　3　4　5　6	
			1　2　3　4　5　6	
3:00~3:20	하교 버스 타기	한두 번 또래와 말다툼	1　2　③　4　5　6	또래
3:20~3:30	간식		①　2　3　4　5　6	
3:30~?	숙제해야 하는 시간	거부 행동, 울기, 소리 지르기	1　2　3　4　5　⑥	어머니, 아버지

선행사건(배경사건) 요약하기

어떤 상황이 문제행동을 발생시키는 것으로 보이는가? (어려운 활동, 활동 전환, 구조화된 활동, 소그룹 상황, 교사 지시, 특정 개인 등)

간식 먹고 난 후 숙제를 시켰을 때

문제행동이 가장 많이 발생하는 시간은 언제인가? (시간, 요일)

숙제가 있는 날 마다 3:30

문제행동이 가장 적게 발생하는 시간은 언제인가? (시간, 요일)

일어나고, 학교 버스 타는 데 큰 문제는 없다.

배경사건: 문제행동을 더 심하게 만드는 상황, 사건, 활동이 있는지? (약을 복용하지 않음, 학업 실패 경험, 가정에서의 갈등, 식사를 놓침, 수면 부족, 또래와의 갈등 경험 등)

평소와 다르게 숙제를 더 강요하면 문제행동이 심해진다. 어머니가 참지 못하는 행동을 보일 때 더 심한 문제행동을 보인다.

후속결과에 대해 기술하기

문제행동이 발생하면 주로 어떤 일이 일어나는가? (교사의 반응, 또래의 반응, 훈육 지도실로 학생 보내기, 학습활동에서 학생 제외시키기, 교사와 학생 간 주도권 갈등 등)

자녀와 말다툼을 하게 된다. 학생의 어린 동생에게 관심을 주지 못하게 된다. 자녀가 숙제를 다 못하면 결국 어머니가 자녀의 숙제를 대신 해 준다. 숙제를 하지 않아 자녀가 낙제 점수를 받기 원치 않는다.

- - - - - - 인터뷰 종료- - - - -

단계 2A: 검증 가능한 설명 제시

배경사건	선행사건	행동	후속결과
어머니의 기분이 좋지 않거나 참지 못할 때	방과 후 숙제를 해야 할 때	1. 울기, 칭열 거리기, 소리 지르기, 숙제 거부	자녀와 말다툼, 어머니가 직접 자녀의 숙제를 해 주기도 함

행동 기능

위에 목록화된 ABC 순서를 바탕으로 생각하는 행동의 발생 이유는 무엇이겠는가? (교사 관심 획득, 또래 관심 획득, 원하는 물건·활동 획득, 원하지 않는 행동으로부터 회피, 요구 상황으로부터 회피, 특정 사람으로부터 회피 등)

1. 톰은 너무 어렵다고 생각하는 과제를 회피하고 엄마의 관심을 얻기 위해 화내는 행동을 보인다.

검증 가능한 설명이 정확하다고 생각되는 확신 정도는?

매우 확신		중간			확신하지 못함
6	5	④	3	2	1

🏺 [그림 3-7] 부모 인터뷰-톰

The form itself is adapted by permission from March et al. (2000). Copyright 2000 by Educational and Community Supports, University of Oregon.

이라는 이유로 학생의 문제행동을 정당화할 수도 없다. 학교는 이혼이 산만행동, 내성적인 행동, 공격행동의 배경사건으로 작용할 수 있다는 것을 인식해야 한다. 이혼한 부모 간의 공동 양육권 문제도 문제행동과 관련될 수 있다. 양육자의 가정에 따라 규칙, 아침 루틴, 행동 기대는 큰 차이를 보인다. 이러한 차이는 아침에 학교에서 발생하는 학생 행동에 주요한 영향을 미칠 수 있다. 학교에서는 성인 멘토를 학생에게 배치하여 배경사건의 부정적인 영향을 감소시킬 수 있을 것이다. 학교 일과가 시작하기 전에 성인 멘토는 학생에게 연락하는 역할을 한다. 성인 멘토는 학생과 함께 등교하고 학생이 아침식사를 했는지 확인하며, 수업 준비물을 가지고 왔는지 확인해 주고, 학교 일과를 준비할 수 있도록 도움을 제공한다.

등교 전 루틴과 하교 후 루틴에 대해 인터뷰를 진행하는 것도 학교 관련 사항에 주안점을 두는 데 도움이 된다. '집에 어떻게 돌아가나요? 등·하교 중에 문제행동을 보이지 않나요? 집에 오면 학생은 무엇을 주로 하나요? 숙제 시간을 따로 정해 두나요?'와 같은 질문을 통해 인터뷰를 실시할 수 있다. [그림 3-7]은 톰의 부모를 대상으로 실시한 F-BSP 인터뷰 내용이다. 인터뷰 내용을 살펴보면 숙제를 해야 할 때 문제행동이 가장 많이 발생하는 것으로 나타났다. 부모로부터 수집한 정보를 바탕으로 행동지원팀은 가정과 협력하여 톰이 가정에서 숙제를 하고 학교로 가져오도록 지원할 수 있는 방안을 시작할 수 있을 것이다.

보통 FBA 과정에 학생이 직접 참여하지 않는다. 그러나 연구에 따르면 학생도 기능적 행동평가에 중요한 정보를 제공할 수 있다(예: Murdock, O'Neill, & Cunningham, 2005). Reed 등(1997)은 교사와 학생 간 문제행동에 대한 의견 일치도를 분석하였다. 예측변인(77%), 행동(85%), 후속결과(77%)에 대하여 교사와 학생 간 높은 일치도를 보였다. 하지만 문제행동의 배경사건(26%)에 대해서는 낮은 일치도를 보였다. Nippe, Lewis-Palmer와 Sprague(1998)도 동일한 연구결과를 제시하였다. 문제행동의 배경사건에 대해 교사와 학생 간의 낮은 일치도를 보인 것에 주목해야 한다. 학생 행동에 영향을 미치는 수많은 배경사건을 모두 인지하지 못하는 것은 당연할 수 있다. 예를 들어, 학생이 아침을 먹지 못해서 짜증을 낼 수 있다. 가정에서 가족 간의 말다툼 때문에 화가 났을 수도 있다.

뿐만 아니라, 교사가 파악하는 문제행동보다 학생이 파악하는 문제행동이 더 많을 수도 있다(Nippe et al., 1998; Reed et al., 1997). 교사는 교실에서 관찰되는 행동을 주로 목표 행동으로 선정하지만, 학생은 수업시간 이동 중에 등교 전, 방과 후에 발생한 문제행동을 알 수 있다.

교사, 부모, 관찰자는 학생 자신의 행동 발생, 동기, 맥락을 학생 자신 만큼 파악하지 못할 수 있다. 따라서 주요한 정보를 제공할 수 있을 정도의 연령을 가진 학생의 경우, FBA 과정에 참여할 수 있다. 학생이 제공하는 정보는 중재 계획의 효과성을 결정하는 주요한 역할을 할 수 있다. 문제행동, 예측변인, 후속결과를 파악하기 위해 F-BSP 프로토콜 학생 인터뷰를 실시할 수 있다. 수행팀의 도움을 통해 학생 인터뷰를 실시한다(수행팀은 행동지원팀 소속).

인터뷰에 앞서 학생의 연령을 먼저 고려해야 한다. 어린 학생일 경우 인터뷰 과정이 익숙하지 않아 참여하지 못할 수 있고, 모르는 성인(예: 교사가 아닌 학교심리학자)과 인터뷰하는 것이 불편할 수 있다. 수행팀은 학생 인터뷰에 앞서 인터뷰 양식 첫 페이지에 학생 일일 스케줄을 먼저 채워 넣는다. 인터뷰를 진행하는 중에는 학교에서 가장 힘들어하는 시간과 상황을 학생에게 물어본다. 수행팀원과 함께 학생은 어떤 일 때문에 자신이 올바르지 않은 행동을 보이는지 이야기를 나눈다. 학생으로부터 수집한 정보를 바탕으로 문제행동 기능과 예측변인을 고려한 가설을 수립한다. [그림 3-8]은 로널드를 대상으로 실시한 학생 인터뷰 내용이다. 학생 인터뷰 양식은 F-BSP 프로토콜 부록 B에 첨부되어 있다.

중·고등학생은 수업 시간에 따라 다른 교실로 가야 한다. 즉, 자주 이동해야 하는 것이다. 로널드는 이동시간(transition)에 문제행동을 자주 보인다. 교사는 이 정보를 알지 못했고, 교사 인터뷰에서도 나타나지 않았다. 문제행동이 수업 전환 시간 동안에 많이 발생하기 때문에 학생 중심 인터뷰를 실시하는 것이 매우 중요하다.

학생 인터뷰가 끝난 후, 행동지원팀은 그 정보를 분석하고, 언제 어디서 문제행동이 발생하는지, 그리고 왜 그 문제행동이 발생하는지에 대한 검증 가능한 가설을 수립한다. 학생 인터뷰를 통해 만들어진 가설은 교사(부모) 인터뷰를 통해 수립된 검증 가능한 가설과 비교할 수 있다. 동일한 행동과 상황에 대해 두 가지 검증한 가설이 서로 동일할수록 행동지원팀은 평가의 정확성에 더 확신을 가질 수 있다. F-BSP 프로토콜은 교사와 학생 인터뷰를 통한 가설을 비교하고 검증 가능한 가설에 대한 확신을 재확인하는 영역을 포함하고 있다. 이것은 [그림 3-9]에 설명되어 있다.

기능적 행동평가 인터뷰: 학생용

학생 이름: 로널드 _____ 나이: 13 학년: 중학교 1학년 날짜: 2014/2/7
인터뷰 진행자: 앤드류(수행팀원)
학생 프로필: 학생이 잘하는 것 또는 학교에서 보이는 학생의 강점은 무엇인가? 점심시간에는 친구
들과 어울려 노는 것을 좋아한다. 체육 수업은 재미 있고 잘한다. 과학 수업은 가끔 괜찮다. 학교 파
티를 좋아하고 춤추는 것을 좋아한다.

단계 1B: 학생 인터뷰 실시하기
행동에 대해 기술하기

자신이 문제를 일으키거나 학교에서 문제가 되는 것은 무엇인가? (허락없이 말하기, 공부하지 않기, 싸우기 등)
"친구와 싸우기. 친구 딸 때리기. 선생님에게 말대구하기"

얼마나 자주 (학생이 대답한 문제행동)을 보이는가?
"말도 안 되는 그룹 활동을 해야 할 때마다 사회, 과학 수업시간에 싸우게 돼요. 이런 일이 주로 금요일에 있
다고 생각해요."
"나는 너무 자주 선생님께 말대구하지 않아요. 선생님이 우리에게 멍청하고 지루한 일을 할 때에만 말대구
해요."

(학생이 대답한 문제행동)이 한 번 발생하면 얼마나 오래 지속되는가?
"선생님이 말하기 전까지 싸워요. 그리고 훈육 지도실에 한동안 있어요."

(학생이 대답한 문제행동)의 심각한 정도는? (자신이나 다른 학생이 결국 다치게 되는가? 다른 학생들이 산만
해지게 만드는가?)
"친구들을 많이 다치게 했지만 그렇게 나쁘진 않았어요."

선행사건에 대해 기술하기
파악하기: 언제, 어디서, 누구에게 문제행동이 가장 많이 발생하는가?

스케줄 (시간)	활동	문제행동	문제행동 발생 가능성						문제행동 대상
			낮음					높음	
8:20~9:15	과학 수업	싸우기	1	2	③	4	5	6	또래
9:20~10:15	수학 수업	과제를 이해 못함	1	2	3	4	5	⑥	교사
10:20~11:15	읽기 수업	과제를 이해 못함	1	2	3	4	5	⑥	교사
11:20~12:15	스페인어 수업	과제를 이해 못함	1	2	3	④	5	6	교사
12:20~1:00	점심시간		①	2	3	4	5	6	
1:05~2:00	사회 수업	싸우기	1	2	3	4	⑤	6	또래
2:05~3:00	체육 수업		1	②	3	4	5	6	
기타	교실 이동	싸우기	1	2	3	4	5	⑥	또래
기타	대체 교사와 공부		1	2	③	4	5	6	교사
기타	도움 받기		1	2	③	4	5	6	교사·또래

선행사건(배경사건) 요약하기

어떤 것 때문에 자신이 문제행동을 보이는가? (어려운 활동, 활동 전환, 구조화된 활동, 소그룹 상황, 교사 지시, 특정 개인 등)

"싸우는 거요? J.D와 M.L은 나에게 멍청하다고 말하기 때문에 이 친구들과 공부해야 하면 싸우게 돼요. 특히 선생님이 책상에만 앉아서 우리를 지켜봐 주지 않으면 더 그래요."

문제행동이 가장 많이 발생하는 시간과 장소는? (요일, 특성 수업 시간, 복도, 화장실)

"사회 수업 시간에 가장 많은 싸움을 해요. 과학 수업시간에도 종종 하구요. 왜냐하면 그룹 활동을 해야 하고, J.D가 같은 수업을 들어요."

문제행동이 가장 적게 발생하는 시간은 언제인가? (요일, 특성 수업 시간, 복도, 화장실)

"나는 절대로 체육관이나 운동장에서 말썽을 일으키지 않아요. 이때는 아무도 나를 귀찮게 하지 않아요."

배경사건: 학교나 수업 후 또는 수업 시간 사이에 무슨 일이 생기면 문제가 발생하는가? (약을 복용하지 않음, 학업 실패 경험, 가정에서의 갈등, 식사를 놓침, 수면 부족, 또래와의 갈등 경험 등)

"내가 월요일에 누구와 싸움을 하고 나면, 화요일에 다시 그 학생과 싸우게 돼요. 왜냐하면 아직 화난 상태이거든요."

후속결과에 대해 기술하기

문제행동이 발생하면 주로 어떤 일이 일어나는가? (교사의 반응, 또래의 반응, 훈육 지도실로 학생 보내기, 학습활동에서 학생 제외시키기, 교사와 학생 간 주도권 갈등 등)

"보통 다른 친구들은 화가 나거나 다치게 되고, 나를 혼자 내버려 둬요. 그러면 선생님이 나한테 털어 놓으라고 말씀하세요. 그는 비록 친구들이 먼저 싸움을 걸더라도 소리 치지 않아요. 그래도 난 거기에 있고 싶지 않아요. 친구들이 나를 교실 밖으로 내쫓을 때까지 계속 친구들을 괴롭혀요."

- - - - - - 인터뷰 종료- - - - -

단계 2B: 검증 가능한 설명 제시

배경사건	선행사건	행동	후속결과
전에 싸운 적 있는 J.D나 M.L이 있을 때	모니터 받지 않는 그룹 활동, 또래의 부정적 발언	1. 친구 때리기, 그룹 수업 활동을 못함	친구가 피한다. 교사의 주중. 결국 훈육 지도실로 감. 상황으로부터 회피

행동 기능

위에 목록화된 ABC 순서를 바탕으로 생각하는 행동의 발생 이유는 무엇이겠는가? (교사 관심 획득, 또래 관심 획득, 원하는 물건·활동 획득, 원하지 않는 행동으로부터 회피, 요구 상황으로부터 회피, 특정 사람으로부터 회피 등)

1. 로널드는 혐오적인 상황으로부터 회피하기 위해 다른 학생을 때린다. 그룹 협동 수업 활동 중에 일어나는 또래의 부정적 발언으로부터 회피하고 싶어 한다.

[그림 3-8] 학생 인터뷰-로널드

2학년이나 더 어린 학생을 대상으로는 FBA 정보를 얻기 어려울 수 있다. 어린 학생들은 일반적으로 나이 든 학생들보다 자신의 행동에 대한 인식과 통찰력을 덜 가질 수 있기 때문이다.

관찰

완전한 FBA를 위해서는 적어도 한 번은 학생을 관찰해야 한다. 이상적으로는 행동의 패턴이 예상되고 목표 행동이 여러 번 발생하는 것이 관찰될 때까지 관찰해야 한다. 교사, 부모, 학생이 말한 문제행동 발생 상황 속에서 학생을 관찰해야 한다. 다양한 관찰 시스템을 이용할 수 있다. 행동지원팀은 자신들에게 익숙하고 적절한 관찰 시스템을 선택하여 이용할 수 있다. 적절한 관찰 시스템은 ① 문제행동의 선행사건, ② 문제행동 발생 여부, ③ 문제행동을 유지시키는 후속결과에 대한 객관적이고 정량화된 데이터를 제공할 수 있어야 한다. 기능평가 관찰(Functional Assessment Observation: FAO) 양식은 행동 기능 관찰을 위한 유용한 도구가 될 수 있다.

"기능평가 관찰(FAO)은 a) 문제행동 발생 수, b) 함께 발생하는 문제행동, c) 문제행동이 가장 덜 발생하고 가장 많이 발생할 가능성이 높은 시간, d) 문제행동 발생이 예측되는 사건, e) 문제행동의 유지 기능에 대한 인식, f) 문제행동 후 발생하는 후속결과를 보여 준다"(O'Neill et al., 1997, p. 37). 원한다면, 며칠 동안 여러

단계 3: 검증 가능한 설명에 대한 신뢰도 평가

두 가지 인터뷰를 모두 마쳤다면, 이 두 인터뷰가 서로 일치하는가? (Y/N)

(a) 배경사건 _____   (b) 선행사건 _Y_____

(c) 행동 _Y/N_____   (d) 후속결과 _Y_____

(e) 기능 _Y_____

학생은 교사보다 적은 문제행동에 주안점을 두었다.

검증 가능한 설명이 정확하다고 생각되는 확신 정도는?

매우 확신		중간		확신하지 못함
6	5	④	3	2	1

🛡️ [그림 3-9] F-BSP 프로토콜, 단계 3

관찰을 통해 기능평가 관찰(FAO) 기록지에 기록할 수 있다. 베라에 대한 FAO는 [그림 3-10]에 제시되어 있다. FAO 양식은 부록 G에 수록되어 있다. 이 양식 작성 방법은 O'Neill 등(2015)을 참고할 수 있다.

이 관찰의 목적은 가설의 타당성을 검증하고 교사 가설과 학생 가설의 불일치를 해결하는 것이다. FAO는 FBA 관찰을 수행할 수 있는 능력을 가진 행동지원팀이 작성한다. 인터뷰에서 드러난 문제행동이 관찰 중에도 나타났다. 대부분의 문제행동은 대그룹 수업 활동 중에 발생했다. 대부분의 문제행동은 문제행동에 대한 성인의 관심에 의해 유지되었고 학생이 원하는 것을 얻을 수 있었다. 인터뷰와 관찰 사이의 밀접한 연관성은 검증 가능한 가설에 대한 행동지원팀의 확신을 향상시키고 이 학생을 위한 BSP를 개발할 수 있게 할 것이다.

FBA 관찰과 함께 또래 참조 관찰(peer-referenced observation)을 실시하는 것이 유용하다. 또래 참조 관찰의 주요 목적은 문제행동을 학생의 또래와 비교하여 행동의 심각성을 결정하는 것이다. 대상 학생의 행동을 다른 또래 학생과 비교한다. 필요한 데이터에는 공부하는 시간 백분율, 공부하지 않는 시간 백분율, 문제행동을 보이는 시간 백분율이 포함된다. 일반적으로 15~30분간 관찰한다. [그림 3-11]은 또래 비교 관찰 양식(Peer Comparison Observation Form)의 예시이다. [그림 3-12]는 베라에 대한 관찰 데이터 요약 내용이다.

또래 관찰 데이터에 따르면 베라의 행동은 또래와 비교하여 상당히 다르다는 것을 보여 준다. 또한 수업을 방해한다는 것을 명확하게 보여 준다. 베라는 30%의 수업시간 동안 공부를 하지 않았으며, 12%에 해당하는 간격(interval) 동안 교사를 방해하는 행동을 보였다. 이것은 17%의 수업시간 동안 공부를 하지 않았고, 0%의 간격 동안 방해행동을 보인 또래와 비교된다.

추가 인터뷰와 일상적인 루틴 상황에서 발생하는 문제행동을 관찰한 후, 행동지원팀은 초기의 가설을 검증하거나 수정할 충분한 정보를 수집하였다. 이제 행동지원팀은 BSP를 설계하고 행동 계획을 만들 준비가 되었다. 다음 장에서는 행동지원팀이 기능 기반 BSP를 구성하는 방법에 대해 다룰 것이다.

기능평가 관찰 양식

학생 이름: 베라

시작 날짜: 2014/1/15   종결 날짜: 2014/1/17

시간 / 등교	행동			예측 변인							감지된 기능						회피			실제 후속결과	
	때리기	물기	얼굴할퀴기	요구 거절	이닦기 관련	읽을것요구	쓰기요구	활동(놀잇감)	몰두할것없음	관심요구가 낮아짐	또래가 아이를 무시	관심	물건/활동 획득	시간 끌기	감각 자극	놀릴 것을 줌 ( )	놀려 시작	과제/요구 철회	아무것도 획득 못함	활동 철회	
아침 활동, 대그룹	1 / 5 / 10	1 / 5 / 10		1 / 5 / 10	1 / 5 / 10			1 / 5 / 10			1 / 5 / 10		1 / 5 / 10			1 / 5 / 10		1 / 5 / 10	R. K.
간식	2	2	2					2			2		2				2		
글자 공부 대그룹 활동	3 / 6 / 11	3 / 6 / 11		3 / 6 / 11	3 / 6 / 11			3 / 6 / 11			3 / 6 / 11		3 / 6 / 11			3 / 6 / 11		3 / 6 / 11	
미술/음악 대그룹	4 / 7 / 12	4 / 7 / 12		4 / 7 / 12	4 / 7 / 12			4 / 7 / 12			4 / 7 / 12		4 / 7 / 12			4 / 7 / 12		4 / 7 / 12	
쉬는 시간	8 / 13	8 / 13		8 / 13	8 / 13			8 / 13			8 / 13		8 / 13			8 / 13		8 / 13	
소그룹 활동	14	9		9 / 14	9 / 14			9 / 14			9 / 14		9 / 14			9 / 14			R. K.
하교																			
총계																			
사건발생:	1 2 3 4	5 6 7 8 9	10 11 12 13 **14**	15 16 17 18 19 20 21 22 23 24 25															
날짜:	1/15	1/16	1/17																

[그림 3-10] 기능평가 관찰 양식-베라

The form itself is from O'Neill et al., *Functional Assessment and Program Development for Problem Behavior* (2nd ed.). © 1997 South-Western, a part of Cengage Learning, Inc. Reproduced by permission. www.cengage.com/permissions.

학생이름: 베라	학교: 윌슨 초등학교
날짜: 1/15	학년: 유치부
상황: 교실	활동: 아침 활동 시간
시작 시간: 9:15	종결 시간: 9:35
관찰자: 그런	

On=공부 활동
Off=공부 활동 하지 않음
T=부적절한 발화
OS=자리 이탈
F=안절부절못하기
행동 1= 험담하기
행동 2= 밀치기

첫 번째 관찰 양식 (학생) — 남 (여)

	:10		:20		:30		:40		:50		:00
(학생)	T F	(On)	T F	(On)	(T) F	On	T F	On	T F	On	(On)
또래	OS	Off	OS	Off	OS	(Off)	OS	(Off)	(OS)	(Off)	Off
남 (여)	행동 1	행동 1	(행동 1)	행동 1	행동 1	행동 1	행동 1				
	행동 2	행동 2	(행동 2)	행동 2	행동 2	행동 2	행동 2				

두 번째 관찰 양식 (또래) — 남 (여)

	:10		:20		:30		:40		:50		:00
학생	T F	(On)	T F	(On)	T F	(On)	T F	(On)	(T) F	On	On
(또래)	OS	Off	OS	Off	OS	Off	OS	Off	OS	(Off)	(Off)
남 (여)	행동 1	행동 1	행동 1	행동 1	행동 1	행동 1	(OS)				
	행동 2	행동 2	행동 2	행동 2	행동 2	행동 2					

💎 [그림 3-11] 또래 비교 관찰 양식(Peer Comparison Observation form) 예시 데이터

1월 15일: 9:15~9:35(교실-아침 활동 시간)	대상 학생	또래 비교
공부 활동	70%	83%
공부 활동을 하지 않음	30%	17%
부적절한 발화	6%	3%
자리 이탈	0%	0%
안절부절못하기	0%	0%
험담하기	12%	0%
밀치기	0%	0%

💎 [그림 3-12] 또래 비교 관찰 양식 예시 데이터 요약

♙♙♙
보충 자료

기능 분석 참고문헌

Carr, E. G., Yarbrough, S. C., & Langdon, N. A. (1997). Effects of idiosyncratic stimulus variables on functional analysis outcomes. *Journal of Applied Behavior Analysis, 30*(4), 673−686.

Daly, E. J., III, Witt, J. C., Martens, B. K., & Dool, E. J. (1997). A model for conducting a functional analysis of academic performance problems. *School Psychology Review, 26*(4), 554−574.

Davis, T., Durand, S., Fuentes, L., Dacus, S., & Blenden, K. (2014). The effects of a school−based functional analysis on subsequent classroom behavior. *Education and Treatment of Children (West Virginia University Press), 37*(1), 95−110.

Derby, K. M., Wacker, D. P., Peck, S., Sasso, G., DeRaad, A., Berg, W., et al. (1994). Functional analysis of separate topographies of aberrant behavior. *Journal of Applied Behavior Analysis, 27*(2), 267−278.

Gage, N., Lewis, T., & Stichter, J. (2012). Functional behavioral assessment−based interventions for students with or at risk for emotional and/or behavioral disorders in school: A hierarchical linear modeling meta−analysis. *Behavioral Disorders, 37*(2), 55−77.

Harding, J., Wacker, D., Cooper, L., Millard, T., & Jensen−Kovalan, P. (1994). Brief hierarchical assessment of potential treatment components with children in an outpatient clinic. *Journal of Applied Behavior Analysis, 27*(2), 291−300.

Haynes, S. N. (1998). The assessment−treatment relationship and functional analysis in behavior therapy. *European Journal of Psychological Assessment, 14*(1), 26−35.

Haynes, S. N., Leisen, M. B., & Blaine, D. D. (1997). Design of individualized behavioral treatment programs using functional analytic clinical case models. *Psychological Assessment, 9*(4), 334−348.

Iwata, B., Deleon, I., & Roscoe, E. (2013). Reliability and validity of the functional analysis screening tool. *Journal of Applied Behavior Analysis, 46*(1), 271–284.

Kahng, S. W., & Iwata, B. A. (1999). Correspondence between outcomes of brief and extended functional analyses. *Journal of Applied Behavior Analysis, 32*, 149–159.

Lee, S. W., & Jamison, T. (2003). Including the FBA process in student assistance teams: An exploratory study of team communications and intervention selection. *Journal of Educational and Psychological Consultation, 14*(2), 209–239.

Meyer, K. A. (1999). Functional analysis and treatment of problem behavior exhibited by elementary school children. *Journal of Applied Behavior Analysis, 32*, 229–232.

Miller, F., & Lee, D. (2013). Do functional behavioral assessments improve intervention effectiveness for students diagnosed with ADHD? A single–subject meta–analysis. *Journal of Behavioral Education, 22*(3), 253–282.

Northup, J., Wacker, D., Sasso, G., Steege, M., Cigrand, K., Cook, J., et al. (1991). A brief functional analysis of aggressive and alternative behavior in an outclinic setting. *Journal of Applied Behavior Analysis, 24*(3), 509–522.

Preciado, J. A., Horner, R. H., & Baker, S. K. (2009). Using a function–based approach to decrease problem behaviors and increase academic engagement for Latino English language learners. *Journal of Special Education, 42*(4), 227–240.

Rispoli, M., Davis, H., Goodwyn, F., & Camargo, S. (2013). The use of trial–based functional analysis in public school classrooms for two students with developmental disabilities. *Journal of Positive Behavior Interventions, 15*(3), 180–189.

Schmidt, J., Drasgow, E., Halle, J., Martin, C., & Bliss, S. (2014). Discrete–trial functional analysis and functional communication training with three individuals with autism and severe problem behavior. *Journal of Positive Behavior Interventions, 16*(1), 44–55.

Selinske, J. E., Greer, R., & Lodhi, S. (1991). A functional analysis of the comprehensive application of behavior analysis to schooling. *Journal of Applied Behavior Analysis, 24*(1), 107–117.

Vollmer, T. R., Iwata, B. A., Duncan, B. A., & Lerman, D. C. (1993). Extensions of multielement functional analyses using reversal–type designs. *Journal of*

Developmental and Physical Disabilities, 5(4), 311−325.

Vollmer, T. R., Marcus, B. A., Ringdahl, J. E., & Roane, H. S. (1995). Progressing from brief assessments to extended experimental analyses in the evaluation of aberrant behavior. *Journal of Applied Behavior Analysis, 28*(4), 561−576.

Wacker, D. P., Steege, M., & Berg, W. K. (1988). Use of single−case designs to evaluate manipulable influences on school performance. *School Psychology Review, 17*(4), 651−657.

Watson, T. S., Ray, K. P., Turner, H. S., & Logan, P. (1999). Teacher−implemented functional analysis and treatment: A method for linking assessment to intervention. *School Psychology Review, 28*, 292−302.

Wright−Gallo, G. L., Higbee, T. S., & Reagon, K. A. (2006). Classroom−based functional analysis and intervention for students with emotional/behavioral disorders. *Education and Treatment of Children, 29*(3), 421−436.

제4장 행동지원계획 수립하기

들어가며

제3장에 소개된 세 가지 사례를 사용하여, 이 장에서는 BSP를 설계하는 데 필요한 FBA 방법을 설명한다. BSP는 FBA 정보를 요약하고 중재 계획을 문서화한 것이다. 효과적인 BSP는 중재를 적용하는 방법, 중재자, 상황을 상세히 담고 있다. 또한 효과적인 BSP에는 모니터링 절차와 평가 절차가 포함되어야 한다.

문제행동을 중재하는 것은 문제행동을 감소시키고 적절한 행동을 향상시키는 두 가지 주요 목적을 가진다. 이러한 목적을 달성하기 위해서는 교사 행동과 학생 행동의 레퍼토리(repertoire)의 변화가 필요하며, 다음과 같이 세 가지 방법을 이용할 수 있다.

1. 문제행동을 무의미하게 만들라. 문제행동의 필요성을 줄이거나 제거한다.
2. 문제행동을 비효율적으로 만들라. 부적절한 행동과 동일한 기능을 가진 대체 행동을 학생이나 그룹에게 제공한다.
3. 문제행동을 비효과적으로 만들라. 학생이나 그룹이 부적절한 행동을 통해 원하는 것을 얻을 수 있도록 허용해서는 안 된다.

문제행동을 무의미하게 만들라

　문제가 되는 루틴의 예측변인을 변화시킴으로써 문제행동을 무의미하게(irrelevant) 만들 수 있다. 예를 들어, 수잔은 읽기와 수학 수업 시간 동안 극심하게 주의산만 행동을 보이는 6학년 학생이다. 수잔의 문제행동과 환경적 루틴에 대한 FBA를 통해 두 가지 중요한 점을 알아내었다. ① 수학과 읽기 수업은 아침에 있었다. ② 수잔은 아침 식사를 거르고 학교에 왔다. 행동지원팀은 수잔의 주의산만행동이 수잔이 배고팠기 때문이라고 결론 내렸다. 행동지원팀은 매일 아침 수잔을 학교 식당으로 보내 아침 식사를 먹게 하여 환경적 루틴을 바꾸었다. 수잔이 아침을 먹기 시작하고 난 후, 즉시 수학과 읽기 수업에서 주의산만행동이 사라졌다. 다른 말로 하자면, 학생 루틴에 적은 비용으로 실제적인 변화를 줌으로써 문제행동이 무의미해진 것이다. 예측변인을 변화시키는 것이 행동의 후속결과를 변화시키는 것보다 시간과 노력을 절약할 수 있다(Luiselli & Cameron, 1998).

문제행동을 비효율적으로 만들라

　교사는 부적절하고 불쾌한 행동의 기능을 고려하지 않는 경우가 많다. 학생이 관심을 얻고 싶어 하고, 혐오적인 상황으로부터 회피하고 싶어 하며, 보상과 특혜를 얻고 싶어 하는 사실을 교사는 알고 있다. 학생은 결과(기능)를 얻기 위해 문제가 될 수 있는 방법을 이용하기도 한다. 효과적인 행동중재의 주요 요소는 학생에게 부적절한 행동과 동일한 기능을 가진 적절한 대체행동을 가르치는 것이다. 학생이 또래나 교사와의 관계를 해치지 않고 원하는 목적을 달성할 수 있다면, 문제행동은 적절한 행동에 비해 덜 효율적이게 된다.

　제2장의 예시에서, 제임스는 난처한 상황에서 벗어나기 위해 문제행동을 보였다. 학생을 방과 후에 남기거나 정학과 같은 방법 대신에 행동지원팀은 동일한 기능을 가진 대체행동을 가르쳐야 한다. 행동지원팀은 제임스가 과제가 너무 힘들다고 느낄 때 2분간의 휴식 시간을 요청하도록 가르쳤다. 그리고 행동지원팀은 교사에게 제임스의 읽기 능력에 적절한 읽기 과제를 준비하도록 하고, 소리 내어 읽는 활동 대신에 조용히 읽는 활동을 제시하도록 요청했다. 이 두 가지 사항은 난

처한 상황에서 편안함을 느끼게 해 주는 기능(문제행동과 동일한 기능)을 제공해 준
다. 교사는 제임스의 문제행동보다 대체행동을 더 받아들일 수 있다. 문제행동은
비효율적이게 되는 것이다. 제임스는 이제 자신과 교사에게 부정적인 상황을 만
들지 않고 난처한 상황을 피할 수 있다.

문제행동을 비효과적으로 만들라

 학생의 관점에서 보면 문제행동은 효과적이다. 문제행동을 통해 어려운 상황에
서 벗어날 수 있고, 자신이 원하는 것을 얻는 데 도움이 될 수도 있다. 처음에는 교
사는 안 된다고 말한다. 학생은 칭얼거리기 시작한다. 교사는 자신의 입장에 변화
가 없다. 칭얼거리는 행동 때문에 타임아웃을 시킨다. 학생은 더 큰 소리로 칭얼
거리고 더 심해진다. 결국 교사는 포기하고 학생에게 쿠키를 준다. 학생은 칭얼거
리는 행동이 문제를 일으킨다는 것을 배우기보다는, 자신이 원하는 것을 얻기 위
해 더 크게 그리고 더 오래 칭얼거릴 필요가 있다는 것을 배운 것이다! 문제행동
을 비효과적으로 만들기 위해서, 행동지원팀은 문제행동을 유지시키는 후속결과
를 파악해야 한다. 그리고 유지 후속결과를 제거해야 한다. 유지 후속결과(예: 칭
얼거리는 행동에 항복)를 제거함으로써, 학생은 결과를 위한 효과적인 전략이 아니
라는 것을 배우게 된다.

경쟁행동

 BSP를 설계하는 첫 번째 단계는 문제행동을 감소시키고 적절한 대체행동을 향
상시키는 전략을 개발하는 것이다. FBA와 중재의 연관성을 확보함으로써 BSP
의 효율성, 효과성, 관련성이 향상될 수 있다. 경쟁행동 경로 양식(Competing
Behavior Pathway Form)은 FBA와 BSP 간의 연관성을 형성시키는 도구이다. 경쟁
행동 경로 양식은 F-BSP 프로토콜에 포함되어 있다. 부록 B에 해당 양식이 수록
되어 있다(단계 6: 경쟁행동 경로 만들기).
 경쟁행동(competing behaviors)은 상호 배타적인 행동을 의미한다. 사람은 동시

에 두 가지 경쟁행동을 할 수 없다. 예를 들어, 달리기와 걷기는 서로 경쟁행동이다. BSP에서는 문제행동과 바람직한 행동은 서로 경쟁행동이다. 학생은 '교사를 무시하는 행동'과 '교사 지시를 따르는 행동'을 동시에 할 수 없다. 경쟁행동 경로 단계는 세 가지 목적을 가진다. ① 가설을 바탕으로 만들어진 행동지원계획의 중요성을 강조한다. ② 문제행동을 대체할 수 있는 경쟁행동(바람직하거나 받아들일 수 있는 행동)을 파악한다. ③ 루틴과 환경을 변환시킴으로써 문제행동을 비효과적이고, 비효율적이며, 무의미하게 만들기 위한 전략을 결정한다.

행동지원팀은 경쟁행동 경로 단계를 사용하여 루틴 변화를 위한 다양한 전략을 수립한다. ① 행동지원팀은 문제행동을 촉발하는 예측변인을 수정하고, ② 적절한 대체행동을 가르치며, ③ 문제행동을 제거하기보다 비효과적인 유지 후속결과를 수정하는 방법을 통해 루틴을 변화시킨다. 경쟁행동 경로 단계를 바탕으로 개발된 전략은 BSP의 기초가 될 것이다.

톰에 대한 경쟁행동 경로 양식을 [그림 4-1]에 제시하였다. 경쟁행동 경로 양식 중간에 가설을 다시 제시하였다. '지금 일어나는 일'을 간단히 적는 것이다. 상단 부분은 적절한 학생 기대행동, '이것이 결국 우리가 일어나길 원하는 바람직한 행동이다.'를 파악한다. 하단 부분은 문제행동과 동일한 기능을 가진 대체행동을 나타낸다. '이것이 우리를 행동하게 만들 수 있는 행동이다.'와 같이 교사, 다른 교직원, 학부모에게 수용 가능한 대체행동을 나타낸다. 종종 문제행동의 기능(예: 관심 획득)은 문제가 되지 않을 수 있다. 하지만 그 기능을 위해 학생이 사용하는 전략(예: 심각하게 수업을 방해함)은 문제가 될 수 있다. 효과적인 BSP를 만들기 위해, 행동지원팀과 교사는 문제행동과 동일한 기능을 제공하는 수용 가능한 대체행동을 가르쳐야 한다(예: 학생에게 어려운 과제에 대해 도움을 요청하도록 가르치기).

[그림 4-1]을 참조하여 톰의 사례를 살펴보자. 톰의 주된 문제행동은 '수업을 거부'하고 수업을 혼란스럽게 만드는 것이다. 문제행동의 기능은 '교사와 또래 관심 획득'이었다. 바람직한 대체행동(경쟁행동)은 '방해행동 없이 수업 활동 마치기'가 될 수 있다. 수용 가능한 대체행동으로는 '교사 또는 능력 있는 또래로부터의 관심과 도움을 간헐적으로 요청하기'가 될 수 있다.

학생이 지속적으로 수용 가능한 대체행동을 보여 주기 시작한다면, 이 대체행동은 '바람직한 행동'으로 가는 디딤돌 역할을 할 것이다. 예를 들어, 톰의 교사와

단계 6: 경쟁행동 경로 만들기

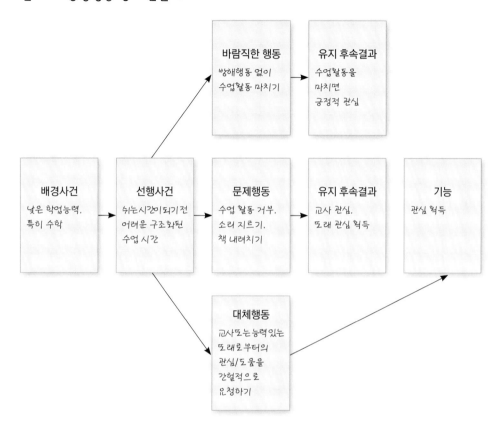

배경사건 전략	선행사건 전략	행동 지도 전략	후속결과 전략
수학 교과 과정이 적절한 수준인지 여부를 평가한다. 보충 수학 수업 1:1 수학 수업	행동 기대 정의하기 한 번의 긴 쉬는 시간을 두 번의 짧은 쉬는 시간으로 나누기 미리 바른 행동 지도하기 조용한 공간으로 책상 이동	행동 기대 가르치기 보상 시스템 가르치기 역할 놀이를 통해 도움 요청하는 방법 가르치기	행동에 대한 보상 부적절한 행동 무시하기 '관심 티켓' 얻기 기타 유형 강화제 획득하기(예: 미술 용품, 미술 작품을 만드는 시간)

🖋 [그림 4-1] 행동지원계획, 단계 6-톰

단계 6: 경쟁행동 경로 만들기

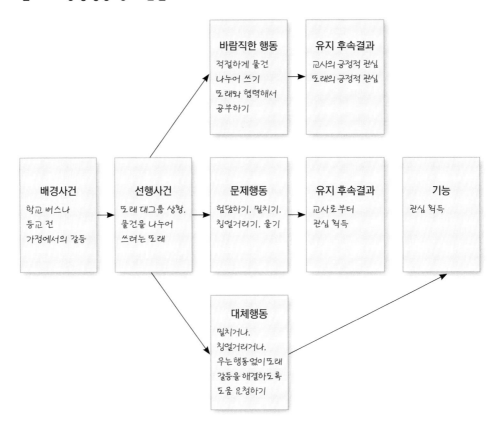

🏆 [그림 4-2] 행동지원계획, 단계 6-베라

The form itself is from O'Neill et al., *Functional Assessment and Program Development for Problem Behavior* (2nd ed.). © 1997 South-Western, a part of Cengage Learning, Inc. Reproduced by permission. www.cengage.com/permissions.

단계 6: 경쟁행동 경로 만들기

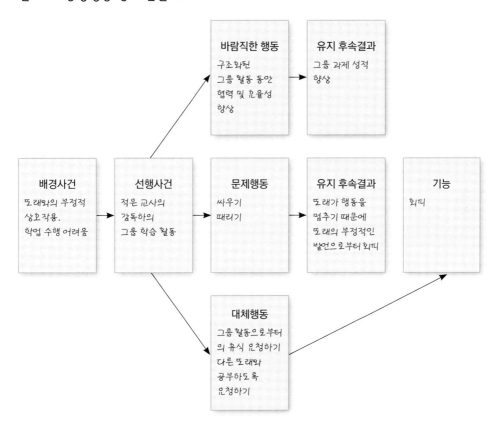

배경사건 전략	선행사건 전략	행동 지도 전략	후속결과 전략
가장 부정적인 상호작용 경험을 가진 또래와 물리적으로 분리시키기 학업 능력 평가 학습 능력에 맞추어 교육과정 개별화 및 수정	행동 기대 정의하기 그룹 활동 수 줄이기 그룹 활동 또는 개별 활동 선택하게 해 주기 더 많은 학생 감독·지도 제공 체크인 시스템 적용 좋은 모델이 될 수 있는 또래와 짝지어 주기	행동 기대 가르치기 로널드에게 쉬는 시간을 요청하는 방법이나 짝을 바꾸도록 요청하는 방법 가르치기 문제해결 방법 가르치기	행동에 대한 보상 수행과 성적과의 연관성 강조 로널드에게 적절한 행동에 대한 보상 제공하기

💎 **[그림 4-3]** 행동지원계획, 단계 6-로널드

부모는 톰이 교사와 또래에게 과도하게 의존하지 않고도 스스로 수업에 참여할 수 있기를 원할 것이다. 베라와 로널드를 위한 경쟁행동 경로 양식이 [그림 4-2]와 [그림 4-3]에 제시되어 있다.

　일단 행동지원팀이 원하는 행동과 수용 가능한 대체행동을 결정하고 난 후에, 이 행동을 촉진시킬 수 있는 전략을 개발해야 한다. 문제행동을 비효과적이고, 비효율적이고, 무의미하게 만들기 위해서, 행동지원팀은 학생에게 새로운 기술과 행동을 가르치는 전략과 학생의 루틴을 변화시키는 전략에 초점을 맞추어야 한다. 가설의 각 부분(배경사건, 선행사건, 문제행동, 후속결과)에 따라 학생의 성공 가능성을 향상시킬 수 있도록 루틴을 변화시켜야 한다. 그렇게 하면 문제행동은 감소하고 올바른 행동은 증가될 것이다. 경쟁행동 경로 양식(F-BSP 프로토콜 단계 6)에는 ① 배경사건 변화, ② 선행사건 변화, ③ 행동 교수, ④ 후속결과 변화를 위한 전략을 구상할 수 있는 공간을 제시하였다.

　다음은 로널드의 경쟁행동 양식([그림 4-3])에 제시된 몇 가지 전략에 대한 것이다. ① 배경사건을 변화시키기 위해 '가장 부정적인 상호작용 경험을 가진 또래와 물리적으로 분리시키기', ② 선행사건을 변화시키기 위해 '그룹 활동 또는 개별 활동 선택하기' 또는 '더 많은 학생 감독·지도 제공', ③ 새로운 행동을 가르치기 위해 '로널드에게 쉬는 시간을 요청하는 방법이나 짝을 바꾸도록 요청하는 방법 가르치기', ④ 후속결과를 변화시키기 위해 '로널드에게 적절한 행동에 대한 보상 제공하기'를 적용하였다.

　BSP를 설계하는 과정에서 행동지원팀은 브레인스토밍을 해야 한다. 행동지원팀은 모든 타당한 제안을 고려해야 한다. 이후 행동지원팀은 아이디어 목록을 검토하고 학교와 교실의 맥락적 제한 속에서 어떤 전략이 가장 적합한지 결정해야 한다. 브레인스토밍을 통해 행동지원팀은 다양한 아이디어를 만들어 낼 수 있다. 행동지원팀은 그중 몇 가지 전략을 선택하여 적용할 수 있고 원래 행동지원계획이 특정 학생에게 효과적이지 않다는 것을 파악할 수도 있다. 이를 통해 비효과적인 BSP를 수정하기 쉬워질 것이며, 추가적으로 선택할 수 있는 전략을 목록화할 수 있다.

　부모와 교사를 위한 경쟁행동 경로 양식의 주요 목적은 다음과 같다. "① 중재 절차와 기능평가 결과 간의 연관성을 향상시킨다. ② 계획에 포함된 가치, 자원, 루틴과 적용하고자 하는 중재 절차 간의 적합성을 향상시킨다. ③ 여러 요소를 지닌 지원의 다양한 절차 사이의 논리적 일관성을 향상시킨다. ④ 이것은 궁극적으로 계획의 적용 충실도를 향상시킨다"(O'Neill et al., 1997, p. 69).

맥락 적합성

BSP를 설계할 때 두 번째로 중요한 고려사항은 BSP와 적용하려는 가치, 자원, 루틴 간의 적합성이다. 이 개념을 맥락 적합성(contextual fit)이라고 한다(Albin, Lucyshyn, Horner, & Flannery, 1996). 맥락 적합성의 중요성은 아무리 강조해도 지나치지 않다. '적절하게' 적용할 수 없는 '완벽한' BSP를 설계하는 것을 상상해 보라. 행동지원팀은 시간, 자원, 능력, 시설 문제, 태도, 믿음과 같은 실질적 제약 사항을 고려하지 않았을 수도 있다.

맥락 적합성의 중요성은 몇 가지 예를 들어 설명할 수 있다.

사례 1

행동지원팀은 가정·학교 알림장을 로널드의 BSP에 포함시키도록 결정할 수 있다. 먼저, 각 수업별로 행동 목표를 선정한다. 매일 로널드는 수업 시간 동안 그의 목표를 달성했는지 각 교사들과 검토한다. 학교를 마칠 때 학교 상담교사와 이것을 검토하고 행동 알림장을 집에 가져간다. 로널드의 부모는 행동 알림장을 검토하고, 서명하고, 로널드를 칭찬해 주고, 다시 그 알림장을 학교로 보낸다.

이것은 심각한 문제행동으로 인해 위험에 처해 있는 중학생에게 효과적이라고 알려져 있는 적절한 전략이다. 부모는 이 시스템을 이해하고, 참여할 수 있도록 배울 수 있다. 그러나 만약 로널드의 부모가 기능적으로 읽지 못한다면(문맹) 어떨까? 이러한 경우에, 부모는 알림장을 읽거나 교사에게 알림 내용을 써 줄 수 없을 것이다. 이것이 로널드의 성공에 어떤 영향을 줄 수 있을까? 부모를 난처하게 만들고 학교로부터 소외시킬 것인가? 이런 유형의 문제는 (맥락 적합성을 고려한) 약간의 수정을 통해 쉽게 예방할 수 있다. 예를 들어, 학교는 학생들의 부모와 종이로 연락하기보다는 정기적인 전화 통화를 할 수 있다.

사례 2

원래 톰을 위한 BSP의 일부분은 그의 담임교사와 특수교사 사이의 의사소통을 증가시키는 것이었다. 톰의 특수교사는 수업 시간에 톰의 행동에 대해 메모를 할 것이고 톰은 담임교사에게 그 메모를 전달해 줄 것이다. 그런데 두 가지 문제가 발생했다. ① 톰이 화났을 때(예: 그의 행동에 대한 부정적인 메모를 받았을 때), 자신의 메모를 갈가리 찢어 버리는 경향이 있다. ② 톰은 건망증이 심하고, 종종 특수교사의 메모를 잃어버린다. 이 중재 전략이 제거될 필요는 없다. 오히려 맥락 적합성을 고려하고 전략을 수정하여 더욱 효과적으로 만들 수 있다. 첫 번째 문제를 해결하기 위해서는 빈 행동 메모장을 코팅하여 매일 재사용할 수 있도록 하고, 마커를 이용하여 메모를 쓰고 지울 수 있다. 두 번째 문제를 해결하기 위해서는 교사가 직접 학생 행동에 대한 메모를 전달할 수 있다. 다른 해결 방법은 톰이 메모의 내용과 상관없이 담임교사에게 메모를 전달할 때 보상을 제공하는 것이다.

주로 맥락 적합성은 시간과 노력에 밀접한 관계를 가진다. 행동지원팀은 교사가 해야 하는 것보다 더 많은 시간과 노력을 필요로 하는 BSP를 설계하기도 한다. BSP를 설계할 때에는 효율성과 효과성을 모두 고려해야 한다. 예를 들어, 너무 빈번한 교사 감독과 상호작용을 필요로 하는 BSP보다는 자기관리(self-management), 자기점검(self-monitoring)을 포함하는 BSP를 만들 수 있다. 교사의 부담을 덜어 주고, 학생에게 책임감과 독립성을 가르칠 수 있다. 자기관리를 포함한 BSP를 통해 두 가지 목적을 모두 달성할 수 있는 것이다.

BSP 개별화하기

문제행동을 가진 학생을 중재할 때 가장 어려운 점 중의 하나는 중재에 대한 반응의 가변성(variability)이다. 중재 전략은 몇몇 학생에게는 효과적일지 모르지만, 다른 학생에게는 효과가 없을 수도 있거나 특정 상황에서만 효과적일 수 있다.

BSP에 FBA를 포함시키지 않는다면, 같은 유형의 문제행동을 보이는 다양한 학생에게 동일한 중재를 적용하게 된다. 동일한 유형의 문제행동이라도 학생에 따라 다른 기능을 가질 수 있다. 이러한 경우에도 모든 학생에게 동일한 중재를 적용하는 문제가 생긴다.

교실에서 심각한 방해행동을 보이는 2학년 학생을 상상해 보자. FBA를 바탕으로 다음 가설을 수립할 수 있다. '교사가 루벤에게 어려운 학습지 과제를 제시하면, 과제에서 회피하기 위해 학습지를 구기고, 학습지를 또래에게 던지기 시작한다.' 동일한 행동을 보여 주지만 학생에 따라 약간 다른 가설을 만들 수 있다. 예를 들어, '리타가 읽기 수업 시간에 10분 이상 교사의 관심을 받지 못하면, 교사의 관심을 받기 위해 학습지를 구기고, 학습지를 또래에게 던지기 시작한다.' 두 학생의 행동은 똑같이 보인다. 하지만 행동의 예측변인과 기능은 매우 다르고, 매우 다른 BSP가 필요하다.

학생의 방해행동에 대해 일반적으로 반응하는 교사는 아마도 그 행동이 발생할 때마다 복도에 10분 동안 앉혀 둘 수도 있다. 이렇게 문제행동을 다루는 일반적인 접근법은 루벤에게 보상을 해 주는 것이다! 루벤을 복도에 앉혀 둔다면 결국 자신이 원하는 것을 얻게 된다. 읽기 과제에서 회피할 수 있게 된다. 학생을 복도에 앉혀두는 것은 리타에게 좀 더 효과적일 수 있다. 이 전략은 교사의 관심을 더욱 감소시킨다. 이후 리타는 교사의 관심을 얻기 위해 같은 방법을 사용할 가능성이 적어진다.

기능 기반 접근법은 상황, 학생, 행동이 가진 독특한 특징을 고려한다. 이러한 특징을 통해 행동 전략의 성공과 실패를 예측할 수 있다. FBA 절차를 사용하면 개별 학생에게 적합한 BSP를 설계할 수 있다.

BSP를 개별화할 때 고려해야 할 두 번째 중요한 요소는 강화제를 선택하는 것이다. BSP는 학생의 적절한 행동을 강화하기 위한 보상 시스템을 포함해야 한다. 강화제를 선택할 때에는 개별 학생의 동기를 고려하여 선택해야 한다. 예를 들어, 톰의 원래 BSP에서 행동지원팀은 일반적으로 문제가 있었던 루틴 중에 적절한 행동을 보였다면 컴퓨터 시간을 15분 가질 수 있도록 결정하였다. 이 계획은 실행되었지만 톰의 문제행동은 더 심해졌다. 왜 톰의 행동은 중재 이후 더 나빠진 것일까? 행동지원팀은 당황스러워했다. 톰과 이야기를 나눈 결과, 톰이 가장 좋아하지 않는 활동이 컴퓨터를 사용하는 것이었다. 행동지원팀이 톰의 올바른 행동에 '보상'하는 것은 사실상 처벌이었던 것이었다. 추가 질문을 통하여 톰이 미술 용품을 사용하는 것을 즐긴다는 것을 배웠다.

톰이 컴퓨터 시간 대신에 15분의 미술 시간을 얻을 수 있도록 BSP를 수정하였다. 즉시, 그의 행동은 자신에게 의미 있는 강화제를 얻기 위해 노력하면서 향상되었다. 제3장에서 설명한 대로, 학생 중심 인터뷰(student-guided interview)를 통해 학생이 선호하는 활동과 강화제에 대한 정보를 쉽게 수집할 수 있다. Crone 등 (2010)이 제시한 강화제 체크리스트에서 학생 연령에 적합한 강화제 목록을 찾을 수 있다.

BSP 문서화하기

경쟁행동 경로 양식을 완성하고 어떤 전략을 사용할지 결정한 후에 행동지원팀은 문서 양식의 형태로 이런 결정을 문서화한다. 각 교육청은 일반적으로 BSP를 문서화하기 위한 양식을 가지고 있다. 세 가지 예시 양식이 [그림 4-4] [그림 4-5] [그림 4-6]에 제시되어 있다. 이 양식은 F-BSP 프로토콜에 포함되어 있다(부록 B, 단계 7: 중재 전략 선택하기).

행동지원팀은 경쟁행동 경로 양식을 통해 만들어진 전략 중 하나를 선택하고 중재 전략 선택하기 양식(Select Intervention Strategies Form)에 나열한다. 때때로, 행동지원팀은 단계 6에서 사용되지 않았던 전략을 추가할 수 있다. 전략을 적용하는 책임자, 적용할 시간, 적용 방법을 문서화하는 것이 중요하다. 만약 학생에게 새로운 행동을 가르쳐야 한다면 누가 그 학생에게 행동을 가르칠 것인지 명시해야한다. 행동지원팀은 학생과 BSP에 대하여 논의해야 한다. 이 중요한 단계는 종종 잊히거나 무시되기도 한다. 효과적인 BSP가 되기 위해서는 학생에게 행동 기대, 목표, 보상에 대해 알려 주어야 하고, 학생은 그 계획에 대한 질문할 기회를 가져야만 한다.

단계 7: 중재 전략 선택하기-톰

중재	책임자	언제	검토 날짜	평가 결과 • 모니터하기 • 수정하기 • 중단하기
1. 수학 능력 평가 및 교육과정 개별화	수학 담당 특수교사	2주 이내 13/11/1	2~3주 이내	
2. 적절한 도움 요청 방법을 위한 역할 놀이	학교심리학자	13/10/25까지	13/11/8	
3. 수업 시간에 톰이 학교 매점에서 교환할 수 있는 '쿠폰'을 제공하거나 15분간의 미술 시간을 적절한 행동에 대한 보상으로 제공하기	교사	13/10/22부터	13/11/8	
4. 행동 카드와 '쿠폰' 준비하기. 관련된 모든 사람에게 행동 카드 사용 방법 알려 주기	학교심리학자	13/10/21	13/11/8	
5. 학생에게 행동지원계획에 대해 설명해 주기	교사	13/10/21	13/11/8	

* 비상 행동관리 절차가 필요한 경우, 별도의 위기관리 계획을 첨부할 것

🔻 **[그림 4-4]** 행동지원계획, 단계 7-톰

단계 7: 중재 전략 선택하기-베라

중재	책임자	언제	검토 날짜	평가 결과 • 모니터하기 • 수정하기 • 중단하기
1. '1분 체크인' 교사는 아침에 먼저 아침 인사를 건네고 행동 기대에 대한 기대값을 제공하며 긍정적인 관심을 제공하기	유치부 교사	14/1/25	2~3주 이내, 14/2/6	
2. 학생에게 또래와 물건을 공유하는 방법과 교사에게 험담하는 것보다는 교사에게 도움을 청하는 방법을 역할놀이를 통해 연습하기	유치부 교사	14/1/28	14/2/6	
3. 매 10분마다 베라가 방해행동을 보이지 않으면 긍정적인 관심(예: 웃어 주기, 응원하기, 격려하기)을 제공하기	유치부 교사	14/1/25	14/2/6	
4. 베라에게 행동지원계획 설명하기	학교심리학자	매일 아침, 14/1/25부터 시작	14/2/6	
5. 험담하는 행동 무시하기	유치부 교사	14/1/25	14/2/6	

* 비상 행동관리 절차가 필요한 경우, 별도의 위기관리 계획을 첨부할 것

💎 [그림 4-5] 행동지원계획, 단계 7-베라

단계 7: 중재 전략 선택하기-로널드

중재	책임자	언제	검토 날짜	평가 결과 • 모니터하기 • 수정하기 • 중단하기
1. 학생에게 개별 활동이나 그룹 활동을 선택할 수 있는 기회를 제공하기	과학 교사, 사회 교사	내일, 14/2/11	2~3주 이내, 14/2/28	
2. 그룹 활동에 대한 교사 감독 강화	교사	14/2/11	14/2/28	
3. 학생의 또래 갈등 해소 그룹 활동 참여	학교 상담교사	현재그룹활동: 14/2/18부터 시작		
4. 학생의 완화 기술 그룹 활동 참여	학교 상담교사	현재그룹활동: 14/2/19부터 시작		
5. 쉬는 시간을 요청하는 방법 및 활동 짝 교체를 요청하는 방법 가르치기	학교심리학자	14/2/11		
6. 학생의 쉬는 시간 요청에 반응해 주고 학생이 적절한 전략을 사용한 경우 칭찬해 주기	교사	14/2/11		
7. 학급에서 행동을 모니터링하기 위한 행동 카드 만들기	학교심리학자	14/2/11		
8. 학생에게 행동지원계획 설명하기	학교심리학자	14/2/11		

* 비상 행동관리 절차가 필요한 경우, 별도의 위기관리 계획을 첨부할 것

[그림 4-6] 행동지원계획, 단계 7-로널드

　　부적절한 행동을 관리하기 위한 계획의 핵심 구성 요소는 계획을 문서화하는 것이다. 학생의 부적절한 행동은 오랜 기간 동안 형성되어 왔다. 부적절한 행동을 적절한 행동으로 대체하는 데 오랜 시간이 걸릴 수도 있다. 루틴 속에 부적절한 행동에 대응하기 위한 일관된 계획을 가지고 있어야 한다. 가벼운 문제행동의 경우, 행동지원계획은 단순히 행동 무시하기일 수 있다. 심각하거나 위험한 행동에는 행동관리 계획(crisis plan)이 필요할 수 있다. 로널드의 심각하거나 위험한 행동에 대처하기 위해 행동관리 계획이 수립되었다. 〈표 4-1〉에 제시된 위기관리 계획은 BSP에 첨부되어야 한다. 위기관리 계획은 FBA를 통해 수집된 데이터와 학교 자원 및 교직원에 대한 정보를 바탕으로 작성되어야 한다. 로널드의 행동지원계획에 참여한 교직원은 이 계획에 동의했다. 위기관리 계획의 사본은 교장, 로널드 관련 교사들에게 나누어 준다.

　　BSP 문서화 단계에서는 계획에 관련된 사람(학생, 교사, 부모, 보호자, 수행팀원 등)에게 계획 시행에 대한 서면 동의서를 작성하는 것이 중요하다. 마지막으로 행동지원팀은 계획을 검토하고 평가하고 수정할 날짜를 지정해야 한다. BSP 사본은 반드시 학생 담당 교사와 부모에게 제공되어야 한다. 또한 사본은 행동지원팀 파일에 보관해야 한다.

〈표 4-1〉 로널드를 위한 위기관리 계획 예시

1. 학생이 화났다는 단서를 인지할 것
2. 학생을 진정시키기 위해 노력하기. 가능하다면 또래로부터 분리시킬 것
3. 문제가 심각해지면 교장에게 알릴 것
4. 학교 상담교사는 체육 수업을 관리할 것
5. 체육 교사는 학생과 대화를 나누고 체육관으로 인도할 것
6. 체육관 밖에서 10분간 타임아웃을 실시할 것
7. 학생이 타임아웃을 잘 따르고 진정할 경우 칭찬해 줄 것
8. 체육 교사는 학생을 수업에 돌려보내며 행동 기대를 상기시켜 줄 것
9. 체육 교사는 학생을 다시 수업 상황으로 인도할 것

　　효과적인 BSP를 설계하는 것은 과학이며 예술이다. 효율적인 BSP를 설계하기 위해서는 이 책에서 설명된 수많은 BSP의 주요 특징을 모두 다루어야 한다. ① 문

제행동에 대한 관찰·측정 가능한 설명, ② 문제행동의 기능에 대한 검증 가능한 설명, ③ 문제행동 감소를 위한 전략, ④ 적절한 행동을 강화하기 위한 전략, ⑤ 행동 변화를 측정하고 평가하는 전략, ⑥ 맥락 적합성 검토는 이러한 중요한 특징 중 일부라고 할 수 있다.

F-PBS 프로토콜의 단계 7은 실제 사용할 수 있는 전략을 제시하지만, 전체 1~8단계는 최종 BSP의 일부분으로 사용될 수 있다. 불필요하고 다양한 형태를 가진 정보를 만들지 않고도 F-PBS 프로토콜은 훌륭한 기능 기반 BSP의 주요한 특성을 모두 갖추고 있다. Horner, Sugai, Todd와 Lewis-Palmer(1999~2000)는 BSP의 질을 평가하기 위한 체크리스트를 개발하였다. 이 체크리스트는 [그림 4-7]에 제시되어 있으며 부록 H에 수록되어 있다.

BSP를 설계하는 주제에 대한 내용은 이 장에서 완전히 다룰 수 없다. 하지만 독자는 보충 자료를 참고할 수 있을 것이다.

행동지원계획 질적 평가 체크리스트:
계획(또는 계획 과정)이 다음과 같은 특성을 갖추고 있는가?

행동지원계획을 수립하고 적용할 때, 다음과 같은 요소를 평가한다.

G=양호함   O=보통   P=부족함   N=해당 사항 없음

1. _____ 행동지원을 위한 학습 및 생활 배경 정의
2. _____ 문제행동에 대한 조작적 기술
3. _____ 문제가 되는 루틴 파악
4. _____ 기능평가 가설 진술
5. 중재/기본(루틴에 걸쳐 진행되는 문제)
   a) _____ 건강 및 생리학
   b) _____ 의사소통
   c) _____ 이동성
   d) _____ 예측 가능성
   e) _____ 통제/선택
   f) _____ 사회 관계
   g) _____ 활동 패턴
6. 중재/예방(문제행동을 무의미하게 만들기)
   a) _____ 스케줄
   b) _____ 교육과정
   c) _____ 수업 절차
7. 중재/교육하기(문제행동을 비효율적으로 만들기)
   a) _____ 대체 기술
   b) _____ 새로운 적응 기술
8. 중재/후속결과
   소거(문제행동을 비효과적으로 만들기)
      a) _____ 정적 강화 최소화
      b) _____ 부적 강화 최소화
   강화(적절한 행동을 더 효과적으로 만들기)
      a) _____ 정적 강화 최대화
   벌(필요한 경우)
      a) _____ 문제행동 발생여부에 따른 부정적 후속결과
   안전/비상 중재 계획
      a) _____ 문제행동 해결을 위한 명확한 계획
9. 평가
   a) _____ 수집할 정보에 대한 정의
   b) _____ 측정 절차에 대한 정의
   c) _____ 의사결정 과정에 대한 정의
10. 맥락 적합성 확인
    a) _____ 가치
    b) _____ 기술
    c) _____ 자원
    d) _____ 관리 시스템
    e) _____ 학생의 흥미를 고려한 프로그램에 대한 인식

🛡️ **[그림 4-7]** 행동지원계획 체크리스트

Adapted from Horner, Sugai, Todd, and Lewis-Palmer (1999-2000). Copyright 1999-2000 by Taylor & Francis. Adapted by permission.

행동지원계획

Artesani, A. J., & Mallar, L. (1998). Positive behavior supports in general education settings: Combining person–centered planning and functional analysis. *Intervention in School and Clinic, 34*, 33–38.

Benazzi, L., Horner, R. H., & Good, R. H. (2006). Effects of behavior support team composition on the technical adequacy and contextual fit of behavior support plans. *Journal of Special Education, 40*(3), 160–170.

Erbas, D. (2010). A collaborative approach to implement positive behavior support plans for children with problem behaviors: A comparison of consultation versus consultation and feedback approach. *Education and Training in Autism and Developmental Disabilities, 45*(1), 94–106.

Fad, K. M., Patton, J. R., & Polloway, E. A. (1998). *Behavioral intervention planning.* Austin, TX: PRO–ED.

Horner, R. H., Sugai, G., Todd, A. W., & Lewis–Palmer, T. (1999–2000). Elements of behavior support plans: A technical brief. *Exceptionality, 8*(3), 205–215.

Killu, K., Weber, K. P., Derby, K., & Barretto, A. (2006). Behavior intervention planning and implementation of positive behavioral support plans: An examination of states' adherence to standards for practice. *Journal of Positive Behavior Interventions, 8*(4), 195–200.

Lane, K., Kalberg, J., Bruhn, A., Driscoll, S. A., Wehby, J. H., & Elliott, S. N. (2009). Assessing social validity of schoolwide positive behavior support plans: Evidence for the reliability and structure of the primary intervention rating scale. *School Psychology Review, 38*(1), 135–144.

Muscott, H. S. (1996). *Planning and implementing effective programs for school–aged children and youth with emotional/behavioral disorders within inclusive schools*

(Mini−Library Series on Emotional/Behavioral Disorders). Reston, VA: Council for Children with Behavioral Disorders.

Repp, A. C., & Horner, R. H. (Eds.). (1999). *Functional analysis of problem behavior: From effective assessment to effective support*. Belmont, CA: Wadsworth.

Smith, B. W., Sugai, G., & Brown, F. (2000). A self−management functional assessmentbased behavior support plan for a middle school student with EBD. *Journal of Positive Behavior Interventions, 2*(4), 208.

Sugai, G., Lewis−Palmer, T., & Hagan, S. (1998). Using functional assessments to develop behavior support plans. *Preventing School Failure, 43*, 6−13.

제5장 행동지원계획의 평가 및 수정

들어가며

이 장에서는 BSP의 효과성과 타당성을 평가하는 방법을 제시한다. 제3장에서 제시된 사례는 BSP를 평가하고 수정하는 전략을 설명하는 데 사용될 것이다.

평가 활동은 BSP의 효과성 평가의 필수적인 요소이며, 계획 설계 초기에 통합적으로 실시되어야 한다. 평가의 중요한 요소는 다음과 같다. ① 행동의 변화를 평가해야 한다. ② BSP의 타당성과 수용성을 평가해야 한다. ③ 학생, 부모 및 교사 만족도를 평가해야 한다. 평가 절차는 간단하고 편리해야 한다. 행동지원팀은 불필요한 정보를 축적할 필요 없이 의사결정을 위한 충분한 정보를 수집해야 한다. 또한 행동지원팀은 맥락 적합성에 대한 문제를 신중하게 고려해야 한다. 평가는 향상된 행동을 장기적으로 유지하기 위한 계획으로 마무리되어야 한다.

근거

문제행동 평가와 중재에 관련된 단계 중에서 평가는 쉽게 무시될 수 있다. 그러나 평가는 개별 행동지원의 효과적인 프로그램을 위한 중요한 부분이다. 체계적인 평가가 없다면, 중재의 성공 여부와 행동지원팀 노력의 가치 여부를 결정할 수 있는 객관적인 수단이 없을 수도 있다.

　부족한 자원을 가진 환경에서, 효과성과 가치에 대한 증거를 제공하지 못하는 프로그램은 쉽게 제거되거나 대체될 수 있다. 동시에 복잡하고 많은 시간을 필요로 하는 프로그램은 그것의 유용성이 평가되기 전에 제거될 것이다. 행동지원팀은 간단하고 효율적인 수집을 통해 얻어진 정보를 이용하여, BSP를 지속할 것인지, 모니터링할 것인지, 수정할 것인지를 위한 데이터 기반 의사결정을 내려야 한다.

　잘 설계된 평가는 성공적이지 못한 중재의 문제 영역을 정확히 찾아낼 수 있도록 해 준다. 세심한 모니터링을 통해 행동지원팀은 중재 과정에서 문제를 조기에 파악할 수 있다. 예를 들어, 로널드의 가정과 학교 간의 체크인 시스템은 처음에는 문제행동에 영향을 미치지 않았다. 그는 BSP의 시행 전과 같은 빈도와 강도로 또래와 계속해서 싸웠다. 행동지원팀은 로널드의 BSP에서 이 전략을 제거하려고 했었다. 하지만 일일 데이터 기록지를 검사해 본 결과, 가정과 학교 간의 체크인 시스템이 완벽하게 적용되지 않았다는 것을 파악하였다. 이 문제에 대한 추가적인 조사를 통해 맥락 적합성의 문제를 발견하였다. 로널드의 부모 둘 다 기능적 문맹(functionally illiterate)이었다. 로널드의 부모는 이 전략에 참여할 능력이 없었기 때문에 적극적으로 참여하지 못했던 것이다. 이러한 정보에 기초하여, 행동지원팀은 부모와 학교 사이에 문서를 통해 연락을 주고받기보다는 정기적인 전화를 통해 연락하기로 BSP를 수정했다. 이러한 사소한 수정을 통해 부모의 참여는 향상되었고, 이와 더불어 로널드의 행동도 향상되었다.

　체계적인 평가를 통해 행동지원팀은 객관적이고 데이터에 기반을 둔 결정을 내릴 수 있다. 개별 데이터를 일상적으로 파악하는 것은 학생의 향상 또는 부족한 요소를 파악하는 데 도움이 된다. 종종 학생은 상당한 향상을 보이지만, 여전히 행동 기대를 완전히 만족시키지 못할 수도 있다. 데이터가 없다면, 행동지원팀은 초기 행동과 현재 행동 사이의 향상에 집중하기보다 오히려 또래와의 이질성에 초점을 맞출 것이다. 팀은 좌절감을 느낄 수도 있고, 그들의 노력이 행동을 변화시키지 못했다고 잘못 믿게 될 수도 있다. 행동 데이터를 일상적으로 수집하면, 지속적으로 학생의 향상 정도를 파악할 수 있고, 행동지원팀의 노력을 격려할 수 있다.

핵심 요소

　문제행동은 그 행동을 평가하고 행동에 반응하는 다양한 사람(교사, 교장, 부모, 학생)에게 영향을 미친다. 따라서 다양한 사람으로부터 평가 데이터 세트를 수집하는 것이 중요하다. 정보의 다양한 출처는 다음과 같다.

　평가와 중재에 관련된 사람 누구나 평가에 기여할 수 있다. 교사, 학부모, 학생, 또는 수행팀원이 평가에 도움을 줄 수 있다. 학생 자기 평가(self-evaluation)도 유용한 전략이다. 자기 평가를 통해 학생은 자신의 행동을 향상시키고, 종종 자신의 노력을 자극할 수 있다. 교사도 이 전략을 자신에게 사용할 수 있다. 교사가 평가에 직접적으로 관여한다면 평가 데이터는 교사들에게 더 의미 있게 될 것이다.

행동 변화 평가

　부적절한 행동 감소와 바람직한 행동 향상에 미치는 BSP의 영향을 평가하기 위해 수많은 방법이 활용될 수 있다. 빈도 측정, 개별화된 행동평가 척도, 관찰은 가장 많이 사용되는 방법들 중 일부이다.

빈도 측정

　가장 간단한 평가방법은 빈도를 측정하는 것이다. 교사는 많이 발생하는 행동의 발생 빈도를 측정하기 위해 효율적인 전략을 필요로 한다. 예를 들어, 베라는 매일 여러 번 또래 험담을 한다. 베라의 험담하기 행동이 발생할 때마다 각 사건을 문서화하도록 요구하는 것은 성가신 일이 될 수 있고 또한 수업 시간에 부정적인 영향을 미칠 수도 있다. 예를 들어, '종이 클립 옮기기(paper-clip transfer)'라는 보다 간단한 전략을 이용하여 행동의 발생 빈도를 측정할 수 있다.

　교사는 종이 클립 옮기기 전략을 사용하기 위해 매일 한 줌의 종이 클립(또는 작은 물체)을 주머니에 넣고 시작한다. 학생이 문제행동을 할 때마다, 교사는 종이 클립 한 개를 반대쪽 주머니에 옮겨 담는다. 학교 일과를 마치고, 교사는 두 번째 주머니에 들어있는 종이 클립 수를 센다. 두 번째 주머니에 있는 종이 클립의 수는 교사에 의해 관찰된 문제행동 발생 빈도(예: 베라가 다른 학생에 대해 험담한 횟

수)와 동일하다. 이 빈도를 요약 기록지에 기록한다. 증가 또는 감소를 한눈에 파악할 수 있다. 요약 기록지는 쉽게 찾을 수 있고 기억하기 쉬운 장소에 보관해야 한다. 아주 간단한 해결책은 교사의 수업 계획서 노트(또는 교사가 매일 일상적으로 사용하는 다른 장소)에 포스트잇(Post-It)으로 붙여 두는 것이다. 요약 포스트잇의 한 줄에는 날짜와 다른 한 줄에는 행동 발생 빈도를 기록할 수 있도록 구성한다 ([그림 5-1] 참조). 매주 금요일에 교사는 주간 데이터의 영속적인 기록을 위해 수행팀의 지정 담당자에게 포스트잇 노트를 준다.

날짜	또래에 대한 험담하는 행동의 빈도-베라
2/2	✓ ✓ ✓ ✓
2/3	✓ ✓ ✓

💎 **[그림 5-1]** 단순한 포스트잇을 이용한 빈도 기록 데이터 요약

행동평가 척도

두 번째 평가 방법은 정기적으로 일정한 시간(시간, 일일, 주간) 단위로 개별화된 행동평가 척도(Individualized Behavior Rating Scale)를 작성하는 것이다. 첫째, 목표 행동을 선택하고 요약 기록지에 기록한다. 목표 행동은 (시간이 지남에 따라 발생 빈도가 감소되길 기대하는) 문제행동이나 (시간이 지남에 따라 발생 빈도가 증가되길 기대하는) 바람직한 행동일 수 있다. 각각의 행동에 리커트 척도(예: 0=발생하지 않음, 1=종종 발생, 2=자주 발생)로 점수를 작성한다. 어린 아동의 경우, 척도는 두 개로 단순화될 수 있다(예: 예=발생함, 아니요=발생하지 않음). 행복한 표정 사진이나 슬픈 표정 사진을 제한된 문해 능력을 가진 아동에게 대신 사용할 수도 있다. 개별화된 행동평가 척도의 예시는 [그림 5-2]에 제시되어 있다.

평가 척도는 학생의 행동에 대한 피드백을 제공하는 수단이다. 이를 통해 교사도 학생의 적절한 행동에 대해 정기적으로 칭찬하거나 보상해 줄 수 있다. 평가 척도를 자주 이용할수록(예: 수업 시간이 마칠 때마다), 학생 행동에 더 효과적인 영향을 미칠 수 있다. 평가 척도는 외부 관찰자가 아니라 학생이나 교사에 의해 주로 이루어진다. 학생에 의한 평가는 자기관리 행동중재와 함께 사용될 수 있다. 행동

학생 이름: ＿＿＿＿＿＿＿＿＿＿＿　　교사 서명: ＿＿＿＿＿＿＿＿＿＿＿

날짜: ＿＿＿＿＿＿＿＿＿＿＿　　특수교사 서명: ＿＿＿＿＿＿＿＿＿

행동 목표:

1. 정확하고 완전히 수업 과제 마치기

2. 필요할 경우 도움 요청하기

스케줄

출석, 이야기 나누는 시간	예	아니요
수학 수업	예	아니요
음악 · 미술 수업	예	아니요
사회 수업	예	아니요
비구조화된 학습 시간	예	아니요
쉬는 시간	예	아니요
읽기 수업	예	아니요
점심	예	아니요
쓰기 수업	예	아니요
국어 수업	예	아니요
쉬는 시간	예	아니요
과학 수업	예	아니요

목표 달성:　　/12　　　　총계:　　/12

보상: ＿＿＿＿＿＿＿＿＿　(쿠폰)

교사 의견: ＿＿＿＿＿＿＿＿＿＿＿＿＿＿＿＿

＿＿＿＿＿＿＿＿＿＿＿＿＿＿＿＿＿＿＿＿＿＿＿＿＿

＿＿＿＿＿＿＿＿＿＿＿＿＿＿＿＿＿＿＿＿＿＿＿＿＿

＿＿＿＿＿＿＿＿＿＿＿＿＿＿＿＿＿＿＿＿＿＿＿＿＿

＿＿＿＿＿＿＿＿＿＿＿＿＿＿＿＿＿＿＿＿＿＿＿＿＿

＿＿＿＿＿＿＿＿＿＿＿＿＿＿＿＿＿＿＿＿＿＿＿＿＿

＿＿＿＿＿＿＿＿＿＿＿＿＿＿＿＿＿＿＿＿＿＿＿＿＿

＿＿＿＿＿＿＿＿＿＿＿＿＿＿＿＿＿＿＿＿＿＿＿＿＿

🏅 [그림 5-2] 개별화된 행동평가 척도 예시

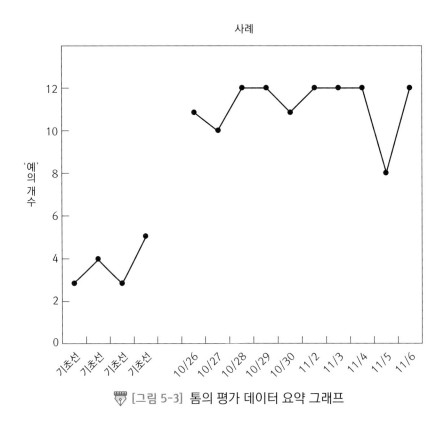

[그림 5-3] 톰의 평가 데이터 요약 그래프

지원팀은 매 시간, 매일 또는 주간 단위로 얼마나 자주 점수 척도를 매겨야 하는지 결정해야 한다. 이 결정을 내릴 때에는 ① FBA를 통해 나타난 목표 행동의 발생 빈도, ② 학생의 연령대, ③ 학생의 쉬는 시간 스케줄을 고려해야 한다.

　문제행동이 자주 발생하는 경우 학생 행동의 평가 척도도 자주 기록되어야 한다. 고비율로 발생하는 행동을 보이는 학생은 평가 척도 수행 사이의 간격이 짧을수록 성공할 가능성이 더 높다. 한 번의 평가에 있어 성공을 거둘 경우 뒤따르는 평가 시간 간격의 성공을 위한 동기 부여를 증가시킬 수 있다. 평가 시간 간격이 너무 길어질 경우, 학생이 각 간격 내에서 실패할 가능성이 증가될 수 있으며, 따라서 뒤따르는 평가 시간 간격에서 성취동기가 낮아질 수 있다. 어린 아동은 더 빈번하게 피드백이 필요하다. 이상적으로 어린 아동을 위한 평가 척도는 수업 시간 내에 여러 번 피드백을 제공하도록 설계되어야 한다(예: 60분 읽기 수업 시간 동안 4번). 고학년 학생을 위한 평가 척도의 시간 간격을 더 길게 설계할 수 있다(예: 중학생일 경우 매 수업 시간을 마칠 때마다).

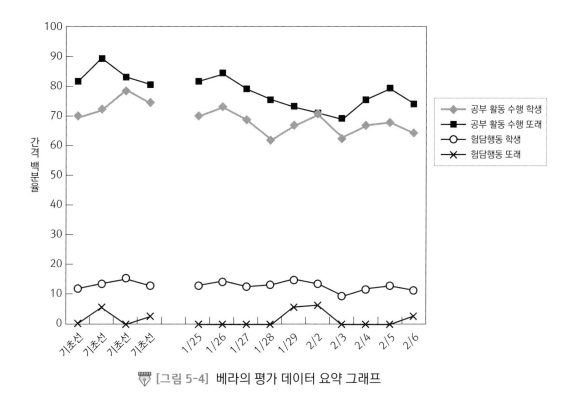

💎 [그림 5-4] 베라의 평가 데이터 요약 그래프

평가 척도 시간 간격은 학생의 쉬는 시간 스케줄에 맞추는 것이 적절할 수 있다. 초등학생의 경우, 평가 척도 간격을 수업 활동 시간 간격(아침 그룹 활동, 국어, 쉬는 시간)에 맞출 수 있다. 중학생의 경우, 평가 척도 간격을 수업 사이의 쉬는 시간, 수업 속의 활동 사이의 쉬는 시간에 맞출 수 있다.

지정된 기간 동안 데이터를 수집한 후에는 학생의 향상 정도를 파악할 수 있도록 그래프화해야 한다. BSP에 대한 데이터 기반 의사결정을 내리기 위해 2~3주(BSP 설계와 첫 추후 회의 사이의 권장 기간) 동안 충분한 양의 데이터를 수집한다. 톰의 평가 데이터는 [그림 5-3]에 제시되어 있다.

행동지원팀원은 그래프를 학생과 공유해야 한다. 학생 행동에 대한 시각적 제시는 학생에게 피드백을 제공하는 다른 방법보다 더 의미가 있을 것이다. 행동지원팀은 학부모에게 일일 보고서를 제공하면서 이와 동시에 행동 요약 기록지를 따로 보관하고 싶어 할 수도 있다. 이러한 잠재적 문서처리 문제는 한 번 쓰면 뒷장에 그대로 동일한 내용이 같이 적히는 용지(duplicate or triplicate paper)를 이용하여 해결할 수 있다. 또는 시간과 자원이 허락되면, 학생 일지를 정기적으로 스캔하여 부모에게 이메일로 보낼 수 있다.

관찰

관찰은 일반적으로 사용되는 평가와 다른 방법이다. 관찰은 일반적으로 행동평가에 관련된 능력을 가진 팀의 구성원에 의해 수행된다. 관찰자는 공부 활동 수행, 공부 활동 미수행, (FBA에서 정의하는) 문제행동, (평가 계획에서 정의하는) 기대행동을 메모한다(부록 B, 단계 8: 평가 계획 참조). 평가 계획에서 목표로 하는 루틴 속에서 관찰이 이루어진다. 관찰 기간은 루틴의 기간에 따라 결정된다. 행동지원팀은 문제행동을 줄이기 위한 새로운 기술이 중재가 없는 루틴 속에서도 일반화되었는지 평가하고자 할 수도 있다. 이러한 경우, 중재가 없는 상황 속에서도 평가 데이터를 수집해야 한다. 관찰 기록지 예시는 제3장에 제시되어 있다([그림 3-11]). [그림 5-4]는 베라에게 BSP가 적용된 후 2주 동안의 관찰 평가 데이터의 요약 그래프이다.

평가 계획 작성

F-BSP 프로토콜에는 평가 계획서를 문서화할 수 있는 페이지가 포함되어 있다(부록 B, 단계 8 참조). [그림 5-5] [그림 5-6] [그림 5-7]은 베라, 톰, 로널드에 대한 평가 계획을 보여 준다. 평가 계획을 설계하기 위한 세 가지 핵심 구성 요소는 다음과 같다. ① 장기 행동 목표와 단기 행동 목표 결정, ② 목표가 달성되었는지 여부를 판단하는 방법, ③ 행동지원팀은 BSP를 모니터링하고, 수정하거나, 또는 중단할지 여부를 판단하기 위해 평가 데이터를 검토할 시기를 문서화하기 등이다.

장기 목표와 단기 목표는 이전에 제시한 경쟁행동 경로 양식에 제시되었다. 장기 목표는 '바람직한 행동'의 조작적 정의에 제시되어 있다. 마찬가지로, 단기 목표는 '대체행동'에서 찾아볼 수 있다. 이러한 목표를 평가 계획에 포함시킬 수 있다. 목표에 도달하기 위한 세부 기준에 대해 구체적으로 기술하는 것이 중요하다. 예를 들어, '카를로스는 그의 수업 활동 완료 발생률을 높일 것이다.'라고 기술하는 대신, 목표를 '카를로스는 각 수업 시간이 끝나기 전까지 각 과제의 최소 50%

단계 8: 평가 계획 - 베라

행동 목표(구체적이고, 관찰 가능하고, 측정 가능한 목표를 이용하여 기술)

단기 행동 목표는 무엇인가?

관찰 간격의 95% 이상 동안, 베라는 다른 학생에 대한 '협닥하기' '칭얼거리기' '울기' 대신에 또래 갈등을 해
결하기 위한 도움을 교사에게 요청할 수 있다.

2014/2/6 ___ 예상 날짜

장기 행동 목표는 무엇인가?

관찰 간격의 100% 동안, 또래와 물건을 적절하게 나누어 쓰고 협력하여 수업활동에 참여할 수 있다.

2014/3/6 ___ 예상 날짜

평가 절차

수집 데이터	데이터 수집 절차	책임자	기간
공부 활동 수행(협력하는 수업 활동 포함) 협닥하기 시간 공부 활동 수행 및 협닥하기 행동에 대한 또래 비교	학교심리학자는 매일 아침 활동 시간에 짧은 관찰을 실시하여 그래프로 기록한다. 추후 회의에서 그래프를 팀과 공유한다.	학교심리학자	2014/1/25부터 2014/2/6까지

계획 검토 날짜: 2014/2/6 ___

계획의 내용에 대해 동의함:

_____ (날짜)   _____ (날짜)
학생   부모 또는 보호자

_____ (날짜)   _____ (날짜)
교사   교사

_____ (날짜)   _____ (날짜)
수행팀원   수행팀원

💎 **[그림 5-5]** 베라의 평가 계획

단계 8: 평가 계획-톰

행동 목표(구체적이고, 관찰 가능하고, 측정 가능한 목표를 이용하여 기술)

단기 행동 목표는 무엇인가?
12교시 중 최소한 10개의 수업에서 톰은 크게 화내는 행동 대신에 교사나 능력 있는 또래로부터 간헐적인 관심/도움을 요청하는 것을 배울 것이다.
<div align="right">2014/11/8   예상 날짜</div>

장기 행동 목표는 무엇인가?
12교시 중 최소한 10개의 수업에서 톰은 중단하지 않고 혼자 수업 과제를 끝낼 것이다.
<div align="right">2014/12/15   예상 날짜</div>

평가 절차

수집 데이터	데이터 수집 절차	책임자	기간
매 수업 시간마다 행동 카드 목표를 달성했는지에 대한 일지	일일 행동 보고서 카드. 모든 교사 (예: 담임교사, 음악 교사)가 카드 사용 방법을 숙지하고 일관적이게 사용하는지 확인할 것	학교심리학자가 시작하고 지속적으로 검토하기	2014/10/21부터 즉시 시작. 2014/11/8까지 계속

계획 검토 날짜: 2014/11/8

계획의 내용에 대해 동의함:

학생	(날짜)		부모 또는 보호자	(날짜)
교사	(날짜)		교사	(날짜)
수행팀원	(날짜)		수행팀원	(날짜)

💠 **[그림 5-6] 톰의 평가 계획**

단계 8: 평가 계획-로널드

행동 목표(구체적이고, 관찰 가능하고, 측정 가능한 목표를 이용하여 기술)

단기 행동 목표는 무엇인가?
95% 이상의 수업 시간에서 로널드는 그룹 활동으로부터의 휴식시간을 요구하거나 다른 또래와 활동하는 것을 요청함으로써 또래에게 공격행동을 하지 않을 것이다.

2014/2/28　예상 날짜

장기 행동 목표는 무엇인가?
적어도 80%의 수업 시간에서 로널드는 구조화된 그룹 활동 동안에 협력하여 수업 활동을 수행할 것이다.

2014/6/6　예상 날짜

평가 절차

수집 데이터	데이터 수집 절차	책임자	기간
매 수업 시간마다 행동 카드 목표를 달성했는지에 대한 일지. 교사 의견도 함께 제시	일일 행동 보고서 카드. 모든 교사 (예: 담임교사, 음악 교사)가 카드 사용 방법을 숙지하고 일관적이게 사용하는지 확인할 것. 교사는 매일 행동 카드를 작성하기. 그래프화하여 팀에게 제공하기	학교심리학자가 행동 카드를 시작하고 지속적으로 행동 카드 검토하기	2014/2/11부터 즉시 시작, 2014/2/28 검토 날짜까지 계속

계획 검토 날짜: 2014/2/28

계획의 내용에 대해 동의함:

학생	(날짜)	부모 또는 보호자	(날짜)
교사	(날짜)	교사	(날짜)
수행팀원	(날짜)	수행팀원	(날짜)

[그림 5-7] 로널드의 평가 계획

를 완성할 것이다.'와 같이 기술할 수 있다. 앞에서 설명된 다른 방법을 사용하여 행동을 측정할 수도 있다. 2~3주 이내 추후 회의에서 장기 행동 목표와 단기 행동 목표를 위한 행동 전략의 영향을 평가해야 한다.

평가 계획에는 학생, 학부모, 교사 및 수행팀의 서명을 위한 공간도 포함되어 있다. F-BSP 프로토콜 끝에 서명함으로써, ① 참가 구성원들은 제공된 평가 정보를 이해하고, ② BSP를 적용할 때 각자의 책임 요소를 이해하고 동의하며, ③ 평가 계획을 이해한다는 것에 동의한다. 개별적으로 F-BSP 프로토콜에 서명하는 것은 행동지원을 제공하는 핵심 참여자들 간의 의사소통과 협업을 증대시키는 수단으로 작용할 수 있다.

BSP의 실행 타당성(feasibility)과 적용 충실도(fidelity)

BSP 실패의 일반적인 원인은 부적절하거나 일관되지 않은 적용일 수 있다. 평가 데이터는 BSP 실패의 원인이 적절한 적용의 실패로 인한 것이지 판단하는 데 도움이 된다. 가장 간단한 평가 전략은 각각의 팀원들이 학생의 BSP에 자신의 역할을 완전히 수행하였는지 여부를 물어보는 것이다. 로널드의 BSP에 포함된 전략 중 하나는 학교심리학자가 로널드에게 쉬는 시간을 요청하도록 가르치는 것이었다. 학교심리학자는 이 전략이 적용되었는지 신속하게 확인할 수 있다.

각 팀 구성원에게 자신의 역할을 간략히 설명하게 함으로써 적용 충실도를 신속하게 확인할 수 있다. 자신이 해야 하는 역할을 설명하지 못하는 구성원은 BSP 속 자신의 영역을 수행하지 못할 것이다. 이러한 상황은 BSP를 위한 협동, 문서화, 배포를 위해 세심한 주의가 필요한 팀 구성원 간의 긴밀한 의사소통이 부족하다는 것을 의미한다. BSP 적용 후 처음 며칠 동안 행동지원팀장은 각 팀 구성원이 해당 계획의 일부를 적용하였는지 여부를 확인해야 한다. 이러한 간단한 조치는 팀 구성원이 BSP 적용 초기 단계에서 느끼는 지원 요구 사항을 파악하는 동시에 책임감을 높이기 위한 방법이다.

개별화된 행동평가 척도는 적용 충실도를 점검하기 위해 쉽게 사용할 수 있다. 평가 척도가 지속적으로 일정한 기간에 걸쳐 완료되는 것을 확인한 경우, 수행팀은 중재가 계획대로 적용되었다고 결론 내릴 수 있다. 반대로, 평가 척도가 비어 있거나, 데이터가 누락되었을 경우, 수행팀은 중재가 계획대로 적용되지 않았다고 결론지을 수 있다.

직접 관찰은 적용 충실도를 모니터링하기 위한 유용한 전략이지만 시간이 많이 소요되는 전략이기도 하다. 종종 교사는 BSP에 따라 목표 학생에 대한 전형적인 반응을 바꾸어야 한다. 교사는 부적절한 행동을 무시하거나 적절한 행동을 위한 강화를 제공해야 할 것이다. 교사는 팀 구성원이 교실에서 BSP가 계획대로 실행되고 있는지 결정하도록 교실에서 관찰할 수 있도록 해 주어야 한다.

관찰자는 또한 교사를 위한 컨설턴트 역할을 수행할 수 있으며, 적용 충실도 향상을 위한 지원을 제공할 수 있다.

몇 가지 BSP 전략은 매우 간단하게 관찰할 수 있다. 예를 들어, 로널드의 BSP에 따르면 그룹 활동 중에 로널드는 특정 또래와 분리되어야 한다. 관찰자는 그룹 활동 중에 로널드의 학급에 들어가 좌석 배치가 변경되었는지 간단히 말해 줄 수 있다.

평가를 통해 BSP의 중요한 부분이 계획대로 적용되지 않았다는 것을 파악할 수도 있다. 이 경우 행동지원팀은 이 문제가 맥락 적합성 때문인지 여부를 결정해야 하며, 이 문제를 해결하기 위한 방법을 결정해야 한다.

부모, 교사 및 학생 만족도 평가

서비스 수혜자의 피드백은 프로그램 개발과 유지의 중요한 요소이다. 참여도와 공헌도에 영향을 미칠 수 있는 과정의 주요 요소에 대한 불만을 파악할 수 있다. 서비스 수혜자도 또한 기능 기반 행동지원을 개선하기 위한 통찰력 있는 제안들을 제시할 수 있다. 학생, 학부모, 교사 그리고 행동지원팀을 대상으로 만족도를 정기적으로 설문 조사하고, 과정에 대한 만족도와 제안사항을 파악하게 된다. 이러한 설문 조사는 대상 학생을 위한 서비스를 개선하거나 전체 과정을 개선하는 데 사용될 수 있다. 서비스 수혜자 만족도 조사는 제6장에 수록되어 있다.

데이터 기반 의사결정

행동지원팀은 평가 데이터를 활용하여 다음 네 가지 질문에 대한 의사결정을 내려야 한다.

① BSP 목표가 달성되었는가?
② 중재가 계획대로 적용되었는가?
③ 더 많은 평가가 필요한가?
④ 어떤 방식으로 중재를 수정해야 하는가?

BSP 적용 후 첫 번째 회의에서, 행동지원팀은 BSP의 목표가 달성되었는지 여부를 평가해야 한다. 팀 구성원 중 한 명은 평가 데이터를 그래프로 요약하고 다른 팀 핵심 구성원들에게 복사하여 나누어 준다. 목표가 달성되었는지 여부를 판단하는 기준은 평가 계획에 제시된 '단기 목표'와 '장기 목표'에 따른다. 이 기준 수

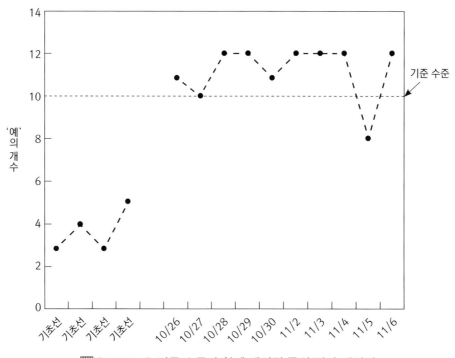

💎 [그림 5-8] 기준 수준과 함께 제시된 톰의 평가 데이터

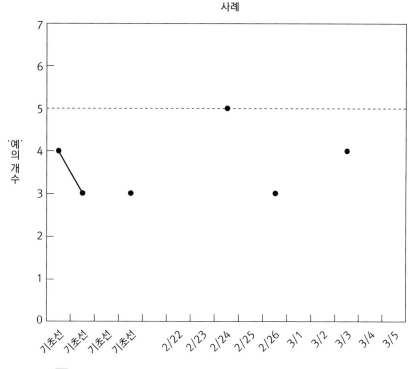

💎 [그림 5-9] 로널드에 평가 데이터 요약-행동평가 척도

준은 평가 데이터를 요약한 그래프에 표시될 수 있다([그림 5-8] 예시 참조). 데이터가 적절하게 수집되고 사용되었다면, BSP 목표가 달성되었는지 여부를 결정하는 것은 간단해질 것이다. [그림 5-8]과 [그림 5-9]에 따라 평가해 보자. BSP의 전략들이 톰의 적절한 행동을 증가시키는 데 효과적이라는 것은 명확하다([그림 5-8]). 대조적으로, 로널드의 BSP 적용 초기는 성공적이지 않은 것으로 보인다. 그의 행동은 기준 수준보다 낮았고, 며칠간의 데이터는 누락되었다([그림 5-9]).

　BSP의 목표가 달성되지 않았다면, 팀은 문제점을 평가하고 그에 따라 진행해야한다. 첫째로, 팀은 BSP가 계획대로 적용되었는지 여부를 평가해야 한다. 이 질문은 적용 데이터의 평가를 검토함으로써 답할 수 있다. 로널드에 대한 행동평가 척도는 14개의 가능한 평가 기간에서 7개의 데이터(자료점)가 누락되었다. 이 전략이 충분한 횟수와 일관성을 가지고 적용되지 않았다는 것이 명확해진다. 기능적 행동평가 데이터에 기초하여 로널드의 문제행동에 대한 이 전략이 효과적일 것이라고 예상하였다면, 이 전략은 다음 2주간 다시 적용되어야 한다. 다시 전략을 적용하기 전에 행동지원팀은 전략의 완벽한 적용을 저해하고 있는 맥락 적합성 요소를 파악하고 맥락 적합성에 따라 계획을 수정해야 하는지 여부를 검토해야 한다.

팀은 또한 관찰 데이터를 검토함으로써 적용 충실도를 평가할 수 있다. [그림 5-10]은 베라의 BSP 적용에 대한 관찰 데이터 요약을 제시한다. 관찰한 전략은 험담하는 행동은 무시하고 적절한 행동을 칭찬하는 것이다. 관찰 간격 동안, 베라의 교사는 험담하는 행동 발생의 90%는 무시했다. 관찰 간격의 100%에 걸쳐 교사는 베라가 적절하게 공부하는 행동과 물건을 나누어 쓰는 행동을 칭찬했다. 이 데이터에 따르면 베라의 교사는 계획대로 BSP를 적용한 것이 명확하다.

교사의 행동	간격 백분율	학생 행동	간격 백분율
험담하는 행동 무시하기	90	험담하기-기초선	12
적절하게 나누어 쓰는 행동 칭찬하기	100	험담하기-중재 적용 후 6일 동안	15

🖋 [그림 5-10] 중재 적용 관찰 데이터 요약

충실도 있게 중재가 적용되었음에도 불구하고, BSP는 험담하기 행동을 감소시키지 못했다([그림 5-4] 참조). 이 시점에서, 팀은 추가 평가가 필요한지 여부를 결정해야 한다. BSP가 잘못된 가설을 바탕으로 설계되었을 수 있다. 예를 들어, 팀은 교사의 관심을 받기 위해 또래 친구에 대해 험담을 하는 것으로 결론을 내렸었다. BSP는 베라가 또래와의 적절한 놀이 활동을 보여 줄 때 교사 관심을 얻을 수 있도록 구성되었다. 하지만 만약 베라가 또래로부터 회피하기 위해 험담을 한다면 BSP 중재는 필요한 강화를 제공하지 않고 불안감과 불편함을 증가시킬 것이다. 이러한 경우에 팀은 베라의 험담하기 행동을 다시 고려하여 문제행동의 원래 기능에 적합하도록(추가 평가가 필요) BSP를 재설계해야 한다.

추가 평가가 필요한지의 여부는 어떻게 결정하는가? BSP가 신중하게 적용되고 일관되게 적용되었지만 목표를 달성하지 못했다면, 추가 평가를 고려해야 한다. 약식 FBA(예: 교사 인터뷰만 시행한 경우)를 바탕으로 어떠한 향상을 달성하지 못한 경우, 추가 평가는 필수적이다. 추가 평가는 ① 학생 인터뷰를 통해 학생에게 의미 있는 벌과 강화제를 파악하고, ② 가설의 확신 정도를 향상시키는 데 주안점을 두어야 한다.

유지 계획

학생이 행동 목표를 성공적으로 달성하였다면, 행동지원팀은 학생 및 교사를 위한 지원과 성공을 지속하기 위한 유지 계획(maintenance plan)을 설계해야 한다. 학생들은 다음 학년으로 넘어갈 때 향상된 행동을 유지하지 못하는 경우가 많다. 새로운 교사로부터 계속적인 지원을 받지 않는다면, 학생은 더 익숙한 기초선 수준의 문제행동으로 빠르게 돌아갈 수 있다. 유지 계획을 수립하려면, 팀이 효율성을 고려해 BSP를 재설계해야 한다. 행동지원팀은 BSP의 여러 요소를 제거, 수정, 지속하거나 업데이트할 수 있다. 유지 계획의 주요 목표는 필요한 인력과 자원을 줄이는 동시에 학생을 위한 지속적인 성공을 유지하는 것이다. 유지 계획은 문서화되고 각 팀 구성원에게 나누어 주어야 한다.

학교 시스템 속에서 기능적 행동평가 사용하기

학교 기반 역량 및 교육청 기반 역량 개발

제6장 행동지원팀에 누가 참여할 것인가:
어떻게 하면 팀으로 함께 일할 수 있도록
행동지원팀을 관리할 수 있을까

들어가며

개별행동지원의 지속 가능한 시스템은 팀 기초 기반 위에 구축해야 한다(Todd, Horner, Sugai, & Colvin, 1999). 주로 학교는 학교심리학자와 같은 개인이 행동지원 전문가의 역할을 담당하게 한다. 이러한 사람은 주로 한 학년 동안 여러 학교를 순회하는 인력이며, 매해 담당 학교를 바꾸게 된다. 이렇게 역할을 담당하게 하는 것은 담당 인력이 다른 교직원 및 학생과의 관계를 형성하는 것을 어렵게 만든다. 또한 학교가 가진 일상적인 어려움과 성공 요소를 파악하는 것을 어렵게 만들거나 개별 행동지원 시스템을 개발하는 것을 어렵게 만들 수도 있다. 다른 학교는 학교 내에 행동전문가가 있을지도 모른다. 하지만 이 행동전문가가 새로운 직업을 가지거나, 질병으로 인해 학교를 그만두거나, 행동전문가의 다른 담당 업무로 인해 개별행동지원의 기반을 잃어버릴 수도 있다. 이러한 구성원의 변화에 대처하기 위해 팀에 기반을 둔 행동지원 방식이 구축되어야 한다. 많은 학교가 가진 역동적인 특성을 감안한다면, 매해 담당 책임과 팀의 참여를 예측하는 것은 어려울 수 있다. 그럼에도 핵심 개별 행동지원팀에 소속된 구성원은 최소 1~3년 동안 팀으로 역할을 수행해야 한다. 각 학교는 팀 구성원의 변화에 대처하며 기능 기반 행동지원을 적용할 수 있는 학교 내 자체 능력을 개발해야 한다. 제7장과 제8장에서는 학교와 교육청 수준 모두에서 능력을 개발하기 위한 제안을 설명한다.

동시에 행동지원팀은 행동중재 의뢰 관련자가 학생마다 달라지는 상황에 역동적으로 대처할 수 있어야 한다. 예를 들어, 의뢰된 학생의 부모와 교사들은 평가와 중재 과정에 참여해야 한다. 새로운 의뢰가 들어올 때마다 이러한 사람들은 바뀔 것이다. 행동지원팀은 부모 및 교사 참여의 변화를 관리할 수 있도록 조직화되어 있어야 한다.

이 장에서는 행동지원팀의 구조, 구성원 조직, 역할, 책임에 대해 대략적으로 설명할 것이다.

행동지원팀의 구조

각 행동지원팀은 고유의 특성을 가지고 있다. 학교에 따라 팀의 크기, 구성원, 구조, 능숙도, 학생 집단, 이론적 관점이 달라진다. 이러한 차이점에도 불구하고, 모든 행동지원팀은 중요한 특징을 가지고 있어야 한다. Todd 등(1999)은 이러한 주요 특징을 다음과 같이 설명하고 있다. "만성적인 문제행동을 가진 학생을 지원하는 팀은 ① 구성원마다 특성화된 행동 기술을 가지고 있어야 한다. ② 팀은 모든 구성원이 기여할 수 있도록 지원해야 한다. ③ 팀은 업무 수행과 문제해결을 위한 예측 가능하고 효율적인 절차를 수립해야 한다. ④ 팀은 관련 학교 인력, 가족, 지역 기관에게 정보를 제공하고 정보를 요청할 수 있어야 한다(p. 74)". 이러한 정의적 특성을 갖춘 팀은 다음과 같은 주요 목표를 충족할 수 있어야 한다. "① 교사의 지원 요청 관리, ② 교사 및 학생을 위해 적시에 적절한 방법으로 지원을 제공, ③ 개별 학생 행동의 가능한 해결책을 위한 토론 기회 제공, ④ 교사를 지원하기 위한 협력적 노력의 조직화(Todd et al., 1999, p. 74)"이다.

우리는 2단계 수준의 행동지원팀 모형을 권고한다. 첫 번째 수준은 핵심팀(core team)으로 구성되어 있다. 두 번째 수준은 의뢰된 개별 학생을 위한 별도의 수행팀(action team)으로 이루어져 있다. 각 수준의 구성원 조직은 [그림 6-1]에 제시되어 있다.

핵심팀은 학교관리자, 행동전문가, 학교 인력 유형별 대표 구성원으로 이루어진다. 수행팀은 1~2명의 핵심팀원, 학부모, 교사(들)로 구성되어 있다. 이와 더불어

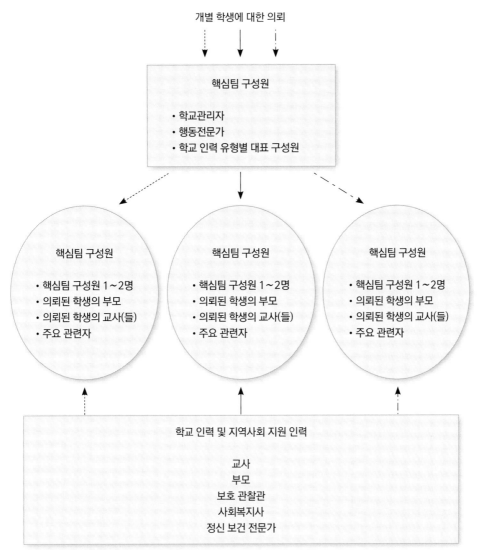

개별 학생에 대한 의뢰

핵심팀 구성원

- 학교관리자
- 행동전문가
- 학교 인력 유형별 대표 구성원

핵심팀 구성원

- 핵심팀 구성원 1~2명
- 의뢰된 학생의 부모
- 의뢰된 학생의 교사(들)
- 주요 관련자

핵심팀 구성원

- 핵심팀 구성원 1~2명
- 의뢰된 학생의 부모
- 의뢰된 학생의 교사(들)
- 주요 관련자

핵심팀 구성원

- 핵심팀 구성원 1~2명
- 의뢰된 학생의 부모
- 의뢰된 학생의 교사(들)
- 주요 관련자

학교 인력 및 지역사회 지원 인력

교사
부모
보호 관찰관
사회복지사
정신 보건 전문가

💎 **[그림 6-1]** 기능 중심의 개별 행동지원을 위한 2단계 수준 팀 접근법

수행팀에는 최초로 의뢰한 교직원, 학생의 생활에 밀접한 관련자(예: 상담교사, 사회복지사, 보호 관찰관)가 포함될 수 있다(약식 FBA만 필요한 의뢰의 경우, 수행팀은 의뢰 교사와 행동전문가만으로 구성될 수 있다). 각 수행팀에는 FBA와 개별 행동지원의 전문가가 최소 한 명 포함되어야 한다. 적용 초기 단계에 학교는 행동 전문 지식을 가진 인력을 한 명만 갖추고 있을 수 있다. 학교 내에 추가 행동전문가가 갖추어지기 전까지, 한 명의 행동전문가가 모든 수행팀에 참여해야 한다.

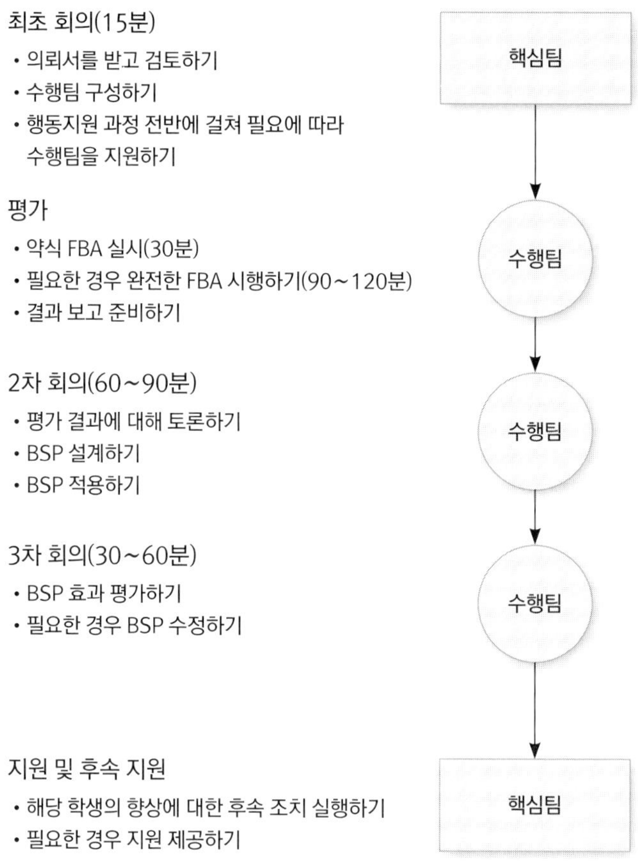

최초 회의(15분)
- 의뢰서를 받고 검토하기
- 수행팀 구성하기
- 행동지원 과정 전반에 걸쳐 필요에 따라
  수행팀을 지원하기

평가
- 약식 FBA 실시(30분)
- 필요한 경우 완전한 FBA 시행하기(90~120분)
- 결과 보고 준비하기

2차 회의(60~90분)
- 평가 결과에 대해 토론하기
- BSP 설계하기
- BSP 적용하기

3차 회의(30~60분)
- BSP 효과 평가하기
- 필요한 경우 BSP 수정하기

지원 및 후속 지원
- 해당 학생의 향상에 대한 후속 조치 실행하기
- 필요한 경우 지원 제공하기

핵심팀

수행팀

수행팀

수행팀

핵심팀

[그림 6-2] **핵심팀과 수행팀의 과정과 책임**

핵심팀과 개별 수행팀은 각각의 의뢰건에 따라 협력한다. [그림 6-2]는 이 과정을 보여 준다. 핵심팀은 의뢰건 관리, 수행팀 구성, 수행팀 지원(필요한 경우), BSP의 설계, 평가, 수정을 담당한다. 수행팀은 핵심팀의 하위 팀으로 활동한다. 수행팀은 해당 학생에 대한 FBA 데이터를 수집하고, 개별화된 BSP의 설계와 적용을 이끌고, BSP 적용 전후에 학생과 교사를 지원하고, BSP가 학생 행동에 미치는 효과를 평가하기 위한 평가 데이터를 수집하며, BSP 적용에 영향을 미치는 맥락 적합성에 대한 제한점에 관련된 피드백을 제공한다.

핵심팀의 구성원 조직은 적어도 1년 동안 유지되거나, 종종 2년 동안 유지된다. 핵심 구성원이 2년 이상 유지된다면, 개별 행동지원팀은 더욱 안정화될 수 있다. 이렇게 될 경우, 팀이 기능 기반 행동지원을 위한 학교 내 역량을 개발하기 위해 더 많은 시간과 유연성을 확보할 수 있기 때문이다.

　반면에 개별 수행팀의 구성원 조직은 그 팀이 BSP 목표를 성취할 때까지 계속된다. 수행팀 구성원에게는 개별 BSP를 설계, 적용 및 평가하는 데 필요한 예상 시간 및 기간을 알려 주어야 한다. 필요한 기간은 학생의 요구에 따라 달라지겠지만, 평균적으로 수행팀은 다음과 같은 요소를 따라야 한다. ① 의뢰 검토 및 평가 계획(15분 회의), ② 평가 데이터 수집(약식 FBA 약 30분, 완전한 FBA 약 90~120분), ③ 기능 기반 BSP 설계(60~90분 회의), ④ 추후 평가(30~60분 회의), ⑤ 추가 회의 및 지원(필요한 경우)이다. 수행팀 구성원은 예상하지 못한 지연이나 확장 여부에 따른 유동성을 고려한 시간 약속에 동의해야 한다.

　개별 학생에 대한 도움을 요청한 교사(또는 다른 교직원)는 수행팀의 일원이 될 것이라는 것을 이해하고 있어야 한다. 학교관리자는 FBA-BSP와 관련된 모든 구성원에게 서비스 기회를 제공할 것이라고 명시해 주어야 한다. 관련 인력의 조언과 지원이 없다면 팀은 문제를 명확하게 파악하지 못하며, 효과적인 해결 방법을 적용할 수 없을 것이다. 대부분의 경우, 담당 구성원은 팀에 의해서 만들어진 중재 전략을 적용할 책임이 있다.

　기능 기반 행동지원을 위한 전문성과 능숙도를 개발하기 위해서, 초기에는 모든 핵심팀 구성원이 각각의 수행팀에 참여하는 방법을 선택할 수 있다. 즉, 한두 명이 평가 정보를 수집한 후, 모든 핵심팀 구성원은 해당 교사 또는 부모를 만나 평가 정보를 요약하고 BSP를 개발하고 평가할 수 있다.

행동지원팀: 핵심팀 구성원 조직

　핵심팀의 크기는 학교 규모와 담당 학년에 따라 다르다. 일반적인 팀 크기는 4~6명 정도로 구성할 수 있다. 하지만 팀 크기를 최대 8명으로 제한할 필요가 있다. 8명 이상으로 팀을 구성할 경우, 의사결정과 계획 추진 과정을 관리하기 힘들어진다.

교장

교장은 핵심팀의 적극적인 참여자가 되어야 한다. 행동지원팀에 학교관리자를 포함하는 여러 가지 이유가 있다.

1. **인식.** 유능한 교장은 학생을 비롯한 학교에 무슨 일이 일어나는지 알아야 한다. 개별 학생들의 심각한 문제행동은 교장이 반드시 관여해야 하는 민감한 사안이다.
2. **가치 있는 정보 제공.** 학교관리자는 FBA−BSP 과정에 도움을 줄 수 있는 가치 있는 정보를 가지고 있을 것이다. 학교관리자는 다른 교직원보다 학부모를 더 많이 만났을 수 있으며, 문제행동의 주요 배경사건을 알고 있을 수 있다.
3. **지출 권한.** 학교관리자는 학교 예산 지출에 대한 권한을 가지고 있다. 개별 행동지원 역량을 개발하기 위한 핵심 요소 중 하나는 학생 200명당 10시간의 근무시간을 팀 코디네이터에게 배당하는 것이다. 만약 학교관리자가 행동지원팀의 필수적인 구성원일수록 학교의 유동적인 예산을 현명하게 사용하는 것에 동의하는 경향이 있다.
4. **행정적 영향력.** 학교 내에서 학교관리자는 변경과 지연을 추진할 수 있는 권한을 가지고 있다. 학교관리자는 교사 및 교직원의 요청을 승인할 권한도 가지고 있다. 설명하자면, 핵심팀은 초기 중재 적용 시 한 교사가 다른 교사를 지원하도록 BSP를 설계할 경우도 있다. 교장은 첫 번째 교사가 다른 학급을 지원하기 위해 자신의 담당 학급을 벗어날 수 있는지를 결정해야 한다. 교장은 또한 그 교사를 위한 대리 교사를 찾아 주어야 한다. 교장이 BSP에 대해 행정적으로 거부하고 BSP를 수정하는 것보다 교장이 정보 제공과 승인을 통해 BSP를 개발하는 것이 더욱 효율적이다.

행동평가와 중재에 대한 역량을 가진 전문가

의사결정, 평가, 중재를 위해 행동관리와 행동분석에 대한 전문 지식을 갖춘 전문가가 있어야 한다. 행동 외부 컨설턴트, 학교심리학자, 훈련 경험 · 경력 · 역량을 갖춘 학교 내 인력이 될 수 있다. 이 전문가는 행동 이론과 적용, FBA, 행동중재에 대한 확실한 지식을 가지고 있어야 한다. 전문 행동 컨설턴트의 전문성에만 의존하는 것을 피하는 것이 중요하다. 처음에 학교는 외부의 전문성에 의존해야 할지도 모르지만, 학교 내의 행동지원 역량을 개발하기 위한 계획을 수립하는 것이 중요하다. 제7장과 제8장에서 학교 내 행동지원 역량과 교육청 수준의 행동지원 역량을 개발하기 위한 모형을 다룰 것이다.

학교 인력 유형별 대표 구성원

핵심팀에 학교 인력 유형별 대표 구성원을 포함시켜야 한다. 대표 구성원은 다양한 학년의 교사, 일반교사, 특수교사, 기타 핵심 인력(예: 학교 상담교사, 모국어가 영어가 아닌 학생을 담당하는 교사)이 포함될 수 있다. 중학교 및 고등학교 교사의 경우 과목 분야나 담당 부서에 따라 대표 구성원을 포함할 수 있다. 일부 중·고등학교는 각 학년별로 한 개의 행동지원 핵심팀(전체 학교에 복수의 행동지원 핵심팀)을 구성하는 것을 선호하기도 한다. 각 핵심팀에 해당 동일 학년 내의 대표 구성원을 포함시킬 수 있다. 대개 학교관리자는 모든 학년의 팀에 참여한다. 문제행동이 자주 발생하는 경우, 학교에서 중요한 역할을 맡은 보조인력(예: 수업 보조인력)도 팀에 참여할 수 있다. 예를 들어, 쉬는 시간이나 식당 감독을 담당하는 보조인력의 경우, 이 상황에서 발생하는 문제행동의 예측변인과 후속결과에 대한 소중한 정보를 제공할 수 있다. 수업 보조인력은 또한 교사보다 유동적인 시간을 가질 수 있다. 이 유동적인 시간을 이용하여 FBA−BSP를 위한 평가 정보를 수집하거나 관찰을 수행하도록 할 수 있다. 전문 담당 인력은 응용행동분석 이론에 대한 전문가이지만, 다른 팀 구성원들은 학교 환경의 장단점을 이해하고 맥락 적합성을 파악하는 데 전문가이어야 한다.

학부모

몇몇 행동지원팀은 학부모를 지속적인 구성원으로 포함시키는 것을 결정하기도 한다. 대개 학부모는 새롭고 통찰력 있는 관점을 제공할 수 있다. 팀에 학부모를 포함시키는 것은 문제행동의 원인을 가족에게 돌리는 경향을 줄이고, 학교 내에서 문제가 되는 환경적 루틴을 변화시키는 데 집중하도록 도움을 준다.

핵심 행동지원팀의 역할과 책임

핵심 행동지원팀의 구성원은 관리와 실행의 역할을 모두 담당할 것이다.

관리 역할

각각의 행동지원팀에게는 코디네이터 · 의뢰 연락 담당자가 필요하다. 이러한 기능을 수행하는 사람의 역할은 학년 동안 유지된다. 한 명 이상의 초기 연락 담당자를 둔다면, 교직원들은 혼란스러워할 수 있고 개별 행동지원 시스템은 충분하게 활용하지 못할 수도 있다. 또한 최초 의뢰를 담당하는 부서의 책임이 혼란스러워지고, 교사의 도움 요청에 대한 책임이 감소될 수 있고 효율성이 저하될 수 있다. 핵심 행동지원팀에 대한 교사의 신뢰 수준은 개별 행동지원 시스템을 유지시킬 수도 있고 파괴할 수도 있다. 따라서 팀 전체를 위한 의뢰 연락 담당자 역할을 가진 세심하고 책임감 있는 구성원을 두는 것이 중요하다.

핵심팀의 구성원 중 누구나 코디네이터 · 의뢰 연락 담당자(coordinator/referral liaison)의 역할을 담당할 수 있다. 이 구성원은 조직적이고 책임감 있고 강력한 리더십과 의사소통 능력을 갖추고 있어야 한다. 학교 차원의 팀을 관리하고 이끌어 본 경험을 갖춘 사람이 코디네이터 역할을 담당할 수 있지만 필수적인 것은 아니다. 특별한 보상을 가질 수 있는 것도 아닌 코디네이터의 역할은 쉽지 않을 수 있다. 일반적으로 개별행동지원에 특별히 관심을 가진 사람을 코디네이터로 선정할 때 가장 성공적일 수 있으며, 코디네이터는 팀의 성공에 크게 기여할 수 있다. 마지막으로 코디네이터는 팀의 다른 구성원들의 지원을 받아야 한다. 다른 학교 직원들과 부정적인 관계를 가지고 있는 코디네이터는 팀의 성공을 촉진하기보다는 오히려 저해할 것이다.

코디네이터 · 의뢰 연락 담당자의 역할은 FBA-BSP 과정을 용이하게 만드는 것이다. 이 역할의 책임은 팀이 FBA-BSP 역량을 개발하고 강화함으로써 변화될 수 있다. 개별 행동지원팀을 구성하는 초기 단계에서는 모든 팀 구성원이 각각의 수행팀에 참여할 수 있다. 이 경우 코디네이터는 강력한 리더십 역할을 수행해야 할 것이다. 코디네이터는 각각의 팀 회의를 위한 안건을 만들어야 한다. 팀의 전반적인 준비를 향상시키기 위해 코디네이터는 최소한 회의 하루 전에 안건을 알려 주어야 한다.

코디네이터는 회의를 이끌고, 회의가 집중적이고 효율적으로 유지되도록 노력해야 한다. 행동지원팀은 의뢰 사항별로 해야 할 업무 목록을 만들어야 한다(예: 다음 회의에 학부모 참여시키기, 교사 인터뷰를 통한 FBA 시행). 코디네이터는 각 업무를 책임질 구성원이 있는지 확인해야 한다. 팀 구성원에게 업무를 할당하는 것은 코디네이터의 역할이 아니다. 대신에 코디네이터는 팀 구성원들 간의 협동심과 봉사 의식을 고취시켜야 한다. 특정 업무의 담당자가 없는 경우, 코디네이터는 개별 팀 구성원에게 도움을 요청할 수 있다. 아무도 맡지 않는 모든 업무를 코디네이터가 담당하려는 유혹에서 벗어나야 한다. 이것은 팀 구성원 간의 불균형을 가져올 뿐만 아니라, 과도한 스트레스와 업무 과중을 초래할 뿐이다. 코디네이터는 각 팀 구성원의 책임 목록을 나누어 주어야 한다. 이 목록은 각각의 업무, 업무 책임자, 그리고 각각의 업무를 완료할 예정 마감일을 보여 주어야 한다. 이 목록에는 의뢰된 학생에 대한 추후 회의 날짜를 강조하여 표시해야 한다. 또한 팀은 회의록을 작성할 구성원을 선정해 두어야 한다. 이 역할을 담당하는 구성원은 회의 때마다 달라질 수 있다. 회의록을 작성하는 담당자는 회의 중 제기된 업무 사항, 마감일, 날짜, 의사결정 사항을 기록한다. 회의록을 기록한 구성원은 이 정보를 코디네이터에게 제공하고, 코디네이터는 이 정보를 조직화하여 다시 공유한다. 회의록을 팀과 공유하기 위해 Google Docs 또는 Dropbox와 같은 파일 공유 시스템을 사용하여 모든 핵심팀 구성원이 항상 쉽게 액세스할 수 있도록 하는 팀도 있다.

각 팀 구성원이 FBA를 수행하고 BSP를 수행하는 과정에 보다 익숙해짐에 따라, 핵심팀은 앞에서 설명한 수행팀으로 들어간다. 각 학생 의뢰건에 따라 수행팀 속에는 1~2명의 핵심 행동지원팀 구성원만이 참여한다. 일단 학교가 수행팀 모형을 시작하게 되면, 핵심팀의 코디네이터의 역할은 좀 더 작아질 것이다. 코디네이터가 담당했던 코디네이터의 역할을 핵심팀 구성원이 각 수행팀에서 담당할 것이기 때문이다. 핵심팀의 코디네이터는 계속해서 ① 의뢰를 접수하고, ② 접수된 의뢰를 1~2개 핵심팀 구성원에게 배당하고, 이 핵심팀 구성원은 이 학생을 위한 수행팀을 구성하며, ③ 수행팀의 진행 정도를 추후 관리하고, ④ 수행팀이 만든 평가 데이터와 기록의 사본을 보관한다.

역할 수행

역할 수행은 완료되어야 할 업무 목록에 의해서 정해진다. 업무 역할은 다음과 같다. ① FBA 인터뷰 및 관찰, ② 학업 수행 기록과 학습 과제 샘플 검토, ③ 더 큰 그룹에 FBA 데이터 보고, ④ 검증 가능한 가설 수립, ⑤ BSP 설계, 적용, 평가 및 수정이다. 이러한 업무를 처리한 구성원은 다른 의뢰 학생을 담당할 수 있다. 각각의 팀 구성원이 FBA 평가와 중재를 수행할 수 있는 능력을 갖춘 후에, 개별 수행팀을 이끌게 될 것이다. 이 구성원들이 특정 의뢰 학생을 위해 인터뷰와 관찰을 실시할 것이다.

이상적이라면, 모든 핵심팀 구성원이 인터뷰, 관찰, 보고, 설계, 평가, 모니터링에 숙련되어 있어야 한다. 이 목표를 달성하는 데 시간이 걸리고, 헌신과 훈련이 필요할 것이다. 팀 구성원들이 적절한 수준의 기술을 습득할 때까지 행동전문가나 학교심리학자가 모든 FBA를 담당할 수도 있다. 그동안 팀은 BSP의 설계와 적용을 담당할 것이다. FBA-BSP 역량을 갖춘 학교 차원의 팀을 구성하는 방법에 대한 내용은 제7장에 설명되어 있다.

어떻게 하면 팀으로 함께 일할 수 있도록 행동지원팀을 관리할 수 있을까

개별 행동지원의 기능 기반 접근법은 행동관리를 수행하는 많은 학교와 행동지원팀에게 익숙하지 않을 것이다. 팀으로서 효과적이고 효율적인 역할을 수행하는 데 시간과 노력이 필요하다. 견고한 조직 구조와 과정은 효과적이고 효율적인 팀을 구성하고, 발전시키고, 성장시킬 수 있는 기반을 마련해 줄 수 있다. 견고한 조직 구조를 갖춘 효율적인 팀의 핵심 구성 요소는 다음과 같다. ① 시간의 효율적 사용, ② 학교 내의 높은 관심, ③ 일관적인 참여, ④ 효율적인 문서화 시스템, ⑤ 역할과 책임을 설명해 주는 명확한 조직화 절차, ⑥ 책임 체계, ⑦ 데이터 기반 의사결정을 위한 명확하게 정의된 체계 등이다. 이러한 특징들을 상세하게 설명할 것이다.

조직 구조

기초 조직 구조는 팀 구성원들이 협업하는 데 큰 도움이 될 것이다. 조직 구조 (organizing structure)는 ① 팀의 목표에 초점을 맞추어야 하고, ② 팀이 (관찰할 수 있고 측정할 수 있는) 실제적 결과를 향해 나아갈 수 있도록 하며, ③ 시작점에 비해 얼마나 많은 향상이 이루어졌는지에 대한 기록을 팀에게 제공해야 한다.

모든 사람들은 유용한 정보를 제공하는 어떤 결정을 내리지 않는 것처럼 보이는 회의에 참석해 왔다. 이런 회의를 한두 차례 마친 후, 팀 구성원들은 회의에 참석하거나 위원회에 참석하는 것을 피하기 시작한다. FBA-BSP 적용에 가장 심각한 장애물 중 하나는 교직원들의 시간 부족이다(Packenham et al., 2004). 팀 구성원들은 비효율적이고 산만한 회의에 시간을 낭비할 여유가 없다.

어떻게 하면 효율적으로 회의할 수 있을까? 안건부터 시작해야 한다. 조직화된 초점이 없다면, 심각한 문제행동에 대한 주제일수록 주제에서 벗어날 수 있다. 가장 좋은 방법은 주어진 안건에 초점을 맞추고 주어진 시간 내에 달성해야 할 목표에 초점을 맞추는 것이다. 각 의뢰에 대해 팀이 어떤 단계에 있느냐에 따라 안건 내용이 달라진다.

앞에서 설명한 바와 같이, 팀은 개별 FBA-BSP 개발과 적용을 위해 ① 최초 의뢰 후, ② 수행팀의 기능평가 데이터 수집 후, ③ BSP가 적용된 2주 후와 같이 최소 3회 이상 회의를 가져야 한다. [그림 6-3] [그림 6-4] [그림 6-5]는 이러한 각각의 회의에 대한 안건의 예시를 제시한다. 많은 경우에, 행동지원팀은 한 번에 하나 이상의 의뢰건을 담당할 수 있으며, 각 의뢰건마다 서로 다른 단계에 있을 수 있다. 시간이 허락한다면, [그림 6-3] [그림 6-4] [그림 6-5]에 제시된 안건을 행동지원팀의 필요에 따라 한 명 이상의 학생을 위한 하나의 회의로 합칠 수 있다.

각 안건 항목별로 시간 제한을 두어야 한다. 각 항목에 대한 논의 시간 제한을 두는 것은 회의 목적을 우선순위화하고 목적을 달성하는 데 도움이 된다. 회의에서 다뤄지지 않은 항목은 다음 회의 안건에 추가된다. 그러나 학교 차원의 팀은 교사의 지원 요청에 답변해 주기 위해 추가로 1~2주를 기다릴 수 있는 사치스러운 여유를 가지고 있지 않다. 심각한 문제행동은 학교에 안전 문제나 보건 문제를 야기시킬 수 있다. 팀이 한 안건 항목에 집중한다는 이유로 지원을 지연시키는 것은 도움이 필요한 교사에게 받아들여지지 않을 것이다.

팀 회의의 길이는 계획 회의, BSP 설계 회의, 추후 회의인지 여부에 따라 달라진다. 또한 회의의 길이는 팀이 기능 기반 행동지원의 어떤 단계에 있는가에 따라 달라진다. 한 학년 동안 팀이 연습 기회를 더 많이 가질수록, 팀이 회의를 진행하는 데 더욱 능숙해질 것이다. 팀 코디네이터는 계획 회의에 15분, 평가 요약 및 BSP 설계 회의에 최소 1시간, 추후·평가 회의에 최소 30분을 배분하도록 제안한다. [그림 6-3] [그림 6-4] [그림 6-5]는 각각의 안건 항목에 대한 시간 제한 정도를 보여 준다.

행동지원팀 안건

날짜: _____

학생: _____ (이름의 약자로 표시)

Ⅰ. 소개하기(부모와 새로운 참여자에게 구성원 소개하기, 회의 목표 요약해 주기)(5분)
Ⅱ. 지원 요청 검토(5분)
Ⅲ. 시작할 기능평가 수준 결정하기(약식 FBA, 완전한 FBA)(2분)
Ⅳ. 수행팀 구성하기(1분)
Ⅴ. FBA를 수행할 책임과 마감일 지정(2분)

🏅 **[그림 6-3] 안건 예시-최초 회의**

수행팀 안건

날짜: _____

학생: _____ (이름의 약자로 표시)

 Ⅰ. 수행팀은 약식 FBA 또는 완전한 FBA 데이터 보고하기(15~20분)

 Ⅱ. 검증 가능한 가설 수립하기(10~15분)

 Ⅲ. 추가 FBA 또는 기능 분석이 필요한지 여부를 결정하기(4분)

 Ⅳ. 추가 평가가 필요하지 않은 경우, BSP 설계하기(20~30분)

 Ⅴ. BSP 적용을 위한 계획 수립하기(5~10분)

 Ⅵ. 행동지원계획 평가를 위한 데이터 수집 방법 결정하기(5~10분)

 Ⅶ. 추후 회의 일정 정하기(1분)

🏅 [그림 6-4] 안건 예시-2차 회의

참고 1시간 정도의 회의를 위한 분량이다. 팀에게 더 많은 시간이 허락된다면, 이 회의를 90분으로 늘리고 각 안건 항목에 대한 논의 시간을 확장하는 것을 추천한다.

행동지원팀 안건

날짜: _____

학생: _____ (이름의 약자로 표시)

 Ⅰ. 수행팀은 BSP 적용과 효과에 대해 보고하기(5~15분)

 Ⅱ. BSP의 목표 달성 여부 결정하기(5~10분)

 Ⅲ. BSP 수정이 필요한지 결정하기(5~10분)

 Ⅳ. 필요한 경우 BSP 및 평가계획 수정하기(15~25분)

 Ⅴ. 필요한 경우 추후 계획 일정 정하기(1분)

🏅 [그림 6-5] 안건 예시-3차 회의

참고 30분 정도의 회의를 위한 분량이다. 팀에게 더 많은 시간이 허락된다면, 이 회의를 60분으로 늘리고 각 안건 항목에 대한 논의 시간을 확장하는 것을 추천한다.

스톱워치를 사용하면 안건에 따른 시간을 효과적으로 사용할 수 있다. 각각의 회의가 시작할 때마다, 한 사람이 타임 키퍼(time keeper) 역할을 담당한다. 코디네이터가 새로운 안건 항목을 소개한 후, 타임 키퍼는 그룹에게 "기능적 행동평가 보고에 10분이 있습니다."라고 알려 준다. 안건 항목을 위해 1분이 남아 있을 때, 타임 키퍼는 첫 번째 안건 항목에 대한 토론을 마치고 다음 항목으로 넘어가도록 알려 준다. 학교 차원의 팀은 안건을 진행하기 위해 스톱워치를 이용할 수 있다.

동일한 요일에 정기적이고 일정하게 회의를 한다면 모든 팀 구성원이 참여할 수 있다. 회의 횟수는 팀이 의뢰받은 수에 따라 결정된다. 적은 수의 의뢰건이 들어왔다면 매주 회의를 가지기보다 두 달에 한 번씩 회의를 가지는 것으로 충분하다. 핵심팀은 정기적인 회의를 위한 편리한 시간을 정해 두어야 한다. 많은 행동지원팀은 학교 일정 시작 전 또는 방과 후에 회의를 하는 것을 선호한다. 일부 교육청에서는 일주일에 한 번씩 1시간 늦게 등교한다. 이렇게 늦게 등교하는 날에는 교사가 위원회 회의에 참석하거나 주간 수업 계획서를 작성하거나 교과 연구회에 참여한다.

코디네이터는 각 팀 회의를 위한 안건을 작성할 것이다. 회의 전에 안건을 미리 나누어 주는 것은 팀 구성원이 각자의 책임을 완료하고 회의에 필요한 자료를 준비하는 데 도움을 준다. 팀 구성원에게 회의 안건을 효율적이고 편리하게 나누어 주기 위해 많은 학교는 교내 이메일 시스템을 이용하기도 한다. 안건이 이메일이나 서류를 통해 배포될 때에는 학생의 정보에 대한 비밀이 유지될 수 있도록 신중해야 한다. 이때 학생의 이름보다 약자를 사용하는 것도 한 가지 방법이다.

회의록을 작성하는 사람은 안건 항목에 대한 내용을 어떤 결정이 이루어졌는지, 주어진 업무, 마감일 등으로 간단하게 요약한다. [그림 6-6]에 회의록 예시가 제시되어 있다. 회의록은 팀 구성원이 쉽게 접근할 수 있어야 한다. 각 회의에 대한 기록은 회의의 논리적 흐름을 향상시키고 중복된 논의와 결정을 줄여 준다.

조직화 절차

내부 조직 구조와 더하여, 팀은 조직화 절차를 따라야 한다. 이 절차를 통해 각 의뢰에 대한 시작점과 결론에 걸친 팀의 수행 업무를 구성해야 한다. 이 과정은 효율적이고 반응적이어야 한다.

날짜: _____   회의록 담당자: _____

참석자:(참석자 이름 기록하기)

학생: _____ (이름의 약자로 표시)

안건 항목: _____

논의 내용:

결정 사항:

안건 항목: _____

논의 내용:

결정 사항:

안건 항목: _____

논의 내용:

결정 사항:

✎ [그림 6-6] 회의록 양식 예시

　FBA-BSP 과정은 심각한 문제행동을 보이는 학생에 대한 의뢰가 들어왔을 때 시작된다. 일반적으로 교사에 의해 최초 의뢰가 이루어지지만, 모든 교직원, 학부모, 심지어 학생도 지원을 요청할 수 있다. 의뢰하는 사람은 지원 의뢰 요청서 (Request for Assistance Form)를 작성한다. 이 양식은 핵심팀 코디네이터로부터 얻을 수 있다. 코디네이터는 쉽게 만날 수 있어야 하고 이 양식을 쉽게 얻을 수 있어야 한다. 이러한 이유로 코디네이터는 학부모 자원봉사자이거나 1~2주에 한 번씩 학교에서 근무하는 순회 인력이 되어서는 안 된다. 지원 의뢰 요청서 양식은 ① 의뢰된 학생에 대한 정보, ② 문제행동에 대한 정보, ③ 학생의 행동에 대처하기 위해 사용했던 전략의 목록에 대한 정보를 제공할 수 있도록 구성되어야 한다. 양식을 작성하고 제출하는 방법은 명확해야 한다. 지원 의뢰 요청서는 교사가 10분 이내에 작성할 수 있도록 구성되어야 한다. 지원 의뢰 요청서 양식은 부록 A에 수록되어 있다.

　행동지원팀에 의해 제공되는 장기 지원과 함께 교사는 즉각적인 단기 지원이 필요할 수 있다. 이러한 경우는 학생이 자신이나 다른 사람에게 위험(예: 반복적으로 머리를 부딪치는 행동을 보이는 학생이나 다른 학생에게 위협을 가하는 학생이 있는 경우)을 일으킬 가능성이 있을 때이다. 모든 학교는 위험한 행동에 대처할 수 있는 위험 관리 계획(crisis plan)을 세워야 한다. 위험 관리 계획의 개발과 적용에 대한 정보는 제2장의 보충 자료를 참고할 수 있다. 위험 관리 계획은 팀이 문제행동 패턴을 변화시키기 위한 장기적 해결 방법을 개발하고 적용할 수 있을 때까지 '반창고'로 사용할 수 있는 학생 문제행동에 대한 일시적인 해결 방법이다.

　의뢰한 교사나 다른 교직원은 1차 회의에 참석해야 한다. 또한 핵심팀은 학부모를 계획 회의에 참여시킬 수도 있다. 경우에 따라 핵심팀은 1명 이상의 학생에 대해 논의할 수 있다. 이러한 경우, 학부모는 자신의 자녀에 대한 회의에만 참석하도록 한다. 1차 회의(계획 회의)에서 핵심팀은 지원 의뢰 요청서를 검토한다. 팀 코디네이터는 의뢰건에 따라 1~2명의 구성원을 수행팀에 포함될 수 있도록 요청한다. 다음과 같은 다양한 기준에 따라 어떤 구성원이 어떤 수행팀에서 활동할지 결정한다.

1. 처음에는 FBA-BSP 전문가가 한 명만 있을 수 있다. 다른 팀 구성
   원이 FBA-BSP에 능숙해질 때까지, 이 전문가(주로 학교심리학자,
   행동전문가)가 모든 수행팀을 이끌어야 한다.
2. 팀 구성원은 특정 학년이나 부서의 의뢰를 위한 수행팀을 이끄는
   것을 선호할 수 있다. 예를 들어, 1학년 담당 교사는 다른 1학년 교
   사를 대상으로 인터뷰를 실시하는 것을 선호할 수 있다. 다른 학
   년에 비해, 1학년 담당 교사들과 학생들을 더 잘 파악하고 있기 때
   문이다.
3. 팀 구성원은 동일한 수의 수행팀에 참여하도록 책임을 배분한다.

핵심팀은 어떤 사람이 수행팀에 참여하고 누가 이 사람을 포함시킬지 결정한
다. 의뢰한 교사나 직원을 수행팀에 포함시키는 것은 필수적이다. 학부모는 수행
팀의 일원으로 포함될 수 있다. 학부모는 참여에 동의하거나 거부할 수도 있을 것
이다. 때때로 학생은 학교심리학자, 모국어가 영어가 아닌 학생을 담당하는 교사
(ELL teacher), 사회복지사, 기타 전문가를 통해 추가적인 서비스를 받을 수 있다.
가능하다면, 이러한 인력을 포함하는 것이 유용하다. 계획 회의는 다음 수행팀 회
의 일정(일반적으로 계획 회의 후 7~10일 이내)을 정하며 마무리된다. 회의록 담당
자는 바인더에 회의록의 사본을 보관하거나 전자파일 공유 저장소에 파일을 공유
하고 회의를 마친다. 계획 회의는 간략하고 15분 이내로 이루어져야 한다.
의뢰한 교사, 핵심팀 구성원, 수행팀 구성원은 BSP 개발, 적용, 평가의 파트너로
협력해야 한다. 수행팀의 모든 구성원이 협력 동의서(Partnership Agreement)에 서명
하는 과정을 통해 협력을 공식화하는 것을 추천한다. 협력 동의서의 목적은 ① 수
행팀 구성원에게 역할을 알리고, ② 수행팀 구성원이 담당 부분에 책임을 가지게
하고, ③ 수행팀 구성원 간의 협력을 촉진시키고, ④ BSP의 성공적인 적용과 평가
를 보장하는 것이다. 협력 동의서 양식의 예시는 [그림 6-7]에 제시되어 있다.

행동지원팀은 학교에서 심각한 문제행동을 반복적으로 보여 주는 학생에 대한 의뢰를 받는다. 팀은 다음과 같은 주요 목표를 달성하기 위해 노력한다. ① 의뢰건을 관리한다. ② 교사와 학생이 적절한 시기에 의미 있는 방법으로 지원을 받을 수 있도록 보장한다. ③ 개별 행동 문제에 대한 논의와 해결책을 위한 토론 기회를 제공한다. ④ 교사와 학생을 지원하기 위한 협력적 노력을 조직한다. 이러한 목표는 기능적 행동평가 기반 행동지원계획(FBA‒BSP)이라는 문제해결 접근 방식을 통해 달성된다.

행동지원팀은 각 학생의 요구 사항을 충족하기 위해 수행팀을 구성한다. 수행팀은 교사, 학부모, 행동지원팀의 구성원 1~2명, 기타 인력(사회복지사, 언어치료사 등)으로 구성된다.

행동지원팀으로부터 지원을 받으려면 교사는 다음 사항에 동의한다.

1. 해당 학생에 대한 약식 인터뷰에 참여
2. 수행팀이 요구하는 추가 정보 제공(예: 수업 과제 샘플)
3. 수행팀 구성원의 학생 관찰 허가
4. 해당 학생을 위한 수행팀 회의에 참석
5. BSP 설계 및 적용에 공헌
6. BSP 적용 후 학생 향상 정도를 문서화하기 위한 평가 데이터 수집
7. 학생 정보 비밀 유지

행동지원팀은 다음을 수행하는 것에 동의한다.

1. 적시에 전문적인 방법으로 인터뷰와 관찰 실행
2. 수행팀을 구성하여 교사와 학생을 위한 개별화된 평가, 중재, 지원 제공
3. 연구에 기반을 둔 최선의 실제를 바탕으로 시간 효율적인 중재 설계
4. 평가 데이터 수집을 위한 시간 효율적인 방법 설계
5. 학생의 향상 정도를 보여 주는 보고서를 학생, 교사, 학부모에게 제공
6. 기능평가, 중재, 평가 과정 중에 필요한 정보를 교사, 학생, 학부모에게 요청
7. 필요에 따라 BSP 수정

수행팀 구성원	학생과의 관계	날짜
수행팀 구성원	학생과의 관계	날짜
수행팀 구성원	학생과의 관계	날짜
수행팀 구성원	학생과의 관계	날짜

🛡 [그림 6-7] **협력 동의서 양식 예시**

다음 수행팀 회의에 참석하기 전에 담당 수행팀원은 FBA 인터뷰를 실시한다. 인터뷰는 지원 의뢰 요청서의 정보를 바탕으로 실시되어야 한다. 인터뷰의 목적은 ① 의뢰 교사를 즉각적으로 만나는 것이며, ② 문제행동에 대한 구두 보고를 얻고, ③ 문제행동의 일반적인 배경사건, 예측변인, 후속결과에 대한 정보를 얻는 것이다. 다음으로, 수행팀은 약식 FBA(교사 인터뷰)를 통해 데이터를 수집하는 것이 적절한지 완전한 FBA가 필요한지 결정해야 한다. 이 결정은 교사 인터뷰를 실시한 팀원에 의해 이루어질 수 있거나, 다른 행동지원팀 구성원과의 논의를 통해 결정될 수 있다. 이 결정을 내리기 위해서는 정식 회의가 소집될 필요가 없다. 앞서 설명한 바와 같이 이 결정은 다음과 같은 두 가지 질문을 바탕으로 이루어진다.

1. "학생은 정학, 퇴학, 다른 학교 배치의 위험성을 가지고 있는가?"
2. "(약식 FBA를 통해 수립된) 검증 가능한 가설이 정확하다고 확신하는가?"

첫 번째 질문에 대한 대답이 '아니요'이고 두 번째 질문에 대한 대답이 '예'라면, 약식 FBA가 적절할 수 있다.

수행팀은 학생의 문제행동을 해결하기 위해 BSP 개발 회의를 가져야 한다. 수행팀은 또한 계획을 적용하고 계획의 효과성을 모니터링하는 방법을 결정해야 한다. 약식 FBA가 충분하지 않다면, 완전한 FBA를 시행해야 한다.

완전한 FBA가 필요하다면, 다음 단계로 추가 평가 데이터 수집을 위한 일정을 정한다. 이 일정을 특정 양식에 기록한다. 완전한 FBA가 완료되면 평가자는 평가 결과를 나머지 팀 구성원에게 보고할 준비를 한다.

수행팀은 2차 회의를 가진다. (추가 핵심팀 구성원이 참석할 수 있지만 필수 사항은 아니다.) 평가자는 완전한 FBA로부터 얻어진 데이터를 보고한다. 수행팀은 그룹으로 문제행동 발생 이유와 상황을 설명하는 검증 가능한 가설을 수립한다. 다시 다음 질문을 한다.

1. "학생은 정학, 퇴학, 다른 학교 배치의 위험성을 가지고 있는가?"
2. "검증 가능한 가설이 정확하다고 확신하는가?"

추가 정보가 필요한 경우, 팀은 기능 분석(functional analysis)을 실시할 수 있는 자원과 전문성을 가지고 있는지 결정해야 한다. 그렇다면 수행팀이나 외부 행동 전문가가 행동에 대한 기능 분석을 실시하도록 한다. 만약 학교가 기능 분석을 할 수 있는 자원을 가지고 있지 않다면, 팀은 검증 가능한 가설을 세우기 위한 추가 관찰 데이터나 인터뷰 데이터를 수집할 수 있다. 추가 정보가 필요하지 않을 경우, 수행팀은 완전한 FBA를 바탕으로 BSP를 설계한다.

BSP는 개별 책임, 일정, 마감일을 명시해야 한다. 주로 교사는 BSP를 적용하는 초기 단계에 집중적인 도움이 필요할 것이다. 일반적으로 학교심리학자, 행동전문가, 또는 핵심 행동지원팀 구성원이 이러한 도움을 제공한다. 수행팀은 BSP의 효과성을 평가하기 위한 데이터를 수집할 방법을 결정한다. 2차 회의가 끝나기 전에 추후 회의 일정을 정해야 한다. 회의가 끝난 뒤, 수행팀장은 회의록과 BSP를 복사하여 팀에게 나누어 준다. 복사본은 핵심지원팀 서류함에 보관한다.

BSP 설계 회의와 추후 회의 사이에 BSP를 적용하고 평가 데이터를 수집한다. 3차 회의(추후 회의)를 가지기 전에 팀장은 새로운 안건을 미리 알려 준다. 이 회의에서 팀 구성원들은 BSP 평가 내용을 보고한다. 수행팀은 다음 사항을 결정한다.

1. "BSP의 목표가 달성되었거나 향상을 보이고 있는가?"
2. "BSP 수정이 필요한가?"

필요한 경우 수행팀은 BSP를 수정한다. 다시 한번 회의록(및 수정된 BSP)을 작성하고 나누어 준다. BSP가 수정된 경우, 수정된 계획의 효과를 평가하기 위한 추후 회의 일정을 정한다. 수행팀이 어떠한 수정도 필요하지 않다고 판단할 경우, 추후 회의가 계획되지 않는다. 하지만 수행팀 리더는 향상된 행동이 유지되는지 때때로 확인하고 교사가 추가적인 지원이 필요한지 수시로 확인해야 한다.

기능 기반 행동지원 과정의 마지막에는 제공된 지원 서비스에 대한 교사 및 학부모의 만족도를 평가한다. [그림 6-8] [그림 6-9] [그림 6-10]은 학부모, 학생, 교사에게 실시할 수 있는 서비스 수혜자 만족도 조사(Consumer Satisfaction Survey)의 예시이다. 이 설문 조사로부터 얻어진 피드백은 향후 의뢰가 들어왔을 때 팀의 대처 능력을 향상시키기 위해 사용되어야 한다.

보충 자료

팀 기반 행동지원 모형에 대한 자료는 다음과 같다.

Benazzi, L., Horner, R. H., & Good, R. H. (2006). Effects of behavior support team com-position on the technical adequacy and contextual fit of behavior support plans. *Journal of Special Education, 40*(3), 160–170.

McIntosh, K., Mercer, S., Hume, A., Frank, J., Turri, M., & Matthews, S. (2013). Factors related to sustained implementation of schoolwide positive behavior support. *Exceptional Children, 79*(3), 293–311.

Newton, J., Algozzine, B., Algozzine, K., Horner, R. H., & Todd, A. W. (2011). Building local capacity for training and coaching data-based problem solving with positive behavior intervention and support teams. *Journal of Applied School Psychology, 27*(3), 228–245.

Todd, A. W., Horner, R. H., Newton, J., Algozzine, R. F., Algozzine, K. M., & Frank, J. L. (2011). Effects of team-initiated problem solving on decision making by schoolwide behavior support teams. *Journal of Applied School Psychology, 27*(1), 42–59.

1. 행동지원계획의 목표는 자녀의 행동에 대한 걱정을 다루었다.

매우 그렇다				매우 그렇지 않다
1	2	3	4	5

2. 행동지원계획의 목표는 자녀의 학업 성취에 대한 걱정을 다루었다.

매우 그렇다				매우 그렇지 않다
1	2	3	4	5

3. 팀이 제안한 사항들은 도움이 되었다.

매우 그렇다				매우 그렇지 않다
1	2	3	4	5

4. 팀이 제안한 사항들은 가정에서 실행할 수 있는 것이었다.

매우 그렇다				매우 그렇지 않다
1	2	3	4	5

5. 팀이 제안한 사항들을 일관적이고 지속적으로 적용하였다.

매우 그렇다				매우 그렇지 않다
1	2	3	4	5

6. 행동지원계획이 적용된 이후 자녀의 행동이 향상되었다.

매우 향상				향상 없음
1	2	3	4	5

7. 행동지원계획이 적용된 이후 자녀의 학업 성취가 향상되었다.

매우 향상				향상 없음
1	2	3	4	5

8. 나의 의견과 조언이 존중받고 팀에게 유용하다고 느꼈다.

매우 그렇다				매우 그렇지 않다
1	2	3	4	5

9. 기타 의견, 우려 사항, 질문을 자유롭게 적어 주십시오.

⚜ **[그림 6-8] 학부모를 위한 서비스 수혜자 만족도 조사**

1. 나는 행동지원계획의 목표와 절차에 대한 정보를 제공받았다.

　　매우 그렇다　　　　　　　　　　　　　　　　　　　매우 그렇지 않다
　　1　　　　　　　2　　　　　　3　　　　　　4　　　　5

2. 나는 행동지원계획의 목표가 중요하다는 것에 동의했다.

　　매우 그렇다　　　　　　　　　　　　　　　　　　　매우 그렇지 않다
　　1　　　　　　　2　　　　　　3　　　　　　4　　　　5

3. 나는 행동지원계획을 위해 개발된 절차에 동의했다.

　　매우 그렇다　　　　　　　　　　　　　　　　　　　매우 그렇지 않다
　　1　　　　　　　2　　　　　　3　　　　　　4　　　　5

4. 나의 의견과 조언을 요청받았고 존중받았다.

　　매우 그렇다　　　　　　　　　　　　　　　　　　　매우 그렇지 않다
　　1　　　　　　　2　　　　　　3　　　　　　4　　　　5

5. 팀이 제안한 사항들이 학교에서 일관적이고 지속적으로 적용되었다.

　　매우 그렇다　　　　　　　　　　　　　　　　　　　매우 그렇지 않다
　　1　　　　　　　2　　　　　　3　　　　　　4　　　　5

6. 팀이 제안한 사항들이 가정에서 일관적이고 지속적으로 적용되었다.

　　매우 그렇다　　　　　　　　　　　　　　　　　　　매우 그렇지 않다
　　1　　　　　　　2　　　　　　3　　　　　　4　　　　5

7. 행동지원계획이 적용된 이후 나의 행동이 향상되었다고 느꼈다.

　　매우 향상　　　　　　　　　　　　　　　　　　　　향상 없음
　　1　　　　　　　2　　　　　　3　　　　　　4　　　　5

8. 행동지원계획이 적용된 이후 나의 학업 능력이 향상되었다고 느꼈다.

　　매우 향상　　　　　　　　　　　　　　　　　　　　향상 없음
　　1　　　　　　　2　　　　　　3　　　　　　4　　　　5

9. 나는 계속해서 교사, 부모 그리고 팀과 함께 공부하고 싶다.

　　매우 그렇다　　　　　　　　　　　　　　　　　　　매우 그렇지 않다
　　1　　　　　　　2　　　　　　3　　　　　　4　　　　5

10. 기타 의견, 우려 사항, 질문을 자유롭게 적어 주십시오.

♦ [그림 6-9] 학생을 위한 서비스 수혜자 만족도 조사

1. 행동지원계획의 목표는 _____의 행동에 대한 걱정을 다루었다.

매우 그렇다				매우 그렇지 않다
1	2	3	4	5

2. 행동지원계획의 목표는 _____의 학업 성취에 대한 걱정을 다루었다.

매우 그렇다				매우 그렇지 않다
1	2	3	4	5

3. 팀이 제안한 사항들은 도움이 되었다.

매우 그렇다				매우 그렇지 않다
1	2	3	4	5

4. 팀이 제안한 사항들은 학급에서 실행할 수 있는 것이었다.

매우 그렇다				매우 그렇지 않다
1	2	3	4	5

5. 팀이 제안한 사항들을 일관적이고 지속적으로 적용하였다.

매우 그렇다				매우 그렇지 않다
1	2	3	4	5

6. 행동지원계획이 적용된 이후 _____의 행동이 증가되었다.

매우 그렇다				매우 그렇지 않다
1	2	3	4	5

7. 행동지원계획이 적용된 이후 _____의 학업 성취가 향상되었다.

매우 그렇다				매우 그렇지 않다
1	2	3	4	5

8. 팀으로부터 더 많은 도움이 필요하다.

매우 그렇다				매우 그렇지 않다
1	2	3	4	5

9. 기타 의견, 우려 사항, 질문을 자유롭게 적어 주십시오.

♜ [그림 6-10] 교사를 위한 서비스 수혜자 만족도 조사

제7장 기능적 행동진단을 위해 행동지원팀에 대한 학교 내부 역량을 어떻게 만들 수 있을까

들어가며

위험군 학생들에 대하여 효과적이고, 개별 행동지원을 제공하기 위해 노력하는 각 학교는 다음의 목표를 충족시키기 위하여 학교 차원의 계획을 개발해야 한다. ① 모든 교직원에게 심각한 행동 문제의 기능, 사정, 중재에 관하여 배경 지식을 제공해야 한다. ② 교직원들에게 FBA를 수행할 수 있는 전략을 제공한다. ③ 교직원들에게 효과적인 BSP를 설계하고, 실행하며, 평가하고, 수정할 수 있는 전략들을 제공한다. ④ 학교 안에서 행동 사정과 중재를 완전하게 수행할 수 있는 기술을 가지도록 충분히 교육한다. ⑤ 기존의 학교 시스템 안에서 실행될 수 있는 효율적이고, 효과적이며, 관련 있는 적절한 행동지원 모델을 실행한다.

각각의 이러한 목표들은 행동 사정과 중재를 위하여 능력을 갖추어야 할 필요성을 강조한다. 이 장에서는 갖추어야 할 능력을 촉진하는 전략을 살펴볼 것이다. 갖추어야 할 능력이 발전함에 따라, 학교는 행동 중재 팀을 위한 몇 가지 다양한 리더십 모델을 선택할 수 있다. 제7장의 마지막 부분에서는 세 가지 가능한 팀의 리더십 모델을 살펴볼 것이다.

도전거리

2004년 IDEIA에서는 학교가 행동을 관리하고 훈육할 수 있는 조치에 FBA를 사용할 수 있는 능력을 갖추어야 한다고 권고하고 있다. 안타깝게도, 많은 학교 직원들은 이 기술을 아직도 모르고 있거나 FBA를 실행할 수 있는 기술과 자원이 부족하다고 생각한다. 2004년 IDEIA에서 요구하는 내용을 따라야 한다는 압력은 다음과 같은 두 가지 중대한 문제를 야기할 수 있다. ① FBA-BSP의 무계획적이고, 비효율적인 실천, ② 행동 컨설턴트와 서비스 계약에 있어 과도한 지출이다. 당면 과제는 행동평가에서 현재의 기술과 자원의 부족 및 학교 환경에서 적용될 수 있는 접근 가능한 기술을 변화시키는 것이다.

목표

단순히 학교에서 문제행동을 관리하기 위해 '기술'(예: FBA-BSP)을 제공하는 것만으로는 충분하지 않다. 또한 학교와 그 학교 지역의 리더들은 '기술'(예: FBA-BSP)을 성공적으로 실행하기 위하여 필요한 지원을 제공할 필요가 있다. 문제행동을 관리하는 데 있어 그 행동들을 유의미하게 평가하고 효과적이고, 효율적이며 적절한 BSP를 설계할 수 있는 자격을 갖춘 이들을 많이 늘림으로써 학교의 자원들이 개선될 것이다.

요구사항과 약속

실행하기 전에, 학교는 다음의 네 가지 기준을 기꺼이 준수해야 한다.

1. 행동지원 시스템을 개선시키는 것은 학교의 상위 세 가지 우선순위 중 하나로 정립되어야 하며, 행정적인 지원이 뒷받침되어야 한다.
2. FBA-BSP가 필요한 행동 문제가 있는 학생들을 평가하고 중재하기 위해서 팀을 구성해야 한다.

3. 각 학교는 팀이 개별 행동지원을 계획하고, 설계하며, 실행할 수 있
　　　도록 적절한 시간과 자원을 기꺼이 배정해야 한다.
　　4. 각 학교는 학교 내의 개별 행동지원 시스템을 개발하고 개선하는
　　　데 최소한 3년의 노력을 기울여야 한다.

　이러한 약속이 없다면, 행동 평가와 중재에서 교직원들을 훈련시키는 성공적인 노력은 오히려 방해가 될 것이다.

우선사항

　공립학교 시스템 기능은 훨씬 더 간단하다. 학교는 아동들에게 교육을 제공하기 위해 존재한다. 지난 30년간, 학교의 '취업 설명서'가 급속하게 늘어났다. 학교는 지금 도덕성 발달, 아동 보호, 행동관리, 심지어 몇몇 경우에는 건강관리까지 담당하고 있다. 동시에, 학교는 한정된 자원과 한정된 예산을 가지고 있다. 한 시스템이 이러한 모든 역할을 효과적으로 채우는 것은 어렵다. 이에 다양한 역할을 성공적으로 잘 수행하기 위해서는 학교관리자들이 그들의 목표를 우선순위로 정해야 한다.

　대부분의 학교는 효과적이고, 효율적인 행동지원 시스템을 달성할 수 있어야 한다. 그러나 행동지원은 최소한 3년 동안 학교의 최우선 과제 중의 하나가 되어야 한다. 행동지원을 실행하는 데 노력을 미비하게 하는 것은 좌절감과 시간 낭비를 초래할 것이다. 개별적 행동지원에 대한 진지한 약속 없이는 학교가 자원과 노력을 다른 곳에 투자하는 것이 더 낫다. 우선순위와 약속이 있을 경우에는 실질적인 긍정적 변화가 일어날 수 있다. 개별 행동지원에 대한 헌신은 여러 가지 다양한 행위를 통해 입증되고 발전시킬 수 있다. 첫째, 학교는 매년 학교 개선 계획에 최우선 순위로서 개별적 행동지원을 포함하는 서약서를 작성할 수 있다. 관리자들은 교직원들의 참여를 장려하고 촉진함으로써 개별 행동지원을 고취할 수 있다. 교직원은 팀에 자원봉사를 하거나 적절한 팀을 활용할 수 있다. 교직원은 평가과정에서 협력할 수 있으며, 중재 과정에서 산파 역할을 할 수 있다. 팀원들과 다른 교직원은 시스템의 개선방안에 대해 수시로 논의할 수 있다. 교직원은 팀이 진화

하고, 학습하고, 개선할 수 있도록 유연하고 지지적인 태도를 가지는 것이 좋다.

자원

개별적 행동지원팀의 성공을 위해서는 충분한 시간과 돈의 할당이 중요하다. 많은 학교에서 시간과 돈은 대개 부족한 자원이기 때문에 현명하게 사용되어야 한다.

시간

학교심리학자들과 학교관리자들은 학교에서 FBA-BSP를 실행하는 데 가장 큰 장애물로 '시간 부족'을 자주 언급한다. 이러한 한계를 해결하는 최선의 방법은 개별 행동지원팀과 시스템의 효율성을 향상시킴으로써 해결될 수 있다. 이 책을 통해, 제한된 교직원 시간을 최대한으로 활용할 수 있는 몇 가지 전략들을 소개하고자 한다. 그 전략들은 〈표 7-1〉에 요약되어 있다. 더 많은 논의를 끌어낼 수 있는 한 가지 전략은 '기존의 학교기반팀을 가장 잘 활용하는 것'이다.

경우에 따라서는 기존의 학교기반팀을 확대하거나 수정할 수 있다면, 새로운 팀을 만드는 것은 불필요할 수 있다. 학교지원팀이나 이들의 업무 파트너(예: 교사지원팀, RTI 팀)는 흔히 많은 학교의 기반 체제가 되어 왔다. 이러한 팀은 일반적으로 이 책에서 설명하는 개별 행동지원팀과 유사한 기능을 하고, 각 학년을 대표하는 일반교사와 특수교사, 학교심리학자, 상담가, 교장 선생님 등의 학교 교직원으로 구성된다. 이 팀에 의뢰되는 학생들은 학업적으로나 행동적으로 어려움을 겪을지도 모른다. 학생의 요구가 고려되고 나면, 팀은 개입 계획을 수립하고, 실행하고 점검한다. 불행하게도, 이러한 기존의 팀 구성원들은 FBA나 BSP 설계에 대한 훈련을 받지 않았을 수도 있다. 이 팀의 구성원들이 기능 중심의 행동지원을 위한 핵심팀이 되고, 기존의 지원 구조를 이용하기 위해서는 FBA-BSP를 훈련받아야만 할 것이다.

기존 팀의 평가와 사용은 적어도 두 가지 이유에서 권장된다. 첫째, 시간의 효율적인 사용이 교직원들 사이에는 우선순위가 높은 관심사이다. 많은 교사와 보조교사, 그리고 교장 선생님들은 이미 자신들이 헌신적이라고 느끼고 있다. 기존

<표 7-1> 시간을 가장 잘 활용하는 전략

- 의뢰를 위한 예방적 선별을 하기 위해 학교 차원의 행동지원 시스템을 실행하기
- 개별 행동지원팀에 대한 각각의 의뢰가 타당한지 결정하기
- 필요한 FBA의 정도, 즉 약식 FBA인지 아니면 기능적 분석을 포함한 완전한 FBA인지를 결정하기
- 매번 회의에 대한 의제를 만들어 내기
- 매번 회의를 하기 전에 회의의 안건을 회람하여 팀원들에게 과제를 완성할 수 있도록 하고, 모든 필요한 자료를 미리 준비하여 회의에 들어올 수 있도록 하기
- 각각의 의제마다 시간 제한을 두기
- 시간 제한을 실행하기 위해 스톱워치를 사용하기
- 매번 회의에서 내용을 기록하기
- 모든 의제, 메모 내용, 관련 자료들은 바인더나 비밀이 보장되는 서버의 파일 공유 시스템에 보관하기
- 회의는 주의 같은 요일, 같은 시간에 하도록 하기
- 학내의 구성원들 중에 연락하는 일을 담당하는 사람을 두기
- 벽 사이즈의 달력이나 파일 공유 시스템을 사용하여 팀 구성원들에게 마감일, 다음 회의, 기타 등을 상기시키기
- 현재 있는 학교기반팀을 최대한 활용하기

팀과 유사한 기능을 하는 새로운 팀을 만드는 것은 교직원의 시간과 자원을 불필요하게 낭비하는 것으로 인식될 것이다. 둘째, 만약 두 개의 학교 팀이 비슷한 목적을 가지고 있지만 서로 의사소통을 하지 않는다면, 이들은 서로 다른 중재 계획을 세울 가능성이 높다. 결과적으로 두 팀은 목적이 엇갈린 채로 일하게 될 것이다. 지원을 구하는 교사들은 중간에 낀 느낌이 들 것이고, 지원을 못 받는다는 생각을 하게 될 것이다. 교사들의 자연스러운 반응은 어느 팀으로부터도 도움을 요청하지 않을 것이다.

우리는 다음의 세 가지 전략을 사용하여 문제행동을 관리하기 위해 학교의 자원을 늘릴 것을 제안한다.

1. 만약 학교가 기존의 학생지원팀이나 이와 비슷한 팀이 있다면, 그 팀을 통해 학교 내에 개별 행동지원 체제를 조정하도록 한다. 새로

운 팀을 만들지 않는다.

2. 학교의 학생지원팀 구성원들에게 기능 중심의 행동지원을 제공함으로써 행동 전문성에 관한 학교의 내부 역량을 높인다.

3. 팀의 주요 기여자로서 교육 보조인력을 포함한다. FBA-BSP에서 교사 보조인의 이용은 교사, 학생, 부모 인터뷰와 다양한 교실 관찰을 수행할 수 있어 학교의 '일손'을 상당히 늘릴 수 있다. 그리고 교사 보조인들은 행동지원계획을 실행하고 나타난 결과를 점검할 수 있는 학교의 역량을 개선시킬 수 있다.

재정

개별 행동지원을 위한 학내의 역량을 진심으로 높이기 위해서는 학교와 학군이 이러한 목적을 성취할 수 있도록 재정적 자원을 할당해야 한다. 예산은 학교마다 다를 것이며, 다음과 같은 요인들에 따라 달라질 것이다. ① 등록된 학생 수, ② 교직원 수, ③ 학교에서 발생하는 문제행동의 정도, ④ 행동 능력을 갖춘 교직원의 수, ⑤ 실행할 수 있는 행동적 훈련 모델 등이다. 그리고 개별 행동지원을 위해서 최소한 네 가지 중요한 항목들을 예산에 포함시켜야 한다. ① 개별 행동지원팀의 활동을 이끌고 조정하는 일을 할 수 있는 사람을 고용하는 부분, ② 교사와 교직원들에게 학교에서 FBA-BSP 훈련을 실행하고 FBA-BSP 개발 워크숍에 참여하도록 할 수 있는 금전적인 부분, ③ FBA-BSP 개발 담당자들에 대한 보상, ④ 개별적 행동지원을 지원하기 위한 교재(예: 문서 양식, 강화제, 교육과정 등) 등이다.

행동지원 시스템의 연속체(continuum)

제2장에서 설명한 것처럼 개별적 행동지원 시스템은 긍정적 행동지원 시스템의 연속체를 구축한 학교에서 가장 잘 작동될 것이다. 학교 내에는 적어도 네 가지의 주요 행동적 시스템이 있다. ① 학교 차원, ② 교실, ③ 교실이 아닌 특정 환경, ④ 네 가지 행동 영역 중에서 한 가지에 해당하는 개별 학생 차원(① 경미한 문제를 가지거나 문제행동이 없는 학생, ② 문제행동 위험군 학생, ③ 만성인 문제행동을 보이는 학생, ④ 위험한 문제행동을 보이는 학생) 등이 그것이다. 학교 안에서 전체적

인 긍정적 행동지원 시스템이 이 네 가지 그룹의 학생 집단 전체에 걸쳐 주요 요소들을 포함한다면 귀중한 시간과 자원이 절약될 것이다. 제2장에서 설명한 바와 같이, 다층의 학교 차원의 긍정적 행동지원 시스템(multi-tiered SWPBS)을 실행하는 것은 이러한 야심찬 목표를 다루는 증거기반의 접근법이 될 수 있다(Sugai & Horner, 2009).

학교가 대다수의 학생을 위하여 효과적인 SWPBS와 위험군 학생들을 위한 표적 집단의 중재 시스템을 가지고 있다면(예: Crone et al., 2010 참조), 실제적으로 개별화된 행동지원이 필요한 학생만이 개별적 행동지원팀에 의뢰되어야 한다. 학교 차원의 중재 단계나 표적 집단 중재 단계는 개별화된 행동지원팀을 위하여 선별 과정으로서 이루어져야 한다. 개별적 지원에 대한 각 의뢰 타당성을 증가시키고 전체적으로 의뢰되는 횟수를 감소시킴으로써, 팀은 보다 효과적이고 효율적일 수 있다. 개별 행동지원팀은 특히 위험한 문제행동을 보이는 학생들의 모든 문제를 다룰 수 없다. 이러한 학생들의 경우는 학교가 추가적인 지역사회 서비스를 활용해야 한다[예: 상담이나 다른 랩어라운드(wraparound) 서비스].

많은 학교는 이미 다른 곳에서 시행되고 있는 효과적인 SWPBS 연속체를 가지고 있지 않을 수도 있다. 안내, 계획, 적절한 자원의 활용이 필수적이다(이 장의 부록을 참조하여 학교 차원의 긍정적 행동지원 체제를 참조 바람). 개별화된 FBA-BSP를 이용하여 학교 내의 모든 문제행동에 반응하려는 행동지원팀은 너무 많은 일에 압도당하거나 당황하여 실패하게 된다. 그래서 교내에 SWPBS가 설치되지 않은 학교에서는 팀을 통해 의뢰가 타당한 것인지, 개별화된 지원을 요구하는 학생 그룹에 부합하는 것인지를 매우 신중하게 결정해야 할 것이다. 우리는 학교가 학생의 1~7%를 넘기지 않는 범위에서 완전한 FBA-BSP를 실행할 것을 추천한다.

학교 역량을 개발하기 위한 모델

기대되는 훈련 결과

처음에 행동적 컨설턴트는 FBA와 행동지원계획에서 전문성을 갖춘 행동지원팀의 유일한 구성원일 수 있다. 지속 가능한 팀을 만들기 위하여, 그 팀의 다른 구성원들은 ① FBA 수행하기, ② BSP 설계하기, ③ 현재의 학교 구조 내에 기능 중심의 행동지원 과정을 삽입하기 등의 내용을 제공하고, 임상 경험을 훈련할 필요가 있을 것이다. 훈련을 하고 난 이후에는 구성원들이 여러 영역에서 유능성을 입증할 수 있어야 한다. 유능성(Competency)은 기술의 숙달을 입증할 수 있는 지식과 능력으로 정의된다. 팀 구성원의 유능성은 다음의 내용들을 입증할 수 있어야 한다.

- 팀 구성원의 역할과 책임을 정의하기
- 관찰 가능하고 측정 가능한 용어로 문제행동을 정의하기
- 행동의 배경사건, 선행사건, 후속결과를 이해하기
- 루틴 매트릭스 개발하기
- 문제행동에 관하여 학생, 교사, 부모들을 인터뷰하기
- 교실과 교실이 아닌 특정 환경에서 문제행동 관찰하기
- 팀에 평가 데이터 보고하기
- 평가 데이터를 이용하여 측정 가능한 가설 개발하기
- 경쟁행동 모델에 기반을 두어 중재 계획을 브레인스토밍하기
- BSP 설계하기
- BSP를 실행하고, 점검하고, 평가하여 수정하기

훈련 모델

적절한 훈련 및 감독, 지원을 받은 개별화된 행동지원팀의 구성들을 제공함으로써 개별 학생에 대한 이들의 영향력은 향상될 것이고, 학교에 대한 자원으로서 이들의 유용성이 높아질 것이다. Leighton 등(1997, pp. v-vi)은 효과적인 훈련에 적용되어야 하는 몇 가지 다음의 활동들을 추천하였다. '① 개별적 수행을 위한 기초를 마련하는 형식적인 오리엔테이션, ② 지식과 기술 개발을 보완하고 강화시키는 훈련 회기, ③ 교실이나 다른 학습 환경에서 체계화된 실습지도'이다.

각 학교는 팀이 훈련받을 수 있고, FBA-BSP를 계획하고, 설계하고, 실행할 수

있도록 적절한 시간과 자원을 충분히 할당해야 한다. 예를 들어, 관리자는 반드시 팀 구성원들에게 훈련 회기에 출석할 수 있도록 일일 업무로부터 풀어 주어야 한다.

　학교는 훈련을 수행할 개인을 잘 찾아내는 안목이 필요하다. 만약 학교가 이미 행동 컨설턴트의 서비스를 계약했다면, 이 사람은 가장 논리적으로 접근하기 쉬운 선택이 될 수 있다. 대안적으로, 잠재력 있는 훈련 자원은 특수교사, 자격을 갖춘 학교심리학자, 행동 훈련의 자격증을 가진 임상심리학자, 교육청에 의해 고용된 행동전문가, 그 지역 대학의 연구 팀 등이 될 수 있다.

　우리가 앞서 열거한 모든 개인이 기능 중심의 행동지원을 수행할 수 있을 만큼의 경험이나 자료를 가지고 있지 않다. 학교나 학군은 이 결정을 내리는 데 신중을 기해야만 한다. 우리는 학교가 개별적인 행동지원팀의 구성원과 함께 FBA-BSP 훈련을 수행하도록 고용된 개인에게 다음과 같은 자격을 갖추도록 권한다.

- FBA를 수행한 경험
- BSP를 설계하고 평가한 경험
- FBA-BSP를 수행할 수 있도록 팀을 훈련시킨 경험
- 일반 교육 환경에서 경험
- 최소 2년간 정기적으로 훈련, 자문, 지원을 경험
- 데이터 기반의 의사결정을 한 경험
- 학교에서 FBA-BSP를 실행하는 데 있어 실제적 현실에 대한 민감성

　각 훈련자는 훈련을 위해 각자 자신의 접근법과 자료를 가지고 있을 것이다. 그러나 많은 기본적 요소가 모든 훈련자와 비슷할 것이다. 훈련은 한 학교의 팀 구성원들을 대상으로 실행될 수 있고, 한 학군 내의 여러 개 학교에서 여러 팀으로 동시에 이루어질 수도 있다. 물론 한 번에 여러 팀을 훈련하는 것은 학교 학군에 비용 면에서 훨씬 더 효율적이다. 제8장이 지역 수준에서 실행할 수 있는 하나의 훈련 모델의 광범위한 세부사항을 설명한다.

리더십 모델

제6장에서, 우리는 각 개별적 행동지원팀(중재자, 의뢰자, 행동전문가 등)이 갖추어야 할 역할에 대해 개략적으로 살펴보았다. 각 팀은 이러한 역할을 수행하기 위해 각기 다른 리더십 모델을 선택할 수 있다. 팀의 선택은 학교 자원, 개인적 선호도, 학교의 내적 기술 역량에서 이루어질 수 있다. 팀 내에서의 리더십은 종종 하나의 진화과정이다. 개별 팀 구성원들이 FBA-BSP에 좀 더 숙련됨에 따라, 그들은 개별 중심의 리더십 모델에서 팀 중심의 리더십 모델로 바뀔 가능성이 더 높다. 다음 장에서, 세 가지의 가능한 리더십 모델을 파악하고, 각각의 장단점을 논의할 것이다.

모델 1

첫 번째 모델에서는 중재자, 의뢰자, 행동전문가의 역할이 모두 동일한 사람에 의해 제공된다. 이 모델은 행동지원을 위한 내적 역량이 거의 없거나 아예 없는 학교에서 흔히 볼 수 있다. 이 상황에서, 학교는 외부 학교 전문가의 서비스에 도움을 받을 가능성이 있다. 이 사람은 행동 문제를 보이는 개별 아동들을 접촉하고, FBA를 수행하며, BSP를 개발한다. 팀 구성원이 포함될 수 있으나, 이들의 참여는 대개 평가와 중재 단계에서 최소한의 투입으로 이루어지고, 제한적이며 중요하지 않은 지엽적인 역할을 하게 된다. 개별 행동지원 시스템을 개발하는 초기 단계의 학교에서는 이 모델이 가장 좋은 출발점이 될 수 있다.

이 모델의 주요 장점은 한 사람이 FBA-BSP에 관련된 모든 활동에 대하여 책임을 진다는 것이다. 이렇게 책임이 부여되면 FBA-BSP 업무를 적절한 시간 안에 완성할 수 있을 가능성을 높일 수 있다. 게다가 이 시스템은 좀 더 조직적일 수 있다. 책임분담을 통해 팀 구성원들 간에 잘못된 의사소통을 바꿀 기회를 가질 수 있다. 그러나 이 모델은 다음과 같은 몇 가지 제한점이 있다.

> 1. 많은 수의 학생이 속한 학교에서는 한 사람이 그 학교의 개별 행동
>   지원 요구를 들어주기에 충분하지 않을 것이다. 개인은 자신의 부

족한 시간을 어떤 개별 학생과 적절한 작업을 하는 데 사용하지만 충분히 사용할 수 없다.

2. 개별 문제행동을 관리하기 위하여 한 개인에게 의존하는 것은 문제 행동으로부터 책임감을 분리시키는 경향이 있다. 이로 인해 문제행 동은 '누군가의 문제'가 된다.

3. 그 학교의 개별 행동지원 시스템의 지속가능성은 한 사람의 지속적 인 고용에 의해 결정될 수 있다. 행동 컨설턴트가 단지 제한된 시간 동안에만 그 학교에서 있는지에 대한 이유가 여러 가지 있다. 예를 들어, 컨설턴트는 다른 직업을 선택할 수 있거나, 아프거나, 재정적 지원이 없어질 경우 계속해서 컨설팅을 하지 못할 수 있다. 이처럼 개별 행동지원은 개별 고용의 불확실성에 의존해야 하기 때문에 컨 설턴트의 지속적이고 안정적인 고용이 성공에 영향을 준다.

4. 외부 컨설턴트는 학교 내의 매일 일어나는 변화에 익숙하지 않다. 외부 컨설턴트는 학교 내의 실제 적용상의 한계를 잘 모른다. 또한 그들은 BSP의 성공적인 실행에 있어서 중요한 교사와의 관계를 만 들어 나갈 수 있는 기회가 적다.

5. 외부 컨설턴트 고용은 비용이 많이 든다.

6. 외부 컨설턴트는 대개 교직원을 이용할 수 없다.

모델 2

두 번째 모델에서는 두 사람이 대부분의 작업량을 공유한다. 코디네이터와 의 뢰자의 역할은 교직원이 담당하며, 반면 행동적 전문지식을 가진 사람은 FBA를 수행하고, BSP를 설계한다. 개별 행동지원의 초기 단계에서, 행동적 전문성을 가 진 사람은 외부 행동 컨설턴트가 될 가능성이 있다. 그러나 학교의 개인이 FBA- BSP를 훈련받아 이를 할 수 있는 내부적 역량을 개발하였다면 행동 컨설턴트는 교직원이 될 수 있다.

작업은 두 사람 사이에 나누어져 있기 때문에, 이 모델은 첫 번째 모델보다 안정 적일 수 있다. 이 모델에서, 학교는 더 많은 의뢰를 처리할 수 있도록 더 잘 갖추어진다. 코디네이터·의뢰자는 교직원에게 훨씬 쉽게 접근할 수 있다. 결과적으로, 행동지원'팀'은 지원을 위해 교사의 도움 요청에 더욱 잘 반응할 수 있다. 이 모델 역시 외부 행동 컨설턴트 고용의 이점과 한계가 적용된다.

모델 3

세 번째 모델은 개별 행동지원에 대한 팀 기반 접근을 반영한다. 이 모델에서는 FBA-BSP의 역량을 갖춘 개별 행동지원팀에 여러 명의 개인이 있다. 이들은 다양한 의뢰에 대해 다양한 수행팀으로 업무량을 공유한다. 코디네이터·의뢰자는 학교 내의 교직원들이다. 이 모델에서, 외부 행동 컨설턴트가 필요하다. 이 모델은 학교가 FBA-BSP를 위한 학교 역량을 증가시키기 위하여 시간과 자원을 투자한 후에 실시할 수 있다.

이 접근법의 주요 단점은 여러 개인에 의해 책임감이 공유되기 때문에 조직의 체계성이 떨어진다거나 의사소통의 문제가 발생할 가능성이 높다는 것이다. 이 모델에서, 코디네이터는 매우 효율적이고 잘 조직되어야만 한다. 이 팀 기반 접근법은 몇 가지 장점을 가진다. 여러 개인이 업무량을 서로 공유하기 때문에 팀은 많은 지원 요청에도 반응할 수 있다. 지원 요청을 더 많이 할 수도 있다. 또한 업무량을 공유함으로써, 어느 한 사람도 일에 압도되지 않는다. 팀 기반 접근 방식을 사용하면, 학교는 문제행동을 다른 사람의 영역으로 생각하기보다는 문제행동을 관리하는 데 책임감을 더 많이 느낄 수 있다. 이 모델은 교직원의 이직율에 보다 탄력적으로 대처할 수 있기 때문에 개별 행동지원 시스템은 유지되기 더 쉽다.

보충 자료

학교 차원의 훈육과 행동지원에 관한 참고문헌(George Suga 박사가 작성한 원본 목록)

Battistich, V., Watson, M., Solomon, D., Schaps, E., & Solomon, J. (1991). The Child Development Project: A comprehensive program for the development of prosocial character. In W. M. Kurtines & J. L. Gewirtz (Eds.), *Handbook of moral behavior and development, Vol. 3: Application* (pp. 1−34). Hillsdale, NJ: Erlbaum.

Bear, G. G. (1990). Best practices in school discipline. In A. Thomas & J. Grimes (Eds.), *Best practices in school psychology* (Vol. 2, pp. 649−663). Washington, DC: National Association of School Psychologists.

Colvin, G., Kame'enui, E. J., & Sugai, G. (1993). School−wide and classroom management: Reconceptualizing the integration and management of students with behavior problems in general education. *Education and Treatment of Children, 16*, 361−381.

Colvin, G., Sugai, G., Good, R. H., III, & Lee, Y. (1997). Using active supervision and precorrection to improve transition behaviors in an elementary school. *School Psychology Quarterly, 12*, 344−363.

Colvin, G., Sugai, G., & Kame'enui, E. (1994). *Curriculum for establishing a proactive schoolwide discipline plan*. Eugene: Project Prepare. Behavioral Research and Teaching, College of Education, University of Oregon.

Gottfredson, D. C. (1987). An evaluation of an organization development approach to reducing school disorder. *Evaluation Review, 11*, 739−763.

Gottfredson, D. C., Gottfredson, G. D., & Hybl, L. G. (1993). Managing adolescent behavior: A multiyear, multischool study. *American Educational Research Journal, 30*, 179−215.

Gottfredson, D. C., Gottfredson, G. D., & Skroban, S. (1996). A multimodel school−based prevention demonstration. *Journal of Adolescent Research, 11*, 97−115.

Gottfredson, D. C., Karweit, N. L., & Gottfredson, G. D. (1989). *Reducing disorderly behavior in middle schools* (Report No. 47). Baltimore: Center of Research on Elementary and Middle Schools, Johns Hopkins University.

Gresham, F. M., Sugai, G., Horner, R. H., Quinn, M. M., & McInerney, M. (1998). *Classroom and school-wide practices that support children's social competence: A synthesis of research*. Washington, DC: American Institutes of Research and Office of Special Education Programs.

Horner, R. H., Sugai, G., & Horner, H. F. (2000). A schoolwide approach to student discipline. *School Administrator, 57*(2), 20-23.

Hyman, I., Flanagan, D., & Smith, K. (1982). Discipline in the schools. In C. R. Reynolds & T. B. Gutkin (Eds.), *The handbook of school psychology* (pp. 454-480). New York: Wiley.

Kazdin, A. E. (1982). Applying behavioral principles in the schools. In C. R. Reynolds & T. B. Gutkin (Eds.), *The handbook of school psychology* (pp. 501-529). New York: Wiley.

Knoff, H. M. (1985). Best practices in dealing with discipline referrals. In A. Thomas & J. Grimes (Eds.), *Best practices in school psychology* (pp. 251-262). Washington, DC: National Association of School Psychologists.

Lewis, T. J., & Sugai, G. (1999). Effective behavior support: A systems approach to proactive school-wide management. *Focus on Exceptional Children, 31*(6), 1-24.

Lewis-Palmer, T., Sugai, G., & Larson, S. (1999). Using data to guide decisions about program implementation and effectiveness. *Effective School Practices, 17*(4), 47-53.

Martens, B. K., Peterson, R. L., Witt, J. C., & Cirone, S. (1986). Teacher perceptions of school-based interventions. *Exceptional Children, 53*, 213-223.

Mayer, G. R. (1999). Constructive discipline for school personnel. *Education and Treatment of Children, 22*, 36-54.

Mayer, G. R., & Butterworth, T. (1979). A preventive approach to school violence and vandalism: An experimental study. *Personnel and Guidance Journal, 57*, 436-441.

Mayer, G. R., Butterworth, T., Komoto, T., & Benoit, R. (1983). The influence of the school principal on the consultant's effectiveness. *Elementary School Guidance and Counseling, 17*, 274−279.

Mayer, G. R., Butterworth, T., Nafpaktitis, M., & Suzer−Azaroff, B. (1983). Preventing school vandalism and improving discipline: A three year study. *Journal of Applied Behavior Analysis, 16*, 355−369.

McCrary, D., Lechtenberger, D., & Wang, E. (2012). The effect of schoolwide positive behavioral supports on children in impoverished rural community schools. *Preventing School Failure, 56*(1), 1−7.

Morrissey, K. L., Bohanon, H., & Fenning, P. (2010). Positive behavior support: Teaching and acknowledging expected behaviors in an urban high school. *Teaching Exceptional Children, 42*(5), 26−35.

Muscott, H. S., Mann, E., Benjamin, T. B., Gately, S., Bell, K. E., & Muscott, A. (2004). Positive behavioral interventions and supports in New Hampshire: Preliminary results of a statewide system for implementing schoolwide discipline practices. *Education and Treatment of Children, 27*(4), 453−475.

Short, P. M., & Short, R. J. (1987). Beyond technique: Personal and organizational influences on school discipline. *High School Journal, 71*(1), 31−36.

Strein, W. (1988). Classroom−based elementary school affective education programs: A critical review. *Psychology in the Schools, 25*, 288−296.

Sugai, G., & Horner, R. H. (1999). Discipline and behavioral support: Preferred processes and practices. *Effective School Practices, 17*(4), 10−22.

Sugai, G., & Horner, R. H. (2009). Responsiveness−to−intervention and school−wide positive behavior supports: Integration of multitiered system approaches. *Exceptionality, 17*(4), 223−237.

Sugai, G., & Pruitt, R. (1993). *Phases, steps, and guidelines for building schoolwide behavior management programs: A practitioner's handbook* (Behavior Disorders Handbook No. 1). Eugene: Behavior Disorders Program, University of Oregon.

Sulzer−Azaroff, B., & Mayer, G. R. (1986). *Achieving educational excellence: Using behavioral strategies*. New York: Holt, Rinehart & Winston.

Sulzer−Azaroff, B., & Mayer, G. R. (1994). *Achieving educational excellence: Behavior analysis for achieving classroom and schoolwide behavior change.* San Marcos, CA: Western Image.

Taylor-Greene, S., Brown, D., Nelson, L., Longton, J., Gassman, T., Cohen, J., et al. (1997). School-wide behavioral support: Starting the year off right. *Journal of Behavioral Education, 7,* 99-112.

Todd, A. W., Horner, R. H., Sugai, G., & Colvin, G. (1999). Individualizing schoolwide discipline for students with chronic problem behaviors: A team approach. *Effective School Practices, 17*(4), 72-82.

Todd, A. W., Horner, R. H., Sugai, G., & Sprague, J. R. (1999). Effective behavior support: Strengthening schoolwide systems through a team-based approach. *Effective School Practices, 17*(4), 23-27.

Vincent, C. G., Randall, C., Cartledge, G., Tobin, T. J., & Swain-Bradway, J. (2011). Toward a conceptual integration of cultural responsiveness and schoolwide positive behavior support. *Journal of Positive Behavior Interventions, 13*(4), 219-229.

Weissberg, R. P., Caplan, M. Z., & Sivo, P. J. (1989). A new conceptual framework for establishing school-based social competence promotion programs. In L. A. Bond & B. E. Compas (Eds.), *Primary prevention and promotion in the schools* (pp. 255-296). Newbury Park, CA: Sage.

Kathleen Strickland-Cohen, Sheldon L. Loman, and Robert H. Horner

제8장 FBA-BSP 지원을 전달할 수 있도록 학군의 역량 향상시키기

들어가며

미국 전역의 학교는 학업과 행동지원의 다층 시스템을 채택하고 있다(Sugai & Horner, 2009). 다층 시스템 접근법을 채택하는 강력한 논리는 학교가 각 학군의 여러 범위의 학생들을 보다 효과적으로 지원할 수 있게 되고 그래서 비용을 줄일 수 있다는 것이다. 교육에 다층 접근법을 채택하는 것은 학군들이 행동지원을 어떻게 할 것인지를 재검토하게 할 것이다. 지금까지 이 책에서 논의한 바와 같이, 행동지원은 학교 전체의 노력을 시작으로 고도의 숙련된 행동전문가를 포함하는 개별 학생 지원팀으로 나아가는 것이라 인식된다(Scott, Alter, & McQuillan, 2010). 행동지원을 필요로 하는 학생의 대부분은 학교 및 학군 교직원의 문제행동 기능평가에 기반하여 합리적으로 간단하게 지원을 받을 수 있다. 우리의 목표는 '기본 행동지원 역량' 구축에 대한 투자가 학교와 학군 차원에서 어떻게 실현 가능하고 효과적인지를 보여 주는 것이다.

도전 과제

1997년 IDEA 개정안에서 학교가 행동관리 및 훈육에 FBA를 사용하도록 명시적으로 권고한 지 15년이 넘었다. 이 법이 개정될 그 당시에는, FBA를 이용한 행동 중재가 지속적인 행동 문제를 일으키는 학생들에게 긍정적인 행동 변화를 만드는 데 효과적이라고 하였다(Conroy, Dunlap, Clarke, & Alter, 2005; Epstein, Atkins, Cullinan, Kutash, & Weaver, 2008; Ingram et al., 2005; Marquis et al., 2000; Newcomer & Lewis, 2004; Payne, Scott, & Conroy, 2007; Strickland-Cohen & Horner, in press). 그러나 현재는 FBA가 여전히 충분히 활용되지 못하고 있으며, 학교는 여전히 지속적인 문제행동을 보이는 학생들을 위한 효과적인 지원을 만들기 위해 노력하고 있다(Cook et al., 2012). 이러한 연구와 실제의 격차가 발생하는 한 가지 이유는 학교가 교육의 성공이 심각하게 방해받는 시점까지 문제행동이 심각해질 때에 복잡하고 집약적인 BSP를 만들기 위하여 '최후의 수단'으로서 학군 수준의 행동전문가 또는 외부전문가에 의해 FBA를 고려하는 경향이다(Scott, Alter, & McQuillan, 2010). 덜 심각한 행동을 하는 학생들에게는 귀중한 자원들이 종종 활용되지 않아 문제행동의 기능과 일치하지 않는 덜 효과적인 중재를 실행한다. FBA-BSP가 심각한 문제행동에 대한 반응으로만 사용되는 경우 ① FBA-BSP를 일반적인 교직원에 의해 실행 불가능한 힘든 일련의 과정으로 영속화시킬 수 있다. 그리고 ② 더 심각한 문제를 선행하기 전에 덜 어려운 행동을 다루기 위해 기능 중심의 중재를 개발할 기회를 놓치게 된다.

비록 학생 행동의 일부가 기능 중심 지원을 개발하고 실행하는 데 전문성을 지닌 개인에 의해 이끌어지는 '복잡한' 중재나 집중적인 중재를 필요로 할지라도(Bradshaw, Reinke, Brown, Bevans, & Leaf, 2008), 모든 학생의 문제행동(복잡성과 관계없이)은 기능 중심의 렌즈를 통해 도움을 받을 수 있다. 이 개념은 처음에 이 책의 2장에서 다루었다. 사실 덜 심각한 또는 '기본적인' 문제행동을 다루기 위해 효율적인 기능 중심 지원을 사용함으로써, 학교는 보다 복잡하고 자원 집약적인 지원 및 개입이 필요한 학생의 수를 최소화하는 데 도움을 받을 수 있다(Renshaw, Christensen, Marchant, & Anderson, 2008). 그러나 많은 학교는 충분히 훈련받은 직원을 즉시 활용할 준비가 되어 있지 않으며, 반복되는 문제행동을 해결하는 데 FBA-BSP를 효과적으로 활용할 필요한 자원이 부족하다. 학교에는 학교가 소속된 학군의 지원이 필요할 수 있다.

현재의 도전 과제는 심각하지는 않지만, 중요한 행동지원 요구를 동등하게 필요로 하는 학생들의 요구를 충족시키기 위해 다소 복잡할 수 있지만 기능중심 평가에 근거한 행동중재 계획(FBA-BSP)을 제공할 수 있도록 확장하는 일이다. 즉, '기본적인' 행동지원 문제에 대한 지원 모델이 필요하다. 이 모델은 이전 장에서 소개되었다. 현재 장에서는 특히 학군의 관점에서 중요한 목표를 달성하기 위한 실행계획에 대해 구체적으로 제안할 것이다. 학교 환경에서 가능한 행동지원에 예방적으로 접근하려면 일상적인 학교 상황에서 효과적이고 효율적으로 실행할 수 있는 실제적인 FBA-BSP 방법을 일반 학교 교직원에게 훈련하고 지도해야 한다. 따라서 학군은 기초적인 FBA 정보를 수집하고 활용하여 가능한 한 가장 간소한 BSP 절차를 만들어 학생 성과를 향상시킬 수 있는 방법에 대해 체계적이고 집중적인 훈련을 제공하도록 해야 할 것이다.

기본 vs 복잡 평가와 행동지원

이 절에서는 기본 대 복잡으로 이름을 붙여 행동지원의 연속체를 설명하고자 한다. 이 책의 나머지 부분에서 설명되는 약식 대 완전한 FBA-BSP와 호환될 수 있다. 이 장에서 우리는 뒷부분에서 설명하는 일련의 FBA-BSP 훈련 모듈을 포함하여, 저자의 최근 연구 및 출판물에 언급한 것처럼 '약식(brief)'과 '완전한(full)'이라는 용어를 사용하기보다 '기본(basic)'과 '복잡(complex)'이라는 용어를 사용하기로 결정하였다. 우리가 강조하는 중요한 한 가지 요소는 학생 행동이 너무 심하거나, 만성적이거나, 위험하기 때문에 효과적인 평가 및 반응을 제공하기 위해 광범위한 교육과 훈련을 받은 행동전문가가 필요하다는 것이다. 이것이 우리가 '복잡'이라고 부르는 행동지원의 유형이다. 이 장에서는 학교 및 학군이 기본적인 개별화된 행동지원 시스템을 효과적이고 지속 가능한 방식으로 실행할 수 있는 능력을 기르기 위해 학군이 FBA-BSP에 적합한 훈련을 제공할 수 있는 방법을 보다 자세하게 설명한다.

학교와 학군이 기능 중심 지원을 실행할 수 있는 역량을 발휘하고자 하면, FBA-BSP 과정을 실행하는 데 필요한 시간 및 자원과 관련된 장애물에 직면하게 되거나 심각한 문제행동을 보이는 학생에게 행동지원을 만들어 낼 수 있는 전문 지식을 갖춘 인력이 부족한 경우가 많다(Ducharme & Schecter, 2011). 앞에서 언급했듯이, 학교가 이러한 도전 과제들을 극복하기 위한 두 가지 방법은 ① 복잡성 수준이나 정도의 차이에 따라 FBA-BSP 과정을 개념화하고, ② 덜 심각하거나 위험하지 않은 문제행동을 보이는 학생에게 기본 FBA-BSP를 실행하기 위해 일반적인 학교 기반의 교직원을 양성하는 것이다. 심각한 행동문제는 대개 지속적으로 낮은 수준의 문제행동으로 시작되었다가 시간이 지나면서 심해진다. 기본 FBA-BSP 접근법의 근거는 심각하고, 만성적인 문제행동이 광범위한 행동을 훈련받은 '전문가'에 의해 주도되어 시간과 자원이 집중적으로 필요한 과정을 요구하는 것일 수 있지만, 경미한 행동문제는 일반적인 학교 기반의 전문가 팀에 의해 효과적이고 효율적으로 설계된 비교적 간단한 기능 중심 행동지원을 사용하여 효율적으로 치료될 수 있다는 것이다.

비록 예측, 기능, 예방에 대한 핵심 개념이 기본적인 행동지원과 복잡한 행동지원 두 가지 모두, 그리고 계획, 기능 중심 지원이 설계되고 실행되는 방법에 모두 일정하게 유지되지만 표적행동의 특성에 따라 크게 달라질 수 있다(Scott & Caron, 2005). 가장 복잡한 학생 행동(예: 교사 또는 친구들에 대한 공격행동, 자해행동, 학교생활 전반에 지속적으로 나타나는 행동)의 경우, FBA 과정에는 다양한 직접 관찰법, 여러 환경과 날짜, 시간대에 걸친 데이터 수집 등이 포함될 수 있다.

그다음 과정은 ① 학생과 가장 밀접하게 일하는 교직원, ② 학생 가족, ③ 학생과 관련 지역사회 구성원, ④ 광범위한 행동 훈련을 받은 사람(예: 학군 행동전문가나 외부 행동 컨설턴트)으로 구성된 팀에 의해 개발된 특정 안전·위기 중재 과정과 랩어라운드 지원을 포함하는 복잡한 BSP를 하게 된다. 이와는 반대로, 일부 학교에서는 일과(routine) 시간 동안에 가장 자주 나타나는 행동이 경미한 정도(예: 떠들기, 과제 이외의 행동)라면 단순화된 FBA 과정(예: 약식 또는 기본 FBA), 즉 직접 및 간접 데이터 수집법을 사용하고, 기본 FBA-BSP 방법을 잘 알고 있는 일반적인 학교 기반 전문가가 개발한 비교적 간단하고 실용적인 BSP 절차를 제공하면서 유의미한 도움을 받을 수 있다(Park, 2007).

이 장의 저자가 정의한 대로 기본 대 복잡 행동지원 과정에 대한 자세한 내용은 〈표 8-1〉에 제시되어 있다.

<표 8-1> 기본 vs 복잡 FBA-BSP

기본 FBA-BSP	복잡 FBA-BSP
FBA-BSP가 적합한 학생	
• 위험하지 않은 행동을 자주 보이면서(예: 떠들기, 뛰기, 지시에 따르지 않기, 과제를 완성하지 않기), 단일 또는 그룹 수준의 표적 중재가 효과적이지 않은 학생들 • 1~2개 학교 일과(예: 혼자서 과제를 하도록 했을 때, 활동과 집단 수업 사이의 전이시간)에서 문제행동을 보이는 학생들	• 위험한 행동을 하는 학생(예: 때리기, 물건 던지기, 기물파괴, 자해행동) • 여러 가지 기능을 가진 문제행동을 하는 학생들(예: 회피와 사회적 관심으로 복잡하게 얽힌 문제행동) • 세 가지 또는 그 이상의 학교 일과에서 문제행동을 보이거나, 학교생활 전반에 걸쳐 문제행동을 보이는 학생
FBA-BSP 절차	
• FBA 형식을 사용하여 학생과 가장 친숙한 교직원과 간략 인터뷰(20~30분) • 교사, 학부모, 또는 학생, 필요에 따라 관련인과 추가 인터뷰 • 우선순위에 있는 환경(인터뷰 중 설명된 문제행동이 적어도 5건 발생된 경우)에서 학생·개인의 ABC 관찰 • 검증 가능한 가설을 개발 • 경쟁행동 경로를 개발하고 대체행동을 선택 • 학교기반팀은 선행사건 중재, 행동 교수 중재, 강화전략을 구분하는 BSP를 개발하고 실행	• 여러 명의 교직원과 학부모 FBA 인터뷰 • 기록물 검토 • 다양한 학교 환경에서 학생들의 문제행동에 대한 많은 사례를 직접 관찰(FBA 요약이 정확하다고 확신할 때까지), 문제행동이 가장 적게 발생하는 환경에서 직접 관찰 수행 • 경쟁행동 경로를 개발하고 대체행동을 선택(문제행동의 여러 기능을 다루기 위해 다양한 우선순위 경로가 필요할 수 있음) • 팀을 이끄는 리더로서 행동전문가를 포함한 다학제간 팀이 선행사건, 행동 교수, 강화 및 위기 반응 전략 등을 확인 • 학생·개인 및 중요한 타인과 사람 중심의 계획 세우기 • 가족과 지역사회 지원을 포함하는 랩어라운드 중재
과정을 이끌기 위해 필요한 기술·훈련 제안	
• 기본 FBA-BSP 방법에 대한 학군의 훈련을 완료 • 복잡 FBA와 기본 FBA 둘 다 전문성을 가진 사람으로부터 감독을 받으면서 기본 FBA를 경험 • 폭넓은 행동 전문성을 가진 사람으로부터 지도받고 피드백받으면서 기본 BSP를 설계를 이끌고 평가하는 경험	• 행동분석, 특수교육, 또는 학교심리학과 같은 분야의 대학원 학위 • 사람 중심의 계획과 랩어라운드 지원을 촉진하도록 훈련받음 • 실험적 기능 분석을 수행하도록 훈련받음 • 위기 반응 관리를 훈련받음
FBA-BSP 팀 구성원	
• 학생과 가장 친숙한 의뢰 교사나 교직원 • 학교 기반의 '팀 리더'(예: 기본 FBA-BSP를 훈련받은 교직원)	• 우선순위 학생과 가장 친숙한 사람을 포함한 대표 교직원 • 적절한 지원을 제공하는 교직원 • 부모·가족 • 심각한 문제행동을 하는 학생을 대상으로 집중적인 중재를 개발하고 실행하도록 훈련된 행동전문가(예: 학교심리학자, 행동전문가, 행동분석가)

기본 FBA-BSP를 실행할 수 있도록 일반적인 학교-기반 교직원을 훈련하는 주된 목적은 행동문제가 분명해지면 학교가 보다 효율적으로 기술을 사용할 수 있도록 하기 위함이다. 학군에서 이러한 훈련을 지원할 수 있다. 연구에 따르면 기능 중심 행동지원은 문제행동 패턴이 크게 강화되기 전인 조기에 실행될 때 학생의 문제행동을 감소시키고 새롭고 적절한 행동을 습득할 가능성이 가장 높다(Dunlap & Carr, 2007). 학교와 학군이 경미한 문제행동을 보이는 학생들에게 기본 FBA-BSP 절차를 활용할 수 있도록 교직원을 훈련시키는 데 투자한다면, 이들이 문제행동의 첫 징후에서 증거기반 중재를 사용하여 학생들을 지원하는 능력이 향상될 것이다. 따라서 효율적인 기능 중심 지원을 예방적으로 설계하고 실행하는 학교와 학군의 역량을 증대시킴으로써 학교와 학군은 ① 효과적인 중재를 공평하게 학생에게 사용할 수 있게 되고, ② 보다 복잡하고 자원 집약적인 지원이 필요한 사례 수를 줄일 수 있다(Scott & Caron, 2005).

기본 행동지원을 제공하도록 학군을 조직하기

학군이 문제행동을 평가하고 관리하기 위해 'FBA-BSP 기술'을 교직원에게 제공하는 것은 필요하기는 하지만 이것만으로는 충분하지 않다. 학교에서 개별 행동지원의 연속체를 완전하게 실행하려면 성공적이고 지속적인 실행을 보장하기 위해 헌신적인 자원과 학군의 인프라가 구축되어야 한다. 행동지원에 대한 기능 중심의 접근법을 지원하는 환경을 구축하고, 학군과 학교 차원에서 지원을 실행할 능력을 개발하는 것을 포함한 몇 가지 조건과 헌신이 학군 및 학교 차원에서 동시에 이루어져야 한다(특정 조건과 헌신의 목록은 〈표 8-2〉 참조).

<**표 8-2**> 기본 FBA-BSP를 실행하기 위한 학군과 학교 수준의 조건

조건	학군 수준	학교 수준
환경구축	• 행동지원 시스템을 개선하는 것은 학군의 우선순위 중 상위 3개 중의 하나 • 행동지원에 대한 학교 차원의 예방 접근에 대한 투자 • 효과적이고 효율적인 데이터 시스템에 대한 투자 • FBA-BSP의 전문지식을 가진 교직원 또는 교직원 팀이 심각한 문제행동을 보이는 학생들을 위해 학교기반팀을 평가하고 지원하기 위해 구성됨 • 의사결정에 대한 팀 기반 접근에 대한 투자	• 행동지원 시스템을 개선하는 것은 학교의 우선순위 중 상위 3개 중 하나이며 행정지원이 뒷받침되어야 함 • 팀 구성원과 정기적인 팀 기반 의사결정(팀 회의는 적어도 매달 개최)을 위해 시간과 자원이 할당되어야 함 • 각 학교는 최소 3년 동안 개별 행동지원 시스템을 개선하기 위해 헌신해야 함
학교역량	• FBA 및 행동지원계획에 전문가가 기본 FBA-BSP 방법으로 학교에 있는 교직원을 훈련시키고 지원할 수 있도록 시간을 제공 • 기본 FBA-BSP를 수행할 수 있도록 교직원을 훈련시키기 위해 효과적이고 효율적인 도구와 자원을 제공	• 자신의 스케줄에 융통성이 있는 적어도 두 명 이상의 사람이 기본 FBA-BSP를 수행하도록 훈련받음 • 추가 교직원(예: 계획실행자, 팀원)은 행동지원에 대한 일반적 기능 중심 접근법을 훈련받음 • 훈련받은 교직원은 기본 FBA-BSP를 수행할 수 있는 효과적이고 효율적인 도구 사용 가능

개별 행동지원을 제공하는 환경 구축하기

〈표 8-2〉에 열거된 조건들과 헌신이 없다면, 개별화된 지원의 학군차원의 계층적 시스템을 실행하고 제도화하려는 노력은 덜 성공적이며 시간이 지나면서 지속되지 않을 수 있다(Bambara, Goh, Kern, & Caskie, 2012; McIntosh et al., 2013).

학교 차원의 예방에 투자하기

이전 장에서 논의된 바와 같이, 학교는 조기 발견 및 예방에 중점을 둔 학교 차원의 행동지원의 연속체를 확립함으로써 효과적인 개별 행동지원을 실행하기 위한 강력한 토대를 마련할 것이다. 보편적인 중재와 표적 집단의 중재를 실행하는 것은 업무량을 보다 관리하기 쉽게 만들고 팀원이 어떤 수준의 개별화된 지원이 필요한 학생의 요구를 보다 효과적으로 처리할 수 있도록 함으로써 학교 행동지원팀에 의해 받게 되는 개별화된 지원을 위한 의뢰 횟수를 줄일 수 있다. 또한 다층의 학교 차원 지원 시스템은 기능 중심의 중재를 실행함으로써 개별 행동지원에서 나타난 학생의 행동 변화를 지원하고 유지할 가능성을 보다 높이는 학교 '분위기'나 환경을 만드는 데 도움이 된다(Sugai & Horner, 2008).

데이터 시스템에 투자하기

개별 행동지원을 충실하게 실행하고자 하는 학군은 학군, 학교 전체 및 개별 학생 수준의 데이터를 모니터링하고 평가하는 데 사용할 수 있는 효과적이고 효율적인 데이터 시스템에 투자해야 한다. 학군과 학교는 효과적인 데이터 시스템을 사용하여 단기 및 장기 목표를 개발하기 위한 의사결정을 이끌고, 현재 중재 실천의 강점을 인식하고, 현재 중재의 충실성을 점검하고, 구체적인 실천사항을 수정할 것인지 아니면 중단할지 여부를 결정하고, 현재의 요구에 따른 새로운 중재를 찾는 효과적인 데이터 시스템을 사용해야 한다. 데이터 시스템의 효율성은 교직원의 시간과 자원에 대한 부담이 아닌 데이터가 유용하다는 것을 확신시키는 데 필수적인 것이다. 데이터 시스템은 사용하기 쉽고 시간을 절약해야 한다(예: 데이터 입력, 저장, 검색 및 표시하는 데 교직원 시간의 1% 미만이 사용되어야 함; Sugai & Horner, 2006). 또한 학교는 학교 및 학군 차원의 의사결정자에게 정기적으로 데이터를 입력하고, 분석 및 발표할 수 있는 구체적인 계획을 수립하고 문서화해야 한다.

학군과 학교 차원 둘 다 행동지원 시스템을 평가할 때에는 학생 결과를 살펴볼 수 있는 데이터 관련 자원으로 ODR의 비율, 행동 문제로 인한 배제 비율(예: 정학, 퇴학, 보다 제한적 배치) 및 학생 성취도 측정치(예: 주 전체 테스트 점수, 학기 성적, 졸업률) 등을 포함한다. 학교 팀은 학교 전체 정보 시스템(the School-wide Information System: SWIS; May et al., 2013a)과 같은 웹 기반 데이터 시스템을 활용하여 학교 전체 데이터를 모니터링하고 평가하며, ① 가장 자주 발생하는 문제 행동의 유형, ② 학교생활을 하는 동안 행동이 가장 많이 발생하는 시간과 장소, ③ 보다 집중적인 중재가 필요한 학생을 확인한다. 좀 더 명확한 목표를 둔 지원이 필요한 학생의 경우에는 데이터 시스템을 사용하여 개별학생 및 그룹 수준의 행동 및 학업 데이터를 추적할 수 있다. 예를 들어, CICO 지원을 받는 학생의 경우 교직원은 CICO-SWIS(May, Talmadge, Todd, Horner, & Rossetto-Dickey, 2013c)를 사용하여 일일 행동 보고 카드에 학생 목표를 입력하고 점수를 추적할 수 있다. 개별화된 지원이 필요한 학생의 경우(예: 보편적 또는 2차적 지원으로 충분히 도움을 받지 못한 학생)에도 개별 학생 정보 시스템(the Individual Student Information System: ISIS-SWIS; May et al., 2013b)을 통해 학생의 개별화된 목표에 근거하여 학생의 결과를 수집하고, 저장하며, 모니터링할 수 있다. 그리고 계획과 의사결정에 필요한 학생의 계획 문서(예: FBA, BSP)를 올리고 저장하며, 문제해결과 의사결정을 위한 효과적인 데이터를 요약할 수 있다. CICO-SWIS와 ISIS-SWIS에 관해 더 많은 정보가 필요한 경우는 www.pbisapps.org를 참조하면 된다. 이 시스템에 대해서는 11장에서 좀 더 자세하게 설명할 것이다.

또한 학교 팀은 학생의 BSP 실행 충실도를 평가하기 위한 형식적인 프로토콜을 개발해야 하는데, ISIS-SWIS와 같은 데이터 시스템을 사용하면서 쉽게 점검할 수 있다. ISIS-SWIS에서 요약된 데이터를 사용한다면 학교 팀이 개별화된 BSP의 중요한 특징을 확인하고, 정기적인 팀 회의에서 개별화된 지원이 필요한 모든 학생을 위해 이러한 계획 구성 요소의 실행을 일관되게 모니터링할 수 있다.

예를 들어, ISIS-SWIS 데이터를 사용하여 팀은 개별 BSP 전략을 합의한 시작 날짜를 볼 수 있을 뿐만 아니라 실행 충실도 및 학생 진보 데이터에 대한 교직원의 보고서를 검토할 수 있다. 만약 BSP가 설계된 대로 실행되지 않은 경우, 그 팀은 이러한 데이터를 사용하여 특정 계획 구성요소가 수정되거나 상황에 따라 개선될 필요가 있는지(예: 이 계획이 계획 실행자가 이용할 수 있는 기술, 가치 및 자원과 일치하는지의 정도; Albin et al., 1996), 그리고 계획 실행자에 대한 추가 코칭이 필요한지를 결정할 수 있다.

학생 수준의 결과를 평가하는 것 외에도, 중재의 실행 충실도에 관한 정보를 수집하는 능력은 데이터 시스템의 유용성에 중요한 부분이다. 계획 실행자, 학교 기반팀, 학교 전체, 학군 등의 수준에서 실행 충실도를 평가하기 위해 정기적으로 데이터가 수집되어야만 한다. 상급 단계의 기준(The Benchmarks of Advanced Tiers: BAT; Anderson et al., 2012)과 긍정적 행동지원 단계 충실도 목록(PBIS Tiered Fidelity Inventory: Tier 3; Algozzine et al., 2014)은 학교 안에서 개별 행동지원 시스템과 학교 팀이 목표를 자기 평가할 수 있는 충실도 측정 척도이다. BAT는 팀원들이 SWP-BIS의 2단계와 3단계에서 사용되는 시스템과 실제(예: 교직원의 헌신도, 학생의 판별, 점검, 실행 전략, 평가, 계획 개발)를 평가할 수 있게 한다. 팀원들은 항목을 '완전한 실행' 아니면 '부분적인 실행' '아직 실행되지 않았음'이라고 평가한다. 데이터를 사용하여 학교에서 목표로 하고 개별화된 지원의 실행을 향상시키기 위한 실천 계획을 개발하도록 안내한다. 긍정적 행동지원 단계 충실도 목록(PBIS Tiered Fidelity Inventory)은 1단계, 2단계, 3단계의 PBIS 핵심 특징을 평가하기 위한 자기 평가도구와 유사하다. 이것은 학군팀 코치와 함께 일하는 학교 팀이 지역 자료 검토를 통해 자기 평가할 수 있는 점수체계와 프로토콜을 사용하며 결과 보고서를 사용하여 PBIS 특징을 더 잘 실행하도록 실천 계획을 수립한다. 예를 들어, 학교 및 학군은 이 데이터를 사용하여 구체적인 전문성의 개발과 기술 지원 요구를 확인할 수 있다.

학교 전체, 표적 집단(targeted group)과 학생 수준의 데이터를 정기적으로 모니터링하고 평가하는 또 다른 이점은 교직원들에게 시간이 지나도 효과적인 실천을 지속적으로 실행하도록 이끌 수 있는 매우 가치 있는 결과를 경험하도록 하는 것이다. 예를 들어, 단계에 따른 효과적인 시스템 차원의 개별 행동지원을 실행한 결과는 자원이 집중적으로 들어가는 FBA-BSP 의뢰 감소, 학생에게 행동지원 제공 시간 감소, ODR 및 정학 감소, 학생의 학업 성취 증가, 좀 더 제한적인 교육적 배치에 대한 학생 의뢰 감소 등이다(Renshaw et al., 2008; Scott, Liaupsin, Nelson, & McIntyre, 2005). 효율적인 데이터 시스템을 사용하여 학교 전체, 표적 집단, 개별 학생 성과를 정기적으로 확인하여, 학교와 학군은 성공을 촉진하고, 실천이 더 잘 이루어지고 더 잘 적응할 수 있는 영역을 확인할 수 있다.

다층체계 안에서 팀 기반 결정 모델에 투자하기

학교에서 개별화된 지원의 다층 모델을 만드는 데 필수적인 학교 차원 예방 체계의 또 다른 구성요소는 팀이 정기적으로 만나 데이터를 공유하고 평가하는 확고한 팀 기반 의사결정 과정이다(효과적인 팀 회의를 수행하기 위한 학교기반팀, 팀원의 역할 및 절차에 대한 자세한 설명은 6장 참조). 다층체계 안에서, 학교 전체 또는 '핵심'팀은 행동 데이터를 평가하기 위해 정기적으로 만나며, 지속적인 문제행동의 초기 징후를 인식하고 보편적 지원이나 집단 중심의 표적 지원을 사용하여 문제행동이 충분히 드러나지 않은 학생들을 확인하여 수행팀에 의뢰하는 유리한 위치에 있다. 수행팀(action team)은 의뢰를 받으면 문제행동의 특성과 심각성을 고려하여(즉, 문제행동이 학생이나 다른 사람에게 즉각적인 위험을 초래하는지, 행동이 발생하는 학교 일과의 정도), 관심을 가지는 행동이 기본 FBA-BSP 또는 복잡한 FBA-BSP를 필요로 하는지 여부와 FBA-BSP 팀을 구성하는 방법을 결정한다(기본 FBA-BSP를 통해 학생 문제행동을 다루기에 적합할지 여부를 교직원이 결정하는 데 사용할 수 있는 기준은 〈표 8-1〉 참조). 구체적으로, 팀은 기능 중심의 지원을 설계하고 실행하는 데 필요한 전문 지식을 갖춘 학군 차원의 전문가가 참여해야 하는지, 아니면 기본 FBA-BSP 훈련을 받은 학교 팀원이 이끄는 학교 기반 팀 구성원이 학교 외부의 누군가에게 전화하지 않고 문제행동을 다루는 것이 맞는지를 결정한다.

학교 역량: 학교 기반 인력 훈련에 투자하기

개별 행동지원을 효과적이고 효율적으로 실행할 수 있는 역량을 개발함에 있어, 학군은 위험하지 않은 문제행동을 하는 학생들에게 기본 FBA-BSP 방법 및 절차를 사용할 수 있도록 학교에 기반을 둔 인력을 양성하는 데 투자해야 한다. 특히 학군은 기본 FBA를 수행하고, 기본적인 기능 중심의 지원을 계획하는 데 있어 학교 기반 전문가 팀을 이끌기 위한 필요한 도구, 자원 및 교육을 학교당 적어도 2~3명의 개인에게 제공해야 한다. 효율성을 높이고 교직원을 많이 참여시키기 위해서 학군은 기본적인 FBA-BSP 훈련자로서 활동할 수 있도록 지원할 수 있는 집중적인 행동지원을 설계하고 제공하는 전문지식을 가진 지역 인력(즉, 학군 차원에서 일하는 개인이나 소규모 집단)을 파악하는 것이 중요하다. 학군 차원의 훈련자는 최소한 다음과 같은 영역에서 경험을 가지고 있어야 한다.

- 유의미한 행동문제를 가진 학생들에게 FBA를 실시한 경험

- BSP를 계획하고, 실행하고, 그 효과를 평가해 본 경험
- 기능 중심의 지원을 개발하는 데 팀을 끌어 본 경험
- 일반 교육 환경에서 개별화된 지원을 실행해 본 경험
- 데이터 기반의 의사결정을 활용한 경험

대부분의 학군은 그 학군에서 일하는 기능 중심 지원(예: 학군 행동전문가, 학교심리학자)을 개발하고 실행하는 데 관련된 광범위한 지식을 가진 사람을 최소 1명 이상 가지고 있어야 한다. 학군 내 학생들을 위한 FBA-BSP의 전부는 아니지만 대부분을 수행하고 계획하는 개인이나 소규모 집단이 종종 있다. 앞서 논의한 바와 같이, 이 행동지원 모델은 종종 ① 개인의 시간을 너무 많이 빼앗아서 개별 학생들의 행동지원 요구를 적절히 충족시킬 수 없고, ② 교직원 측의 개별화된 행동지원에 대한 필요성을 해결하기 위한 '책임 분담'이 되도록 한다. 대조적으로, 제안된 기본 FBA-BSP 체계 안에서 학생들이 집중적인 행동지원을 필요로 할 때, 행동 전문성을 갖추고 학교 팀을 자문할 책임이 있는 학군 차원의 인력은 학교 직원이 FBA-BSP를 수행할 수 있도록 자신의 시간 일부를 투자해야 한다(예: 풀타임 시간의 1/4에서 1/3 정도). 일반 학교 직원을 위한 기본 FBA-BSP를 훈련하는 것을 포함하도록 학군의 전문가들의 역할을 확장함으로써 학군은 보다 폭넓은 학생들에게 기능 중심 지원을 적용하고 고도의 숙련된 인력의 기술을 보다 효과적이고 효율적으로 활용할 수 있다.

그리고 훈련자로서 학군 차원의 인력을 사용하는 것은 학년 내내 그리고 학년 동안 정규과정의 기본 FBA-BSP와 계속과정의 기본 FBA-BSP 훈련을 하면서 학군 역량을 만들어 낼 수 있다. 학군 수준의 훈련자는 ① 학교기반 팀원을 계속 유지하기 위해 '보충 교재'를 제공하고, ② 불가피한 교직원 이직률의 부정적인 영향에 대한 완충 작용을 할 수 있는 방법으로서 연례 또는 반년마다 학교 기반 전문가들에게 지속적인 정보와 메시지를 전달할 수 있을 것이다. 또한 학군 내에서 일하는 교직원의 기술을 극대화하는 것은(외부 '전문가'에게 전화하는 것과 반대로) 학교 직원이 훈련을 통하여 습득한 교직원의 기술사용을 강화하고 유지하기 위해 계속적으로 코칭, 모델링 및 피드백을 최우선으로 고려해 볼 필요가 있기 때문에 이익이 된다. 지역 훈련가는 훈련 회기에서 참가자의 데이터에 접근하고 일상적

인 학교 및 학생 활동에 대한 지식과 학교 내 실질적인 제한 사항을 알게 될 것이
다. 그래서 지역 훈련가는 일반적인 교육 환경의 지역적 관련성 안에서 학교 기반
인력에게 실제적 기능 중심 전략을 사용할 수 있도록 관련된 실생활 코칭을 계속
적으로 제공할 수 있는 좋은 위치에 있게 될 것이다.

기본 행동지원을 실행하기 위하여 학교 기반 인력 훈련하기

　기본 FBA-BSP를 실행할 수 있는 학군의 역량을 구축하기 위해서 학군의 인력
은 효과적이고 효율적인 훈련 자료가 필요하다. 학군과 학교 기반의 교직원들의
제한된 시간과 여러 책임을 감안할 때, 훈련 자료는 ① 모든 관련 내용을 신속하고
철저하게 전달할 수 있고, ② 교직원들에게 실용적이고, 사용자 친화적이며, 실행
하는 데 광범위한 많은 교육이 필요하지 않은 도구와 전략을 제공하는 것이 중요
하다. FBA-BSP 절차를 가르치기 위해 만들어진 상업적으로 개발된 훈련 패키지
가 몇 가지 있다.

　몇 가지를 소개하면, 기능적 행동평가: 상호 훈련 모델(Functional Behavioral
Assessment: An Interactive Training Module; Liaupsin, Scott, & Nelson, 2000), 예방-교
수-강화: 학교 중심의 개별화된 긍정적 행동지원(Prevent-Teach-Reinforce: The
School-Based Model of Individualized Positive Behavior Support; Dunlap et al., 2010),
기본 FBA에서 BSP로의 훈련 교육과정(the Basic FBA to BSP Training Curriculum;
Loman, Strickland-Cohen, Borgmeier, & Horner, 2013) 등이 있다. 이 장에서는 기본
FBA에서 BSP로의 훈련 교육과정(다음 부분에서 상세하게 설명)이라는 훈련 패키지
에 초점을 두고 있다. 이것은 FBA를 수행하고 심하지 않은 문제행동을 보이는 학
생을 기능 중심으로 지원하는 계획을 세우는 일반 학교의 교직원을 가르치기 위
해 특별히 만들어진 것이다.

기본 FBA에서 BSP로의 훈련 교육과정

기본 FBA에서 BSP로의 훈련 교육과정(The Basic FBA to BSP Training Curriculum)은 학군 차원의 인력이 광범위하게 행동 훈련을 받은 후 그 학군 내 각 학교의 2~3명의 교직원을 가르칠 수 있도록 고안되었다. 기본 FBA에서 BSP로의 접근법의 한 가지 이점은 외부 컨설턴트에게 의존하지 않고 학군 내에 이미 존재하는 전문 지식을 활용한다는 점에서 '자원 효율적'이다. 이상적으로 훈련에 참여하는 학교 기반 전문가들은 FBA 인터뷰 및 관찰(예: 상담가, 행정가, 학교심리학자)을 수행하는 자신의 일정을 융통성 있게 조절할 수 있다. 커리큘럼은 기본 FBA에서 BSP로(the Basic FBA to BSP)의 훈련자 매뉴얼과 참여자 활동 가이드, 기본 FBA를 수행하고 팀을 이끄는 데 필요한 핵심 기술에 중점을 둔 7개의 1시간용 훈련 모듈(예: 훈련 슬라이드 및 활동)로 구성된다(각 훈련 모듈에서 가르치는 특정 기술에 대한 설명은 〈표 8-3〉 참조). 1시간 훈련은 학군의 전문가가 각 훈련 회기 사이에 대략 1~2주가 소요되는 대집단 강의 형식으로 만들어졌다. 훈련가의 매뉴얼은 각 회기 내에서 연습 활동을 언제, 어떻게 수행해야 하는지에 대한 지침을 포함하여 훈련 내용을 전달하는 방법에 대해 단계별 설명을 제공한다[기본 FBA에서 BSP로의 훈련 교육과정(The Basic FBA to BSP Training Curriculum) www.pbis.org에서 무료로 바로 사용할 수 있거나, 이 장의 처음 두 저자에게 연락하여 사용 가능].

훈련 모듈 1은 문제행동에 영향을 미치는 환경적 사건(즉, 선행사건, 후속결과, 배경사건)과 그 사건이 행동의 기능을 결정하는 데 어떻게 사용되는지에 초점을 둔다. 모듈 2와 3은 참여하는 학교 전문가들에게 '교사와 교직원을 위한 간소화된 기능평가 체크리스트'(a streamlined version FACTS; March et al., 2000)를 사용하여 관련 교직원을 인터뷰하고 일반 학교 맥락에서 학생의 행동을 직접 관찰하여 문제행동 및 문제행동 발생 조건을 평가하고 이해하도록 가르친다. 모듈 4와 5는 FBA 정보를 사용하여 ① 문제행동과 기능적으로 동등하고, 문제행동보다 쉽게 수행할 수 있으며, 사회적으로 받아들일 수 있는 대체 행동을 선택하고, ② 문제행동을 예방하고, 새로운 대체 기술을 가르치고 보상하며, 문제행동의 보상을 최소화하는 실제적인 기능 중심 전략을 찾아 예방 전략과 새로운 대체기술을 확인하여 생성한다.

<표 8-3> 기본 FBA에서 BSP로의 훈련 모듈과 다루는 주제

모듈 1. 행동을 정의하고 이해하기

- 관찰 가능하고 측정 가능한 용어로 행동을 정의하기
- 선행사건과 후속결과가 행동에 미치는 영향 살펴보기
- 배경사건으로 인해 문제행동이 심각해지거나 약화될 수 있는 가능성 살펴보기
- 문제행동의 기능 이해하기

모듈 2. FBA: 인터뷰하기

- FACTS 교직원과 인터뷰하기
- 학교 생활에서 문제가 되는 일과를 파악하기
- 문제행동을 유발시키는 사건을 확인하기
- 문제행동과 관련된 후속결과 이해하기
- FBA 인터뷰 결과를 요약하기

모듈 3. FBA: 행동을 관찰하고 요약하기

- FACTS 인터뷰에서 얻은 정보를 사용하여 관찰 계획
- 문제가 있는 것으로 교직원에 의해 확인된 일과 속에서 학생들을 관찰하기
- FACTS '행동 요약'을 검증하기 위하여 학생행동을 관찰하기
- ABC 기록 양식을 사용하여 학생을 관찰하기

모듈 4. 행동지원계획의 주요 특징

- 문제행동을 효율적이고, 기능적으로 동등하면서 적절한 행동으로 대체하기
- 선행사건 유발요인을 수정하고, 대체 행동을 촉진함으로써 문제행동 예방하기
- 바람직한 행동이나 대체 행동을 강화하기
- 문제행동의 후속결과로서 재지시(redirection)를 사용하기
- 문제행동에 대한 대가 제공을 최소화하기

모듈 5. FBA 정보를 바탕으로 행동지원계획 세우기

- 장기적인 목적에 도달하기 위하여 적절한 대체행동과 전략을 선택하기
- 선행사건을 유발하는 요인과 배경사건을 확인하기 위한 기능 중심 예방전략을 설계하기
- 대체행동 및 바람직한 행동 기술을 가르치기
- 적절한 행동을 강화하고, 문제행동의 강화를 최소화하기 위한 전략을 설계하기

모듈 6. 실행과 평가 계획하기

- BSP 전략을 누가, 언제 실행할 것인지를 구체화는 실행 계획을 설계하기
- 실행의 충실도와 계획의 효율성을 평가하기 위하여 평가 계획을 개발하기
- 학생의 결과에 대한 적절한 장기 및 단기 목표 설정하기
- 학교에서 효과적이고 실현 가능한 데이터 수집 및 절차를 설계하기

모듈 7. 행동지원계획 과정을 통해 팀을 이끌기

- BSP 팀 회의와 그 이후의 팀원과 팀리더의 역할과 책임
- 팀 구성원이 기능 중심 BSP 전략을 선택하도록 보장하기
- 정기적으로 계획 검토를 위한 회의하기
- 계획이 제대로 작동하지 않을 때 해야 할 일과 계획이 성공적일 때 그다음 단계에서 해야 할 일을 살펴보기

모듈 6은 학교 교직원에게 BSP의 각 부분을 실행할 책임자를 구체화하는 세부 계획을 수립하는 방법과 BSP가 학생 행동에 미치는 영향을 모니터링하기 위해 데이터를 수집하는 방법을 구체적으로 문서화하는 방법을 가르친다. 또한 모듈 6은 BSP 전략과 중재가 상황적으로 관련이 있음(즉, 실행자의 기술, 가치, 자원에 부합됨)을 보장하는 전략의 중요성을 강조하고 그 전략을 제공한다. 모듈 7은 필요할 경우 계획을 검토하고 수정하여, 기본 FBA-BSP 계획을 개발하고 실행하는 과정을 통해 학교 기반 전문가 팀을 이끌어 가는 방법에 관한 훈련을 제공한다.

훈련 모듈 전반에 걸쳐 학생들의 문제행동의 특성과 복잡성(예: 문제행동의 빈도와 심각성 또는 잠재적으로 위험한 행동인지 여부)을 평가하고 필요한 FBA 절차의 유형(기본 FBA vs. 복잡 FBA)을 결정하기 위해, 그리고 학군 수준의 행동전문가가 각각의 사례에 대해 필요 여부를 결정할 수 있도록 참가자들을 교육하는 것에 초점을 둔다. 목표는 교직원이 효과적인 BSP를 만드는 데 필요한 가장 효율적인 절차를 식별할 수 있도록 훈련시키는 것이 목적이지만, 그 외 전문성을 나타내야 하는 사례를 인식하도록 하는 것이기도 하다.

기본 FBA에서 BSP로의 훈련 양식

커리큘럼의 내용만큼이나 이 내용을 전달하는 것에 주의를 기울이는 것이 중요하다. 다음에 제시하는 내용과 같이 단순히 정보에 노출되는 것 외에도 연구 기반의 수업 설계 원칙(Kame'enui & Simmons, 1990)과 전문성 발달에서 증거기반의 실제(Yoon, Duncan, Lee, Scarloss, & Shapley, 2007)를 사용하여 효과적으로 전문성이 계발되어야만 한다.

- 수업을 구성요소 부분으로 청킹하기(의미 단위로 묶기)
- 명시적 수업을 하고 시범을 보여 주기
- 지식과 기술을 습득하고 적용할 수 있는 기회를 제공하기
- 훈련 동안 연습할 수 있는 기회를 자주 제공하기
- 긍정적이고 교정적인 피드백을 받을 수 있는 기회 제공하기

- 훈련 전반에 걸쳐 자료를 다양한 방식으로 누적하여 검토하기
- 배운 기술을 활용하고, 피드백받고, 자연스러운 환경에서 코칭받을 수 있는 기회 제공하기

교직원이 새로운 기술을 연습하고 다양한 '실생활' 예를 통해 유창성을 획득할 수 있는 여러 기회와 함께 명시적 수업을 제공해야 한다. 기본 FBA에서 BSP로의 이행 훈련과정의 부분으로서 각 학교 전문가는 '기본 FBA에서 BSP로의 이행 훈련 참여자 가이드(the Basic FBA to BSP Participant's Guide)' 책자를 받는다. 모든 훈련 슬라이드와 함께 참가자 가이드에는 다음과 같은 내용이 포함되어 있다. ① 이전 회기에서 배운 자료를 다루는 누적 복습활동, ② 참가자들이 훈련자와 함께 따라서 사용하는 안내 노트, ③ 다양한 반응 양식(예: 선다형, 단답형, 계획 구성요소에 대한 샘플에서 빠진 부분을 찾거나 틀린 부분 찾기)을 사용하여 회기 전체에 걸쳐 교직원이 수행하는 활동을 연습하기, ④ 훈련자가 평가할 수 있도록 각 훈련 회기가 끝날 때 최종 활동 과제를 완성하여 제출하기 등이다.

훈련 회기 동안 완성된 연습 활동 외에도 참가자 가이드에는 각 모듈 끝에 '응용 과제'가 포함되어 있다. 이러한 과제는 참가자들에게 각 모듈에서 배운 기술을 자신의 학교에서 심하지 않은 문제행동을 보이는 학생에게 실습하도록 하는 것이다. 예를 들어, 모듈 1 끝 부분에 참여한 학교 전문가에게 ① 학교에서 학생을 위한 '기본적인' 문제행동을 조작적으로 정의하도록 하고, ② 그 행동이 얼마나 자주 발생하는지, 그 행동을 '유발시키는' 환경 요인 및 그 행동의 후속결과에 대한 자료를 수집하도록 한다. 적용활동은 7가지 커리큘럼을 통해 교직원들이 일반적인 학교 환경에서 기본 FBA-BSP와 관련된 모든 중요 기술(예: FBA 인터뷰, 기능 중심 지원 전략 확인, 학교 기반 BSP 팀 미팅 이끌기)을 실습하도록 설계되어 있다. 모듈은 훈련하는 사이에 최소 일주일 정도 제공되므로 참여 교직원은 자신의 학교에서 훈련 미팅 시간 동안이나 중간에 훈련자에게 질문을 하고 피드백을 받으면서 과제를 완성할 수 있다.

훈련자용 기본 FBA에서 BSP로의 실행 도구

효과적인 훈련 커리큘럼과 함께 학군의 교직원이 계속해서 성공적이고 효과적인 실습을 할 수 있도록 도구를 갖추는 것은 중요하다(Fixsen, Naoom, Blasen, Friedman, & Wallace, 2005). 이러한 도구에는 훈련자에게 학교 기반 인력이 기본 FBA-BSP를 이끄는 데 필요한 핵심 역량을 능숙하게 발휘할 수 있는 정도를 평가하는 방법이 포함된다. 기본 FBA에서 BSP로의 훈련자 매뉴얼은 학군의 훈련자에게 학교 기반 교직원을 위해 가장 효과적이고 효율적으로 훈련 회기를 수행하는 방법에 대한 구체적인 수업방법과 사례를 제공한다. 또한 훈련 참가자들에게 평가하고 피드백을 제공할 수 있는 도구를 제공한다. 이러한 도구 중의 하나는 BSP 지식 평가(BSP Knowledge Assessment; Strickland-Cohen, 2011)로, 교직원에게 훈련 과정 전후에 즉시 완료하도록 한다. BSP 지식 평가는 중요한 BSP 구성요소를 이해하고 있는지, 그리고 교직원의 기능 중심 중재와 비기능 중심 중재를 구분하는 능력을 평가한다. 그리고 이 평가는 기본 FBA에서 BSP로의 훈련을 마친 후 습득된 지식을 평가하는 데 사용되며, 특정 구성 기술에 대한 추가 훈련이 필요한 사람을 확인하는 데 사용된다.

지속적인 코칭 및 피드백

훈련과정을 완수하는 동안 교직원이 받은 실습 및 피드백과 함께 기본 FBA-BSP 절차를 이끌어 갈 교직원이 개별학생 평가와 구체적인 계획에 필요한 구성요소에 대해 코칭과 피드백을 계속 받는 것이 중요하다. 학군의 훈련가는 적어도 한 번의 FBA 인터뷰를 수행하고, 적어도 한 번의 행동지원계획을 위한 계획을 이끌어 내는 학교 팀 리더들을 관찰할 것을 권장한다. 교직원이 계속적으로 질문을 하고, 피드백을 받을 수 있는 기회는 훈련 후 처음 두 개 또는 세 개의 기본 FBA-BSP를 이끌어 가면서 특히 중요하다. 학교 기반팀의 리더가 기본 FBA-BSP 기술을 유창하게 구사하게 되면 코칭은 가끔 또는 필요할 때에만 이루어질 수 있다.

추가적인 교직원 훈련

기본 FBA에서 BSP로의 모듈(the Basic FBA to BSP modules)을 1시간 훈련 회기로 나누는 또 다른 이점은 이 접근법을 통해 학군 차원의 훈련자가 교직원에게 가장 관련 있는 정보를 찾고, 소중한 자원과 시간을 가장 효율적으로 사용할 수 있도록 특정 훈련 회기를 제공할 수 있게 하는 것이다. 학교에서 FBA-BSP의 실행 및 효율성에 대한 공통적인 장벽은 학생 계획을 가장 자주 수행하는 교직원이 기초 이론, 원리, 기준, 절차에 대해 제한된 이해를 하고 있다는 것이다(Scott, Bucalos, et al., 2004). 기본 FBA에서 BSP로의(the Basic FBA to BSP) 훈련 커리큘럼의 강점은 행동 평가 및 중재가 시행되는 학교 상황에 영향을 줄 수 있다는 것이다. 예를 들어, FBA 인터뷰와 BSP 팀을 이끌어 내는 것에 대한 명시적 수업을 제공하는 모듈을 끝내기 위해 소규모 핵심 집단을 선택하는 것이 효과적일 수 있지만, 기능 중심의 학생 지원(예: 수업 교원)을 만들어 실행하는 모든 교직원은 기능 중심 중재와 관련된 일반적인 정보로부터 도움을 받을 수 있다.

모듈 1과 4는 모든 관련 교직원에게 전달될 수 있도록 특별히 고안되었다. 이 두 모듈에는 학생 문제행동, 행동적 기능, 중재의 기초를 이해하고 설명하는 데 중점을 둔 정보가 포함되어 있다. 이 모듈의 주요 목표는 ① 교실행동에 대한 기능 중심의 접근에 대한 일반적인 이해와 비공식적 적용을 장려하고, ② FBA-BSP 과정에 대한 교직원의 이해를 개선하여 평가 및 중재 계획의 효율성을 높이고, ③ 행동지원의 이론, 원리 및 과정에 대한 이해를 높임으로써 경미한 문제행동을 보이는 학생들에게 FBA-BSP 적용의 저항을 줄이는 것이다. 기초적인 FBA-BSP의 논리와 실제를 광범위한 교직원들에게 가르치는 주된 목적은 궁극적으로 다양한 학교 환경에서 기본적이고, 복잡한 FBA-BSP 두 가지 모두를 성공적으로 실행하기 위한 단계를 마련하기 위함이다.

기본 FBA-BSP에 대한 경험적 지원

기본 FBA-BSP 방법 및 도구는 학생의 문제행동 기능을 정확히 평가하고 효과적인 기능 기반 지원을 설계할 때 학교 팀을 이끌어 나가기 위해 일반적인 교직원을 훈련시키는 데 효과적이라고 경험적으로 입증되었다. Loman과 Horner(2014)는 기본 FBA 방법 및 절차에 중점을 둔 4개의 1시간용 훈련 프로그램을 마친 후, 10개의 초등학교에서 참여한 전문가들(6명의 상담가, 2명의 교장, 2명의 학습 전문가)이 자신의 학교에서 위험하지 않은 문제행동을 보이는 한 학생에게 FBA를 각각 독립적으로 실시하도록 하였다(즉, 연구자들의 도움 없이). 교직원이 수행한 FBA의 데이터는 연구자가 수행한 실험적 기능 분석 결과와 비교해 볼 때 학생 문제행동의 기능을 정확하게 식별하였다. 또한 참여한 학교 전문가들은 연구의 마지막 부분에 사회적 수용도를 조사하였는데, 기본 FBA가 학교 환경에서 학생 문제행동의 기능을 이해하기 위한 효율적이고 '교사 친화적'인 실행 가능한 과정이라고 보고하였다.

이 초기 연구의 고무적인 결과는 교직원을 훈련하는 것이 학생의 문제행동 기능을 직접적으로 다루는 중재를 확인하는 데 FBA 정보를 사용(Strickland-Cohen & Horner, in press)하도록 하는 '기초적인 BSP' 훈련 교육과정의 효율성을 평가하는 후속연구(Strickland-Cohen, Loman, & Borgmeier, 2012)로 이어졌다. 그 연구 결과에 따르면, 4개의 1시간용 과정(1주일에 한 번, 4주 과정으로 전달)에 13개 초등학교 전문가(4명의 학교심리학자, 4명의 상담가, 5명의 특수교사)가 기본적인 BSP 훈련 과정을 마쳤다. 이 과정에서 이들은 기초적인 BSP 구축을 위한 핵심 개념 및 절차에 대한 지식을 배웠다(BSP 지식 평가는 사전-사후 조사에서 나온 데이터에 근거). 그 훈련에 이어, 참여한 6명의 교직원이 자신이 소속된 각 학교에서 경미한 문제행동(예: 떠들기, 자리이탈, 과제 거부 등)을 보이는 학생을 위해 기능 중심 BSP를 설계하고 실행하는 학교기반팀을 이끌었다. 팀이 개발한 계획은 학생의 문제행동을 줄이고 학업참여행동을 높여 주는 데 효과적이었다. Loman과 Horner(2014)의 연구 참여자들과 마찬가지로, 참여한 학교 전문가들은 일반적인 학교 환경에서 사용하기에 적합하고 수용 가능한 훈련 방법과 기본적인 BSP 도구 및 절차를 알려 주었다. 그리고 후속 인터뷰에서, '기본 FBA에서 BSP로의 이행'이라는 연구의 참여자들은 이 연구가 종료된 이후에 일련의 훈련 과정에서 배운 기술을 지속적으로 사용하고 있음을 보고하였다(즉, 연구자들의 모든 지원이 없어진 이후에).

행동지원 시스템을 통해 기본 FBA-BSP 실행하기

　지속적인 문제행동을 보이는 학생들에게 효과적인 개별 행동지원을 제공하는 다단계 모델은 많은 장점을 가지고 있다. 이 모델은 각 학교 내에 FBA-BSP를 개발하는 데 필요한 역량을 갖춘 여러 인력을 포함하고 있으며, 이 인력은 지역 또는 외부 전문가의 도움이 필요한 특정 조건에 대해서도 잘 알고 있다. 지속적인 문제행동, 팀 기반 계획, 학교 전체 및 학생 수준의 빈번한 모니터링에 중점을 두고 있기 때문에, 학교기반팀 구성원은 개인화된 행동지원이 필요한 학생들을 빠르고 쉽게 식별할 수 있다. 학생의 문제행동에 대한 평가와 지원 설계에 대한 책임은 여러 개인에 의해 공유되기 때문에 학교는 지원 요청에 더 쉽게 대응할 수 있다. 또한 더 많은 학생이 문제행동의 증가에 따른 복잡한 자원과 집중적인 행동지원이 필요하기 전에 효과적인 증거기반 자원과 중재로부터 도움을 얻을 수 있다. 또한 학군 행동전문가의 역할은 기본 FBA-BSP 교육을 제공하는 것을 포함하기 때문에, 교직원은 필요에 따라 FBA-BSP 방법에 대한 최소 연간 연수를 받을 수 있다. 이로 인해 교직원이 이직하는 것에 따른 부정적인 영향을 줄일 수 있는 개별화된 지원을 제공하는 시스템이 생겨나고, 시간이 지남에 따라 성공적으로 유지될 가능성이 높아진다.

특정 문제 또는 특정 집단에 적용된 기능적 행동평가

제9장 학업적 문제에 대한 기능적 행동평가

Courtenay A. Barrett and Donna M. Gilbertson

들어가며

학생들은 대개 학업 및 행동 문제를 모두 보이고 있으며, 이는 서로 얽혀 풀어내기가 어려울 수 있다(Algozzine, Wang, & Violette, 2011). 교실에서 과제가 너무 어렵거나 너무 쉬울 때 학생은 과제 이외의 활동을 더 많이 할 수 있다(Treptow, Burns, & McComas, 2007). 학생의 문제행동은 학생이 수업에 참여하거나 지식을 습득하는 것을 방해할 수 있거나, 아니면 학생의 문제행동이 학업 어려움의 결과일 수도 있다. 자신의 과제를 완수할 수 없는 학생은 학업을 거부하거나, 적절한 학업 지원을 받을 수 없게 되어 과제 이외의 다른 행동과 같은 문제행동을 보일수 있다. 큰 소리로 또래를 부르거나 또래를 혼란스럽게 하는 방해행동은 특히 문제가 된다. 왜냐하면 한 아동의 과잉 행동이 전체 반에 대한 학습을 방해할 수 있기 때문이다. 과제 완수를 못하는 경우와 같은 학생의 행동 문제는 아동이 성취할 수 있는 것을 정확하게 반영하지 못할 수 있기 때문에 역시 문제가 된다.

행동의 기능을 평가하고 행동 중재를 설계하거나 실행할 때 교실 상황 및 학업 수행 문제를 고려해야 한다. 학업수행과 문제행동 사이의 관계는 문제행동이 학업 성취에 영향을 미치고, 결국 학업수행이 문제행동에 영향을 주는 양방향 또는 순환적 관계를 가질 가능성이 크다.

잘 교육받고 적극적으로 수업에 참여하는 학생들은 산만해질 가능성이 적다

(Taylor, Pearson, Peterson, & Rodriguez, 2003). 실제 연구들을 통해 학업성취도와 적절한 교실 행동을 촉진시킬 수 있는 효과적인 교수 전략들이 소개되었다(Archer & Hughes, 2011; Rosenshine, 2012; Sprick, 2009). 효과적이고 연구 기반의 수업을 실행하면 학생의 참여를 촉진하고 교실에서의 행동문제를 줄일 수 있다.

이와는 대조적으로, 학생의 문제행동은 행동문제의 기저에 놓인 학업적 기술의 결핍을 다루는 효과적인 수업 지원이 제공되지 않을 때 계속될 수 있다. 수업 상황의 평가와 변화를 통해 문제행동을 줄이고, 학업적 기술 결핍을 효과적으로 해결함으로써 학습을 증가시킬 수 있다. 이러한 접근법은 문제행동과 관련된 환경 및 수업요인을 식별하는 평가 절차를 준수하는 것이 중요함을 강조한다. 문제행동과 학업 수행 모두를 살펴보는 평가 과정은 긍정적인 행동과 좋은 학업 성과를 촉진하는 중재에 대한 정보를 제공한다. 이 장의 목적은 ① FBA 과정을 통해 학업 문제를 살펴볼 수 있는 방법과 ② FBA 과정이 행동 및 학업 문제 모두에 적용될 수 있음을 입증하는 사례를 보여 주기 위한 것이다.

FBA 과정 및 학업 수행의 검토

다음 장에서 설명하는 평가 과정의 목표는 학업 문제에 뿌리를 둔 것으로 보이는 문제행동의 기능에 대한 가설을 세우는 것이다. 전통적인 FBA를 통해, 회피 또는 교사의 관심끌기와 같은 문제행동에 대한 후속결과를 강화함으로써 문제행동을 없애거나 줄일 수 있다. 그리고 동일한 기능을 수행하는 대체 강화제를 사용하여 적절한 반응을 높이는 중재를 사용할 수 있다. 학업 수행 문제라는 맥락에서, 이와 같은 중재는 과제를 완수할 능력은 있지만 그렇게 할 동기가 없는 학생에게는 효과적이다. 반면에 학업 기술이 부족한 학생은 충분한 수업 지원을 받지 못하면 과제를 완성하게 되었을 때 받게 되는 강화를 얻을 수 없다. 따라서 학업 중재를 설계할 때 기술이 부족한 것으로 인한 문제행동과 동기 부족으로 인한 문제행동을 구분하는 것이 중요하다.

문제행동의 기능 또는 학업상의 문제 원인을 결정하기 위해 학생에 대한 가설을 세우기 위한 다양한 데이터 자원을 모으는 것이 중요하다. 이러한 평가 과정은 일반적으로 문제행동을 해결하기 위해서 이 책 전체에서 설명하는 과정과 매우 유사하다. 이 과정은 지원 요청 양식으로 시작된다. 다음에서는 문제행동 및 학업 수행에 대한 기능평가를 위해 수집된 데이터 유형(교사 인터뷰, 교실 관찰, 교육과정 중심 측정, 영구적인 결과물 검토)에 대해 개략적으로 설명하고 있다. [그림 9-1]은 학업적 문제에 대한 기능평가 과정을 다단계의 순서도로 나타낸 것이다.

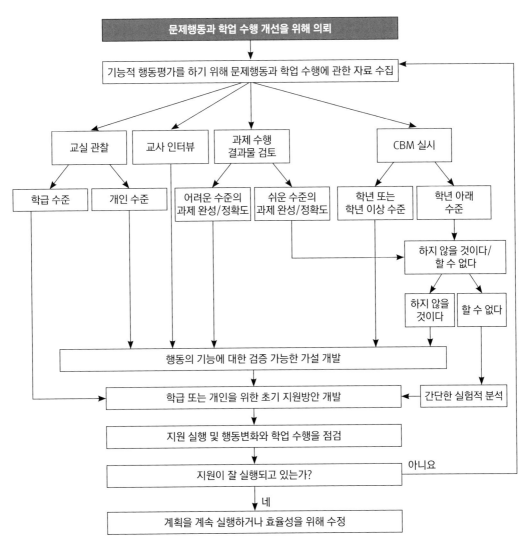

▼ [그림 9-1] 학업 성취도 검토를 위한 FBA 과정 순서도

다음에서 학업적 문제의 원인을 목표로 하는 수업 또는 학생을 위한 지원을 개발하는 방법에 대해 설명한다. 마지막으로 사례를 사용하여 학교 환경에서 이 과정을 적용하는 방법을 설명한다.

의뢰를 위한 데이터 수집

교사 의뢰와 면담

문제행동과 학업적 문제에 대한 FBA 과정은 교사 의뢰 또는 지원 요청으로 시작되어 교사 면담으로 이루어진다. 교사 의뢰와 교사 면담에 대한 일반적인 목적과 절차는 3장에 자세히 설명되어 있다. 의뢰하는 과정에서 교사가 설명한 문제행동이나 학업상의 문제는 구체적이고, 관찰 가능하며, 측정 가능한 용어로 좁혀지지 않을 수 있다. 교사 인터뷰의 한 가지 목표는 교사와 협력하여 문제행동 및 학업적 문제를 이러한 용어로 정의하는 것이다.

교사 면담을 하는 동안, 문제행동과 학업적 문제에 관련된 선행사건과 후속결과를 결정하기 위한 정보가 수집된다. 학생의 문제행동에 대한 교사의 반응 방식이 학업적 능력을 고려하지 않는다면 문제행동에 의도하지 않게 영향을 줄 수 있다. FBA에 의뢰하기 전에, 교사들은 아동의 현재 학업적 기술 수준에 비해서 아동의 행동에 대해 비현실적인 기대를 가질 수 있다. 즉, 학업적 과제가 학생에게 너무 어려운 경우, 학생의 능력과 기대가 불일치하는 것이 학생 문제행동의 핵심일 수 있다. 또 다른 흔한 경우는, 학생이 좌절하거나 공격적인 행동을 보일 때 교사가 적절한 수업교재를 사용하여 과제 분량이나 기대 수준을 줄일 수 있지만 학생은 자신이 할 수 있는 일에서 벗어나 있다고 여겨 과제 완료에 대한 동기는 제공하지 못할 수 있다.

지원을 요청하기 전까지는 문제행동을 줄이기 위한 교사의 전략은 성공적이지 못할 수 있다. 문제행동의 기능과 현재 제공되고 있는 강화제를 확인하기 위해 교사 인터뷰를 넘어선 추가적인 데이터 자원이 필요할 수 있다. 다음 장에서 이러한 추가 데이터 자원에 대해 설명하겠다.

교실 관찰

문제행동의 환경을 관찰하면 행동문제와 학업적 문제 모두의 선행사건과 후속 결과를 더 명확히 알 수 있는 귀중한 정보를 얻을 수 있다. 아동이 문제행동을 하는 환경을 관찰하는 것은 체계적인 환경 중심의 문제를 식별하거나 배제할 수 있다. 교실 관찰은 전체 교실과 의뢰된 학생 모두의 문제행동 또는 학업 수행을 평가하는 데 사용될 수 있다. 교실의 80% 미만이 기대한 대로 수행하고 있다면, 학생 차원의 개별적 수준이 아닌 교실 차원에서 지원이 필요함을 교사에게 알려 줄 수 있다(Witt, VanDerHeyden, & Gilbertson, 2004). ODR이나 학업적 데이터(예: CBM)와 같은 학년 차원, 학급 차원, 하위 그룹 차원의 변화 데이터를 살펴보는 것은 체계적으로 문제를 확인하는 데 유용할 수 있다. 이러한 데이터를 검토할 때에는, 학년 차원, 학급 차원, 하위 그룹 패턴을 확인하는 것이 유용하다. 예를 들어, 같은 학년 수준의 다른 교실보다 ODR이 상당히 높은 한 학급(여러 학생의 ODR)은 한 아동에 대한 지원을 요청한 교사가 실제로 한 학생에게만 집중하여 FBA를 실행한 것보다 학급 관리 지원을 통해 더 많은 이익을 얻을 것이다. 다른 예를 들면, 한 그룹의 학생(예: 학년 수준보다 낮은 읽기능력을 가진 집단)이 다른 그룹의 학생(학년 수준 또는 보다 높은 읽기능력을 가진 집단)보다 ODR이 많을 경우, 동일한 교실에서 교사는 어려움을 겪고 있는 학생을 위한 맞춤식 수업을 추가적으로 지원하는 것이 필요할 수 있다.

교수 전략과 학생이 수업과제를 완성하는 것을 직접 관찰하는 것은 수업이 학습을 지원하는 정도를 평가할 수 있도록 해 준다. 수업 중에 사용되는 교수 전략을 확인하는 것은 충분하지 못한 수업이 학생의 학업적 문제의 한 부분인지를 정확하게 알아보는 데 도움을 준다. 높은 비율의 학생들이 개념 습득에 어려움을 겪고 있거나 수업에 대한 정확도가 낮다면 수업의 개념을 이해하는 데 도움이 되도록 수업을 진행하고, 수업 내용 전체를 다시 배울 수 있도록 해야 한다. 반면에 소수의 학생만이 학습 부족을 보인다면 이들 학생들을 목표로 한 학업 중재를 통해 도움을 주어야 한다.

관찰은 또한 수업 환경의 질을 향상시키는 방법이나, 아동이 과제 이탈행동을 하거나 문제행동을 보이는 특정 상황에서 아동에게 맞춤식의 수업을 제공할 수 있는 방법에 대한 통찰력을 제공할 수 있다. 수업을 향상시키기 위한 몇 가지 전략은 촉진하기, 다시 가르치기, 실수를 교정하기, 피드백 제공하기 등이 있다 (Archer & Hughes, 2011). 이것은 관찰 및 데이터 검토가 개별 문제가 아닌 학급 전체 또는 하위 그룹의 문제일 경우 특히 중요하다. 학급 전체 또는 하위 그룹의 문제로 교사가 중재하는 것이 각 아동을 개별적으로 중재하는 것보다 더 효과적이다. 수업을 개선하면 그 집단 모든 학생의 행동이 개선되어야 한다.

체계적인 접근을 사용하지 않는다면(또는 효과적인 것으로 나타난 경우), 교실 관찰은 의뢰된 개별 아동에 초점을 두어야 한다. 이러한 관찰의 목적은 문제행동의 기능과 강화제에 대한 데이터를 수집하기 위한 것이다. 이것은 교사가 자신의 학급 학생들 중 한 명에 대하여 관찰하고 데이터를 수집하면서, 동시에 다른 학생들을 수업에 참여하도록 해야 하는 어려움이 있을 수 있다. 그래서 학교심리학자, 상담가, 관리자와 같은 외부 관찰자들이 교실을 관찰하는 것이 도움이 된다.

관찰을 통해 방해행동의 선행사건과 후속결과를 확인하는 것은 문제행동과 학업 문제를 위한 BSP 중재를 선택하는 데 정보를 제공한다. 예를 들어, 교사가 어려운 질문을 하면 한 학생은 대답을 하지 않으려고 공격적으로 행동하는 반면, 다른 학생은 교사로부터 답을 얻기 위해 감정을 자극할 수도 있다. 첫 번째 학생은 부정적인 상황을 회피하기 위한 방법으로 행동하는 반면, 두 번째 학생은 관심에 기반을 둔 기능적 행동일 수 있다. 이러한 행동의 예 모두에서, 교사가 계속해서 강화제를 제공하면 (즉, 첫 번째 아동에게 학업 과제를 안 해도 된다고 하거나, 두 번째 학생에게 대답을 해 주거나 관심을 제공하는 경우), 그 문제행동은 교실에서 계속 유지될 것이다.

교육과정 중심 측정

양질의 학급 차원의 수업이 제공되더라도, 일부 학생들은 여전히 행동 및 학업적인 어려움을 겪을 수 있다. 이러한 경우 CBM 변화 곡선(probes) 또는 기타 진보 모니터링 데이터가 체계적인 문제(systematic issues)를 없애거나 개별 학생의 학업 기술을 평가하는 데 도움이 될 수 있다. CBM은 기초 기술 영역(예: 읽기, 수학, 작문 및 철자법; Stecker, Fuchs, & Fuchs, 2005)에서 학생의 진도를 모니터링하기 위한 표준화되고 신뢰할 수 있는 유용한 평가 방법이다. 전체 학급이 CBM의 예상 점수

수준보다 낮은 점수를 받게 된다면 개별적인 문제가 아니라 체계적인 문제가 있음이 분명하다. 시간 경과에 따른 CBM상의 진보에 근거한 학습률(rate of learning)은 적절한 진보수준을 입증해 보이지 않고 수정된 수업을 통해 성장을 평가해야 하는 학생을 판별하는 데 사용될 수 있다(Eckert, Codding, & Dunn, 2011).

'하지 않을 것이다' 대 '할 수 없다'

　CBM 평가는 또한 학생이 읽기, 수학 또는 쓰기에서 기대되는 수준보다 낮은 학업 수행을 확인하는 데 사용될 수 있다(Duhon et al., 2004). 개별 학생의 학업 수행 수준이 낮은 것은 일반적으로 두 가지 유형의 부족함 중의 하나에서 유래한다. 수행·동기 부족, 즉 '하지 않을 것이다' 또는 기술 부족, 즉 '할 수 없다'의 문제이다(VanDerHeyden & Witt, 2008). 수행의 부족은 학생의 동기 부족으로 발생할 수 있으며, 과제를 완성하는 데 필요한 행동의 노력에 대해 적절하게 강화되지 않거나 모든 학생을 위해 제공되는 일반적인 학급 보상이 유지되지 않아 그럴 수 있다. 이러한 상황에서, 아동은 과제를 완성할 수 있지만 그 과제는 지루하고 흥미롭지 않거나 너무 쉬울 수 있다. 학업적 과제를 해야 하는 것이 충분히 보상되지 않는다면, 일부 학생들은 과제를 회피하거나 또래의 관심을 획득하기 위하여 방해행동을 할 수 있다(Skinner, Pappas, & Kai, 2006).

　반면에 기술의 부족은 낮은 정확도 또는 유창성으로 정의된다(VanDerHeyden & Witt, 2008). 예를 들어, 읽기 기술이 부족한 학생은 정확하게 또는 유창하게 단어의 상당 부분을 읽지 못할 수 있다. 학업과제를 성공적으로 마칠 수 없는 학생은 어려운 과제를 피하거나 교사(또는 또래)의 도움을 얻어 과제를 완성하기 위하여 방해행동을 할 수 있다.

　기술 및 수행의 부족을 구별하는 것은 여러 연구에서 효과적인 중재를 식별하는 데 유용한 것으로 입증되었다(예: Duhon et al., 2004; Eckert, Ardoin, Daisey, & Scarola, 2000). 만약 학생이 CBM 기준점에서 학년 수준 또는 그 이상인 경우라면 이 학생은 주어진 과제를 완수한 것으로 볼 수 있다. 학생이 CBM 기준점에서 학년보다 낮은 점수를 받는 경우라면, 이 학생은 자신의 능력에 따라 CBM을 수행할 동기가 아직 없어서인지, 아니면 학년 수준 그 이상의 CBM을 수행할 기술이 부족한지를 판단하기 위해 추가적인 '하지 않을 것이다 대 할 수 없다'(additional 'won't do versus can't do')에 대한 평가가 필요하다. CBM을 실시하기 전에, '하지 않을 것이다 대 할 수 없다'에 대한 평가를 수행하기 위해서는 학생이 CBM 평가에서 지정된 특정 수준으로 수행하도록 하면 동기를 자극받을 수 있다. 학생에게 인센티브를 제공하여 적절한 기술을 보여 주었다면, 이는 학생이 수행 부족을 보여 주고, 학업향상을 위한 보상(예: 교사 또는 또래의 관심 또는 물질적 강화제)을 제공하는 중재가 효과가 있음을 나타낸다. 학생의 수행이 인센티브에 반응하지 않을 때, 이는 학생이 기술부족을 보여 주는 것이며 수업에 관한 중재를 통하여 도움을 받을 수 있을 것이라고 가설을 세울 수 있다. 추가적으로, 선택된 인센티브가 그 특정 학생을 위한 효과적인 강화제로서 기능하지 않았을 가능성이 있다(VanDerHeyden & Witt, 2008).

과제 수행 결과물 검토

시험 또는 기타 쓰기 과제와 같은 과제 수행 결과물을 검토하는 것은 과제 완성과 교재 이해를 평가하거나 오류를 분석하는 데 유용할 수 있다. 오류 분석에서, 팀 구성원은 학생이 학습에서 수준 차이를 보이는 패턴을 확인하기 위해 학생의 오류 유형과 빈도를 검사한다. 이러한 패턴은 수행과 기술 부족을 구별하는 데 도움이 될 수 있다. 학생이 과제 완료율이 낮거나 정확도가 낮다면 '하지 않을 것이다 대 할 수 없다'에 대한 평가가 유용할 수 있다([그림 9-1] 참조). 또한 과제 수행 결과물을 검토하거나, 과제 분석, 오류 분석 등을 통해 필요한 지원 유형 및 강도에 대해 행동지원팀에게 알릴 수 있다. 예를 들어, 수학 과제에서 정확성이 떨어지는 것은 쉽게 교정되는 과정상의 실수가 잦거나, 관련 수학 사실에 대한 지식이 제한적이거나, 문제해결 과정에서 과정상의 실수가 많아 그럴 수 있다. 과제 분석 및 쓰기의 오류 분석은 철자법, 문법, 구두점, 구조 또는 내용 등과 같은 표적화되어야 하는 중재 영역을 식별할 수 있다(Howell & Nolet, 1999). 과제의 심도 깊은 검토와 오류 분석, 과제 수행 결과물의 검토 등에 관한 더 자세한 내용은 Howell과 Nolet(1999)의 연구에서 찾을 수 있다.

행동의 기능에 대한 검증 가능한 가설 개발

   평가 자료가 수집된 이후에, FBA의 다음 단계는 검증 가능한 가설을 개발하는 것이다. 문제행동이 언제, 어디서, 왜 발생하는지에 대한 가설은 교사 인터뷰, 교실 관찰, CBM 평가 및 영구적인 결과물을 검토하면서 수집한 정보를 토대로 개발하게 된다. 검증 가능한 가설의 타당성은 교사들이 중재를 실행하기 위해 훈련을 받기 전에 행동 변화에 대한 중재 효과를 체계적으로 검증할 수 있도록 간단한 실험적 분석(BEA, p. 211 참조)을 사용하여 확인될 수 있다(VanDerHeyden & Witt, 2008).

   행동의 기능은 환경에 따라 다를 수 있으며, 이에 따라 다양한 가설이 만들어질 수 있다. 예를 들어, 유사한 행동이 수학시간, 국어시간, 쉬는 시간에 따라 다른 기능을 가질 수 있다. 공격적인 행동은 효과적으로 학생이 과제에서 벗어나기 위해 (즉, 회피 또는 부적강화) 그러한 행동을 할 수 있고, 휴식시간에 자신이 원하는 물건을 얻기 위해(즉, 정적강화) 행동을 할 수 있다. 비록 이 장에서는 폭넓게 학업 문제에 초점을 두고 있지만, 다양한 교과목, 수업 또는 환경에 따라 한 학생의 행동 기능들을 구분할 필요가 있다.

개별 중재를 위한 초기 지원 개발하기

   개인을 위해 설계된 중재는 평가과정에서 확인된 행동의 기능과 일치해야 한다. 학급 차원에 문제가 있는 것으로 확인이 되면, 이는 학생에게 다른 기능과 강화제가 있을 수 있기 때문에 문제행동에 대한 명확한 기능이 확인되지 않을 수 있다. 이 경우 교사는 교실차원이나 그룹 차원의 행동이나 학업적 수행을 향상시킬 수 있도록 지원해야 한다.
   [그림 9-2]는 수행 부족('하지 않는 것')과 두 가지 유형의 기술 결손('할 수 없는 것', ① 낮은 정확도를 보이는 할 수 없는 것, ② 정확도는 높지만 능숙하게 할 수 없는 것) 을 다루기 위한 중재 목록을 제시하고 있다. '하지 않을 것'이라는 문제가 확인되면 BSP는 문제행동을 줄이고 적절한 행동을 증가시키도록 설계되어야 한다. 학업

하지 않는 것

선행사건

　　말하고, 보여 주고, 안내하기

목표 설정

선택(과제, 홀수 또는 짝수)

　　과제의 변화를 주면서

　　작업 세션에 여유 주기

시간 안에 과제 수행

후속결과 피드백

정확한 기준과 오류 기준에 근거하여 포인트 보상

목표 미스터리 동기유발자를 만나도록 간헐적으로 강화하기

복권, 토큰경제, Spinners 그래프 진전도

과잉교정(올바른 방법으로 각 실수에 대해 세 번씩 연습하기)

반응대가(틀린 반응에 대해 포인트 차감)

낮은 정확도를 보이는 할 수 없는 것

선행사건

　　말하고, 보여 주고, 안내하기

도움 신호 사용

한번에 한 단계씩 모델링 제공

작은 단계로 구성된 체크리스트

예제 및 예제 제공

각 단계별 가이드 연습 제공

조직자(organizer) 또는 텍스트 개요 제공

후속결과 피드백

3초 실수 교정(3초 후에 답을 말하고 그 다음에 피드백 줄이기)

칭찬이나 포인트로 강화하기

집단에게 칠판에 답을 알려 주기

핵심 과잉교정 답으로 Cover-copy-compare 사용(각 문제에 대해 세 번씩 올바른 방법으로 연습하기)

교사 및 또래의 관심을 얻거나, 작은 노력의 대가로 휴식 제공

학생 자신의 기준에 따라 진행사항을 그래프로 표시

정확도는 높지만 능숙하게 할 수 없는 것

선행사건

　　말하고, 보여 주고, 안내하기

목표 설정

짧은 시간에 연습

속도감 있는 수업

후속결과 피드백

목표를 충족하면 보상

정답이나 실수 기준에 근거하여 포인트 제공

그래프 진보향상도

과잉교정(올바른 방법으로 각 문제당 세 번씩 연습하기)

전체에게 답을 적어 주고 교사의 주의를 끌게 하거나, 또래의 관심을 끌게 하거나, 휴식 시간을 내서 실력을 향상시킴

🏆 [그림 9-2] 수행 및 기술 부족을 지원해 줄 수 있는 중재

적 수행을 향상시키기 위한 동기부여 전략을 선택할 때 기능 기반의 행동 접근법이 통합된다. 수행 부족에 대한 중재의 한 예는 정해진 시간(목표 설정) 내에 정확하게 일을 완수하고, 일일 목표를 달성하면 보상으로 포인트를 얻는 것과 같은 일일 학업 목표를 설정하는 것이다(유관 행동관리; Codding et al., 2009). 강화제는 교사의 관심, 또래의 관심, 과제 회피 등과 같은 문제행동을 유지하는 기능이라고 가정되는 것에 기반하여 선택되어야만 한다.

의뢰된 아동에게 '할 수 없는 것'에 대한 문제가 확인되면, 행동지원보다는 수업지원이나 학업적 중재가 더 적절하다. 기술 부족은 보충수업, 정보 전달을 위한 여러 가지 방법을 통합하는 수업의 수정, 학생의 현재 학업성취 수준을 더 잘 반영하도록 과제를 변경함으로써 해결된다. 정확도가 낮은 기술 부족의 학생의 경우는 기술 내의 단계별 체크리스트나 학생이 완수한 과제의 답과 비교하도록 하면서 학생들이 새로운 기술을 개발할 수 있다. 낮은 유창성을 나타내지만 높은 정확도를 보이는 학생들을 위한 중재는 동기 부여와 유창한 수행을 높이기 위한 목표 설정과 함께 짧은 시간에 과제를 수행하도록 회기를 구성하는 것이다. 교실 내에서 자연스럽게 일어나는 강화제(예: 교사의 관심이나 휴식시간)가 사전에 결정된 목표를 수행하면 강화제를 제공하는 유관강화나, 학생의 노력이 충분하게 보이는 것을 조건으로 중재 계획에 전략적으로 통합될 수 있다. 고학년 학생들은 학습 기술, 노트 필기, 자기 질문 및 요약하기와 같은 명시적인 수업을 통해 도움을 받을 수 있다(Scruggs, Mastropieri, Berkeley, & Graetz, 2010).

BSP와 마찬가지로, 학업적 중재는 부적절한 행동에 대한 긍정적인 지원과 대체행동을 포함하고, 동시에 맥락에 적합함을 고려하면서 개발된다. BEA는 효과적인 수업지원을 설계하는 데 사용할 수 있다. [그림 9-1]에서 볼 수 있듯이, 문제행동이 CBM 데이터, 영구적인 결과물을 검토하거나 오류 분석을 통해 '할 수 없는 것'이 원인으로 결정되면, 그다음에 BEA가 적절하다고 볼 수 있다.

간단한 실험적 분석(Brief Experimental Analysis: BEA)

연구자들은 기대한 수준으로 발생하지 않는 행동을 증가시키기 위해 어떤 선행사건과 후속결과가 있어야 하는지를 탐색하기 위해 BEA를 사용하였다(Daly,

Bonfiglio, Mattson, Persampieri, & Foreman-Yates, 2006; Daly, Martens, Dool, & Hintze, 1998). 다양한 학생의 요구들 때문에 중재가 각 개인에게 효과적일지 예측하기가 어렵다. 한 가지 해결책은 BEA로, 어떤 유형의 수업 중재가 학업적 수행을 최대로 끌어올리는지를 평가하기 위해 여러 가지 다른 중재를 신속하게 연속적으로 간단히 적용하는 방법이다.

BEA는 학업 향상에 기반을 둔 유관계약, 안내된 연습을 통한 모델링, 유창성 연습, 쉬운 기술 수준의 과제 제공 등의 일련의 중재법을 실행하는 것이다. BEA는 어떤 치료법을 조합하여 또는 독립적으로 실행하여 특정 학생의 읽기, 쓰기, 수학 수행능력을 처리하지 않은 기초선 평가와 비교하여 향상시킬 수 있을지를 판단하는 데 도움을 준다. 중재는 10분에서 15분간의 간단한 중재 적용 회기로 시행된다. 각 회기의 끝 부분에서는 중재를 하지 않았던 기초선 점수인 CBM 평가 점수와 비교하여 어떤 중재방법이 가장 향상된 수행능력을 보여 주는지를 평가하기 위해 CBM을 시행한다. 본질적으로, BEA를 시행하는 것은 교사와 연구자들에게 시간이 경과함에 따라 개별 학생에게 가장 큰 학업적 성취를 가져올 중재를 확인할 수 있게 한다. 여러 연구에 따르면, BEA를 사용하는 것이 읽기, 수학 및 쓰기 수행능력의 부족으로 인해 나타나는 학생의 문제행동을 효과적으로 다룰 수 있는 수업 중재방법을 식별할 수 있도록 해 준다(Daly, Persampieri, McCurdy, & Gortmaker, 2005). 또한 학업 수행능력을 향상시키는 중재방법을 식별하기 위해 BEA를 사용하게 되면 과제 집중행동도 함께 향상된다(Gilberston, Witt, Duhon, & Dufrene, 2008).

지원 실행 및 변화 점검

팀이 중재 접근법을 확인한 후에는 중재 및 진보 점검 실행을 위한 단계를 설명하는 서면 계획을 개발해야 한다. 행동 교수 전략은 도움을 요청하고, 피드백에 반응하고, 방해하는 문제행동을 대체할 수 있도록 문제해결 방법을 가르치기 위한 계획의 일환으로 사용되어야만 한다. 행동지원팀의 구성원은 초기 교실 실행 및 문제해결 과정에서 교재를 조직하고, 학생을 훈련하고, 코칭을 제공함으로써 교사를 지원할 수 있다.

중재는 중재를 실행할 개인의 가치와 기술과 그 학생의 특성을 보완하도록 설계되어야만 한다. 본질적으로 참여한 모든 개인으로부터 '동의를 받고 참여해야 한다(buy-in)'. 교사는 행동 보상 시스템이 너무 복잡하거나, 자신의 개인적인 신념과 반대되는 것이라는 생각이 들면, 그 중재의 효과가 크더라도 중재를 실행하지 않을 수 있다. 중재를 설계하고 실행하는 단계는 교사, 가족 및 학생과 협력할 때 가장 잘 수행된다.

바쁜 교실에서 교사가 실제로 일관되고, 효과적으로 실행할 수 있는 집중적인 중재를 개발하는 것은 어렵다. 고려해야 할 한 가지 대안은 또래 교사(tutor) 또는 협동학습 집단을 이용하는 것이다. 이 두 가지 방법 모두가 학생의 성취도, 동기, 또래와의 사회적 상호작용을 개선하면서 효율성을 높일 수 있는 자원이다 (Ginsburg-Block, Rohrbeck, & Fantuzzo, 2006; Ginsburg-Block, Rohrbeck, Lavigne, & Fantuzzo, 2008; Slavin, Cheung, & Lake, 2008).

중재 계획을 평가할 때에는 진전도 점검을 자주 하는 것이 필요하다. 진전도 점검 데이터의 예는 정확한 과제 완료 백분율, 과제 참여에 대한 교사의 평가 또는 주별 CBM 프로브(probe)에서의 학업 성취도의 성장이 포함될 수 있다. 또한 과제 이탈 시간이나 공격행동과 같은 문제행동은 진보를 파악하기 위해 점검되고 그래프로 작성되어야 한다. 그리고 교사는 표적행동을 추적하고 보고하기 위한 차트를 작성한다.

행동 차트에서 데이터를 그래프로 나타내면 시각적으로 제시할 수 있기 때문에 중재 후의 수행 경향이나 수준의 변화를 빠르게 검토할 수 있다. 첫 번째 교수 회기에 대한 초기 수행 수준을 일정한 회기를 진행한 후에 충족될 수 있는 수행 수준에 연결하여 목표선(aimline)을 그래프로 연결한다(Burns, Scholin, Kosciolek, & Livingston, 2010). 목표선은 학생의 향상 정도가 목표보다 위, 아래 또는 목표 수준에 머물러 있는지를 측정하는 데 사용된다(Wolery, Bailey, & Sugai, 1988).

학생의 문제행동 및 학업 수행도가 목표를 충족할 정도로 충분히 개선되지 않으면 중재 충실도(treatment integrity)를 살펴보아야 한다. 중재 충실도는 교사가 실제로 계획한 대로 중재를 실시하였는지 여부를 측정하는 것이다. 치료가 충실하게 수행되고 있다면 행동의 기능에 대한 대안 가설이나 '하지 않을 것이다' 대 '할 수 없다'에 대한 가설을 살펴보아야 한다([그림 9-1] 참조).

사례

이 장에서는 FBA 과정이 학업적인 문제와 관련된 문제행동을 개선하는 데 어떻게 사용될 수 있는지를 보여 주는 두 가지 사례를 제시할 것이다. 먼저, 사례에 대한 일반적인 설명을 보여 줄 것이다. 그런 다음 [그림 9-1]에 제시된 평가 및 중재 과정을 통해 구체적인 설명을 살펴볼 것이다. 이 사례들은 실제적인 것은 아니지만 초등학교와 중학교 학생의 경험을 토대로 기술된 것이며, 이 연령대의 아동 집단에서 볼 수 있는 일반적인 행동 및 학업적 문제를 나타낸다.

사례 1: 애바(Ava)

애바는 자리에 앉아서 과제를 하는 동안 과제를 완성하지 않고 방해행동을 자주 하는 것으로 행동지원팀에 의뢰된 7학년 학생이다. 교사가 애바에게 과제를 할 것을 촉구하면, 애바는 교사의 지시를 거부하고, 큰 소리로 말하거나, 화를 내거나, 과제하는 것을 거부하고 밀어 버린다. 애바는 합창단, 체육 수업, 수학 수업은 잘 해내고 있지만, 다른 학업 과정에서는 과제의 약 40%만 제출한다. 그리고 자주 읽기 또는 쓰기가 필요한 과제를 제출하지 않으며, 손으로 글을 쓰는 것은 읽기 어려울 정도이다.

애바에 대한 기능 분석

지원 요청 양식([그림 9-3] 참조)을 검토한 후, 행동지원팀은 애바가 특정 과목(예: 국어, 역사, 과학)에서 독립적으로 과제를 해야 할 때 과제 이탈행동을 가장 자주 하는 것을 발견하였다. 팀은 추가 중재가 필요하다고 결정하고, 학교심리학자가 애바의 교사를 인터뷰하였다([그림 9-4] 참조). 교사는 쓰기 과제를 할 때 애바가 공격적일 가능성이 높다고 하였다. 학생의 순응행동을 높이기 위해 몇 가지 전략들이 사용되었지만(예: 촉진, 자리 바꾸기, 가정에 메모 보내기), 이러한 전략들은 거의 실제 학업적 결핍을 해결하지 못했다. 두 가지 검증 가능한 가설은 ① 애바는 일기나 쓰기 과제가 주어지면 교사의 관심을 얻기 위해 저항하거나 공격행동을 한다 또는 ② 과제가 너무 어려워서 완성하기 어려운 경우이다.

지원 의뢰 신청서 양식

날짜: 2014/11/7　　　　　　　　　　　　　교사/팀: 다벤포트

IEP 적용여부: 네, (아니요)(해당 사항에 동그라미)

학생 이름: 애바　　　　　　　　　　　　학년: 7

현재 상황	문제행동	가장 일반적인 결과
언어, 역사, 과학 시간에 혼자서 자리에 앉아 과제 수행	자주 과제 이탈 행동을 하고, 과제를 완성하지 못하며, 쓰기 기술이 부족함, 과제 수행을 거부하고, 과제를 하라고 하면 실망하거나 화를 냄	무수히 많이 과제 수행을 촉구함

사용해 본 방법은 무엇인가? 그 방법의 효과는 있었는가?

그녀는 종종 점심시간에 와야 하거나, 과제를 완성하기 위해 재미있는 활동을 못하게 된다. 하지만 이것은 과제 완성도를 향상시키기 못했다.

대상 학생을 위한 행동 목표·기대행동은 무엇인가? 착석하여 과제를 올바르게 70% 이상 완성하여 제출해야 한다.

문제행동이 발생하는 상황을 변화시키기 위해 사용해 본 방법은 무엇인가?

			기타
___ 학생 기술 수준에 맞추어 과제 수정	___ 자리 배치 조정	_X_ 활동 스케줄 수정	
___ 학생 학업 기술 향상을 위한 개별지도	___ 교육과정 수정	___ 추가 도움 제공	

기대행동을 가르치기 위해 사용해 본 방법은 무엇인가?

			기타
_X_ 문제행동 발생 가능성이 있을 때 기대행동 상기시키기	_X_ 모든 학급을 대상으로 규칙과 기대행동 명료화하기	___ 학급에서 기대행동 연습하기	
___ 기대행동에 대한 보상 프로그램	___ 대상 학생과 구두 동의 얻기	___ 자기관리 프로그램	
___ 행동에 대한 체계적 피드백 제공	___ 개별 행동 계약서	___ 학생 또는 부모를 대상으로 한 행동 계약서 만들기	

문제행동에 대한 후속결과는 무엇인가?

			기타
_X_ 특혜 없애기 (놀이 활동 또는 점심시간)	_X_ 학생 부모에게 쪽지 보내기 또는 전화통화	___ 훈육 지도실에 보내기	
___ 타임아웃	___ 방과 후 학교에 남기	_X_ 혼내기	
___ 학교 상담교사에게 의뢰	___ 학생 부모와 미팅	___ 학생 개별 미팅	

🎗 **[그림 9-3] 지원 의뢰 신청서-애바**

기능적 행동평가 인터뷰: 교사/교직원/부모용

학생 이름: 애바   나이: 12   학년: 7   날짜: 2014/11/14

인터뷰 대상: 릴러(교사)

인터뷰 진행자: 조단(언어 담당 교사)과 코츠(역사 교사)

학생 프로필: 학생이 잘하는 것 또는 학교에서 보이는 학생의 강점은 무엇인가? 애바가 화나지 않을 때는 매우 상냥하고 조용한 학생이다.

단계 1A: 교사/교직원/부모 인터뷰

행동에 대해 기술하기

> **문제행동은 어떤 형태로 나타나는가?**
> 애바는 수업시간에 약 40%의 시간만 과제에 집중하고 그것을 제출한다. 수업시간을 잘 활용하지 못하고, 낙서를 하거나 친구들을 지켜보기만 하며, 좀처럼 질문에 대답을 하지 않고, 말을 꺼내거나 도움을 구하는 것도 주저한다. 혼자서 과제를 하는 것을 더 좋아하고, 스스로 과제를 하거나 그룹별로 과제를 해야 한다고 하면 그 말에 분노나 논쟁을 일으킨다. 심지어 혼자 남아 과제를 수행하는 것처럼 가장한다. 쓰기과제는 읽기 매우 어려운 상태이다.
>
> **문제행동이 얼마나 자주 발생하는가?**
> 매일. 쓰기 과제가 대부분의 수업에서 요구되기 때문이다.
>
> **문제행동이 한 번 발생하면 얼마나 오래 지속되는가?**
> 자리에 앉아 혼자서 과제를 수행하라고 하면 약 20%의 시간만 과제에 집중한다. 언어적으로 폭발하는 것은 잠시이지만, 과제를 포기하고 어떤 것도 하지 않으려고 한다.
>
> **문제행동이 방해되는 정도와 위험한 정도는?**
> 문제행동이 위험한 것은 아니지만, 계속해서 촉구를 해야만 한다.

선행사건에 대해 기술하기

루틴 파악하기: 언제, 어디서, 누구에게 문제행동이 가장 많이 발생하는가?

스케줄 (시간)	활동	문제행동	문제행동 발생 가능성						문제행동 대상
			낮음					높음	
9:00~9:05	자습		①	2	3	4	5	6	
9:05~9:55	수학	과제이탈 및 과제완성 못함	1	2	③	4	5	6	또래, 교사
10:00~10:50	과학/사회	과제이탈 및 과제완성 못함	1	2	3	4	5	⑥	또래, 교사
11:00	점심		①	2	3	4	5	6	
12:00	읽기	과제이탈 및 과제완성 못함	1	2	3	4	⑤	6	또래, 교사
1:00	체육		①	2	3	4	5	6	
	특별시간		①	2	3	4	5	6	

선행사건(배경사건) 요약하기

어떤 상황이 문제행동을 발생시키는 것으로 보이는가? (어려운 활동, 활동 전환, 구조화된 활동, 소그룹 상황, 교사 지시, 특정 개인 등)

혼자 또는 그룹으로 앉아서 작업해야 함

문제행동이 가장 많이 발생하는 시간은 언제인가? (시간, 요일)

읽기와 쓰기 과제를 하는 동안 거의 항상 교실에서 일어남

문제행동이 가장 적게 발생하는 시간은 언제인가? (시간, 요일)

휴식시간이나 체육시간-비학업적 시간

배경사건: 문제행동을 더 심하게 만드는 상황, 사건, 활동이 있는지? (약을 복용하지 않음, 학업 실패 경험, 가정에서의 갈등, 식사를 놓침, 수면 부족, 또래와의 갈등 경험 등)

그녀는 친한 친구가 거의 없음

후속결과에 대해 기술하기

문제행동이 발생하면 주로 어떤 일이 일어나는가? (교사의 반응, 또래의 반응, 훈육 지도실로 학생 보내기, 학습활동에서 학생 제외시키기, 교사와 학생 간 주도권 갈등 등)

애바는 혼자서 과제를 완성하는 것은 회피하거나 또래와 과제를 완성하는 것을 회피한다. 그리고 가끔씩 휴식시간을 빼먹고, '재미있는 금요일'이라는 활동에도 참여하지 못한다.

🖈 [그림 9-4] 기능적 행동평가 인터뷰-애바

　역사와 국어 수업에서 애바의 행동을 관찰한 결과, 애바는 수업의 10%를 과제에 집중하였지만, 또래들은 92% 과제 집중도를 보여 주었다. 애바는 수업 시간의 20%를 수업 방해행동(예: 큰 소리로 말하기)을 보였다. 또한 애바의 교사는 학생의 방해 행동에 반응하고, 과제를 완성하도록 촉진함으로써 관심을 제공하였다. 애바는 국어시간에 학급 친구들이 쓴 단어의 수에 약 20%만을 썼다. 애바는 역사 연습지의 30%만을 완성했으며, 그중에 65%만이 정답이었다. 이러한 관찰과 영구적인 결과물의 검토를 통해 애바의 수업 방해행동과 비순응적 행동은 교사의 관심뿐만 아니라 책상에 앉아서 과제를 해야 하는 것을 회피하고자 한다는 가설을 알 수 있다. 그러나 이 시점에서 애바가 독립적으로 과제를 완성할 수 있는 능력을 확인하는 것은 어렵다.

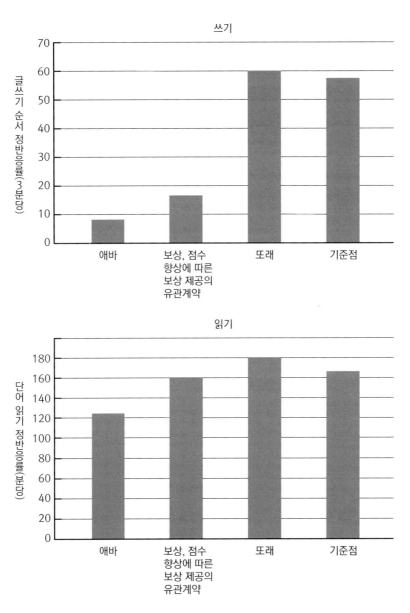

쓰기

🏆 [그림 9-5] 애바의 CBM 결과

[그림 9-5]는 애바의 CBM 결과를 보여 준다. 애바의 초기 읽기 및 쓰기 수행정도는 학년 수준의 중앙치와 국가 수준의 정상분포 기준점 보다 낮다(Hosp, Hosp, & Howell, 2007). 애바가 강화제를 통해 점수를 올릴지 여부를 결정하기 위해 읽기와 쓰기에서 두 번째 CBM이 시행되었다. CBM 읽기 및 쓰기 평가에 대한 강화

제 선택(예: 수업시간에 교사를 돕도록 하기, 과제를 하지 않고 휴식시간 얻기)을 제공하였을 때 점수가 향상되기는 하였지만, 기대 수준보다는 낮았다. 이러한 결과를 토대로, 교실에서 애바의 어려움은 기술이 부족한 것으로 가설이 만들어졌고, 애바에게 수업시간에 쓰기 과제를 제시할 때에는 수행을 잘하면 강화제를 제공하는 유관계획인 동기 전략과 수업을 함께 사용하도록 하였다. CBM 평가에 대한 애바의 쓰기 반응을 분석해 보면 반 친구들보다 더 적은 단어를 사용하였고, 주요 주제에 대한 세부사항이나 아이디어를 거의 제공하지 않는 것으로 나타났다. 오류 분석을 실시한 결과 대문자와 구두점을 잘못 사용하고 있었으며, 단어 사이의 간격이 좁은 것으로 나타났다. 강화제를 제공하는 조건에서도 이러한 오류가 계속해서 나타난다면, CBM 평가 결과에 따라 집중적인 수업 지원을 통해 부족한 쓰기 기술을 향상시켜야 한다.

행동의 기능에 대한 검증 가능한 가설 개발하기

[그림 9-1]에서 볼 수 있듯이, 일련의 평가, 교사 인터뷰, 수업 관찰, 영구적인 결과물 검토, CBM 등이 수행되어 애바의 교실 행동을 설명하는 가설을 개발할 수 있는 정보를 수집할 수 있다. 요약하면, 자리에 앉아서 쓰기를 해야 하는 과제를 요구하면 애바는 순응하지 않고, 자리를 이탈하며, 공격적인 행동을 하여 관련 세부사항이 적은 내용으로 쓰기 생산성이 떨어지거나 구두점의 오류가 많다. 교사의 관심을 끌려고 할 때 애바의 성적이 동료들에 비해 낮게 유지되거나 개선된 성과를 위해 휴식을 취하려 할 때 애바의 문제행동은 유창함과 내용에 대한 교육적 지원이 필요한 기술 부족 때문이라는 가설이 있다. 이러한 결론은 [그림 9-6]에 제시되어 있다.

단계 2A: 검증 가능한 설명 제시

배경사건	선행사건	행동	후속결과
책상에 앉아 과제 수행	자리에 앉아 조용하게 과제를 하고, 손을 들고 도움을 조용하게 기다리도록 함	1. 과제 수행 거부	교사 촉구: 휴식시간과 매주의 재미있는 활동을 놓침
교사가 과제를 수행할 것을 촉구	지시에 따르도록 함	2. 시무룩해하거나 언어로 분노를 표출하고 종이를 밀어냄	과제를 회피

행동 기능

위에 목록화된 ABC 순서를 바탕으로 생각하는 행동의 발생 이유는 무엇이겠는가? (교사 관심 획득, 또래 관심 획득, 원하는 물건·활동 획득, 원하지 않는 행동으로부터 회피, 요구 상황으로부터 회피, 특정 사람으로부터 회피 등)

1. 의자에 앉아 과제를 완성해야 하는 수업시간에, 애바는 교사의 관심을 얻고 하기 어려운 과제를 회피하려고한다.

검증 가능한 설명이 정확하다고 생각되는 확신 정도는?

매우 확신			중간			확신하지 못함
6	⑤		4	3	2	1

💎 [그림 9-6] 검증 가능한 설명 제시-애바

애바를 위한 초기 지원 개발하기

애바는 '할 수 없다'의 문제를 나타내기 때문에, BEA는 쓰기를 향상시키는 데 필요한 특정 유형의 수업 지원에 대한 가설을 검증하기 위해 실행된다. 애바에게 중재가 없을 때의 CBM 결과와 비교하여 쓰기를 평가하기 위해 CBM 쓰기 과제를 실행하기 전에 세 가지 수업 전략을 제공한다. 먼저, 애바에게 몇 분 동안 각 주요 아이디어에 대한 두 가지 주요 아이디어와 세 가지 세부 사항을 브레인스토밍하고, 간단하게 메모를 하여 지원하는 세부 정보를 사용하면서 쓰기 유창성을 높일 수 있도록 쓰기 과제를 제공한다. 둘째는 대문자, 띄어쓰기 및 구두점을 확인하는 것을 포함하는 편집 체크리스트를 제공한다. 애바는 쓰기 과제에서 대문자, 공백 및 구두점을 올바르게 사용하고 있는지 확인하기 위해 이 점검 목록표를 완성한다. 마지막으로, 물질 강화를 사용하여 쓰기과제를 잘할 수 있도록 동기를 강화한다. 즉, 애바에게 과제를 수행하기 전에 목표를 부여한다(분당 올바른 글쓰기 순서의 수). 쓰기 과제를 완성한 후에, 애바가 쓰기 목표를 충족하였다면 자신이 선호하는 보

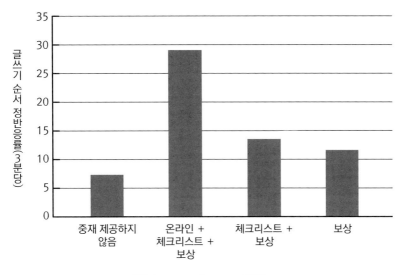

✏️ [그림 9-7] BEA-애바

상(예: 교사의 관심이나 휴식)을 얻을 수 있는 포인트를 번다. 쓰기 중재를 선택하기 위한 BEA의 결과는 [그림 9-7]에 제시되어 있다. BEA는 애바에게 정확한 쓰기 순서를 지키면서 글을 쓰기 위한 영향을 파악하기 위해 주요 아이디어를 브레인스토밍하기, 체크리스트로 자기점검하기, 물질 강화를 제공하기와 같은 이 세 가지 전략을 모두 사용하는 것으로 시작했다. 다음으로, 쓰기 결과에 대한 가장 단순하지만 효과적인 중재를 결정하기 위해 하나씩 전략이 삭제되었다. 글쓰기 결과를 향상시키기 위한 두 가지 중재를 비교하는 것은 글쓰기의 윤곽 잡기, 쓰기 및 편집 체크리스트 사용하기, 물질 강화 제공하기 등의 세 가지 전략을 모두 사용하는 것이다.

애바를 위한 중재 설계

애바의 문제행동에 대한 초기 가설은 교사의 관심에 의해 문제행동이 유지되고, 애바가 할 수 없는 일을 회피하기 위해 문제행동을 하는 것이었다. 애바는 수업시간에 자주 제공되는 쓰기 과제를 완수하기 위해서 수업지원이 필요하다. 그래서 이야기 개요 잡기, 체크리스트로 자기점검하기, 물질 강화를 제공하기 등을 포함하는 중재가 실행된다. 이러한 요소들의 조합은 BEA 동안 애바의 글쓰기를 증가시켰다. 행동지원팀의 구성원과 학급 교사는 정확한 단어 순서(CWS: 영어 원어민에게 구문의 맥락 내에서 허용되는 두 개의 인접하고 정확한 철자 단어)를 사용하여 진보 점검 데이터를 수집하기로 결정하고, 적어도 일주일에 네 번 애바의 언어 및 역사 수업에서 쓰기 과제를 시작했다. 교실에서 정확하게 수행된 중재의 정도(충실도)는 교사가 중재 스크립트에 사용된 단계를 확인하고, 중재 단계를 간략하게 설명하며, 중재가 사용될 때 적은 쓰기 결과물을 검토함으로써 평가된다. 애바의 목표는 50CWS이다. 한 달 이후에 이 목표가 획득된 것은 기초선 점수(9)와 목표(50)의 평균을 연결하는 목표선을 그리면 알 수 있다. [그림 9-8]은 이 계획을 개략적으로 보여 준다.

지원을 실행하고, 행동지원을 점검하기, 그리고 학업적 수행을 변화시키기

애바의 교사는 국어와 역사시간에 중재를 실행한다. 기초선과 중재기간 동안 애바의 진보는 [그림 9-9]에 나와 있다. 애바의 목표 달성 여부를 결정하기 위해서는 그래프상으로 기초선과 중재기간 동안의 경향선을 그리면 알 수 있다(Parker, Tindal, & Stein, 1992). [그림 9-9]에서 볼 수 있듯이, 애바의 경향선은 중재를 통해 개선되었으며, 월말까지 50CWS 목표를 달성할 수 있도록 꾸준히 높아지고 있음을 알 수 있다.

교사 면담 스크립트 샘플

이 중재의 목적은 브레인스토밍 과제를 학생에게 제공하고(the Written Work and Editing Checklist), 학생이 스스로 쓰기 과제를 완성하도록 도움을 주기 위한 것이다.

필요한 재료
쓰기(작문)과제와 쓰기 편집 점검 차트

절차
1. 쓰기 이전 단계 지원
   a. 학생에게 1분 동안 질문을 읽거나 쓰기(작문) 주제에 대해 생각해 보라고 말한다.
   b. 학생에게 두 가지 주요한 아이디어를 써 보라고 한다.
   c. 각각의 주요 아이디어에 대해 적어도 세 가지 세부사항을 써 보라고 촉구한다.
   d. 쓰기(작문) 과제를 완성하기 위해 필요한 내용을 확장시키기 위해 질문을 해도 좋다고 한다.
2. 그 학생에게 자신의 목표(이전의 점수를 깨거나 기준 점수를 제시)를 준다.
3. 쓰기(작문) 시간에 체크리스트를 해 보도록 한다.
4. 쓰기 시간을 제공한다(10~15분).
5. 쓰기 수업이 마무리 될 때 쯤, 올바른 쓰기 순서를 세고 차트에 그 숫자를 적는다.
6. 쓰기를 잘했을 경우에는 칭찬을 하고, 쓰기 점수가 낮을 경우에는 어떻게 하면 점수를 높일 수 있을지 피드백을 제공한다.
7. 목표가 충족되었으면 보상을 준다.

쓰기(작문) 과제 및 쓰기 편집 점검 체크리스트

_____　답변이 필요한 주요 주제에 대해 쓰기

_____　주제에 맞는 세부 내용 세 개 이상을 추가하거나 질문에 답하기

_____　답이나 세부 내용을 쓸 수 없을 때는 교사나 또래에게 도움을 요청하기

_____　마침표를 찍고 난 다음 문장은 대문자로 시작하기

_____　구두점 확인하기

_____　글자를 읽을 수 있도록 썼는지, 자간이 적절한지 확인하기

♟ **[그림 9-8] 애바의 교사를 위한 쓰기 과제와 편집 체크리스트 샘플**

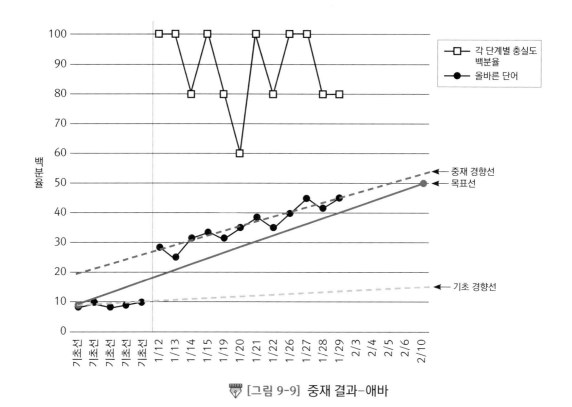

🏆 [그림 9-9] 중재 결과-애바

사례 2: 루카스(Lucas)

루카스는 2학년 학생으로, 수업 중에 자주 반항행동이나 공격적인 행동을 보이는데 특히 자리이탈 행동으로 인해 일반교사에 의해 행동지원팀에 의뢰되었다. 루카스는 자주 다른 학생들이 혼자서 책상에 앉아 과제를 수행할 때 이들에게 이야기하여 친구들이 과제를 완성하는 데 방해를 한다.

루카스는 자신의 과제를 50% 미만으로 완성하는 일이 잦았고, 과제는 읽기 어려운 상태로 제출되었다. 그는 과제를 완료하지 않고, 문제행동을 하여 이로 인한 후속결과로 휴식시간을 갖고 싶어 했다.

지원 의뢰 신청서 양식

날짜: 2014/10/30 　　　　　　　　　　　교사/팀: 테일러

IEP 적용여부: 네, (아니요)(해당 사항에 동그라미)

학생 이름: 루카스 　　　　　　　　　　학년: 2

현재 상황	문제행동	가장 일반적인 결과
하루 종일. 하지만 주요 시간대는 앉아서 과제를 해야 하거나 지시가 주어졌을 때	자리를 벗어나거나 파괴적인 폭발 행동을 보임(예: 비순응적 행동, 스스로 과제를 하지 않음)	지시를 따르도록 촉구하고 순응할 때까지 공격적 행동을 무시함 거의 매일 쉬는 시간을 갖지 못하며 일주일에 한 번씩 교무실로 보내짐

사용해 본 방법은 무엇인가? 그 방법의 효과는 있었는가?

일대일로 주목을 받으면 과제를 더 많이 한다. 지시에 따르면 10개의 스티커를 얻게 되고, 교장실에 가서 상을 받을 수 있다. 이 중재는 별로 효과적이지 못했다. 가끔씩 고의로 과제 이탈행동을 하여 수업을 받으려 하였고, 이런 행동을 하고 난 이후에 스티커를 받았다.

대상 학생을 위한 행동 목표·기대행동은 무엇인가?　거의 지적을 받지 않고(2~3번의 지시 촉구)
자리에 앉아서 연습지를 완성하는 것

문제행동이 발생하는 상황을 변화시키기 위해 사용해 본 방법은 무엇인가?

			기타
＿ 학생 기술 수준에 맞추어 과제 수정	_X_ 자리 배치 조정	＿ 활동 스케줄 수정	
＿ 학생 학업 기술 향상을 위한 개별지도	＿ 교육과정 수정	_X_ 추가 도움 제공	

기대행동을 가르치기 위해 사용해 본 방법은 무엇인가?

			기타
_X_ 문제행동 발생 가능성이 있을 때 기대행동 상기시키기	_X_ 모든 학급을 대상으로 규칙과 기대행동 명료화하기	＿ 학급에서 기대행동 연습하기	
_X_ 기대행동에 대한 보상 프로그램	＿ 대상 학생과 구두 동의 얻기	＿ 자기관리 프로그램	
＿ 행동에 대한 체계적 피드백 제공	＿ 개별 행동 계약서	＿ 학생 또는 부모를 대상으로 한 행동 계약서 만들기	

문제행동에 대한 후속결과는 무엇인가?

			기타
_X_ 특혜 없애기(휴식시간)	_X_ 학생 부모에게 쪽지 보내기 또는 전화통화	_X_ 훈육 지도실에 보내기	
＿ 타임아웃	＿ 방과 후 학교에 남기	_X_ 혼내기	
＿ 학교 상담교사에게 의뢰	＿ 학생 부모와 미팅	＿ 학생 개별 미팅	

[그림 9-10] 지원 의뢰 신청서-루카스

The form itself is adapted from Todd, Horner, Sugai, and Colvin (1999). Copyright 1999 by the National Institute for Direct Instruction, Eugene, Oregon.

기능적 행동평가 인터뷰: 교사/교직원/부모용

학생 이름: 루카스 _____ 나이: 8___ 학년: 2___ 날짜: 2014/11/6___

인터뷰 대상: 하트(일반학급교사)_____

인터뷰 진행자: 엘리스(실행팀 소속)_____

학생 프로필: 학생이 잘하는 것 또는 학교에서 보이는 학생의 강점은 무엇인가? 루카스의 강점은
즐거움에 대한 욕구가 있다. 일대일 관심을 즐긴다.

단계 1A: 교사/교직원/부모 인터뷰

행동에 대해 기술하기

> **문제행동은 어떤 형태로 나타나는가?**
> 수업하는 동안 루카스는 주위를 돌아다니며, 나의 수업 교재를 만지려고 하고, 다른 친구를 괴롭히거나 학급 친구 책상 옆에 서 있는다. 그는 다른 학생들이 과제를 거의 끝낼 때까지 과제를 시작하지 않는다. 그러다가 과제를 끝내는 데 과제가 엉성하면서도 또래의 것을 베껴 완성한다. 그는 앉아 과제를 완성하라고 하면 그것을 거부하거나 소리를 지르거나 울고, 때로는 책상에 머리를 부딪치기도 한다.
>
> **문제행동이 얼마나 자주 발생하는가?**
> 하루 종일이지만, 특히 스스로 과제를 완성하라고 하면 문제행동을 한다. 일주일에 한두 번은 감정 폭발이 있다.
>
> **문제행동이 한 번 발생하면 얼마나 오래 지속되는가?**
> 과제하는 동안 계속
>
> **문제행동이 방해되는 정도와 위험한 정도는?**
> 제가 루카스에게 계속해서 자리에 앉아 과제를 하라고 상기시키지 않고 다른 학생에 집중을 할 수 있었으면 좋겠어요.

선행사건에 대해 기술하기

루틴 파악하기: 언제, 어디서, 누구에게 문제행동이 가장 많이 발생하는가?

스케줄 (시간)	활동	문제행동	문제행동 발생 가능성		문제행동 대상
9:00~9:05	자습	자리에서 이탈	낮음 1 ② 3 4	높음 5 6	
9:05~9:55	수학	자리에서 이탈하여 또래를 괴롭힘, 과제 미완성	1 2 3 4	5 ⑥	또래
10:00~10:50	과학/사회	자리에서 이탈하여 또래를 괴롭힘, 과제 미완성	1 2 3 4	5 ⑥	또래
11:00	점심		① 2 3 4	5 6	
12:00	읽기	자리에서 이탈하여 또래를 괴롭힘, 과제 미완성	1 2 3 4	5 ⑥	또래
1:00	체육		① 2 3 4	5 6	

선행사건(배경사건) 요약하기

어떤 상황이 문제행동을 발생시키는 것으로 보이는가? (어려운 활동, 활동 전환, 구조화된 활동, 소그룹 상황, 교사 지시, 특정 개인 등)

수학, 읽기, 과학, 사회 과목시간에 개별적으로 앉아 과제를 하라고 하면 자리를 이탈함

문제행동이 가장 많이 발생하는 시간은 언제인가? (시간, 요일)

수학과 작문 과제 시간

문제행동이 가장 적게 발생하는 시간은 언제인가? (시간, 요일)

집단으로 과제를 하도록 하면 괜찮음

배경사건: 문제행동을 더 심하게 만드는 상황, 사건, 활동이 있는지? (약을 복용하지 않음, 학업 실패 경험, 가정에서의 갈등, 식사를 놓침, 수면 부족, 또래와의 갈등 경험 등)

학교에서 자주 피곤해 보이며, 교장 선생님과 본인이 가정에서 필요하다면 충족시켜 줄 수 있는 부분이 무엇인지 알아보기 위해 관계 구축을 하려고 노력하였다.

후속결과에 대해 기술하기

문제행동이 발생하면 주로 어떤 일이 일어나는가? (교사의 반응, 또래의 반응, 훈육 지도실로 학생 보내기, 학습활동에서 학생 제외시키기, 교사와 학생 간 주도권 갈등 등)

루카스는 폭발적인 행동을 해서 거의 매주 교무실로 보내진다. 그리고 이틀에 한 번씩 쉬는 시간에 루카스는 과제를 하도록 교무실로 보내지거나 규칙을 어길 때 교무실로 보내진다.

🎖 **[그림 9-11] 기능적 행동평가 인터뷰-루카스**

The form itself is adapted by permission from March et al. (2000). Copyright 2000 by Educational and Community Supports, University of Oregon.

루카스에 대한 기능평가

지원 요청서([그림 9-10] 참조)를 받은 후, 루카스 선생님과의 인터뷰가 수행된다 ([그림 9-11]). 루카스가 의뢰된 이유는 책상에 앉아 과제를 수행하지 않고, 친구들을 방해하는 행동을 하기 때문이다. 루카스의 선생님은 루카스의 행동을 관리하기 위하여 몇 가지 전략을 시도했는데, 특히 해야 하는 기대행동을 알려 주고, 학생과 구두로 합의를 하며, 후속결과를 실행하였다(예: 특권의 상실, 집으로 전화하기, 꾸중하기, 교무실에 보내기 등).

교사와의 인터뷰에서 교과목, 특히 수학, 과학/사회 및 읽기 시간에 책상에 앉아 과제를 하지 않는 경우가 많다(예를 들어, 자리에서 벗어나 친구들과 이야기하기). 루카스는 수업시간에 혼자서 자리에 앉아 과제를 하게 되면 가장 방해행동을 많이 한다.

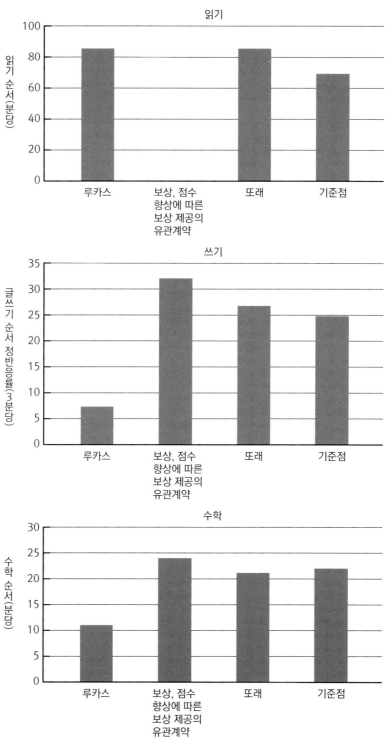

[그림 9-12] 루카스의 CBM 결과

루카스는 수학 시간에 한 번, 읽기 시간에 한 번 관찰되었다. 루카스는 관찰 시간의 50%를 과제에 집중하였고, 방해행동(자리이탈, 친구와 이야기하기, 또래 괴롭히기)은 관찰 시간의 45%였다. 그리고 루카스는 정확하게 과제를 완성하기는 하였지만, 단지 과제의 65%를 완성하였다. 또래와 비교하여 관찰한 결과 또래들은 관찰 시간의 89%를 과제에 집중하였고, 완성된 과제는 평균 90%의 정확성을 보여 주었다. 루카스는 관찰 시간 동안 일반적으로 방해행동을 보여 준 후, 교사로부터 20%, 또래로부터 30%의 관심을 받았다. 이러한 결과는 루카스가 교사와 친구들로부터 관심을 얻기 위해 문제행동을 보여 준다는 가설을 뒷받침한다. 또한 루카스는 과제를 해야 하는 상황에서는 그 과제를 할 수는 있지만, 관심을 얻기 위해 문제행동을 나타내었다.

단계 2A: 검증 가능한 설명 제시

배경사건	선행사건	행동	후속결과
좌석에 앉아서 과제 수행하기	앉아서 조용히 과제를 수행하고, 도움을 청하기 위해서는 조용히 손을 들고 기다리기	1. 자리에서 일어나 또래들과 대화하고, 엉성하게 하거나 과제를 완성하지 못함	교사 촉구: 또래의 과제를 베끼도록 하거나, 또래에게 관심을 주거나, 교무실로 보낸다.
교사가 앉아서 과제를 수행하라고 촉구하기	지시에 따르도록 기대	2. 소리 지르거나 울고, 책을 때리기	교무실로 보낸다.

행동 기능

위에 목록화된 ABC 순서를 바탕으로 생각하는 행동의 발생 이유는 무엇이겠는가? (교사 관심 획득, 또래 관심 획득, 원하는 물건·활동 획득, 원하지 않는 행동으로부터 회피, 요구 상황으로부터 회피, 특정 사람으로부터 회피 등)

1. 과제에 참여하는 동안, 루카스는 스스로 과제를 완성하는 것을 회피하고, 자리에서 일어나 또래들과 이야기 나누고, 다른 학생의 과제를 베끼거나 교사의 책상으로 가는 행동을 함으로써 교사의 비난(관심)과 또래의 관심을 얻고자 하였다.

2. 교사가 앉아서 과제를 하라고 몇 번의 촉구를 하게 되면, 루카스는 소리를 지르면서 과제를 하지 않게 되고, 결국 교무실로 보내진다.

검증 가능한 설명이 정확하다고 생각되는 확신 정도는?

매우 확신			중간			확신하지 못함
6	⑤		4	3	2	1

◈ [그림 9-13] 검증 가능한 설명 제시-루카스

수학, 과학/사회 및 읽기 수업에서의 연습지를 2주간 영구적인 결과물로 검토한 결과, 루카스는 그 시간에 시도한 과제는 정확도가 75%에서 100% 수준으로 완료하였지만, 요구되는 과제의 50% 이상은 거의 완성하지 못했다. 이 분석은 루카스가 과제를 완성할 수 있는 학업 기술은 가지고 있지만, 그렇게 할 수 있을 정도로 오랫동안 자리에 머무를 수 없어 추가적인 지원이 필요함을 보여 준다.

[그림 9-12]에서 볼 수 있듯이, 루카스는 CBM 읽기에서 학년 수준보다 높았지만, CBM 수학과 쓰기에서는 학년 수준의 기준점(Hosp et al., 2007)과 학급의 중앙치보다 낮은 점수였다. 두 번째 수학과 쓰기 CBM 평가에서 점수를 높이면 강화제(예: 교사를 돕거나, 친구와 활동을 하게 해 주는 것)를 얻을 수 있는 기회를 제공하면, 루카스의 점수는 기대되는 기준점 수준으로 향상되었다. 루카스의 과제 집중 행동이 또래에 비해 매우 낮은 수준이었지만, 강화제를 제공함으로써 개선되었다는 점을 고려해 볼 때, 루카스의 교실에서 어려움은 '하지 않을 것이다'라는 수행상의 문제일 가능성이 높다.

행동의 기능을 위한 검증 가능한 가설 개발하기

독립적으로 자리에 앉아 과제를 해야 한다면, 루카스는 과제를 하지 않고 방해행동을 하는데, 이는 결과적으로 낮은 과제 완료율을 초래한다. 읽기와 수학에서 '하지 않을 것이다'라는 가설을 세우고, 효과적인 동기부여 중재를 제공하면 과제 완성도가 높아질 것이라고 가설을 만들었다. 교실 관찰 데이터를 통해 루카스가 교사의 긍정적인 관심을 얻기 위해 과제를 할 수 있을 것이라는 사실을 알 수 있었다. 마지막으로, 교사는 루카스가 과제를 할 능력이 있지만 과제를 하는 그 시간 대부분을 타임아웃되거나, 또래를 괴롭히면서 보내기 때문에 과제를 완성해야 하는 시간 마지막에 가서 과제를 끝내려고 한다. 루카스에 대해 만들어진 검증 가능한 가설은 자리에 앉아 과제를 해야 하는 동안 또래와 교사의 주의를 끌기 위해 착석을 잘하지 않는다는 것이다([그림 9-13] 참조). 요약하면, 루카스의 과제이탈 행동은 교사와 또래의 관심에 의해 강화되는 반면, 과제 완성은 또래와 교사의 관심에 의해 강화되지 않는다는 것이다. 비록 루카스의 친구들과 교사들이 루카스가 방해행동을 할 때마다 주의를 기울이는 것은 아니지만, 문제행동을 유지시키는 한 가지 변인은 간헐적인 강화 스케줄에 의한 정적 관심을 받는 것이다.

루카스를 위한 중재 설계

FBA의 결과에서 개발된 하나의 가설은 루카스의 문제행동인 사회적 관심(교사나 친구들로부터)에 의해 유지된다는 것이다. 루카스는 과제를 완성할 수 있는 학업 기술을 가지고 있기 때문에 중재는 문제행동과 연관된 교사와 또래의 관심을 최소화하고 대신에 과제 완성을 하면 관심을 제공하는 중재를 설계할 수 있다. 루카스는 조용하게 자신의 과제를 완성한 후에 또래와 함께 과제를 할 수 있는 기회를 얻게 될 것이고, 학업적 목표를 충족하게 되면 교사의 칭찬을 받게 된다. [그림 9-14]에 제시된 바와 같이, 중재의 부분으로서 포인트와 로또 시스템(lotto system)이 포함되어 있다. 구체적으로, 루카스는 일정한 시간 동안 '자리에 앉아 과제를 수행하면' 교사의 칭찬과 1포인트를 얻을 수 있고, 과제에서 70% 이상을 완성하면 1점을 얻는 것이다. 루카스는 자신이 획득하게 될 보상을 나타내는 로또 항아리에서 종이를 선택하기 위해 특정 점수를 얻을 것이다. 루카스를 의뢰한 교사와 행동지원팀 구성원들이 함께 학업적 행동과 교실 행동을 점검하게 될 것이다. 구체적으로, 과제에 집중한 행동 퍼센트와 하루에 두 장의 연습장에 정답으로 완성한 과제의 퍼센트를 교사가 평정하여 매일 평가하면서 진보 점검 데이터를 수집하게 될 것이다. 중재 목표는 책상에 앉아 과제를 한 행동이 80% 이상이거나 3주 이내에 올바르게 과제를 완성한 것이 80% 이상으로 결정된다. 마지막으로, 교사는 완성된 과제를 검토하고 교실에서 사용된 중재로서 행동 차트 기록을 통해 중재 충실도를 수집할 것이다([그림 9-15]).

지원 실행 및 행동 변화와 학업적 수행 점검하기

[그림 9-16]의 그래프는 루카스의 교실 수행을 위해 수집된 데이터를 요약한 것이다. 중재 충실도는 교사가 교사의 중재 스크립트에 사용된 단계를 확인하고, 중재가 사용될 때 완성된 과제와 행동 차트를 검토함으로써 평가된다. 애바의 사례 연구에서 설명한 것과 동일한 절차를 사용하여, 기초선 데이터와 목표(과제 집중 행동이 80% 이상이고, 3주 내 올바르게 과제를 완성한 것이 80% 이상)를 연결하는 목표선을 그린다. 과제 정확도 비율에 대한 기초선과 중재 경향선 또한 3주 이내에 목표를 향한 진보를 예측하기 위해 그린다. [그림 9-16]에서 볼 수 있듯이, 중재를 통해 읽기와 수학 숙제를 제공하면 완성된 연습지에 나타난 결과는 중재 전에 독립적으로 자리에 앉아 과제를 완성한 40%의 기초선 점수의 중앙치와 비교하여 80% 이상 향상되었다.

교사 중재 스크립트 샘플

이 중재는 혼자 앉아서 과제를 하는 동안 독립적으로 과제를 완성하고 과제 참여행동을 증가시킬 수 있는 동기부여 보상 제공에 관한 것이다.

필요한 재료
주별 과제 추적 도표와 다른 보상을 나타내는 숫자(1~6)가 있는 로또 항아리

절차
아침과 오후에
1. 학생의 책상 위에 주별 과제 추적 도표를 놓아 둔다.
2. 촉구행동: 학생에게 "'과제 참여행동'이 '거의 항상 그렇다(>80%)'로 평가되면 1점을 받을 수 있어요."라고 말한다. 과제에 집중하는 행동은 (a) 그 자리에 앉아 계속 과제를 하거나, (b) 지시받은 대로 혼자 스스로 과제를 수행하거나 (c) 도움이 필요할 때 조용히 손을 들어올리는 것이다. 또한 70% 이상 정확히 과제를 수행하게 되면 1점을 받게 될 것이다.
3. 목표 말하기: 학생들에게 로또 항아리에서 당첨되려면 몇 점을 받아야 하는지 말해 준다.

혼자 앉아서 과제를 수행하는 동안(각 연습지의 단계를 반복)
4. 시간 제한과 알림을 제공: 학생에게 과제를 완료할 시간과 과제에 집중하고 완성한 것에 대해 몇 점을 얻을 수 있는지 말해 준다.
5. 과제 수행 시간 이후에 학생의 도표에 과제 집중한 시간의 비율과 올바르게 수행한 비율을 추정한다.
6. 포인트를 획득한 경우
   칭찬하고 포인트를 준다. 학생이 목표를 달성했다면, 학생이 받을 보상이 어느 정도인지 조용하게 로또 항아리에서 한 개의 숫자를 선택하도록 한다. 보상을 받을 수 있는 하루 중 가장 좋은 시간대를 결정한다.
7. 포인트를 획득하지 못한다면
   다음 워크시트에서 점수를 얻을 수 있는 방법에 대해 건설적인 피드백을 제공한다.

🏆 [그림 9-14] 루카스의 교사를 위한 쓰기과제와 편집 체크리스트 샘플

	과제 수행			올바르게 과제 수행			전체 점수	선택된 보상 로또 점수
읽기	0% 전혀 그렇지 않다 0점	50% 다소 그렇다 0점	70~100% 매우 그렇다 1점	0% 전혀 그렇지 않다 0점	50% 다소 그렇다 0점	70~100% 매우 그렇다 1점		1 2 3 4
수학	0% 전혀 그렇지 않다 0점	50% 다소 그렇다 0점	70~100% 매우 그렇다 1점	0% 전혀 그렇지 않다 0점	50% 다소 그렇다 0점	70~100% 매우 그렇다 1점		1 2 3 4
역사	0% 전혀 그렇지 않다 0점	50% 다소 그렇다 0점	70~100% 매우 그렇다 1점	0% 전혀 그렇지 않다 0점	50% 다소 그렇다 0점	70~100% 매우 그렇다 1점		1 2 3 4
과학	0% 전혀 그렇지 않다 0점	50% 다소 그렇다 0점	70~100% 매우 그렇다 1점	0% 전혀 그렇지 않다 0점	50% 다소 그렇다 0점	70~100% 매우 그렇다 1점		1 2 3 4

목표: 보상 로또 번호를 고를 수 있는 점수

보상:

1=친구랑 컴퓨터하기, 2=교사 도와주기, 3=친구와 함께 과제하기, 4=친구 도와주기

[그림 9-15] 과제에 집중하고 정확하게 과제를 완성하는 것에 대한 루카스의 추적도

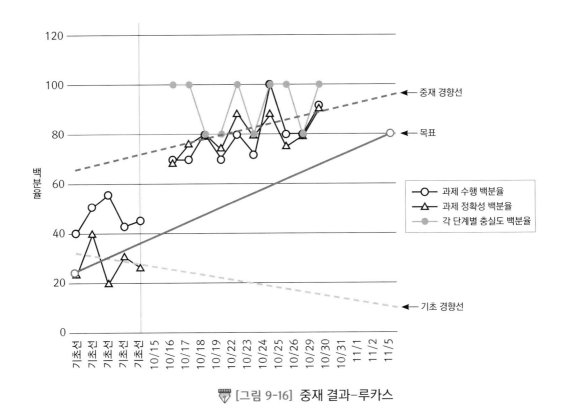

💎 [그림 9-16] 중재 결과-루카스

사례 요약

　이 두 가지 사례는 문제행동과 학업 성과에 대한 정보 수집의 중요성을 보여 준다. 이들 절차는 문제행동이 발생하는 이유와 학업적 행동이 예상한대로 왜 발생하지 않는지에 대한 이유를 설명할 수 있는 검증 가능한 가설을 개발하는 데 사용될 수 있다. 학업적 수업 과제에 적절하게 참여하는 것과 문제행동은 동시에 양립할 수 없는 행동이다.

　그래서 이전에 문제행동을 유지했던 동일한 강화제를 제공하는 학업 과제에서 완성하게 되면 정적 강화제를 제공하는 것이 과제이탈 문제행동을 감소시키는 데 효과적일 수 있다. 동시에 강화를 만들어 내는 과제를 성공적으로 수행할 수 있도록 추가적인 수업 지원을 학생들에게 제공해야 하는 시기를 확인하는 것이 필수적이다.

결론

이 장에서는 학업적 문제행동에 대한 FBA 과정을 개괄적으로 설명하고 그 과정을 보여 주기 위해 사례들을 제공하였다. BEA의 개념이 소개되었고 설명되었다. 학업적 문제행동이 단순히 과제가 너무 어렵거나 아동이 학년 수준을 밑도는 경우에만 발생하는 것이 아니라는 점에 유의해야 한다. 대신에, 학업상의 문제행동은 과제를 바로 해야 하거나 교실에서 수업 전략이 아동의 과제 집중 행동이나 학습을 극대화시키지 못하는 시간까지 보다 폭넓게 정의될 수 있다. 이러한 교실 구성요소는 다양한 교과목 영역이나 심지어는 같은 과목 안에서지만 다양한 주제에 따라 다를 수 있다. 예를 들어, 쓰기 과목 안에서 교육과정이 창의적인 글쓰기 대 설득력 있는 글쓰기라는 내용을 포함할 경우 수업 환경은 다를 수 있다.

FBA 과정은 학교 및 교실 문화와 조화를 이루어야 하고, 교사, 가족, 학생들과 협력하여 실시할 때 가장 효과적이다. 사례는 행동 문제가 수업 환경 내에서 어떻게 존재하는지, 교사가 학생의 행동과 학업 성공을 향상시키기 위해 행동지원팀과 함께 FBA 과정에 어떻게 참여해야 하는지를 설명해 준다.

제10장 취학 전 아동의 기능적 행동평가

들어가며

지금까지 이 책의 초점은 초등학교와 중학교를 중심으로 K-12 교육에 참여하는 학생을 대상으로 한 FBA-BSP에 맞춰져 있었다. 하지만 유아교육에 종사하는 교직원 역시 교실이나 아동보육환경에서 종종 행동문제로 고군분투한다. 이에 이장에서는 문제행동을 완화하고, 적절한 대체행동을 가르치기 위해 FBA-BSP를 영유아(2~5세)에게 어떻게 사용할 수 있을지에 대해 살펴본다. 이 연령 아동들에게 FBA-BSP를 실시할 수 있는 행동 및 환경의 유형과, 2장에서 기술하였던 다층 SWPBS 접근법이 유아교육에서 어떻게 적용될 수 있을지, 특별하게 고려해야 할 점이 무엇인지 등 유아교육에서 FBA-BSP를 위한 적합한 맥락적 논의점 및 사례 관련 연구결과를 살펴볼 것이다.

유아교육에서 FBA-BSP가 적용될 수 있는가

우리는 발달상 일반적으로 유아들이 '문제'행동을 보일 수 있다고 생각한다. 이 연령대 아동들은 종종 충동적이며, 공격적이고, 쉽게 산만해지며, 어른들에게 도전적인 행동을 보인다(Campbell, 1995). 만약 중학생이 이러한 행동을 보인다면

(예: 하나의 활동을 하다가 다른 활동으로 빨리 옮겨 가는 것, 수업 시간이 길어지면 앉아서 수업하기 어려워하는 것, 또래가 연필을 가져갈 경우 우는 것 등) 일상 기능에서 상당히 문제를 일으킬 것이지만, 일반적인 유아에게는 발달적으로 적절한 행동으로 간주한다. 그렇다면 영유아에게 행동평가나 중재를 하는 것이 적절한 것일까? 이 장에서는 이러한 점을 논의해 보고자 한다.

대부분 유아에게 도움을 주는 환경이나 예측 가능한 일과를 제공할 경우, 그리고 일관되며 적절한 후속결과를 제공한다면 일관되게 행동 기대를 따를 수 있을 것이다. 문제행동들은 대개 순간적으로 나타난다. 그러나 몇몇 유아들은 동일 연령대의 또래들에 비해 심각성, 빈도, 지속시간 면에서 유의미한 차이를 보인다. 유아들의 만성적 또는 심각한 문제행동은 본인과 가족들에게 짧게 또는 장기적인 결과에서 부정적인 영향을 나타낼 수 있다. 안타깝게도, 이러한 아동들은 사회적 고립에 처해질 위험이 있다. 그리고 학교에서 적응이나 학업 성취에 어려움을 보일 가능성이 있으며, 부모, 교사, 다른 성인들과의 지속적인 상호작용에 어려움을 나타낼 수 있고, 심지어는 성인이 되었을 때 취업의 어려움을 가질 수 있다(예: Campbell, 1995; Reid, 1993). 취학 전 유아의 약 10∼15%가 지속적으로 문제행동을 보이며 이들은 이후 아동기에도 정서 및 행동 장애로 진단될 위험에 놓인다(Campbell, 1995).

이와 동시에, 이들 유아들을 조기에 발견하여 중재하는 것이 이후 삶에서 문제행동이 미치는 영향을 현저히 줄일 수 있다(Dunlap et al., 2006). 많은 연구가 FBA-BSP가 유아의 문제행동을 가정, 유아교육 장면에서 효율적으로 다룰 수 있는 방법임을 분명히 보여 주고 있다(예: Blair, Fox, & Lentini, 2010; Duda, Clarke, Fox, & Dunlap, 2008). 유아교육분과의 특수아동협의회(the Council for Exceptional Children's Division for Early Childhood: DEC)는 "심각한 문제행동을 보이는 아동을 조기에 식별하는 것은 학업적 성취나 사회적 관계에서 어려움을 보일 가능성을 줄일 수 있도록 효과적인 중재를 제공하는 데 매우 중요하다는 것을 강력하게 지지한다라고 발표하면서(2007, p. 1) 조기 개입의 중요성을 강조하였다. DEC는 가장 최근의 출판물에서 최상의 실제, 즉 "현장의 실무자들은 문제행동을 예방하고 중재하기 위해 기능적 행동평가와 예방 및 실행 전략들을 다양한 환경에서 사용해야 한다."는 점을 더욱 강조하고 있다(2014, p. 10).

다층의 학교 차원 PBS와 유아교육

　기능적 틀에서 보면 다층의 학교 차원 PBS는 꼭 K-12에서뿐만 아니라 유아교육 환경에서도 적용될 수 있다. 다음에 논의되는 목적을 위해서는 유아교육 환경을 가정 기반의 보육이나 다른 소집단 아동보육환경이 아니라 교실이나 센터 기반의 상황으로 제한한다. 이론적으로 SWPBS의 원칙은 센터 기반 환경(예: 대집단, 다양한 교직원, 팀 기반의 협력과 행동전문가 간의 접근성 증대)이 문제행동을 예방하고 중재하는 데 보다 적합하다.

　K-12 교육에서와 유사한 방식으로 행동지원의 계층 전반에 걸친 문제행동에 대한 기능적인 사고와 반응은 유치원에서도 적용할 수 있다. SWPBS의 주요 개념에 기반을 둔 유아교육에서 다층 모델은 Hemmeter 등(The Teaching Pyramid; Hemmeter, Ostrosky, & Fox, 2006)과 Conroy 등(Conroy, Davis, Fox, & Brown, 2002)에 의해 제안되었다. 개념 모델과 이 책의 2장에서 살펴본 모델과 유사하게, 예방 중심의 전략을 통해 긍정적 행동을 촉진하는 행동지원 전략은 모든 교실, 집단, 아동들에게 보편적으로 적용된다. 그다음 단계의 지원에서는 추가 지원이 필요하거나, 사회적 또는 의사소통적 문제의 위험이 있는 것으로 확인된 아동이 표적 중재를 받는다. 마지막 단계에서는 효과적인 보편적이고 표적 집단 지원을 받았음에도 문제행동이 만성적이거나 심각할 경우 FBA-BSP를 통해 보다 집중적이고 개별화된 평가와 중재를 받도록 의뢰된다. 유아교육에 적용된 이러한 모델 전반에 걸친 실행상의 유사한 점과 핵심 개념은 이 장의 마지막 부분에서 더 자세히 다룰 것이다.

단계 1

　유아교육에서 SWPBS 접근 방식의 첫 단계는 아동과 성인 사이의 학습 환경과 일상적 상호작용에 영향을 미치는 변인들을 검토하고 개선하기 시작하는 것이다. 발달상 취학 전 아동들은 활동적이고, 호기심 많고, 충동적이며, 자기중심적이다(Campbell, 1995). 3~5세 사이의 10~20명의 아동으로 이루어진 교실은 활동적이지만 잘 조절된 벌집처럼 느릿느릿 움직일 수 있고, 공격적이거나 부정적인 행동을 하는 친구들 사이에서 매일 혼란과 부정적 상호작용을 자주 경험할 수도 있다. 교실이나 보육센터의 행동 지표는 아동들이나 아동들의 특성을 결합한 것이라기보다 성인 교직원들의 행동관리 능력에 훨씬 더 좌우된다. 이것은 바람직한 것으로 성인 교직원들이 사전에 어떤 부분을 고려하거나, 기대치가 명확하거나, 후속 결과를 일관적으로 제공한다면, 대다수의 아동에게 행복한 일상 및 학습 활동을 제공할 수 있고, 적극적이면서 적절하게 참여하는 유아교육환경을 제공할 수 있다.

K-12에 적용된 단계 1처럼, 교직원들은 아동 행동을 통제하기 위해 3~5개의 긍정적으로 진술된 기대수준을 확인해야 한다(예: '친절하게 행동하기' '능동적인 학습자 되기'). 이러한 기대수준과 그에 상응하는 행동 기대치는 모든 아동에게 하루 동안 각각의 다른 일상 장면에서 역할놀이와 같은 적극적이고 반복적인 교수로 기대수준에 대한 예와 기대치를 함께 가르쳐야 한다. 교사는 일상 장면에서 역할놀이와 같은 적극적인 교수활동으로 기대수준을 충족할 수 있도록 지속적으로 아동을 강화해야 한다. 아동들에게 자신의 행동이 적절하거나 부적절한 것에 대해 명확한 피드백을 제공하게 되면 아동들이 이후 사용해야 하는 행동과 사회적 기술을 배우는 데 도움이 될 것이다. 새로운 아동이 교실이나 보육센터에 등록되면, 교사는 시간을 내서 새로운 아동에게 기대수준을 가르쳐야 한다. 또래들이 신입생을 위해 적절한 행동을 보여 줄 수도 있다. K-12 교실과 마찬가지로, 교실에 있는 모든 아동이 알고 이해할 수 있는 명확하고 기본적인 행동 기대치를 갖고 교사에 의해 강화되는 것은 아동들이 교사가 생각하는 기대치를 잘 몰라서 또는 일관되게 강화받지 못해서 발생되는 문제행동을 많이 감소시킬 것이다.

명확한 행동 기대치를 설정하는 것 외에도, 교직원은 다음과 같은 사항을 준비함으로써 문제행동이 거의 발생하지 않는 학습 환경을 촉진할 수 있다. ① 교실이 어떻게 구성되어야 하는지, ② 아동이 접근할 수 있는 교재·교구의 질, 유형, 이용 가능성, ③ 하루 일과 구성, ④ 발달적으로 적절한 수업 등이 아동의 현재 기술과 잘 어울릴 수 있도록 하는 것 등이다(Conroy et al., 2002).

물리적 환경과 교재교구

잘못 계획된 물리적 환경이나 교재·교구의 접근성은 아동들이 자주 서로 걸려 넘어지고, 교재·교구들을 두고 싸우는 시끄럽고 복잡하게 붐비는 환경을 만들 수 있다. 반면, 잘 계획된 환경은 아동들이 다른 사람들의 물건을 집어 들거나 빼앗을 충동 없이 자신의 프로젝트나 활동에 참여하고 활동할 수 있는 충분한 공간을 제공한다. 이 주제에 대해서는 여러 권의 책과 교육 자료에서 다루어졌다. 특히 몬테소리 유치원 교실은 아동들의 행동 및 학습에 미치는 영향에 대한 물리적 환경, 이용 가능성, 접근성, 교재·교구의 질에 신경을 썼다(예: Lillard, 2007). 물리적 환경을 준비하는 측면에서, 가구는 적절한 크기여야 한다. 아동들이 소음이나 다른 활동에 참여하고 있는 아동들에 의해 방해를 받지 않고 한 가지 활동에 참여할 수 있도록 다른 활동을 위한 공간(조용한 구역, 활동 구역, 연극 활동 등)이 분명히 있어야 한다. 아동들이 화장실이나 방에서 이동할 때 다른 친구의 발을 밟지 않도록 한 영역에서 다른 영역으로 걸어갈 수 있는 명확한 길이 있어야 한다. 또한 아동들은 교사의 관심이 없어도 자신이 필요로 하는 교재·교구를 스스로 얻거나 다 쓰고 난 교구를 보관 장소에 치울 수 있어야 한다(Lillard, 2007). 마지막으로, 교재·교구들은 상태가 좋아야 하고, 아동들이 자신이 원하는 것에 접근하거나 필요로 하는 것을 획득하기 위해 또래들과 서로 맞붙지 않도록 적절한 양이 있어야 한다.

하루 일과 구성

매일 일정한 스케줄이 있는 것은 교실에서의 성공을 보장한다. 이 연령대의 아동은 초등학교 고학년이나 중학생들처럼 오랫동안 성인이 전달하는 학습내용을 가만히 듣고 앉아 있을 수 없다. 유아는 활동적인 학습자이다. 유치원 교실의 일과표는 아동들이 자신의 속도대로 흥미를 발견하고 탐색할 수 있도록 기회를 제공해야 한다(Lillard, 2007). 하루는 활동적인 놀이, 정적인 작업, 식사, 소집단 및 대집단 활동, 휴식시간 등으로 구성되어야 한다. 이와 동시에 교직원들은 하나의 일과가 그다음 일과에 영향을 어떻게 미칠 것인지를 고려해야 한다(Conroy et al., 2002). 예를 들면, 스케줄은 아동들이 매우 활동적인 야외 놀이시간을 보내다가 바로 휴식 시간이나 낮잠 시간에 들어가지 않도록 해야 한다. 이러한 스케줄로 인해 교사와 아동들은 매일 행동 기대치를 맞추기 위해서 서로 마찰을 일으킬 가능성이 크다. 오히려 아동들에게 한 활동에서 그다음 활동으로 쉽게 전이할 수 있도록 하는 스케줄을 만들어 준다면 효과적인 교실 행동관리를 할 수 있을 것이다.

발달적으로 적합한 실제

마지막으로 교사와 보조인력들은 아동을 위한 수업이 발달적으로 적절한 수준인지, 그리고 아동의 현재 나이와 기술 수준에 잘 부합하는지를 고려해야 한다. 만약 수업이 너무 어렵거나 너무 단순하다면 아동들은 산만해지고, 지루해지며, 즐거워하지 않을 수 있으며, 이로 인해 행동 문제를 일으킬 것이다. 만약 이것이 목표에 부합하고 잘 전달된다면 아동들은 수업에 잘 참여할 것이고, 적극적인 학습자가 되는 동시에 행동 문제들도 훨씬 덜 일어날 것이다. 발달적으로 적절한 실제에 대해 정보를 더 얻고 싶으면, 『0~8세의 아동을 발달적으로 적절하게 지원하는 유아 프로그램의 실제(Developmentally Appropriate Practice in Early Childhood Programs Serving Children from Birth through Age 8)』를 참조하기 바란다(Copple & Bredekamp, 2009).

이러한 각 요소(기대수준, 물리적 환경, 교재교구, 수업, 스케줄)는 유아교육의 효과적인 교실 행동관리를 위해 매우 중요하며, 기능적 행동 틀에도 적합하다(Conroy et al., 2002; Hemmeter et al., 2006). 이러한 각각의 요소들이 잘 고려되고 전달된다면 교사의 관심을 끌기 위한 부적절한 문제가 줄어들고, 아동들이 부정적인 상호작용이나 어려운 수업 또는 시끄럽고 혼란스러운 환경을 벗어나기 위해 문제행동을 하는 것도 줄어들 것이다. 오히려 평화롭고, 예측가능하고, 효과적인 학습 환경을 제공함으로써 대다수의 아동은 대부분의 시간에 기대치에 따른 적절한 행동을 할 것이다. 이러한 단계 1의 보편적이고 예방적인 조치는 교직원이나 외부 컨설턴트의 추가적인 행동지원이 필요한 아동의 수를 현격하게 줄일 것이다.

Conroy 등(2002)은 환경 기능평가라고 불리는 체크리스트를 만들었다. 이 도구는 앞서 논의한 각각의 영역을 다루는 일련의 문제들을 제시한 것이다. 유아교육 교직원은 이러한 체크리스트를 사용하여 현재 환경이 얼마나 잘 운영되고 있는지 평가하여 행동 문제가 없이 잘 운영되는 교실을 구축하고 개선할 수 있다.

단계 2

취학 전 아동의 약 10~15%는 동일 연령대의 아동들과는 다른 상당히 까다로운 행동을 계속 보여 줄 것이다(Campbell, 1995). K-12 학생들과 마찬가지로, 이 아동의 대다수는 그룹 수준이나 특정 기술이 부족하여 목표된 중재가 필요할 것이다. 취학 전 아동들의 행동 문제는 대개 필요와 욕구를 효과적으로 전달하지 못하거나 적절한 사회적 행동이나 상호작용을 이해하지 못해 발생하게 된다는 것이다. 그래서 유치원에서 단계 2 수준의 중재는 의사소통 및 사회적 기술에 집중할 것을 제안한다(Conroy et al., 2002; Hemmeter et al., 2006). 『아동을 위한 행동평가 시스템 제2판(the Behavior Assessment System for Children—Second Edition)』(Reynolds & Kamphaus, 2004)이나 행동전문가에게 익숙한 신뢰롭고 타당한 평가 도구를 이용하여 의사소통이나 사회적 기술에 문제가 있는 아동을 선별해야 한다. 이 연령대에서는 선별 도구가 일반적으로 부모나 교사들의 보고에 의해 이루어진다.

　의사소통, 사회적 또는 행동적 기술에 결함이 있는 이들 아동들은 특정 기술이 부족한지를 식별하기 위해 더 많은 심층적인 평가를 받을 수 있다. 또한 아동에 대한 특정 관심 분야를 다루는 목표 중재가 실행될 수 있다(예: 기능적 의사소통 훈련이나 사회적 기술 놀이 집단). Hemmeter 등은 이 중재 단계에서 구현할 수 있는 많은 증거기반의 중재를 제시하고 있다(Hemmeter et al., 2006). 아동의 진보를 정기적으로 점검하고, 목표에 도달할 때까지 필요한 경우 중재를 유지하거나 조정해야 한다.

　또한 교사와 부모들은 아동이 성인이나 또래의 관심을 받기 위해 문제행동을 한다고 가정할 수도 있다. 이 경우는 아동이 2장에서 간략하게 기술하였던 CICO 중재에 적합한 대상자일 수 있다. Crone 등(2010)을 참조하면, 취학 전 연령 집단에서 CICO를 어떻게 수정하여 사용할 수 있을지를 자세히 설명하고 있다. 유아교육 장면에서 CICO를 실행하는 방법에 대해 더 많은 정보를 얻고자 한다면 이 문헌을 참고하기 바란다.

단계 3

　일부 취학 전 아동들은 단계 1이나 단계 2 수준의 행동지원에서 반응하지 않을 수 있다. 또는 이들의 행동은 같은 연령대의 또래들과 현저히 다를 수 있어서 보다 추가적인 개별 행동지원을 필요로 할 수 있다. 이 아동들은 정서행동장애로 발달할 수 있는 위험군이거나 부정적인 삶의 결과를 경험할 위험에 처해 있을지도 모른다. 이 아동들은 FBA—BSP로 도움을 받을 수 있는 대상이다. 따라서 이 장의 나머지 부분에서는 유아교육 장면에서 아동들에게 적용할 수 있는 FBA-BSP를 자세하게 다룰 것이다.

유아의 문제행동

첫째, 유아교육에서 FBA-BSP의 초점이 될 가능성이 있는 문제행동 유형에 대해 논의하고, 2~5세 아동의 전형적으로, 발달상 나타날 수 있는 정상행동과 비교하여 문제행동이 구별되는지를 살펴본다. 이러한 행동을 구별할 때 유아와 함께 많은 시간을 보냈거나 함께 일했던 사람은 누구나 일반적으로 나타나는 유아의 행동이 도전적일 수 있다는 것을 알고 있다. 이 나이의 아동들은 이제 막 함께 나누는 법을 배우기 시작한다. 두 명의 세 살짜리 아동들이 선호하는 장난감을 놓고 실랑이를 벌이거나, "내 거야!" 또는 "애가 내 것을 가져갔어요."와 같은 분노에 찬 말을 듣는 것은 흔한 일이다. 어른들에게는 유아가 정서적으로 과잉 반응하는 것으로 보일 수 있다. 성질을 부리고 눈물을 흘리는 것도 흔한 일이다.

부모나 교사가 한 아이의 행동이 일반적인 유아의 행동을 초과하는지, 그리고 개별화된 평가와 중재가 필요한 것인지를 어떻게 판단해야 할까? 한 아동이 보편적 PBS의 1단계가 구축된 환경에 속해 있고, 단계 2 수준의 목표 중재를 받았지만 만성적 또는 심각한 문제행동을 보일 경우 FBA-BSP에 시간과 노력을 투자해야 할 가능성이 높다. 문제행동은 불복종, 잦은 파괴적 행동, 또래나 성인에 대한 공격, 참여 거부에서 자해에 이르기까지 다양할 수 있다. 지나친 수줍음, 또래나 어른들로부터 고립, 혹은 선택적 함묵증 등과 같은 내면화된 행동들도 문헌에서는 관심을 덜 받았지만, 아동들과 성인들의 삶에서 문제가 된다.

수많은 연구자가 유아에게 FBA 기반 BSP가 문제행동을 줄이고, 대안적인 대체행동을 가르치는지를 살펴보기 위해 단일대상연구를 실시하였다(예: Blair et al., 2010; Duda et al., 2008; Nahgahgwon, Umbreit, Liaupsin, & Turton, 2010; Nielsen & Mcevoy, 2004). 이러한 연구에는 경미한 행동에서부터 중간 정도의 문제행동이 포함되었지만, 이들 행동은 표적 아동과 유치원 친구들의 학습에 지장을 줄 정도로 빈번하게 발생했다. 이러한 행동에는 차례를 지키지 않고 말을 하거나, 소리를 지르거나, 어른의 지시에 따르지 않고, 자리에서 일어나 목적 없이 교실을 걸어 다니고, 자해를 하고, 교실 물건을 망치고, 다른 아동을 만지거나 괴롭히는 행동을 하고, 바닥에 누워 울거나 비명을 지르고, 다른 친구를 때리고, 긁고, 깨물기도 하고, 다른 사람에게서 물건을 빼앗아 가서 소리 지르고, 밀고, 잡아당기는 등 다양하다.

심각한 행동을 하거나 자해행동을 하는 아동들의 경우에는 심리학자나 다른 자격을 갖춘 전문가를 통하여 아동, 가족, 교직원, 교실의 다른 아동들의 안전을 보장할 수 있어야 한다. 심각한 사건을 관리하기 위한 위기 대책도 마련되어야만 한다. 일단 아동의 가장 위험하거나 심각한 문제행동에 대응하기 위해 경고 단계가 취해지면, 아동의 문제행동을 더 잘 이해하고, 중재하고, 개선하기 위한 수단으로서 아동의 전반적인 중재 계획의 일부분으로 FBA-BSP가 사용될 수 있다.

일부 아동은 이미 조기에 발달적 또는 정서적 어려움이 있는 것으로 진단받았거나, 단계 1이나 단계 2의 지원이 이미 제공된 것과 관계없이 FBA-BSP가 필요할 정도로 또래와는 다른 문제행동이 있을 수 있다고 진단될 수 있다. FBA-BSP는 정서 또는 행동 장애를 가진 것으로 이미 진단되거나 위험에 놓여 있는 아동들(2세 아동)(예: Nahgahgwon et al., 2010; Stage et al., 2006), 언어발달 지체나 전반적 발달장애 아동(Blair et al., 2010), 그리고 표현 언어에 지연이 있는 아동(Duda et al., 2008)에게 실시되었다. 이러한 아동들 중에서 많은 아동이 이미 진단을 받았으며, 특수교육 서비스 대상자였다. FBA-BSP는 이 유아들에게 제공할 수 있는(제공해야만 하는) 중재의 한 측면이다.

유아의 문제행동 기능

문제행동은 유아에게 어떤 기능을 제공하는가? 대부분의 경우 이러한 행동은 아이들에게서 논의되었던 것과 동일한 기능을 제공한다. 유아의 도전적인 행동은 (또래나 어른으로부터) 관심을 얻고, 원하는 어떤 것을 얻고, 감각 자극을 얻고, 원치 않는 관심을 피하고, 어려운 과제를 회피하거나 감각 자극을 회피하는 기능을 제공한다(Nielsen & Mcevoy, 2004). 관심이나 선호하는 물건을 얻기 위함이나, 어려운 과제나 관심을 회피하기 위한 기능들은 흔히 부모나 유아교육 장면에서 교직원들이 이해하기 쉬운 것이다. 다른 아동이 함께 가지고 놀고 있던 교구를 가지고 간다면 큰 소리로 울 수도 있으며, 일정표를 이해하지 못했거나 즐기지 못한다면 공격적인 행동을 할 수도 있다. 한편, 감각 자극을 획득하거나 회피하는 기능은 잘 이해하지 못할 수도 있다. 감각 자극을 얻기 위한 행동의 한 예는 낮잠 자는 시간에 흥얼거리는 소리를 내는 것이다. 이 행동은 선생님의 관심이라는 후속결과를 가져오지 않는다. 이 예에서, 아동이 마음을 진정시키는 것이라 생각하기 때문에 교사는 관심을 기울이지 않는다. 하지만 이 행동은 주변에 쉬려고 하는 친구에게 문제가 되기 때문에 문제행동이라 볼 수 있다. 감각자극을 회피하는 한 예는 교실의 소음 수준이 너무 커지고 지나친 청각 자극에 압도당하기 시작할 때 스스로 몸을 흔들어 대는 아동을 들 수 있다. 이럴 경우 아동은 주변의 소음을 흡수하고 과도한 자극을 줄이기 위한 수단으로 머리를 흔들거나 콧노래를 할 수도 있다.

철저한 FBA를 통하여 문제행동의 불확실한 기능에 대한 가설을 감각 자극의 획득 또는 회피라는 행동의 기능으로 연결할 수 있다(Shore & Iwata, 1999). 감각 자극 행동은 몸을 흔드는 것, 손을 흔드는 것, 자해행동 등을 포함하며, 자폐스펙트럼장애 아동에게서 볼 수 있다. 감각 자극은 어떤 종류의 사회적 강화제의 의해서도 매개되지 않기 때문에 종종 자동적 강화(automatic reinforcement)라고도 불린다(Shore & Iwata, 1999).

나이가 많은 아동들과 마찬가지로, 어떤 행동들은 여러 가지 기능을 제공할 수 있다. 예를 들면, 한 아동이 정육면체를 이용하여 자신의 발길이를 측정해야 하는데 이를 힘들어할 수 있다. 이럴 경우 좌절하고, 정육면체를 집어던질 수 있으며, 바닥을 발로 찰 수도 있고, 울어 버릴 수도 있다. 교사는 아동을 달래고, 오늘 이 측정과제를 꼭 다하지 않아도 된다고 달랠 수도 있다. 이 경우에, 그 아이는 교사로부터 관심을 얻었고, 과제를 회피할 수 있었다. 이것은 다음 번 학급 활동을 할 때에도 과제를 수행할 수 있는 기술이 부족할 경우 유사한 행동이 반복될 수 있음을 의미하기도 한다.

일반적인 유아교육 장면에서 유아교육 전문가들이 FBA-BSP를 실행할 수 있을까

문헌에는 학교 기반의 교직원들이 FBA-BSP를 효과적이면서 충실하게 실행할 수 있는 필수 자원과 기술을 보유하고 있는지에 대한 논란이 있다(Fox & Davis, 2005). 적절한 훈련과 지도 없이, 이를 수행하는 것은 매우 어렵고, 팀들은 개별 학생의 검증 가능한 가설에 대해 충분히 심사숙고해서 중재를 선택하기보다 가장 친숙하거나 표준화된 선택들 중에서 사용할 수 있는 중재를 선택할 가능성이 높다(Scott, Liaupsin, et al., 2005; Van Acker et al., 2005). 이와 동시에, 다른 연구들은 적절한 훈련과 지도를 제공하여 학교 기반의 팀들과 개인들이 매우 효과적으로 FBA를 사용할 수 있다(Loman & Horner, 2014; Strickland-Cohen & Horner, in press; 8장의 전문을 참조)고 보고하기도 했다.

유치원 및 보육센터와 같은 유아교육에 종사하는 교직원은 일반적으로 K-12의 자격증이 있는 교사들보다 사후 교육을 덜 받는다. 대부분의 K-12의 교직자들에게는 학사학위와 자격증을 요구하는 반면, 유치원에서 가르치거나 많은 아동을 보육하는 센터의 교직원에게는 필요한 사후 교육이 덜 요구된다. 그 대신에 위생, 물리적 환경, 안전 및 아동 대 성인 비율과 같은 규제 문제에 더 초점을 맞추고 있다. 이러한 이유로 인해 일부에서는 유아교육 전문가들이 FBA-BSP 과정에 성공적으로 참여하고 기여할 수 있을지에 대해서 의문을 제기한다.

이 책의 목적 중 하나는 학교 기반의 교직원들이 FBA-BSP 절차와 과정에 좀 더 쉽게 접근하고 이해할 수 있도록 하는 것이었고, 이 목표는 유아교육에 종사하는 교직원들에게도 적용되어야 한다. 유아교육 전문가들과 가족구성원들이 평가 과정에 매우 유용한 기여를 하는 경우가 많다. 이들은 아이들을 잘 알고 있고, 마음속으로 아이들의 최상의 흥미가 무엇인지 잘 알고 있다. 그리고 아동의 이익뿐만 아니라 그 아동의 파괴적이고 공격적인 행동 때문에 영향을 받는 부모, 형제, 교사, 교실의 모든 구성원을 위한 것이어야 한다. 그러나 BSP 전략을 실행하는 것은 더 어렵다. 유아교육 전문가와 가족구성원에게는 행동전문가로부터 지속적인 지원 또는 지도가 필요하다(Blair et al., 2010).

이 문제는 경험적으로 다루어져 왔다. Wood 등(Wood, Blair, & Ferro, 2009)은

1990년에서 2007년 사이에 수행된 7세 이하 아동들을 대상으로 한 FBA 기반 중재를 검토하였다. 이 연구에서는 가족구성원과 교직원이 평가와 중재 과정에 어느 정도 관여했는지, 그리고 FBA–BSP가 수행된 일과표와 환경 유형에 대해 보고하였다. 대다수의 연구(57%)는 보통의 일과를 수행하는 일반적인 환경(반대는 클리닉이나 유사한 환경)에서 수행되었다. 부모는 연구의 거의 절반에 가까운 비율로 참가하였던 반면, 교사(37%)나 보육센터 교직원(9%)의 참여는 비교적 적었다. 추가로 가족구성원이나 지원자들의 참여는 11%였다. 행동적 중재의 측면에서도 가족구성원이 연구의 37%를 차지하였던 반면, 교사나 다른 보육센터 교직원들은 각각 37%, 9% 정도만 참가하였다.

Blair 등(2010)에 의하면 유아교육 전문가는 다양한 환경, 일과, 또는 교사에 대해 새로운 행동관리 기술을 일반화할 수 있을 뿐만 아니라 시간이 흘러도 행동 변화를 유지시킬 수 있다고 하였다. 즉, 지속적으로 행동의 변화를 유지할 수 있다는 것을 보여 주었다. 이 연구는 또한 제안된 전략적 선택에 대해 자신의 신념과 태도뿐만 아니라, 선행사건, 행동, 후속결과와 관련한 교사들의 현재 기술을 이해하는 것이 중요하다고 강조하였다.

만약 교직원이나 가족구성원들이 필수 기술이 부족하다면, 훈련과 지원을 받아야 할 것이다. 만약 근본적으로 특정 전략(예: 떼쓰는 행동을 무시하거나 적절한 행동에 대하여 보상을 제공하기)을 동의하지 않는다면, 이 전략을 실행하지 않게 될 것이다.

따라서 모두에게 적합하고 실현 가능한 현실적인 BSP를 개발하기 위해서는 컨설팅 스태프와 교사, 부모 사이의 신뢰할 수 있고 협력적인 관계를 발전시키는 것이 중요하다.

유아교육에서 FBA는 무엇과 같은가

이 책 전반에 걸쳐 설명하고 있는 FBA의 절차는 초등학생 그 이상의 아동에게 적용하는 것인데, 대부분의 경우 유아에게도 실행 가능하다(예: Blair et al., 2010; Conroy et al., 2002; Duda et al., 2008; Nielsen & Mcevoy, 2004 참조). 즉, FBA는 부모나 주 양육자, 수석교사나 보육교사와 같은 핵심 성인과의 인터뷰와 문제행동이 가장 많이 발생할 수 있는 다양한 일과나 환경에서의 관찰이 포함되어 이루어진다. 하지만 초등학교나 중등학교와 달리 유아를 대상으로 면담하기에 너무 어리다. 성인의 관찰이나 인터뷰를 통해 수집한 것은 다음과 같이 정리한다. ① 아동의 문제행동의 조작적 정의를 한다(측정 가능하고 관찰 가능한 정의로), ② 문제행동을 유발하는 배경사건이나 선행 조건을 확인한다, ③ 문제행동에 따른 후속결과를 확인한다. 이런 과정을 통해 아동의 문제행동이 가지는 기능을 확인하기 위해 검증 가능한 가설을 개발한다. 중재 전략은 배경사건, 선행사건, 후속결과를 바꾸기 위해 제안되는 것일 뿐만 아니라 표적 문제행동과 같은 동일한 기능을 가진 대안적 행동을 가르치기 위한 것이다. 중재전략은 아동의 생활에서 핵심 성인들, 즉 부모, 조부모, 교사, 양육자 등에 의해 실행될 수 있다. 이를 통해 행동지원계획의 영향과 실행을 모니터링하고, 필요에 따라 수정을 하여 효과를 높이거나 선택된 중재가 환경과 조화롭게 이루어지도록 한다. 이 책 전반에 걸쳐 사용하고 있는 양식을 약간 수정하거나 거의 동일한 것을 사용하여 3세 6개월 된 아동에게 FBA를 적용한 사례를 제공할 것이다(pp. 259-261 참조).

평가와 중재 두 가지 모두에서 고려되어야 할 필수적인 집단의 독특성은 무엇인가

유아를 대상으로 한 FBA-BSP에는 특별히 강조할 가치가 몇 가지 있다. 이러한 가치 요소는 FBA-BSP를 더 나이 많은 아동에게 적용하는 것도 중요하지만, 발달단계에 있는 유아들에게 FBA-BSP를 성공적으로 적용하는 것이 특히 더 중요하다. ① 평가와 중재 과정에 가족의 의미 있는 참여(Harrower, 1999; Nielsen & Mcevoy, 2004), ② 다양한 환경(예: 보육원, 가정, 유치원)과 일과(예: 목욕시간, 가정에서 식사시간, 유치원에서 대집단 및 소집단 활동시간) 속에서 문제행동을 나타내는 것(Nielsen & Mcevoy, 2004), ③ BSP와 이를 실행하는 개인의 기술, 자원, 신념 사이에 상황적으로 적합성을 보장하는 것(Harrower, 1999), ④ 그 지역의 팀 접근이 실제 선택적 대안인지 아니면 FBA-BSP 지원과 전문가가 외부자원[예: 지역 학교 지구 내에서 조기중재(EI)나 조기 특수교육(ECSE) 서비스]으로부터 와야 하는 것인지 고려하기 등이 중요하다.

부모 참여

유아를 대상으로 FBA-BSP를 실행할 경우 임상가는 평가를 하거나, 중재를 계획하고, FBA-BSP를 실행하고 평가 및 수정하는 과정에 의식적으로 책임감을 가져야 한다(Harrower, 1999; Nielsen & Mcevoy, 2004). 유아교육은 가족의 주요 역할, 즉 "가족, 서비스 제공자, 각 가족이 가지는 독특한 강점, 관심사, 책임감 등을 완전히 이해하는 가족, 서비스 제공자, 양육자 등과 협력관계를 가져야 함을 강조하고 있다. 또한 문제행동을 예방하고, 치료하며 적절한 행동을 지원하기 위한 중재를 설계하고 실행하는 데 가족들이 완전히 인식하고 있는 것이 중요하다"(DEC, 2007, p. 1).

가족구성원은 교직원이나 행동 상담가들이 알지 못할 것으로 예상되는 아동의 발달과 행동에 대해 중요한 생육사 관련 정보를 가지고 있다. 특히 가족구성원은 문제행동을 유발하는 배경사건과 선행사건에 대해 핵심 정보를 확인할 수 있도록 도움을 줄 수 있다. 예를 들어, 가정에 손님이 찾아왔을 때 아동이 더 공격적 행동을 보일 수 있다거나, 아동이 아침을 먹지 않고 학교에 가게 될 경우, 아침 일과 중 공격적인 행동을 보일 수 있음을 말해 줄 수 있다. Harrower(1999)는 가족은 배경사건이나 선행 조건을 인식하는 데는 매우 능숙하기 때문에 공개적으로 화를 내거나 성질을 낼 수 있는 상황을 피하려고 한다고 지적한다. 예를 들어, 어떤 가정은 아이 두 명에게 각각 장난감을 사 주어 서로 가지고 노는 순서로 싸우지 않게 하는 반면, 이들 가족은 아이가 2시간의 낮잠을 자고 완전히 쉬고 나면 식료품 가게에 갈 수 있다.

잦은 공격적 행동이나 부적절한 행동을 보이는 아동의 가족은 특히 행동 컨설턴트와 함께 이러한 문제를 논의하는 것에 민감해할 수 있다. 가족들은 처음에 많은 정보를 공유하는 것에 불편함을 느낄 수 있으므로 자문가나 행동지원팀 구성원은 가족으로부터 정보를 얻기 위해 인내심과 지지하는 마음이 필요하다. 가족은 자녀의 문제 때문에 비난받는다고 느끼기 쉽기 때문에 FBA-BSP를 이끄는 사람이 문제가 있는 파트너라고 느끼는 가족과 신뢰할 수 있는 협력관계를 맺어야 한다 (Harrower, 1999).

다양한 환경과 일과

유아는 일상적인 일과에서 몇 가지 뚜렷이 구분되는 환경을 경험하게 된다. 예를 들면, 가정, 보육원이나 유치원, 가족과 함께하거나 다른 보육자와 함께 하는 방과 후 센터 등에서 지내게 된다. 각 환경은 서로 다른 규칙, 기대, 일과와 성인이 있을 수 있다. 이러한 일상적인 변화에 적응하는 것은 행동, 사회, 의사소통 능력이 부족한 유아들에게 더욱 어려운 일이 될 수 있다. 이 아동은 각각의 환경에 대한 행동 기대수준을 이해하고 배우는 데 도움이 필요할 것이다(Nielsen & Mcevoy, 2004). 모든 아동의 주요 환경(예: 잘 정의된 BSP를 통해)에서 기대수준을 일관적으로 제공해 준다면 아동이 매일 가정에서 유치원으로 가고, 다시 유치원에서 방과 후 센터로 가게 될 때 적절한 행동을 잘 이해하고 보여 줄 수 있는 능력을 쉽게 지니게 될 것이다.

FBA-BSP는 아동의 자연적인 환경(인위적인 환경과 반대)을 위해 개발되어야 하고 실행되어야 한다. 유아를 대상으로 FBA-BSP를 실행한 연구를 검토해 보면, Wood 등(2009)은 FBA-BSP가 성공적으로 적용된 여러 환경과 일과에 주목했다. 환경은 주로 교실, 보육실, 가정, 치료실 등이다. 그리고 일과는 대집단 활동, 책상에서 하는 과제활동, 센터놀이, 자유놀이, 전이시간, 낮잠시간, 식사시간, 취침시간 등이었다. 다양한 환경에서 행동지원전략을 동시에 시행함으로써, 아동은 새로운 기술을 연습하고, 이러한 기술을 새로운 일과에 일반화시킬 수 있는 기회를 가지게 될 것이다.

Harrower(1999)는 이러한 다양한 환경과 일과에 아동의 행동을 이해하기 위해서는 행동지원 전문가들이 그 아동의 문제행동을 다양한 환경과 때로는 불필요한 건전한 활동 시간(예: 취침시간이나 가게 들르기 등)에 관찰하고 평가할 수 있어야 한다고 강조하였다. 또한 BSP는 문제행동이 발생하는 상황과 배경사건에 따른 후속결과와 함께하는 성인의 태도와 신념을 고려하여 개발되어야 한다. 이와 관련된 논의는 다음에 다룰 것이다.

상황적 적합성 고려

Albin 등(1996)은 상황(context)의 개념을 행동지원계획의 구체적인 특징과 구성요소 간에 존재하는 일치성 또는 호환성, 그리고 개인과 환경에 관련한 다양한 변인으로 정의하였다. 여기서 다양한 변인이란 세 가지 그룹으로 나뉜다. ① 계획을 설계하는 사람의 특성, ② 계획을 실행할 사람들과 관련된 변인, ③ 계획이 실행될 환경과 시스템의 특징 등이다. '올바르게' 상황적 적합성(context fit)을 설정하는 것은 모든 BSP의 성공에 매우 중요하지만, 특히 여러 가지 이유로 유아교육 환경과 관련이 있다. K-12 환경보다는 교실과 개인의 행동을 관리하기 위해 전문가의 준비와 기술의 다양성이 더 클 수 있다. 즉, FBA-BSP에 대한 경험을 가진 팀이 없을 수 있고, BSP는 다양한 환경에서의 문제행동을 제시해야 하며, 평가와 중재과정에서 가족구성원의 유의미한 참여가 중요하다.

BSP의 성공 여부는 교사, 부모와 다른 핵심 성인들이 전략을 일관되게 실행하고, 계획을 충실하게 실행하는 데 달려 있다. 대부분의 BSP 전략은 성인의 행동을 변화시키도록 한다. 예를 들면, 아동에게 보충수업을 제공한다거나, 아동이 문제행동을 보일 때 일상적으로 제공되던 후속결과를 바꾸거나, 문제행동을 야기한 일과나 환경을 변화시키는 등이다. 계획을 실행할 성인들은 기꺼이 그렇게 해야만 하고, 성취해야 하는 결과는 노력의 가치가 있는 것이라고 믿어야 한다. 만약 그렇지 않다면, BSP 전략을 수행하기 위해 시간과 에너지를 투자할 동기가 거의 없을 것이다. 또한 BSP는 교직원과 가족구성원의 자원과 기술이 일치해야 한다 (예: Blair et al., 2010; Duda et al., 2008; Harrower, 1999).

성인은 처음에는 BSP에 포함된 전략을 시행하기를 꺼려하거나 마지못해 저항할 수 있는데, 이는 시간이나 노력이 많이 소요되는 전략이기 때문이다. 예를 들어, 아동에게 적절한 시간 동안 주의집중하는 대체행동을 가르치기 위해서는 성인의 긍정적인 관심을 제공하는 방법도 필요하다. 대안적으로, 성인은 아동의 잘못된 행동이 수업이나 기대를 수정함으로써 해결될 수 있는 문제라는 것을 이해하지 못할 수 있다. 예를 들어, 한 유아가 매일 아침 유치원의 작은 테이블에 앉아 다른 친구와 함께 모양을 자르는 활동을 하는 것이 기대행동일 수 있지만, 필요한 소근육 기술이 부족할 수도 있다. 이 아동은 좌절감의 표현으로 바닥에 교구를 던질 수도 있고, 울 수도 있으며, 친구의 물건을 뺏을 수도 있다. 일단 교실의 교직원이 아동의 문제행동에 대한 이유를 이해하게 되면, 그 행동을 감소시킬 수 있는 제안된 전략을 따르게 될 것이다.

이와 동시에 교직원들은 중재가 처음에는 시간집약적이고 효과적일 수 있음을 알아야 하고, 하지만 그 아동이 대체행동을 배우기 시작하면 계획의 실행이 더 쉬워질 것이다. 일정 기간 동안 성공적으로 실행을 한 이후에는 계획을 수정하여 매일의 일과나 교실 환경 내에서 좀 더 쉽게 적용할 수 있다. 교직원과 가족구성원이 초기 실행의 어려운 시기를 기꺼이 헤쳐 나갈 수 있는지가 중요하다. 가족과 교직원은 최소한 처음에 문제행동이 계속해서 일어날 것이라는 점을 미리 알아야 한다. 어떤 경우에는 일정기간 동안 더 심해질 수도 있다. BSP는 진행 중인 문제행동에 대응하기 위한 계획을 포함하여, 성인의 비의도적인 후속결과를 통해 문제행동을 강화하지 않도록 문제행동에 대한 대응 계획을 BSP에 포함해야 한다.

Blair 등(2010)은 상황에 적합한 BSP를 개발하기 위해 광범위한 노력을 기울이고 있는 훌륭한 예를 보여 주었다. 개발 단계에서는 효과적이고 호환 가능한 BSP 전략을 협력하여 선택하기 위해 여러 번의 장기적인 브레인스토밍 과정을 가졌다. 이러한 노력의 결과로, 교사들은 초기 계획을 시행할 수 있었을 뿐만 아니라, 전략을 새로운 환경으로 일반화하기도 했다. 그리고 다른 교직원(예: 보조교사)도 새로운 교실에서 이러한 전략을 실행할 수 있었다.

팀 구조

유치원과 보육환경에서 이용할 수 있는 행정적 구조와 자원은 대개 일반적인 K-12 교육과는 다르다. K-12에서는 행동지원팀에 바로 접근할 수 있지만, 유아교육 장면이나 보육 환경에서는 행동지원에 대한 확립된 팀 접근 방식이 불가능할 수 있다. 환경에 따라 K-12 건물에 수용되는 교실은 한두 개 정도이지만 학교에서 자율적으로 운영되는 경우도 있거나, 교사 한두 명이 10~15명의 아동을 지원해야 하는 작은 보육 환경이 있을 수 있다. 이런 상황에서, 지속적으로 확립된 팀 구조가 어떻게 이용 가능하게 될지 상상하기 어렵다. 물론 교직원이 많은 대규모의 보육시설이나 유치원도 있지만 이러한 배치는 비정형적이고 행동관리에 대한 교육이 부족할 가능성이 있다. 그리고 많은 유아교육 환경은 그 지역의 K-12 지역교육청의 지원을 받지 않으며, K-12 동료들에게 제공될 수 있는 연수나 교육을 받지 못할 수도 있다.

이러한 상황에서 유아교육 전문가는 FBA-BSP를 어떻게 수행해야 하는가? 첫째, 강력한 단계 1시스템을 갖춰야 한다. 이것은 행동지원 요구가 있는 아동의 수를 크게 줄일 수 있으며, 단계 2나 3의 지원이 필요한 아동에게 집중할 수 있는 시간을 확보할 수 있다. 유아교육 환경은 단계 2와 3에서 지원을 위해 외부 자원에 의존해야만 할 것이다. 「연방법」(IDEIA, 2004)에서는 발달지체나 자폐증, 정서장애 등의 특정 장애를 가진 3세 정도의 유아는 특수교육 서비스를 받을 수 있도록 규정하고 있다. 이러한 서비스들은 대개 그 지역의 학교에서 실행된다. 또한 많은 주들은 0~3세 대상 아동을 위한 조기개입 서비스를 합법화하고 있다. 지역학교는 행동전문가를 계약하고 있다. 그래서 그 출발점으로 가족이나 유아교육 환경에서 지역의 학교지구로부터 특별한 서비스를 찾아볼 것을 권고한다. 헤드스타트 교실은 추가 지원이나 자원에 이용할 수 있다.

유아교육에서 FBA-BSP '팀'은 K-12 교육에서보다 개별화될 가능성이 더 있다. 판별된 개별 학생들을 위해 새로운 협력팀이 구성되어 질 수 있다. 이 팀은 행동전문가, 아동의 가족(주 양육자는 필수이며, 부모, 조부모, 베이비시터 등), 아동을 가르치는 사람이나 보육하는 교직원, 아동의 삶에서 다른 핵심적인 성인으로 구성된다. 예를 들어, 만약 아동이 물리치료사나 언어치료사와 같은 외부 서비스를 받는다면, 이들을 포함시키는 것이 좋을 것이다. 만약 아동이 관련된 문제로 정기적으로 소아과 의사를 만난다면, 적어도 소아과 의사에게 제공 가능한 많은 도움을 요청해야 한다. 만약 아동이 어떤 종류의 약물이든 매일 복용한다면 이것도 특히 중요하다. 행동전문가는 평가 및 결과 보고서, 모든 주요 이해 당사자와의 협력을 위한 계획을 개발, 모든 환경 및 성인에 대한 계획의 실행에 대한 조정, 모니터링 등을 수행하는 데 있어 주도적인 역할을 해야 한다.

이제 우리는 취학 전 아동을 대상으로 FBA-BSP 과정을 보여 주는 사례를 살펴볼 것이다. 이것은 가상으로 만들어진 것이지만, 이 사례는 유아교육 환경에서 FBA-BSP를 실행하는 동안 일어날 일반적인 문제행동, 자원 및 절차를 구성해 놓은 것이다.

사례

　레나는 3~4세의 아동들이 있는 헤드스타트(headstart) 교실에 소속된 3.5세 아동이다. 이 학급에는 18명의 아동과 수석교사 및 수업 보조교사, 학급관리 보조교사가 각 1명씩 있다. 학급의 아동 중 6명은 스페인어를 모국어로 사용하면서 영어를 사용할 수 있다. 보조교사들은 주로 스페인어를 사용한다. 담임교사 그린은 영어만 사용한다. 레나는 영어만 사용한다. 올해는 레나가 할머니 댁에서 처음으로 유치원에 온 해이다.

　엄마가 세 자녀를 둔 싱글맘이었기 때문에 낮에는 일을 해야 해서 유치원에 입소하기 전에는 할머니 집에서 양육되었다. 오전 유치원 수업이 끝나고 나면 여전히 할머니 집에서 지내게 된다. 레나는 다른 아동들이 알고 있는 많은 기초 기술을 알지 못한다. 예를 들어, 레나는 모양, 색, 숫자를 인식하거나 말하지 못한다. 아직 자신의 이름을 알지 못하고, 자신의 이름을 따라 쓰는 것도 못한다. 선생님이 학급 친구들에게 책을 읽어 줄 때 가만히 앉아 있는 것을 힘들어한다. 레나의 선생님들은 이 아동을 '끊임 없이 움직이는 아이'라고 묘사한다. 이 아동은 자주 일어나며, 교실을 걸어 다니고, 다른 친구의 물건을 빼앗는다. 다른 아이들이 선생님께 이에 대해 항의하면, 레나는 친구를 때리거나 머리카락을 잡아당길 수도 있다. 레나는 교사의 지지를 자주 따르지 않으며, 특히 보조교사 중의 한 명이 지시를 하면 더 따르지 않는다. 이 아동은 교사나 보조교사의 요구를 무시하고, 교구를 가지고 계속해서 놀지 않으며, 자주 일어나서 돌아다니는 행동을 한다. 때로는 예기치 않게 소리를 지르기도 할 것이다. 이러한 일들은 대집단 활동이나 선택 시간에 자주 발생하며, 3~4개의 사전에 계획된 학습활동(일반적으로 모양, 색깔, 숫자 등을 익히는 활동) 중의 하나를 하라고 요구하면 발생한다. 레나는 4주 동안 단계 2의 CICO 프로그램을 받았지만, 문제행동 발생을 줄이는 데는 효과적이지 못했다.

환경

　이 사례에서 헤드스타트 교실은 9개의 서로 다른 교실의 약 169명 아동들이 수용되어 있는 큰 센터의 일부이다. 게다가 센터는 같은 나라의 다른 두 개의 현대식 센터와 동일한 관리하에 운영된다. 따라서 이 특별한 유치원 프로그램은 행정가 혼자 개인적으로 운영하는 단설유치원이나 보육원에서는 다루지 못할 행동문제에 관한 전문성을 가진다. 이 경우, 행동지원 전문가가 3개 센터 모두에 자문과 지원을 제공한다. 이외에도, 헤드스타트 교실일 경우 가정 변호사(family advocate)가 센터에 고용되어 센터와 가족 사이를 연결하는 일을 한다. 이러한 가정 변호사는 가정과 학교에서 민감한 행동문제를 끄집어내기 쉽도록 학년 과정 동안 가족들과 협력적인 라포를 형성한다.

이 헤드스타트 센터는 3년째 SWPBS를 실행하고 있다. 이 학교는 세 가지 규칙(친절하기, 적극적으로 배우기, 안전하게 지내기)이 있다. 교사와 보조교사들은 교실에서 아동들에게 기대행동을 가르치도록 훈련받는다. 각 학년 시작 첫 주의 초점은 주로 일과를 설정하고 기대행동을 가르치는 데 맞춰지고 있다. 또한 2단계 중재에서, 유치원 CICO는 추가적인 행동지원이 필요한 아동들에게 제공된다. CICO는 교사의 관심을 획득하기 위한 기능뿐만 아니라 다른 기능에 의해 발생하는 문제행동을 줄이는 데 효과적이다(Hawken, O'Neill, & Macleod, 2011).

기능적 행동평가

지원 요구

헤드스타트 센터의 FBA-BSP는 수석교사인 그린 선생님의 지원을 받아 시작되었다. 이 사례에서 볼 수 있는 것보다 더 작은 환경에서는 개별 행동지원이 요구되는 형식적인 절차가 없을 수 있다. 이 경우, 유아교육의 교직원들이 어떤 자원(예: 행동전문가 또는 행정가)이 자신에게 도움이 될지를 결정하고 도움을 구하는 것의 시점을 결정해야 한다. 많은 경우에, 가장 접근하기 쉬운 지원은 조기중재나 유아특수교육 서비스 형태의 그 지역 학교 지구에서 제공하는 것이다. 경우에 따라서는 유아교육 환경보다 가족이 조기중재/유아특수교육 제공자와 접촉을 먼저 시작해야 할 것이다. 일단 서비스가 요청되고 그 아동이 서비스를 받을 자격이 있는 것으로 간주되면, 유아교육 환경은 FBA와 BSP를 완성하기 위하여 조기중재/유아특수교육 제공자나 다른 행동전문가(예: 일부 헤드스타트 센터는 계약서에 관해

행동적 자문을 해 줄 수 있다)와 협력할 수 있다.

[그림 10-1]은 레나를 위한 지원 요청 양식이다. 이 양식은 초, 중등 학생들의 것을 이 연령대에 좀 더 적합하도록 이 책의 앞에서 제시한 형식에서 약간 수정한 것이다. 일반적으로, 각 센터는 자신의 지원 요청 양식을 만들 것이기 때문에 책에서 보여 주는 양식은 하나의 예시이다.

지원 요청 양식에서 레나의 행동을 "가만히 앉아 있지 못하고, 끊임없이 교실을 돌아다니며, 지시사항을 잘 듣지 않고, 갑자기 소리를 지르며 다른 친구들에게 공격적인 문제행동을 보이며, 그 행동은 대집단 활동, 선택 시간, 이야기 시간에 가장 자주 발생한다"고 설명하고 있다. 이러한 행동은 위험하다고 간주되지는 않지만, 상당히 공격적이며, 동일 연령대의 또래가 공격하는 것을 막는 데 다소 도움이 된다. 지금까지 이런 행동을 바꾸려는 교사의 노력은 대부분 레나의 자리 배치를 바꾸고, 레나와 학급 전체에 대한 기대행동을 서로 나누고, 레나의 할머니(주 양육자)를 만나서 문제행동에 대해 이야기를 나누는 것이다. 레나는 4주 동안 CICO 프로그램에 배치되었지만, 문제행동에 실질적인 도움을 받지 못했다. 이러한 초기 정보를 바탕으로(잘 구축된 단계 1, 2 지원 시스템에도 불구하고 또래와 다른 행동을 하는 사실에 기반을 두어), 헤드스타트 센터의 행동지원 전문가인 테브스는 FBA-BSP가 적절하다고 결정하고, 그린 선생님을 면담하기 시작한다.

지원 의뢰 신청서

날짜: 2014/10/14   교사/팀: 그런

IEP 적용여부: 네, (아니요)(해당 사항에 동그라미)

학생 이름: 레나   학년: 3세 PreK 교실

현재 상황	문제행동	가장 일반적인 결과
대집단 활동 선택 시간(3~4개의 사전에 계획된 학습 활동 중에 선택해야 함) 가끔 식사시간	가만히 앉아 있지 못하고, 교실 주위를 계속 돌아다니면서, 지시를 듣지 않고, 비명을 지른다. 예기치 않게 다른 아이들에게 공격적이다(손바닥으로 때리기, 밀어내기, 머리카락 잡아당기기)	활동에서 제외됨. 학급의 다른 학생들로부터 다른 카펫 자리에 앉아 달라고 요구받음. '진정될' 때까지 보조교사와 문 밖에 앉혀짐

사용해 본 방법은 무엇인가? 그 방법의 효과는 있었는가?

처음에 우리는 그것을 무시하려고 하였지만 레나는 점점 더 수업 방해행동을 했어요. 우리는 보통 레나를 활동에서 빼거나 진정하고, 그 그룹에 다시 합류할 준비기회를 주기 위해 레나를 활동에서 배제하였어요. 레나가 돌아올 때쯤이면 우리는 종종 다른 활동으로 바꾸었어요.

대상 학생을 위한 행동 목표·기대행동은 무엇인가? 저는 레나가 다른 아이들처럼 가만히 앉아서

지시 사항을 들을 수 있었으면 합니다. 그리고 저는 레나가 다른 누군가에게 공격적으로 대하거나

짜증을 내지 않고, 다른 아이들이 하는 행동들을 하면 좋겠어요.

문제행동이 발생하는 상황을 변화시키기 위해 사용해 본 방법은 무엇인가?

		기타
___ 학생 기술 수준에 맞추어 과제 수정	_X_ 자리 배치 조정	___ 활동 스케줄 수정	가끔씩 보조교사가 밖으로 레나를 데리고 나가서 에너지를 소비하도록 함
___ 학생 학업 기술 향상을 위한 개별지도	___ 교육과정 수정 _X_ 체크-인/체크-아웃	___ 추가 도움 제공	

기대행동을 가르치기 위해 사용해 본 방법은 무엇인가?

			기타
_X_ 문제행동 발생 가능성이 있을 때 기대행동 상기시키기	_X_ 모든 학급을 대상으로 규칙과 기대행동 명료화하기	___ 학급에서 기대행동 연습하기	
___ 기대행동에 대한 보상 프로그램	___ 대상 학생으로부터 구두 동의 얻기	___ 자기관리 프로그램	
_X_ 행동에 대한 체계적 피드백 제공	___ 개별 행동 계약서	_X_ 학생 또는 부모를 대상으로 한 행동 계약서 만들기	

문제행동에 대한 후속결과는 무엇인가?

			기타
___ 특혜 없애기	_X_ 학생 부모에게 쪽지 보내기 또는 전화통화	_X_ 훈육 지도실에 보내기	
_X_ 타임아웃	_X_ 방과 후 학교에 남기	_X_ 혼내기	
___ 학교 상담교사에게 의뢰	___ 학생 부모와 미팅	_X_ 학생 개별 미팅	

🏵 [그림 10-1] 지원 의뢰 신청서-레나

기능적 행동평가 인터뷰: 교사/교직원/부모용

학생 이름: 레나 _____   나이: 3.5 학년: 3세 PreK 날짜: 2014/10/16

인터뷰 대상: 그린(담임교사) _____

인터뷰 진행자: 데브스(행동 자문가) _____

학생 프로필: 학생이 잘하는 것 또는 학교에서 보이는 학생의 강점은 무엇인가? 레나는 에너지가 넘치고 열정적이다. 밖에서 노는 것을 좋아하고, 그 연령대 아동이 보이는 대근육 기술 사용이 매우 뛰어나다. 레나의 가족은 매일 제시간에 학교에 데려다준다. 레나의 할머니(주 양육자)는 학교 교직원이 제안하는 사항을 받아들이고, 이들과 함께 협력하는 것에 개방적이다(어머니는 장시간 일을 하시기 때문에 함께 협력하기가 쉽지 않다).

단계 1A: 교사/교직원/부모 인터뷰

행동에 대해 기술하기

문제행동은 어떤 형태로 나타나는가?

레나는 지시를 잘 듣지 않는다. 가만히 움직이지 않아야 할 때 매우 활동적으로 움직인다. 다른 친구들을 때리거나 밀친다. 가끔씩 소리를 지른다.

문제행동이 얼마나 자주 발생하는가?

매일. 하루에 몇 번씩

문제행동이 한 번 발생하면 얼마나 오래 지속되는가?

때리기, 밀기, 소리지르기는 잠시 동안 나타난다. 단지 몇 초간이지만 이러한 행동을 하고 난 이후에는 영향이 크다. 성인이 지시를 따르라고 요구하면 그 지시를 듣지 않는다. 일어나서 방을 돌아다니는 행동은 때리고 미는 행동보다 좀 더 오랫동안 지속되고, 자기 자리로 돌아오지만 몇 분이 지나지 않아 다시 일어난다.

문제행동이 방해되는 정도와 위험한 정도는?

위험한 것은 아니지만, 학급에선 매우 공격적인 행동이다. 소리 지르고, 때리고, 밀치는 행동은 다른 아이들을 화나게 한다.

선행사건에 대해 기술하기

파악하기: 언제, 어디서, 누구에게 문제행동이 가장 많이 발생하는가?

스케줄 (시간)	활동	문제행동	문제행동 발생 가능성						문제행동 대상
			낮음					높음	
8:30~8:45	아이들이 교실에 들어오는 동안의 자유놀이	다른아이를 밀거나 손으로 움켜잡기	1	2	③	4	5	6	옆에 아이가 누구든지 있을 때
8:45~9:05	아침식사	일반적으로 문제없음	1	②	3	4	5	6	
9:05~9:20	양치질, 순번을 기다리는 동안 따라 노래하기	일반적으로 문제없음	1	②	3	4	5	6	
9:20~9:45	대집단 활동	동그란 원을 떠나거나, 지시를 따르지 않거나, 다른 친구 밀기, 머리카락 잡아당기기	1	2	3	4	⑤	6	옆에 아이가 누구든지 있을 때, 성인은 무시

(계속)

9:45~10:15	선택시간(학습활동)	테이블을 떠나 다른 아이들에게 공격적으로 대하며, 가끔씩 소리 지르고 지시를 따르지 않음	1 2 3 4 5 ⑥	옆에 아이나 성인 누구든지 있을 경우, 특히 보조교사
10:15~10:45	외부놀이	문제행동 없음	① 2 3 4 5 6	
10:45~11:00	이야기 시간(대집단)	이야기 시간과 대집단 활동의 자리를 벗어나고, 지시를 따르지 않으며, 다른 친구를 밀거나 머리카락을 잡아당김	1 2 3 ④ 5 6	옆에 아이나 성인 누구든지 있을 경우, 특히 보조교사
11:00~11:30	휴식시간	자기자리를 벗어나 주위를 돌아다님	1 2 3 ④ 5 6	옆에 아이가 누구든지 있을 때
11:30~12:00	부모님이 데리러 올 때까지 자유놀이	다른 아동을 밀거나 교재를 뒤로 숨김	1 2 ③ 4 5 6	옆에 아이가 누구든지 있을 때

선행사건(배경사건) 요약하기

어떤 상황이 문제행동을 발생시키는 것으로 보이는가? (어려운 활동, 활동 전환, 구조화된 활동, 소그룹 상황, 교사 지시, 특정 개인 등)

가장 문제가 되는 상황은, 대집단이나 이야기 시간, 학습활동이 포함되는 선택 놀이 활동 시간과 같이, 조용히 작업을 해야 하거나 수업 내용을 학습해야 할 경우이다. 만일 교사가 레나에게 가만히 앉아 있으라고 지시하면서, 소집단 활동이나 대집단 활동을 하라고 하면, 문제행동이 발생할 가능성이 높다. 보조교사 한 명(주로 스페인어를 구사하는)이 레나에게 지시를 하면 이러한 행동은 더 심하게 나타난다. 레나는 이 보조교사의 말을 잘 이해하지 못할 수 있다.

문제행동이 가장 많이 발생하는 시간은 언제인가? (시간, 요일)

언제든, 하지만 월요일과 금요일이 가장 문제가 많다. 대집단 활동과 선택 시간에 가장 문제행동을 많이 보인다. 레나는 다른 친구들이 가지고 있는 기술이나 지식이 많이 가지고 있지 못한 것 같다. 예를 들면, 숫자, 모양, 색깔 등에 대한 것을 모른다.

문제행동이 가장 적게 발생하는 시간은 언제인가? (시간, 요일)

화요일부터 목요일까지는 전날보다 다소 적게 나타난다. 야외활동을 하는 동안에는 전혀 문제행동이 없다. 아침시간과 양치하는 시간에도 거의 문제행동을 보이지 않는다.

배경사건: 문제행동을 더 심하게 만드는 상황, 사건, 활동이 있는지? (약을 복용하지 않음, 학업 실패 경험, 가정에서의 갈등, 식사를 놓침, 수면 부족, 또래와의 갈등 경험 등)

면담에서 아무것도 언급하지 않음

후속결과에 대해 기술하기

문제행동이 발생하면 주로 어떤 일이 일어나는가? (교사의 반응, 또래의 반응, 훈육 지도실로 학생 보내기, 학습활동에서 학생 제외시키기, 교사와 학생 간 주도권 갈등 등)

만약 레나가 친구를 치거나 때리거나 미는 행동을 하면, 즉시 그 그룹에서 제외된다. 레나는 대개 의자에 앉거나(계속 자리에 앉아 있는다면), 아니면 보조교사와 감정을 차분하게 하기 위해 밖에 나간다. 만약 소리를 지르는 행동을 하면, 성인이 무슨 일이 있는지 가서 보고, 레나와 이야기를 나누고, 진정시키기 위해 노력한다. 만약 진정되지 않으면, 흥분을 가라앉히고 돌아올 때까지 그룹을 떠날 수 있다. 만약 레나가 지시를

(계속)

따르지 않는다면, 성인이 활동을 할 수 없다고 경고를 주고, 해야 할 일을 하고 계속 수업을 진행한다. 종종 레나는 성인들이 그 자리를 떠나면 활동을 멈춘다. 이것은 아이들이 블록이나 찰흙 등을 가지고 노는 것보다 크레용/연필/가위를 사용하는 과제를 할 때 더욱 많이 발생한다.

------ 인터뷰 종료------

단계 2A: 검증 가능한 설명 제시

배경사건	선행사건	행동	후속결과
월요일(덜 구조화된 주말에서 바로 돌아온 요일)이나 금요일(긴 일주일을 지내는 동안 피곤해져 있음)	레나에게 소근육 기술이나 계속 자리에 앉아 듣기 행동을 요구할 때, 아니면 '학업적인' 어떤 것을 하라고 할 때(색깔, 모양, 숫자 등)	1. 레나는 지시를 따르지 않거나, 일어나 교실을 돌아다님	그 행동을 보더라도 바로 경고를 하지 않음. 경고를 하게 되면 간단하게 수업을 진행하고, 레나를 참여시키지 않고 혼자 둠
월요일(덜 구조화된 주말에서 바로 돌아온 요일)이나 금요일(긴 일주일을 지내는 동안 피곤해져 있음)	레나에게 소근육 기술이나 계속 자리에 앉아 수업 듣기를 요구할 때, 아니면 '학업적인' 어떤 것(색깔, 모양, 숫자 등)을 잘하는 아이들 옆에 앉아 이 활동을 하라고 할 때	2. 레나는 다른 아이들에게서 무엇인가를 가져오고, 때리고 밀고 소리를 지름 (짧지만 큰 소리로)	활동에서 제외되고, 의자에 앉으라고 함(가만히 앉아 있지 않음). 또는 보조교사와 함께 밖으로 나가 감정을 진정시킴

행동 기능

위에 목록화된 ABC 순서를 바탕으로 생각하는 행동의 발생 이유는 무엇이겠는가? (교사 관심 획득, 또래 관심 획득, 원하는 물건·활동 획득, 원하지 않는 행동으로부터 회피, 요구 상황으로부터 회피, 특정 사람으로부터 회피 등)

1. 레나는 자신이 해야 할 일을 이해하지 못하거나 어려운 과제를 해야 하면 회피하기 위하여 문제행동을 보인다.

2. 레나는 어려운 과제를 회피하거나 그 상황에서 벗어나기 위한 방법으로 또래들에게 공격적인 행동을 한다.

검증 가능한 설명이 정확하다고 생각되는 확신 정도는?

매우 확신			중간			확신하지 못함
6	⑤	4		3	2	1

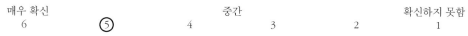 **[그림 10-2] 기능적 행동평가 인터뷰-레나**

The form itself is adapted by permission from March et al. (2000). Copyright 2000 by Educational and Community Supports, University of Oregon.

면담

[그림 10-2]는 그린 선생님과의 면담결과이다. 면담은 20~30분 정도 걸린다. 면담을 시작할 때는 아동이나 가족이 환경에서의 보이는 강점 몇 가지를 확인하면서 시작하는 것이 중요하다.

이러한 강점은 BSP 계획과정의 후반부에 활용할 수 있다. 그린 선생님은 대근육 놀이에서 레나의 열정과 기술 수준이 중요한 강점이라고 한다. 또한 아동의 할머니가 기꺼이 협력하려는 마음이 중요한 강점이라고 언급한다. 면담하는 동안, 테브스는 레나의 문제행동에 관하여 더 자세한 정보를 얻는다. 테브스는 '학업적' 활동을 하는 동안 가장 빈번하게 문제행동이 발생한다고 지적한다. 그리고 교사는 또래 친구들이 숫자, 모양, 색깔에 관한 기초적인 지식과 기술을 가지는 반면, 레나는 그렇지 못하다고 지적한다. 교사는 문제행동을 하게 되면 다양한 후속결과를 제공하는데, 대부분이 레나가 싫어하는 과제를 회피할 수 있게 해 준다. 예를 들면, 행동을 무시하거나, 아무런 도움 없이 기대수준에 도달해야 함을 알려 주거나, 다른 곳에 앉거나 보조인력과 밖에 나가도록 하여 활동을 하지 않아도 되게 하는 것 등이다. 이러한 후속결과들은 레나의 문제행동을 일시적으로 줄이지만, 대부분 문제행동을 분명하게 강화한다. 테브스는 두 가지 검증 가능한 가설을 개발하면서 각각 다음과 같은 기능을 가진다고 하였다.

1. 레나는 어려운 과제를 회피하고자 문제행동을 하거나 자신이 무엇을 해야 하는지 이해하지 못할 때 문제행동을 한다.
2. 레나는 하고 싶지 않은 과제에서 벗어나기 위해 문제행동을 하고, 그 상황에서 벗어나는 확실한 방법으로 또래에게 공격을 한다.

테브스는 그린 선생님의 대답을 제대로 이해했는지, 그리고 자신이 요약한 것에 교사가 동의하는 정도를 평가하기 위해 서로 요약과 가설을 공유한다. 그린 선생님은 적극 동의하고 있고, 그래서 두 사람은 검증 가능한 가설에 대해 1~6점 평정 척도에서 5점을 주었다.

며칠 후, 테브스는 레나의 할머니인 로빈스 부인과 면담을 준비한다. 레나의 어머니는 장시간 일을 하기 때문에, 참석하고 싶어 함에도 불구하고 참석할 수가 없다. 레나 주변 성인들 중에서, 할머니는 레나와 가장 많은 시간을 보내며, 유치원 밖의 활동은 할머니와 거의 같이하기 때문에 면담의 가장 중요한 정보 제공자이다. 레나의 가족과 함께 일하기 위해 배정된 헤드스타트 가정 변호사(family advocate)는 인터뷰에 참석을 하는데, 이것은 할머니가 면담과정을 좀 더 편안하게 느낄 수 있도록 하기 위한 것이다. 이들은 할머니 집에서 만나고, 면담을 시작하기 전에, 테브스는 할머니에 대해 알아 가면서 FBA 면담 목적과 과정을 설명한다. 이 경우, 테브스는 레나 선생님이 사용한 것보다 덜 형식적인 프로토콜을 사용한다. 본질적으로, 문제행동, 배경사건, 선행사건, 후속결과, 기능을 확인하기 위해 고안된 일련의 질문을 하게 되고, 특별한 표준화된 프로토콜은 없다. 형식과 질문은 [그림 10-3]에 제시되어 있다.

　면담에서 할머니는 손녀에게 또래 아동이 하는 수준의 일을 도와 달라고 하지 않는다면 손녀는 힘들어하지 않는다고 한다. 할머니는 손녀가 식사를 하거나, 목욕을 하거나, 심부름을 하거나 TV를 시청하거나, 밖에서 놀 때와 같은 일상적인 일과를 하는 동안에는 문제행동은 일어나지 않는다고 말한다. 아마도 요즈음에는 정말로 행동에 관련된 문제가 없거나, 할머니가 테브스에게 많은 정보를 공유하는 것을 불편해할 수도 있다. 테브스는 할머니에게 이후에도 방문을 하거나 면담할 때 구체적인 생활 습관에 대해 물을 수 있다. 그러면서 두 사람은 할머니가 말한 문제행동에 대한 선행사건 조건에 초점을 맞출 수 있다. 할머니는 손녀에게 또래들이 하는 장난감 치우기, 접시를 테이블 위에 올려놓는 일을 도와주기 등을 요구한다면 손녀가 자신을 무시할 것이라고 말한다. 즉, 손녀는 가구를 발로 차거나, 크게 소리를 지르거나, 바닥에 누워서 손과 발로 바닥을 두드릴 것이다. 할머니는 손녀가 멀리 도망을 가면 따라 잡을 수 없어서, (손녀가 길거리로 뛰쳐나가는 행동이 아니라면) 이러한 행동을 무시한다. 어떤 경우는 손녀가 더 나쁜 행동을 하는 것이 싫어서 할머니가 더 이상 요구를 하지 않는다. 또 어떤 경우는 손녀가 좀 더 차분해 보일 경우 과제를 완성하도록 요구하지만 항상 할머니가 함께해 주어야 한다. 즉, 손녀가 장난감을 집어들거나 테이블 위에 접시를 놓기 위해서는 '서로 손을 맞잡고' 옮겨야 한다. 그리고 할머니는 손녀의 알레르기가 심할 경우나 전날 밤에 잠을 충분히 자지 못한 날에는 행동이 더 나쁘다고 말한다. 할머니의 대답을 통해 테브스는 가정과 학교에서 레나의 문제행동들 사이에 몇 가지 놀라운

유사점을 발견하였다. 첫째, 다른 3세 아동들의 행동에 비해 강도와 빈도에서 크게 다르다는 점이다(거의 모든 3세 정도의 아동들은 어느 시점에서 짜증을 내기는 하지만, 레나가 보여 준 정도의 만성적인 부분과 공격적인 부분은 다르다). 둘째, 가정과 학교에서의 행동은 발생하는 지점이 비슷하다. 즉, 행동들이 유사한 선행사건(성인들이 레나가 생각할 때 가치 없는 과제를 수행하도록 요구하는 것)에 의해 촉발되는 듯하다.

후속결과는 두 환경 전반에 걸쳐 역시 비슷하다. 즉, 두 상황에서 성인들은 레나에게 지시를 따르거나 과제를 수행할 것을 요구하기보다 수용하거나 무시하는 것이 더 낫다고 여긴다. 두 상황에서, 레나는 본질적으로 자신이 싫어하는 일(과제하기, 조용히 과제하기, 집안일 돕기)을 하는 것에서 벗어나기 위한 가장 효과적인 전략은 자신이 원하는 것을 얻기 전까지 떼를 쓰는 것이라는 것을 근본적으로 배웠다.

가족구성원과 면담

학생 이름: 레나   날짜: 2014/10/21

인터뷰 대상 및 관계: 로빈스 여사(할머니)

인터뷰 진행자: 테브스

1. 어떤 문제행동을 우려하고 있습니까?

레나가 하고 싶어 하지 않는 일을 시키면 말을 듣지 않아요. 레나가 나에게서 도망가고, 나는 레나를 잡을 만큼 충분히 빠르지도 못해요. 레나가 거리로 달려 나갈 것 같아 걱정이에요. 레나는 "나는 하고 싶지 않아."라고 소리를 질러요. 내가 레나에게 내 말을 듣도록 계속 요구하면, 행동은 더욱 나빠질 거예요. 레나는 가구를 발로 차거나 바닥에 누워서 두 손을 바닥에 부딪치기도 하고, 바닥에 앉아 큰 소리로 울 거예요.

2. 문제가 가장 적게 발생할 때와, 가장 많이 발생할 때는 언제입니까?

레나는 알레르기가 있어. 꽃가루가 많으면 힘들어해요. 레나의 엄마가 전날 밤 늦게까지 일을 해야 하고, 늦게까지 데리러 오지 않으면 레나는 충분히 잠을 자지 못해요. 그러면 그다음날 더 힘들어해요.

레나는 뒤뜰에서 놀고 싶어 하는데, 같이 놀 다른 아이가 있거나, 제가 밖에서 레나가 그네 타거나 뛰어 다니는 것을 보면 아주 괜찮아요. 또 좋아하는 TV프로그램을 보는 것도 괜찮아 하지만, 만약 장난감을 집어 달라고 하거나 식탁 차리는 것을 도와 달라고 하면 정말 화를 내고 짜증을 내기 시작해요.

(계속)

3. 아이가 이런 문제행동을 보이면 할머니께서는 보통 어떻게 반응하십니까?

글쎄요. 처음에는 레나가 달아나면 잡으려고 하는데, 제가 빨리 달릴 수가 없어서 그냥 앉아서 기다리고 있거나 레나가 이전에 하던 일을 다시 하게 해 줘요. 레나에게 정리를 하거나 식탁 차리는 것을 도와 달라고 하면 짜증을 내기 시작하고, 그러면 저는 계속해서 레나에게 제가 기대하는 바를 반복해서 말해요. 가끔은 레나를 같이 장난감을 치우거나 식탁을 차리면서 설득해 보려고 해요. 그리고 가끔은 정리하지 않으면 더 이상 밖에서 놀 수 없을 거라고 말해요. 그것이 레나가 내 말을 좀 더 잘 들어주는 유일한 방법인 것 같아요.

4. 아이가 문제행동을 통해 무엇을 얻을 수 있다고 생각합니까?

제 생각에는 레나가 하고 싶지 않은 것에서 벗어날 수 있다고 생각하고, 이렇게 행동함으로써 하기 싫은 일을 안 해도 된다고 생각하는 것 같아요.

검증 가능한 설명 제시

배경사건	선행사건	행동	후속결과
꽃가루가 많거나 잠이 부족해서 몸이 아프거나 피곤함	할머니는 손녀에게 정리하거나 식탁 차리는 것을 도와 달라고 부탁한다.	1. 레나는 할머니가 통제할 수 있는 범위를 넘어, 도와주는 것을 거부하고, 의자를 발로 차고 마루에 누워 짜증을 내거나 크게 운다.	할머니는 행동을 무시하거나, 손녀가 경청하도록 잠시 노력하지만, 일반적으로는 결국 포기하고 혼자서 그 일을 한다. 가끔씩 일을 돕도록 하기 위해 손녀의 손을 잡아 하도록 시키기도 한다.

행동 기능

위에 목록화된 ABC 순서를 바탕으로 생각하는 행동의 발생 이유는 무엇이겠는가? (교사 관심 획득, 또래 관심 획득, 원하는 물건·활동 획득, 원하지 않는 행동으로부터 회피, 요구 상황으로부터 회피, 특정 사람으로부터 회피 등)

1. 레나의 할머니가 손녀의 나이에 맞는 집안일을 도와 달라고 하면, 레나는 계속해서 TV를 보여 달라거나 밖에서 놀겠다고 하며, 그 일을 회피하기 위해서 도망가거나, 소리 지르며 흥분하거나, 도움을 거절한다.

검증 가능한 설명에 대한 신뢰도 평가

검증 가능한 설명이 정확하다고 생각되는 확신 정도는?

매우 확신			중간		확신하지 못함
6	⑤	4	3	2	1

💎 [그림 10-3] 레나 할머니와의 면담

관찰

그 주 후반에 테브스는 그린 선생님 교실에서 관찰하는 계획을 세우고 있다. 오전 수업을 관찰할 수 있어서 오전 전부를 관찰하도록 계획을 세우고 있는데, 이는 문제행동이 언제 일어날지, 또 언제 일어나지 않는지를 관찰하는 것에 도움이 되기 때문이다. 테브스는 일반적인 ABC 관찰을 통해 문제행동이 발생할 때마다 관련된 선행사건과 후속결과에 대한 많은 정보를 수집한다. 또한 모든 문제행동에 대한 기본적인 빈도를 측정한다. 마지막으로, 같은 시간대에 다른 아동들도 비슷한 행동을 하는지를 주목한다. 레나의 문제행동에 대한 조작적 정의와 관찰된 ABC 표의 일부가 [그림 10-4]에 제시되어 있다. [그림 10-5]에는 매일 문제행동의 발생 횟수를 각 칸 안에 표시해 두었고, 비교집단인 또래들의 행동 빈도 자료도 제시했다.

테브스가 ABC 관찰을 통해 교사 면담으로부터 도출된 측정 가능한 가설을 확인하게 된다. 즉, 레나에게 착석을 하거나, 지시를 따르거나, 학습활동에 참여하도록 요구할 때 그 활동을 하지 않기 위해서 전형적인 문제행동 중의 하나를 한다. 아마도 레나는 또래들이 가지고 있는 기초지식이 없을 수도 있고, 자신이 해야 하는 것을 이해하지 못할 수도 있기 때문이다. 또한 막대그래프를 통해 레나의 문제행동이 대집단 활동, 선택시간, 이야기 시간에 가장 많이 발생하고, 또래보다 유의미한 수준 이상으로 많이 하는 것을 확인할 수 있다. 테브스는 그린 선생님과 관찰 자료를 공유하면서 이 날이 레나에게 '일반적'인 날인지를 물어본다(아동들은 종종 자신의 문제행동을 증가시키거나 감소시킴으로써 관찰되는 것에 반응할 것이다). 그린 선생님은 관찰된 행동이 레나에게 매우 일반적이었다고 확인해 주었다. 관찰과 면담 간에 정보가 서로 일치하고, 테브스가 3시간 30분 동안 문제행동이 5번 발생한 것으로 관찰되었다면 두 번째 교실 관찰은 계획하지 않았다.

1. **지시에 귀 기울이지 않는다.** – 성인이 레나에게 무엇인가를 하라고 하면, 대답이나 반응을 하지 않거나 하라고 한 것과는 다른 행동을 한다. 성인이 레나에게 뭔가를 하지 말라고 하면, 성인의 말을 무시하고 계속해서 처음의 행동을 한다.

2. **교실 주변을 돌아다닌다.** – 레나는 어떤 활동에 참여해야 할 때나 자리에 앉아 있으라고 하면, 일어나거나 교실의 다른 부분으로 옮겨 간다.

3. **다른 아동들에게 공격적이다.** – 레나는 다른 친구 때리기, 친구의 의자 차기, 친구 밀기, 머리카락 잡아당기기, 꼬집기, 소리 지르기, 물어뜯기, 친구 팔 잡기, 친구에게 물건 뺏기 등의 부정적인 신체 활동을 한다.

4. **비명이나 소리를 지른다.** – 레나는 예상치 못한 활동을 할 때(바깥활동을 할 때) 비명이나 소리를 지른다. 비명이나 소리를 지르는 것은 매우 짧게(수 초간) 나타날 수도 있지만 긴 시간이 될 수도 있다.

5. **부적절하게 교구를 사용한다.** – 레나는 교실의 교구(예: 책, 크레용, 연습지, 공예 재료)를 사용해야 할 때 그 교구를 바닥에 던지거나 옆으로 밀거나 종이를 구기는 공격적인 행동을 한다.

시간/활동	선행사건	행동	후속결과
8:45/ 자유놀이	교사가 레나에게 교구를 치우라고 함	지시를 따르지 않음	교사는 레나를 위해 다른 아동들에게 교구를 치우라고 함
9:21	교사는 대집단 활동을 시작함	교실을 돌아다님	교사는 레나에게 대집단의 자리로 돌아가라고 함. 레나는 계속해서 돌아다니다가 결국 자리로 돌아감
9:28	교사는 아동들에게 다같이 대답하도록 하면서 아침 스케줄을 진행함	다른 아동에게 공격적으로 대함(다른 아동의 팔을 두 번 때리고, 밀어냄)	보조교사는 레나가 일어서서 대집단 활동 자리에서 나와 그 활동이 끝날 때까지 테이블에 앉아 있게 함
9:50	나머지 학급 학생들은 테이블에 자리를 잡고, 대집단 활동의 학습활동을 시작함	교실을 돌아다님	교사는 교실을 가로질러 레나를 오라고 한 후 자기 자리로 돌아가라고 함
9:55	보조교사는 레나가 활동할 수 있도록 옆에 앉음(가위로 원 모양을 자를 수 있도록)	교구를 부적절하게 사용함(레나는 가위를 바닥에 던지고 종이를 구겨넘음)	보조교사는 가위를 집어든 후 레나에게 새 종이를 주면서 계속해서 자르라고 함
9:57	레나는 보조교사가 과제를 계속하도록 하는 것을 힘들어함. 가위를 가지고 놀고, 보조교사는 도와줄지를 레나에게 물어봄	소리지름. 교구를 부적절하게 사용함	보조교사는 교구를 치우고, 레나에게 작업할 다른 활동을 찾으라고 함

🔻 [그림 10-4] 레나의 문제행동에 대한 조작적 정의와 ABC 관찰

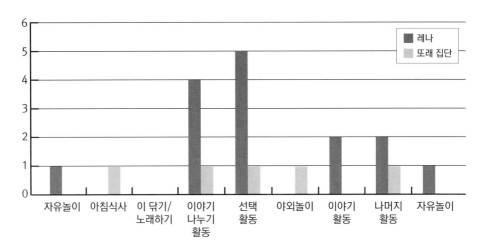

🔸 [그림 10-5] 교실 관찰 중 발생한 문제행동 발생 빈도

할머니는 자신의 집에서 형식적인 관찰이 불편해서 이번 회의는 준비하지 않았다. 그러나 테브스와 가정 변호사(family advocate)는 교실 관찰에 대해 할머니에게 이야기하기 위해 후속회의를 열었다. 테브스는 거기에 있는 동안에, 레나와 할머니의 양육유형을 비형식적으로 관찰할 수 있다. 테브스와 가정 변호사의 영향을 받을 것으로 보이지만, 할머니가 레나에게 상당히 소극적이라는 사실을 알게 되었다. 즉, 할머니는 손녀에게 방문객들에게 인사를 하라고 말하였지만, 손녀가 뒤뜰로 달려 나가도 따라가지 않았다. 나중에, 손녀에게 저녁을 먹기 위해 장난감을 치우라고 말을 하면, 레나는 "하기 싫어."라고 소리를 치고, 할머니가 한숨을 쉬면서 문 앞에 있는 손님을 보러 가면서 직접 장난감을 집어 올린다. 그래서 테브스의 비형식적인 관찰은 할머니와의 면담에서 얻어진 정보와 일치할 뿐만 아니라, 레나가 싫어하는 일을 하지 않기 위해 문제행동을 한다는 가설과도 일치한다.

BSP 개발

다음 단계는 가정과 학교에서 문제행동을 줄이고 적절한 행동을 늘리기 위해 실행될 수 있는 특정 전략을 확인하기 위한 것이다. 이 전략들은 선행사건과 후속결과로 발생하는 조건을 다룰 뿐만 아니라 문제행동을 대체할 수 있는 다른 행동을 가르쳐 줄 것이다. 대안적인 문제행동과 동일한 기능을 가지고 있고 아동들이 문제행동을 했을 때보다 자신이 원하는 것을 보다 더 '효율적'으로 할 수 있거나 얻을 수 있는 것이어야 한다. 테브스는 이 회의에 참석할 수 있는 할머니, 가정 변호사, 레나의 어머니와 함께 BSP 계획을 시작한다. 이 회의는 아동들이 집으로 돌아간 이후에 헤드스타트 센터에서 열린다. 개발의 초기 단계에서는 레나의 행동 목표와 기대되는 시기를 서로 합의한다. 테브스는 몇 가지 선행사건과 후속결과 전략들을 제시할 뿐만 아니라 대체행동을 가르쳐 줄 수 있는 대안을 제시한다. 그린 선생님과 할머니에게도 제안된 대안들을 실행하는 데 자신들이 기술을 가지고 있는지 정도를 이야기하도록 하고, 행동관리 전략에 대한 자신의 입장뿐만 아니라 자신들이 생각하고 있는 의견들을 제시하도록 권한다. 할머니가 제기한 한 가지 우려는 레나가 하고 싶어 하지 않는 것을 하라고 하면 기분 나빠 하는데, 그 이유는 엄마가 아니라 자신이 할머니이기 때문이라고 이야기한다. 즉, 레나는 할머니가 "나는 안 해 줄 거야. 나는 네 엄마가 아니야."라고 말하는 것을 기억하기 때문이다. 레나의 어머니는 딸이 할머니와 더 친밀해지는 것을 좋아하고, 딸이 장난감을 정리하고 다른 집안일을 돕는 것에 책임을 지게 하는 것은 괜찮다고 할머니에게 말을 한다. 레나의 어머니는 딸에게 이러한 새로운 기대수준을 이야기해 주는 것에 동의한다.

　회의를 마친 후, 경쟁행동 경로를 통해 그룹별로 의사결정을 요약한다([그림 10-6] 참조). 이후 이러한 전략을 사용하기 시작할 것이다. 교실에서, 선행사건 전략으로 교사는 레나에게 모양과 색깔을 학습시키기 위해 게임 형식으로 1:1 시간을 제공한다. 이외에도, 교사는 레나에게 자신의 기술 수준에 맞는 활동을 선택하고, 자신이 학습 활동을 잘 시작할 수 있을 때까지 처음 5분 동안은 함께하면서 도울 것이다. 후속결과 전략으로는 선택시간이나 대집단 활동시간에 첫 20분 동안 적절하게 수행을 하였다면 밖에서 놀 수 있도록 10분간 휴식시간을 주는 것이다. 교사는 더 이상 레나가 활동을 완전하게 수행하거나 참여하는 것에 대해 회피하는 행동은 허락하지 않을 것이다. 처음에는 교사들이 레나에게 문제행동에 대한 대안적 행동으로 휴식을 요청하도록 가르칠 것이다. 즉, 화가 나거나, 과제를 못하거나 지루하다고 느껴질 경우에는 손을 들어 교실 안을 걸을 수 있는 1분의 휴식시간을 요청할 수 있다. 레나가 적절하게 요구를 하게 되면, 요청한 행동을 할 수 있다. 이러한 전략은 이후 점점 소거하면서, 결국 한 활동별 1~2번의 휴식만 요구하도록 허용할 것이다.

단계 6: 경쟁행동 경로 만들기

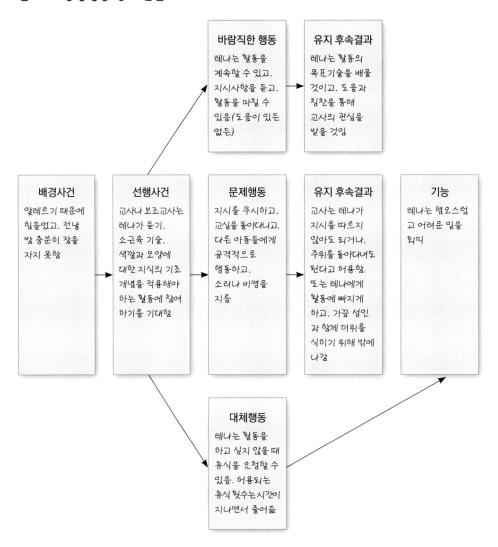

바람직한 행동

레나는 활동을 계속할 수 있고, 지시사항을 듣고, 활동을 마칠 수 있음(도움이 있든 없든)

유지 후속결과

레나는 활동의 목표기술을 배울 것이고, 도움과 칭찬을 통해 교사의 관심을 받을 것임

배경사건

알레르기 때문에 힘들었고, 전날 밤 충분히 잠을 자지 못함

선행사건

교사나 보조교사는 레나가 듣기, 소근육 기술, 색깔과 모양에 대한 지식의 기초 개념을 적용해야 하는 활동에 참여하기를 기대함

문제행동

지시를 무시하고, 교실을 돌아다니고, 다른 아동들에게 공격적으로 행동하고, 소리나 비명을 지름

유지 후속결과

교사는 레나가 지시를 따르지 않아도 되거나, 주위를 돌아다녀도 된다고 허용함. 또는 레나에게 활동에 빠지게 하고, 가끔 성인과 함께 더위를 식히기 위해 밖에 나감

기능

레나는 혐오스럽고 어려운 일을 회피

대체행동

레나는 활동을 하고 싶지 않을 때 휴식을 요청할 수 있음. 허용되는 휴식 횟수는 시간이 지나면서 줄어듦

(계속)

배경사건 전략	선행사건 전략	행동 지도 전략	후속결과 전략
가족은 레나가 건강 또는 수면문제로 힘든 날을 보낸다면 교사에게 이야기를 한다. 교사들은 그 날 레나에 대한 기대수준에 좀 더 융통성을 부여한다. 레나는 필요할 경우 수업 시간에 일찍 휴식의 기회를 가질 수 있다.	교사는 레나와 1:1의 게임 형식으로 모양과 색깔에 대해 연습을 한다. 적어도 10분 동안 일주일에 세 번씩 연습한다. 각 활동을 시작하기 바로 전에 교사나 보조교사는 모든 아동들에게 행동의 기대수준을 상기시켜 준다. 선택의 시간을 시작할 때, 교사는 레나가 공부를 시작할 때까지 수준에 맞는 활동을 선택할 수 있도록 도와준다. 집에서 로빈스 여사는 레나에게 색, 모양, 숫자, 소리를 배우는 데 도움이 되는 게임을 하루에 10~20분 정도 하면서 기본 개념을 배울 수 있도록 할 것이다.	테브스는 레나에게 문제행동에 대한 대안행동으로 휴식을 요청하는 것을 가르칠 것이다. 필요할 경우, 교사와 보조교사가 다시 연락을 할 것이다. 레나는 손을 들어 방을 1분 정도 돌아다닐 수 있는 휴식을 요청할 수 있다. 레나가 적절하게 부탁행동을 하면 그렇게 하도록 허락을 받을 수 있다.	레나는 선택 시간이나 대집단 활동시간 동안 처음 20분 정도 적절하게 과제를 수행하게 되면 10분간 휴식을 할 수 있다. 교사들은 레나가 지시를 무시하거나, 활동을 하지 않거나, 부적절한 행동을 한 후에 밖으로 나가고자 할 경우 허락해 주지 않을 것이다.

💎 [그림 10-6] BSP를 위한 경쟁행동 경로와 제안 전략

The form itself is from O'Neill et al., *Functional Assessment and Program Development for Problem Behavior* (2nd ed.). © 1997 South-Western, a part of Cengage Learning, Inc. Reproduced by permission. www.cengage.com/permissions.

가정에서, 할머니는 하루에 10~20분씩 놀이 게임을 하면서 색깔, 모양, 숫자, 소리 등에 대한 기본적인 개념을 배울 수 있도록 도와줄 것이다. 이러한 게임은 헤드스타트 센터에서 제공될 활동과 유사하며, 테브스를 통해 제공될 것이다. 가정에서, 선행사건 전략으로는 레나에게 식탁을 차리거나 깨끗하게 정리하는 것 또는 장난감을 깨끗이 치울 필요가 있다는 것을 상기시키고 5분 동안 경고를 한다. 할머니는 레나에게 "토끼인형을 가져와라." "그것을 장난감 상자에 넣어라." 또는 "너의 의자 앞에 있는 테이블 위에 접시를 놓아라."라고 분명하게 한 단계씩 말을 한다. 후속결과 전략은 레나가 장난감을 가지고 오면 10분 동안 미끄럼틀과 그네가 있는 밖에서 놀 수 있도록 허용하는 것이다. 할머니는 레나에게 집안 청소를 하거나 식탁을 차리는 일을 회피하는 것은 허용하지 않을 것이다.

테브스는 이러한 전략들이 어떻게 실행되는지 모델화하고, 실행 첫날 교실의 교직원과 할머니 모두에게 지원과 자문을 제공하는 데 동의한다. 초기 실행 과정을 통해 그린 선생님과 할머니가 BSP 전략을 언제 어디서 힘들어하는지를 관찰할 수 있을 것이고, 필요에 따라 계획에 대한 조언, 훈련, 수정을 할 수 있을 것이다.

결과

그린 선생님과 로빈스 할머니는 테브스가 새로운 전략을 구현한 이후 바로 다음날부터 전략을 실행하기 시작한다. 교사가 지도하는 첫날, 테브스가 대집단 활동과 선택활동시간에 교실에 머문다. 새로운 BSP를 실행할 때는 처음 실행하는 며칠간이 성인과 아동 모두에게 중요하다. 성인은 적절한 지원과 함께 전략에 대해 편안함을 느끼기 시작하고, 질문이나 예기치 못한 반응이 발생할 때 필요에 따라 행동전문가에게 의지할 수 있다. 아동은 성인이 지속적으로 그리고 지정된 방식으로 새로운 전략을 시행한다면, 대체 행동을 배워 사용하며, 문제행동을 줄이기 시작할 가능성이 더 높아질 것이다. 또한 테브스에게 아동이 초기 실행에 얼마나 잘 반응하는지를 관찰할 수 있는 기회를 제공한다. 전략이 예상대로 일관되게 실행되지만 아동의 행동이 변화지 않을 경우에는 BSP를 수정해야 할 수도 있다. 그렇지만 계획을 즉각 변경해서는 안 된다. 일부 전략이 의도된 효과를 내기 시작하는 데는 시간이 다소 걸릴 수 있다. 게다가 어떤 아동들과 몇몇 행동의 엄격한 기준에 따르면, 그 문제행동이 개선되기 전에 잠시 동안은 실제로 더 심해질 수도 있다.

다음날 오후, 할머니는 행동전문가인 테브스와 가정 변호사들을 집에 방문하는 것에 동의한다. 테브스는 레나와 직접 장난감을 정리하는 것을 보여 줌으로써 BSP 전략들을 보여 준다. 레나에게 할머니가 정리를 하라고 요구할 경우, 평소와 같이 문제행동을 보인다면 테브스는 할머니가 어떻게 반응을 해야 하는지 몇 가지 지원과 격려를 한다. 처음 며칠 동안, 할머니와 그린 선생님 둘 다 이 전략을 실행하는 데 편안함을 느낀다고 말한다. 테브스는 다음 날 두 분 모두에게 전화로 레나의 향상에 대해 이야기해 준다. 실행 1주일 후, 테브스는 학교에서 대집단 활동과 선택시간에 참석하여 레나의 문제행동 빈도를 수집한다. 레나의 문제행동은 유의미한 수준으로 감소하였다. 더욱이 레나의 수업 참여 수준을 살펴본 데이터는 또래들과 비교해 볼 때 과제 집중도가 거의 비슷하였다.

결론

결론적으로 FBA-BSP는 유아들에게 적절하다. 일반적인 K-12 교육체제에 들어가기 전, 2~5세 유아들에게 FBA-BSP가 효과적임이 연구를 통해 입증되었다(Blair et al., 2010; Duda et al., 2008; Nielsen & Mcevoy, 2004). 또한 유아교육분과(2014)에서 실제 FBA-BSP를 추천한다.

보통 나이가 어린 아동들이 보통 나이가 많은 아동들보다 이러한 발달 단계에서 보다 충동적이고, 공격적이며, 자기중심적이지만, FBA-BSP는 동일 연령대의 아동들과 유의미한 수준으로 차이가 있게 문제행동을 보일 경우에 적용 가능하다. 또한 효과적인 중재 없는 학업 실패, 사회적 고립 및 성인과의 부정적인 상호작용 증가 등과 같은 부정적인 삶의 영향을 끼칠 위험이 보이는 시기이기 때문에 유아들에게 조기에 효과적인 중재가 중요하다는 것이 연구를 통해 입증되었다(Campbell, 1995; Dunlap et al., 2006; Reid, 1993). FBA-BSP를 실행한 연구에서도 정서행동장애, 전반적 발달장애, 표현언어장애와 같이 다양한 유형을 가진 유아들에게서 유의미한 개선이 있었음을 보여 주었다(Blair et al., 2010; Duda et al.,

2008; Nahgahgwon et al., 2010; Stage et al., 2006).

다층의 SWPBS 체계는 다양한 교직원과 여러 그룹의 아동들을 포함한 최소한 센터 중심의 보육이 이루어지는 집단에 적용 가능하다. 일반적으로, 유아기에 FBA-BSP를 실행하기 위한 절차와 프로토콜은 초등학교나 중등학교 학생들의 것과 유사하다. 데이터는 간접적·직접적인 수단을 통해 수집되며, 검증 가능한 가설이 만들어지고, 검증 가능한 가설에 맞는 행동지원전략이 개발된다. 고위험군 아동을 확인하여 조기 중재를 제공함으로써, 유아교육 환경에서의 FBA-BSP는 아동, 가족, 교사, 양육자가 유아교육 교실이나 가정에서 성공적으로 사용할 수 있는 필수 행동지원을 제공하는 효과적인 도구이다.

제11장 기능적 행동평가와 중재에서 기술 동향

J. Matt Jameson, Allison L. Bruhn, and Leanne S. Hawken

들어가며

FBA는 데이터 수집(예: 직접 행동 관찰)과 분석을 통한 문제행동의 기능을 확인하는 과정이다. 임상가와 연구자들은 '실시간' 또는 직접관찰 자료를 기록하기 위해 공학을 사용해 오고 있으며, 이러한 공학의 이용은 컴퓨터 기술과 데이터 수집 소프트웨어의 이용 가능성이 증가함에 따라 학교에서 가속화될 것이다(Steege & Watson, 2009). 지금까지 많은 소프트웨어 프로그램(Tapp & Wehby, 2000; Walker, 2011 참조)이 FBA를 위해 만들어져 사용되었지만, 지금까지는 교실이나 다른 학교 환경에서 유용하게 사용할 수 없는 복잡한 데스크톱·노트북 컴퓨터나 값비싸고 전문적인 개인 휴대 단말기(PDA)에서 가능했다. 최근에는 PDA 소프트웨어와 광대역 무선 연결망의 진보로 인해 FBA를 위한 새로운 세대의 소프트웨어와 앱 개발이 가속화되고 있다.

이러한 진보에도 불구하고, 문제행동을 설명하는 정확한 정보를 포착할 수 있는 증거기반의 FBA 도구들을 식별하는 것은 계속 주요 문제로 남아 있다. 또한 이러한 도구를 사용한 학교 관계자들이 적은 시간과 노력을 투자하여 신뢰할 수 있는 FBA를 수행할 수 있도록 하는 것이 중요하다(Horner, 1994). 따라서 FBA를 수행하기 위한 임상적 기준은 이러한 새로운 '첨단(high-tech)' 도구의 선택과 사용을 유도하고 다음과 같은 구성요소를 담고 있어야 한다. ① 문제행동은 조작적이고 객관적으로 정의될 수 있어야 한다. ② 문제행동에 영향을 미치는 선행사건을 확인하고, 관찰, 기록할 수 있어야 한다. ③ 가설이나 요약문은 문제행동을 유지하는 결과를 식별하는 직접적인 관찰 데이터를 통해 개발되고 검증될 수 있어야 한다 (Horner, O'Neill, & Flannery, 1993).

이 장에서는 FBA 과정을 통해 교직원을 지원할 수 있는 차세대 앱과 소프트웨어에 대해 설명한다. 즉, 직접적인 관찰 및 데이터 수집을 위한 도구와 포괄적인 BSP에서 중재 구성요소로서 사용할 수 있는 앱을 소개한다. 교실환경에 FBA 기술을 적용하는 원동력이 되는 세 가지 원칙을 제안할 것이다.

1. 첫째, FBA 기술의 주된 목적은 행동문제를 가진 학생에게 의미 있는 결과를 끌어낼 포괄적인 SWPBS 과정의 한 부분이 되는 것이다(Reid, 2000). 기술은 만병통치약은 아니지만 적용되는 환경에서 FBA 과정의 민감성과 유용성을 높이는 힘을 가진다(Hastings & Brown, 2000). 이는 데이터 수집을 더 쉽고 정확하게 해 줄 뿐만 아니라 중재를 위한 메커니즘을 제공할 수 있다. 기술은 전문가들이 포괄적인 긍정적 행동지원을 통해 유의미한 행동 변화를 성취할 수 있도록 학생을 돕는 하나의 도구가 될 수 있다. 그래서 FBA 기술 도구와 그 사용 자체가 목적으로 간주되면 안 된다. 오히려 학생들의 생활 방식을 바꾸는 결과는 '첨단기술' 도구의 사용을 포함할 수도 있고 포함하지 않을 수도 있는 복잡한 과정의 중심에 있다.

2. 응용분야에서 아날로그나 종이 기반의 FBA 방식이 학문적인 저널에서 여전히 증거기반으로 지지되는 것에 대한 논쟁의 여지가 있고(Hastings & Brown, 2000), 수많은 FBA 기술이 응용분야에서 사용될 수 있으므로(Horner, Vaughn, Day, & Ard, 1996; O'Neill et al., 2015), 전문가들은 현재 전개되고 있는 FBA 기술을 무시하지 못한다. 기술의 효과성을 지원하는 증거기반을 개발하는 것은 탐색적, 기술적, 경험적 연구의 개별단계를 통과하는 긴 과정이라는 것을 기억하는 것이 중요하다(Edyburn, 2013). FBA와 BSP 기술은 아직도 실증적인 증거기반의 개발에서 초기 단계에 있다. 실제 현재 휴대용(예: PDA) 기술에 대한 증거기반은 작은 사례에 해당하며, 단일 대상 설계로 이루어져 여전히 기술적인 단계에 있다(참고: Mechling, 2011).

3. 마지막으로, FBA 팀 구성원이 가질 수 있는 가장 중요한 기술 능력이나 도구
   는 아마도 원하는 결과물이나 학생·교사-기술 간의 서로 주고받는 접점,
   비용, 기타 주요 특징에 관련하여 FBA 기술 도구들의 실행 가능성과 '유용성'
   을 평가하는 능력이다. 어지러울 정도로 발전하는 오늘날의 기술로 어떻게
   기술이 사용자의 요구를 충족시키는지 자신 있게 평가할 수 있는 것이 점점
   더 중요해지고 있다.

문제행동의 기능적 평가를 위한 앱

오늘날, 기술은 대부분 교사와 학생의 삶의 곳곳에 존재한다. 2008년까지 미국
공립학교의 약 100%가 인터넷 접속이 가능한 교육용 컴퓨터를 하나 이상 보유하
고 있으며, 인터넷 접속이 가능한 수업용 컴퓨터를 가진 학생의 비율은 3.1:1(미국
교육부, 국가교육통계센터, 2010)이다. 공립학교 내에서, 교직원 및 학생들은 표준화
된 평가와 수업계획의 안내를 위한 데이터 수집, 교육과정 제공, 온라인 평가, 디
지털 콘텐츠 접근 등을 위해 공학을 사용한다. 오늘날 교실에서는 데스크톱 컴퓨
터나 오버헤드 LCD 프로젝터, SMART 보드, 문서 카메라 등 다른 기술들을 흔히
볼 수 있다. 비용이 절감되고 컴퓨터 사용자들이 널리 이용할 수 있게 되면서 지
난 수십 년 동안 컴퓨터를 활용한 보조 행동관찰 도구 개발이 촉진되었다(Walker,
2011). 1990년대 동안 이러한 몇몇 시스템이 문헌에 소개되었다(행동관찰 시스템,
DATA-CAP, HARCLAG 등). 이러한 시스템은 자동 타임 스탬프 기능을 갖추고 다
른 소프트웨어 프로그램과 호환되는 컴퓨터로 직접 데이터를 입력할 수 있어 관
찰의 정확도가 향상되었다(Kahng & Iwata, 1998). 많은 연구자와 임상가를 위해
아날로그 도구의 시간이 많이 걸리고, 오류가 발생하기 쉬운 데이터 기록 과정
을 제거함으로써 데이터 분석 및 그래픽 표현의 효율성을 높였다(Noldus, Trienes,
Hendriksen, Jansen, & Jansen, 2000).

최근에는 가장 빠른 기술 진화가 이루어지고 있는 가운데, 아이터치, 아이패드, 아
이폰 등과 같은 비디오 캡처 용량을 갖춘 핸드 헬드 터치 인터페이스 장치가 학
생과 교사 모두에게 흔히 사용되고 있다(Jameson et al., 2012). 적어도 현재 450만

개 이상의 아이패드가 학교에서 사용되고 있다(Etherington, 2013). 2013년 10월에는 백만 개 이상의 앱이 개발되었는데, 그 절반이 애플 아이패드용으로 개발되었다(Costello, 2013). 최근까지 교육자들은 4만 개 이상의 앱을 선택하여 교육용으로 지정하였다. 이 숫자가 전자도서, 조직 및 생산성 툴, 참조 풀 및 검색 엔진 앱과 같은 콘텐츠에 접근하는 데 사용되는 다른 앱을 포함한다면 총 애플리케이션 수는 20만 개를 넘을 것이고(Walker, 2011), 매일 배포되는 앱이 거의 200개이다.

적절한 시간 투자를 통해 개별 애플리케이션의 품질을 찾고 평가하는 것은 어려운 작업이다. 단어와 문자열, 구글 연산자, 검색 필터와 같이 신중하게 선택한 검색 키는 모든 실무자가 FBA와 중재 툴을 효과적이고 유용하게 찾을 수 있도록 도와주는 데 사용된다. 〈표 11-1〉과 〈표 11-2〉는 애플 앱 스토어와 구글을 모두 사용하여 효과적으로 검색하는 데 사용할 수 있는 몇 가지 팁과 지침을 제공하고 있다.

〈표 11-1〉 앱 스토어(애플 ios)에서 FBA·중재 앱을 검색하기 위한 팁

1. 원하는 앱을 찾는 데 사용할 키워드를 정의하고 검색 필드에 입력한다.
2. 비슷한 키워드를 검색한다. 종종 앱 키워드는 검색을 구동하는 단어와 유사하거나 동의어일 수 있다.
3. 관련 앱을 찾은 후에는 종종 '유사한 내용을 확인'하거나 다른 관련 제품에 액세스할 수 있는 개발자의 웹 사이트 링크를 따라갈 수 있다.
4. 기능적 행동평가 앱을 찾아 다운로드하면, Genius 기능을 활용하여 다운로드한 앱의 유형을 확인할 수 있고 유사한 앱을 찾을 수 있다. Genius는 기본적으로 켜져 있지 않다. 앱 스토어에서 Genius를 켜려면 설정 앱과 iTunes와 앱 스토어라고 불리는 탭으로 검색해야 한다. 애플(Apple) ID(이 단계에서 입력해야 함)를 보기 위해 버튼을 클릭하면, Genius를 켜고 끌 수 있는 기능이 표시된다. 만약 많은 앱을 가지고 있지 않거나 대다수가 기능적 행동평가와 관련이 없는 것이라면, Genius는 도움이 되는 도구가 아닐 것이다. 그러나 기능적 평가 앱을 위한 훌륭한 장치를 가지고 있다면 Genius는 유사한 앱을 찾는 유용한 도구가 될 수 있다. 한 가지 단점은 Genius가 일반적으로 다른 앱 스토어 사용자들에 의해 높게 평가된 앱만을 추천한다는 것이다. 기능적 평가 앱에 대해 현재 많은 앱이 검토되어 있지 않은 실정이다.
5. 마지막으로, 툴바(tool bar)에서 아이패드와 아이폰만 가능한 앱들 간에만 왔다 갔다 해야 함을 잊지 말자. 많은 앱이 두 플랫폼 모두에서 작동하지만, 애플(Apple)의 지정 때문에 한 범주 또는 다른 범주에서만 작동되기도 한다. 따라서 아이패드 전용(iPad only)에서 검색 결과가 없는 경우에는, 아이폰 전용(iPhone only) 버튼을 클릭하기만 하면 관련된 기능적 평가 앱이 나올 것이다. 이 앱은 좀 더 소형 기기용으로 크기가 조정되면서 태블릿에서 여전히 완벽하게 작동할 것이다.

<표 11-2> 구글 검색을 사용하여 FBA·중재 앱을 검색하는 방법 안내(애플과 안드로이드 iOS)

1. 원하는 앱을 찾는 데 사용할 키워드를 정의하고 검색 필드에 입력을 한다. 관련 키워드를 선택하면 검색 결과에 큰 차이가 생길 수 있다.
2. 인용문을 사용하면 정확한 단어나 단어 집합(예: '기능적 행동평가 앱')을 검색할 수 있다. 하지만 이는 의도하지 않게 매우 정확한 단어나 구를 제외하고는 검색을 제한할 수 있다.
3. 구글은 여러분이 사용하고 있는 키워드와 비슷하거나 동의어일 수 있는 키워드를 검색하도록 허용하고 있다. 구글은 가이드, 사용법 안내, 매뉴얼 등과 같은 비슷한 키워드를 검색할 것이다. 이는 키워드와 일반적인 용어(예: 기능적 행동평가 ~ 앱) 간에 공백이나 ~표시를 삽입하여 검색할 수 있다.
4. 구글에서는 키워드와 검색에서 제외할 단어 사이에 공백과 하이픈을 삽입하여 검색에서 특정 키워드를 제거할 수 있다(예: ABC-network). ABC 텔레비전 네트워크 웹 사이트를 포함하지 않는다.
5. 여러분이 이미 알고 있는 URL과 유사한 사이트를 찾으려면 콜론을 사용하여 관련한 단어를 적는다(예: related:pbisapps.org).
6. 알려지지 않았거나 다양한 용어에 대해 견본으로 검색칸에 별표(*)를 사용한다[예: '기능적 행동(functional behavioral)*'].

주. 구글 검색을 바탕으로 함(2014).

　다음의 세 부분에서는 실무자들에게 FBA 과정과 후속행동 중재계획에서 사용할 수 있는 기술 도구들에 대한 개괄적인 내용들을 소개한다. 첫 부분에서는 기존의 행동 이론과 연관성이 있고 증거에 기반을 둔 FBA 관찰 데이터 수집 기술을 설명한다. 두 번째 부분에서는 배경사건, 선행사건, 행동, 후속결과 중재 앱을 설명하고, 이러한 앱들의 유용성을 평가하기 위한 체계를 설명한다. 마지막 세 번째 부분에서는 개인과 학교 전체의 FBA 데이터를 저장하고, 학교 교직원이 치료 충실도 및 중재 결과를 그래프로 표현할 수 있도록 지원하는 포괄적인 앱 기반 프로그램의 개요를 제공한다.

FBA 관찰 데이터 수집을 위한 애플리케이션 및 기술

　　직접 관찰 및 데이터 수집은 FBA 전체 과정의 필수적인 부분이다. 직접 관찰 절차와 도구는 명확하고 유용한 정보를 제공하도록 구성해야 하며, 적용되는 환경에서 실행자에게 과도한 부담이 되어서는 안 된다(O'Neill et al., 2015). 이는 연구자들이 강조해 온 것처럼 자연스러운 기술적 관찰을 하는 것이 특히 중요하다(예: 행동이 발생하는 환경에서 관찰을 수행하는 것)(Chandler, Dahlquist, & Repp, 1999). 이는 행동이 발생하는 장소와 시기의 맥락적 변수가 행동 관찰 데이터와 결과의 타당성과 신뢰성에 상당한 영향을 미치기 때문이다. 일부 연구자들은 가설의 타당성을 확인하기 위해 2~5일에 걸쳐 최소한 15~20개의 행동이 발생하는지를 살펴볼 것을 제안했다(O'Neill et al., 2015). 며칠 동안 이와 같은 관찰을 수행하는 것은 시간이 많이 걸리고, 일반적인 학교 환경에서 수행하기에는 어려움이 있을 수도 있다. 관찰 앱과 기술을 사용한다면 이러한 시간 부담을 줄일 수 있다. 기존 데이터 및 FBA 인터뷰 툴의 아카이브 검토와 관찰 데이터를 함께 사용하면 임상가들이 배경사건, 선행사건, 행동, 문제행동을 유지시키는 후속결과와 기능을 확인하는 정확한 행동 가설을 개발하는 데 도움이 될 수 있다.

　　다음 섹션에서는 ① FBA 관찰을 위해 사용할 수 있는 여러 '첨단' 도구(예: 아이폰 및 아이패드 앱)와 이러한 도구를 선택하고, ② 학교 관계자들이 이러한 앱을 평가하는 데 사용할 수 있는 체크리스트를 소개하여 자신들에게 가장 적절하고 유용한 앱을 선택할 수 있도록 도움을 줄 것이다. 비록 행동을 추적하는 데 사용될 수 있는 앱이 많이 있지만, FBA 관찰 문헌에 수록된 기존의 증거기반의 실제나 이론적 토대에서 개발한 앱에 초점을 두어 소개할 것이다. 이 장에서는 현재 사용 가능한 관찰 앱(2014년 2월 기준)에 대한 전반적인 설명을 하지만, 기존의 FBA 관찰 앱을 평가하고 새로운 앱을 찾기 위해서는 더 신속한 앱의 개발이 필요하다. 앱과 그 특징을 소개하고 있기는 하지만, 모든 도구의 모든 특징을 나열하지는 못한다. 따라서 사용자의 체계적이고, 조심스러우며, 신중한 정보에 입각한 앱의 선택이 유용성과 기능성을 보장할 수 있을 것이다.

ABC 관찰 애플리케이션

기술적 관찰의 가장 기본적인 형태는 ABC, 즉 선행사건–행동–후속결과 평가이다(Bijou, Peterson, & Ault, 1968; Cipani, 2008; Zuni & McDougall, 2004). 관찰된 각 행동에 대해, 행동을 하기 전이나 직전에 일어나는 행동(예: 배경사건, 선행사건), 행동(관찰 가능하고 측정 가능한 용어로 기술된), 그 행동에 뒤따르는 사건(예: 행동을 유지하는 후속결과 또는 기능)을 기록하는 것이다(Kauffman, Mostert, Trent, & Hallahan, 1993). 이전의 사례를 확인하고, 문제행동의 결과나 기능을 유지하는 데 초점을 맞추는 이 ABC 이론적 접근법은 현재 이용 가능한 FBA 앱의 대부분에 포함되어 있다. 다음에서는 ABC의 이론적 체계를 기반으로 현재 사용 가능하고, 단순한 데이터 기록 및 지원행동 계획을 설계할 수 있는 애플 iOS앱(예: iTouch, iPad, iPhone)에 대해 전반적으로 소개하였다.

CBTAonline(2009)에 의해 개발된 ABC Data($4.99)는 전문가가 세션 지속 시간을 기록하는 동시에 행동 빈도에 대한 데이터를 수집할 수 있는 앱이다. 어떤 라벨을 할당할 수 있는 세 개의 구성 가능한 버튼이 있다. 이 세 개의 버튼은 잠재적인 선행사건, 행동, 기능이나 세 가지 다른 행동에 할당될 수 있다. 제한된 수의 설정 가능 버튼은 종종 개인이 여러 선행사건, 행동, 기능을 가지고 있기 때문에 FBA 관찰에 대한 유용성에 영향을 미친다. 특히 시간이나 빈도가 목표 행동의 중요한 매개 변수인 경우에는 행동 추적에 매우 유용한 도구가 될 수 있다. 이 앱은 CSV 형식으로 이메일을 통해 데이터를 팀 구성원들에게 보낼 수도 있다.

더 강력한 도구인 ABC Data Pro($27.99)(CBTAonline, 2010)를 사용하면 더 많은 선행사건, 행동, 기능을 추적할 수 있는 많은 버튼을 구성할 수 있으며, 행동이나 사건을 기록하거나 부분 간격 기록, 전체 간격 기록, ABC 사건 기록 등을 할 수 있다. 빈도와 간격 데이터를 사용하여 자동 데이터 요약을 할 수 있다.

미래 지원 디자인(Future Help Designs, 2012)에서 개발한 또 다른 강력한 도구인 iBAA($129.99)는 전문가들이 관찰하여 질적으로 기록하면, 행동 발생 누적 표를 만들고, 간격 기록을 하여 FBA 데이터를 수집할 수 있도록 설계된 아이폰에서 사용할 수 있는 FBA 앱이다. iBAA 앱은 행동데이터를 수집하고 요약하며 조건부 확률을 계산할 수 있는 몇 안 되는 앱 중의 하나이며, 행동의 선행사건이 FBA 내에서 발생한 것으로 알려졌을 때 행동이 발생할 가능성을 알려 준다. 데이터는 그래픽으로 앱에 표시할 수 있으며 쉽게 내보낼 수 있다.

WhizzWhatt 소프트웨어(2014)가 개발한 The Functional Behavioral Wizard ($9.99)는 실행가들에게 빈도나 지속시간을 사용하여 한 번에 여러 행동에 대한 FBA를 수행할 수 있도록 해 주고, 동일한 기능성 평가 앱[기능적 평가 관찰(functional assessment observation: FAO)]에서 기술한 공통된 특징을 가진 것을 여러 사람이 공통적으로 관찰한 것을 각 개인에 맞게 개별적으로 평가하고 조정해 준다. 그리고 이 앱은 행동 기능을 식별하고 그래프로 보고할 수 있도록 해 주어 이 메일 파일로 다른 사용자와 공유할 수 있도록 해 준다.

SuperPsyched, LLC(2013)에 의해 개발된 BehaviorSnap($24.99)은 빈도, 지속시간 및 표적행동을 식별하기 위해 만들어진 행동관찰 도구이다. 이 앱을 통해 데이터를 그래프로 나타낼 수 있으며, 데이터는 PDF 형식으로 출력할 수 있고, 관계자에게 첨부파일로 이메일을 보낼 수 있도록 만들어졌다.

CBTA online(2011)에서 개발한 ABC Logbook($27.99)은 데이터 수집 앱으로, 많은 개인이 다수의 행동을 동시에 관찰할 수 있다. 이 앱에는 내장 데이터 분석 기능과 데이터의 신뢰도를 계산할 수 있는 기능이 제공된다. 여기에는 웹 기반 시각 및 패턴분석, 조건부 확률 분석, Cohen의 카파 계산 등으로 관찰자 간 일치도를 구할 수 있다.

경쟁행동 모델 앱

우리는 문제행동을 대체하는 것으로, 학습해야 하는 대체 및 경쟁행동을 식별하는 FBA 단계에 맞춰진 앱 하나를 소개하고자 한다. 정확한 기능적 관찰을 하게 되면 기능적으로 관련된 중재를 제안할 수 있다. 잘 고안되고 실행된 BSP는 환경변화에 따른 문제행동을 불필요한 것으로 만들고, 더 쉬운 대체행동을 가르침으로써 문제행동을 필요 없게 하고, 또한 행동의 후속결과를 바꿈으로써 문제행동을 줄이게 된다. 중요한 것은 학생들이 할 수 있으면서 문제행동과 동일한 기능의 수용가능한 행동을 찾아야만 한다. 학생이 원하는 후속결과를 얻기 위해서는 대체행동이 사회적으로 적절하고 똑같이 효율적이어야 한다(O'Neill et al., 2015).

JBROS 소프트웨어(2012)에서 개발한 FAO Observer Tool(무료)는 기본적으로 ABC 기록도구이지만, 관찰된 행동의 기능을 존중하는 동시에 경쟁적이고 원하는 행동을 가르치도록 유도하는 시간 스탬프 방식의 경쟁적 행동 요약 경로가 개발되어 있다. 대부분의 모든 다른 기능적 관찰 앱과 마찬가지로, 이 앱은 실행가들에 의해 미리 선정된 여러 가지 행동과 다양한 개인의 행동을 추적할 수 있다. 그리고 이 앱은 학생들의 표집에 제한이 없다. 그러면 개별화된 배경사건, 선행사건, 행동, 기능들이 한 개의 버튼을 클릭하면 입력되거나 각 행동 사건이 발생하는 동안 개별화되어 입력될 수 있다. 행동의 발생사건은 엑셀 또는 기타 호환 소프트웨어에서 조작하여 CSV 형식으로 내보낼 수 있으며, 경쟁경로모델은 배경사건, 선행사건, 가르쳐야 할 경쟁행동과 표적행동, 후속결과 중재 등을 다루는 중재를 개발하는 틀이 된다. 이 앱은 실행가들에게 배경사건과 선행사건을 알려 줄 뿐만 아니라 기능을 포함하는 경쟁행동(과제를 중단하기 위해 요청하는 행동)이나 바람직한 행동(혼자서 과제를 완성하기)을 가르치도록 알려 준다.

비디오를 사용한 기능적 평가 관찰 도구

아마도 가장 유용한 FBA 도구들은 내장된 비디오를 이용하여 행동을 기록하는 것이다. 이 기능은 개인들의 실생활에서 행동을 기록할 뿐만 아니라 나중에 코드로 행동을 다시 볼 수 있어 관찰자 간 신뢰도를 확보하고, 실시간 관찰 동안에 도출된 검증 가능한 가설을 재고할 수 있다.

Grant Technology Services(2013)에서 개발한 Tantrum Tracker($1.99)는 여러 명의 개인과 이들의 행동을 지속적으로 추적할 수 있다. 이를 통해 전문가들에게 선행사건과 배경사건, 유지 후속결과가 무엇인지를 확인하여 행동의 범주를 추가하거나 삭제할 수 있다. 또한 이 앱을 통해 행동 발생 사건을 사진을 찍거나 비디오로 녹화할 수 있다. 그러나 데이터 수집과 분석이 녹화된 비디오와 직접 연결되지 않기 때문에 모든 iOS 기기가 비디오 캡처 용량을 가지고 있다는 점을 감안한다면 지금까지 설명한 모든 앱의 기능을 다 가지고 있지는 않다.

Marz Consulting(2011)에 의해 개발된 Behavior Tracker Pro($29.99)는 실행가들에게 행동을 추적하고, 자동으로 관련 행동 차원(예: ABC, 빈도, 지속시간)을 그래프로 표시할 수 있게 개발되었다. 이 앱은 비디오를 녹화할 수 있는 옵션을 가지고 있으며 사용자에게 엑셀이나 다른 스프레드시트 소프트웨어에서 CSV 데이터로 이메일을 전송할 수 있도록 만들어졌다. 그리고 데이터를 그래프로 표시할 수 있도록 할 뿐만 아니라 내부적인 그래프 작성 기능을 가진다.

아마도 가장 강력한 FBA 앱 두개는 ABC Video Pro Lite(무료, 주로 the ABC Video Pro에서 소개)(CBTAonline, 2013b)와 ABC Video Pro($49.99)(CBTAonline, 2013a)일 것이다. CBTAonline(2013a, 2013b)에 의해 개발된 이 앱들은 비디오 녹화와 실시간 관찰을 분석할 수 있는 기능을 결합해 놓은 것이다. ABC Video Pro 앱은 가장 강력하고 30개의 구성 가능한 버튼을 가지고 있어서 관찰된 행동의 이력이나 행동의 기능을 식별하기 위해 사전에 프로그램화될 수 있다. 결과적으로, 데이터 입력이 빠르고 쉽기 때문에 FBA 데이터의 신뢰도를 극대화하는 데 도움이 된다. 사용자가 앱 내에서 데이터를 쉽게 이메일로 보낼 수 있기 때문에 팀 구성원이나 기타 관련 이해 당사자들과 데이터를 공유하는 것이 간단하다. 데이터 출력은 관찰된 사건의 시간에 근거하여 인덱스를 자동으로 구성한다. 이 앱에는 학생 데이터의 보안과 기밀성을 보장하는 동시에 관련 이해 관계자와의 공유를 촉진하는 기능을 가진다. FAO 앱의 요약은 〈표 11-3〉에 제시되어 있다.

<표 11-3> FBA 관찰 앱

앱	웹사이트	주요특징
ABC Data	http://cbtaonline.com (CBTAonline, 2009)	• 행동의 빈도에 대한 데이터 수집 시 보조 • 이름을 붙일 수 있는 세 개의 버튼을 가지고 있으며, 세션 지속시간을 기록 • CSV 형식으로 이메일을 통해 데이터를 팀원에게 전달할 수 있음
ABC Data Pro	http://cbtaonline.com (CBTAonline, 2010)	• 세션 분석 및 안정성 분석을 위한 웹기반 분석도구 • 행동·사건을 세고, 부분 간격 및 전체 간격 기록, ABC (FBA) 사건 기록 • 행동을 추적할 수 있는 9개의 설정 기능 버튼 • CSV 형식으로 이메일을 통해 데이터를 팀원에게 전달할 수 있음
iBAA	http://futurehelpdesigns. com/behavioralapps (Future Help Designs, 2012)	• 질적인 관찰을 기록하고, 행동발생의 누계표를 작성하고, 간격기록 및 기능적 행동평가 자료를 작성 • 행동 데이터를 모으고 요약 • 조건부 확률을 계산 • 데이터는 앱에서 그래프로 표시할 수 있으며, CSV 형식으로 나타낼 수 있음
Functional Behavioral Wizard	http://whizzwatt.com (WhizzWhat Software, 2014)	• 여러 행동의 기능평가를 위한 관찰 도구 • 빈도 또는 지속시간을 기록 • 문제행동 기능을 확인하고, 보고서와 그래프를 작성 • 데이터는 앱에서 그래프로 표시할 수 있으며, CSV 형식으로 나타낼 수 있음
Behavior Snap	www.behaviorsnap.com (SuperPsyched, LLC, 2013)	• 한 번의 직접 관찰을 통해 여러 행동을 동시에 계산할 수 있음 • 간격, ABC, 빈도, 지속시간 관찰 • 개별학생을 위한 맞춤 가능 • 빠른 시작(Quick start) 기능 • PDF 형식으로 그래프를 작성하여 이메일로 공유
ABC Logbook	http://cbtaonline.com (CBTAonline, 2011)	• 하나의 세션에서 기록될 수 있는 개인당 행동이나 사건이 100개 이상 • 각 사건마다 소요된 정확한 시간 기록 • 계산, 사건, 간격에 대한 관찰자 간 일치도(IOA) • 관찰자, 환경, 관찰 맥락을 식별 • 세션이나 행동에 대한 참고사항과 설명을 추가 • CSV 데이터를 이메일로 보냄 • 조건부 확률 분석을 통해 무료 웹기반의 시각적 또는 양적 패턴 분석이 가능 • 전통적인 IOA와 코헨의 카파계수(Cohen's kappa)를 산출

(계속)

FAO Observer Tool	http://JBrosSoftware. com (JBROS Software, 2012)	• 배경사건, 선행사건, 행동 사건, 행동의 기능을 추적 • 사전에 수집된 학생 데이터를 쉽게 입력 • 시간 태그된 행동 기록 • 교직원을 위해 개발된 경쟁행동 경로 • CSV 에디터를 한 번 클릭하여 이메일 또는 파일로 송출 • 추가 자료에 핫 링크
Tantrum Tracker	http://granttechnology services.com/?cat=48 (Grant Technology Services, 2013)	• 여러 명을 추적 • 행동 위치, 유형, 원인, 받은 반응, 기분 상하게 한 것, 해결책 등을 추적 • 앱을 통해 행동 사건을 동영상이나 사진으로 기록 • 행동 사건에 대한 주석을 제공하는 전체 '노트' 시스템 제공 • 어떤 개인에 대한 통계를 통해 시각적 차트·그래프 작성 기능을 통해 개인의 통계를 제시 • 데이터를 CSV 파일이나 이메일로 송출 가능
Behavior Tracker Pro	www.behaviortrackerpro. com (Marz Consulting, 2011)	• ABC 데이터나 빈도와 지속시간 데이터만 가져감 • 데이터를 그래프로 작성 • ABC에 의한 그래프: 선행사건, 행동, 후속결과를 그래프의 초점으로 선택 • 아이폰에서 학부모, 교사 또는 다른 팀 구성원에게 그림으로 그래프를 전공 • 행동을 동영상 촬영 • 학생별로 데이터를 분석하고 그래프 작성 • 여러 관찰자와 내담자를 지원 • 사진이나 그래프를 전송
ABC Video Pro	http://cbtaonline.com (CBTAonline, 2013a, 2013b)	• 다양한 기록 모드 • 목표 행동을 추적하기 위한 27개의 버튼 • 부분 및 전체 간격 기록 • 사건에 시간 기록 • 여러 가지 버튼 라벨 세트를 저장 • 이메일로 전송된 데이터를 통해 관찰자, 배경사건, 관찰 맥락을 확인 • 각 관찰에 대하여 관찰내용을 취하고 공유하는 기능 제공 • CSV 데이터 송출 • 계수 분석 매트릭스 • 비율, 부분 간격, 전체 간격, 지속시간 분석 제공 • FBA 분석 • 조건부 확률 분석 • IOA 계산 • Cohen's kappa 계산 • 비디오 녹화를 통해 행동 사건 기록

(계속)

앱 특징	예	아니요
앱에 여러개의 기록 모드가 있다.		
앱에 임시 기록 기능이 있다.		
앱에 한 세션에서 기록할 수 있는 여러 다른 항목(행동이나 사건)이 있다.		
앱으로 개인을 비디오로 기록할 수 있다.		
앱으로 그룹 내에서 개인을 조직할 수 있다.		
앱으로 부분 간격 기록을 할 수 있다.		
앱으로 전체 간격 기록을 할 수 있다.		
앱에 순간 시간 샘플링 모드가 있다.		
앱에 각 사건의 정확한 시간 기록 기능이 있다.		
앱에 오디오 간격 알람을 설정할 수 있다.		
앱으로 지정된 기간의 간격 길이 타이머를 설정할 수 있다.		
앱으로 세션 길이 타이머를 설정할 수 있다.		
앱에 일시 중지 기능이 있다.		
앱으로 관련된 행동을 나타내는 버튼을 만들 수 있다.		
앱에 사용자 정의의 버튼 라벨이 있다.		
앱에 관찰자가 정의한 저장 버튼 라벨이 있다.		
앱에서 관찰자가 정의한 여러 버튼 라벨 세트를 저장할 수 있다.		
앱으로 개인별·집단별 구성을 복제할 수 있다.		
앱에 이메일을 통해 다른 사용자와 그룹 및 버튼 구성을 공유할 수 있도록 되어 있다.		
앱에는 각각의 그룹, 개인 및 행동을 구성하는 데이터 수집 구성을 가진 여러 사용자 '프로필'이 있다.		
앱에서 관찰자, 상황, 맥락, 정보 등을 송출할 수 있다.		
앱에서 관찰 세션에 대한 메모를 추가할 수 있다.		
앱에서 사용자가 행동이 발생할 때마다 메모를 추가할 수 있다.		
앱에서 평가를 위해 집단의 사건들을 비디오로 녹화할 수 있다.		
앱에서 실시간으로 실수를 삭제할 수 있다.		
앱에 삭제된 내용에 대한 기록을 보존할 수 있다.		
앱을 통해 저장된 기록을 검토할 수 있다.		
앱은 여러 개인별·집단별 기록과 데이터를 저장할 수 있다.		
앱에서 시간 순서적으로 전체 데이터 내보내기를 할 수 있다.		

(계속)

앱에서 모든 집단의 사건들에 대해 시간 순으로 전체 데이터를 내보내기 할 수 있다.		
사용자는 앱을 통해 개별·집단에 대한 데이터 내보내기 날짜 및 시간 범위를 선택할 수 있다.		
앱에 엑셀용 데이터 출력 형식이 있다(복사, 붙여넣기, 자동 설정).		
앱은 이메일을 통해 데이터를 내보낼 수 있다.		
앱을 통해 사용자는 엑셀이 열 수 있는 CSV 파일로 데이터를 내보낼 수 있다.		
앱에서 사용자가 계산 분석 매트릭스를 개발할 수 있다.		
앱에서 사용자가 비율 및 지속 시간을 분석할 수 있다.		
앱에서 사용자가 FBA 분석을 할 수 있다.		
앱에서 사용자가 조건부적 확률 동시 분석을 할 수 있다.		
앱에서 사용자가 관찰자 간 일치도(IOA)를 산출할 수 있다.		

📟 [그림 11-1] FAO 앱 평가 루브릭

Adapted from http://cbtaonline.com with permission from Raymond Romanczyk (Romanczyk, Gillis, Callahan, & Kruser, n.d.).

From *Building Positive Behavior Support Systems in Schools, Second Edition*, by Deanne A. Crone, Leanne S. Hawken, and Robert H. Horner. Copyright 2015 by The Guilford Press. Permission to photocopy this material is granted to purchasers of this book for personal use only(see copyright page for details). Purchasers can download a larger version of this material from www.guilford.com/crone-forms.

앞부분에서는 현재 이용 가능한 ABC와 경쟁 모델 기반 FAO 도구들을 제시하였지만, 앱 개발의 빠른 속도로 인해 실행가들이 가지고 있는 기본적인 기술 중의 하나는 제공된 앱의 특징과 기능성을 평가하는 능력이다. 이를 위해 FAO 앱 평가 루브릭에서 가장 기본적인 것에서 더 진보된 FAO 앱 특징을 나타내는 체크리스트를 제시하였다([그림 11-1] 참조). FBA 과정에서 고기능 기술을 담고 있는 도구를 사용하려는 실행가에게는 적용하려는 환경에서 앱의 유용성과 실행 가능성을 평가할 수 있는 능력이 중요하다. 또한 앱의 품질 및 실행 가능성의 평가는 다음에 제시된 최소한 기능적 평가 과정의 다섯 가지 주요 목표 결과에 따라 이루어져야 한다(O'Neill et al., 1997; Storey & Post, 2012).

1. 앱을 통해 실행가는 문제행동을 명확하고 객관적으로 기술할 수 있
   도록 해야 한다.
2. 앱은 행동이 발생하거나 발생하지 않을 것을 예측하는 사건, 시간,
   상황을 기록할 수 있어야 한다.
3. 앱은 문제행동의 기능을 식별할 수 있도록 도와주어야 한다.
4. 앱은 실행가에게 행동의 관련 사항(예: 배경사건, 선행사건, 후속결
   과)을 설명하는 가설을 개발하기 위한 틀을 제공해야 한다.
5. 앱은 직접 관찰 데이터 수집을 지원해야 한다.

결론적으로, 앞에서 설명한 도구를 검토한 것을 기반으로 모든 FAO 앱이 가져야 하는 다섯 가지 주요 특징을 다음과 같이 확인하였다.

1. 선행사건, 행동 발생, 기능, 행동을 유지시키는 후속결과를 추적할
   수 있는 능력을 갖출 것
2. 버튼 · 필드에 값을 할당하는 기능을 통해 자동적으로 태그가 지정
   되고 정리되어 단순하면서 간소화된 데이터 수집과정이 있을 것
3. 여러 개인을 추적하고 문제행동의 ABC를 확인하여 가설을 만들 수
   있는 버튼을 가지고 있을 것
4. 그래프로 표시하기 위해 데이터를 다른 소프트웨어로 쉽게 내보낼
   수 있는 기능을 갖추고 있거나 앱에서 그래프를 만들수 있을 것
5. 이메일이나 다른 파일 포맷을 통해 관계자들에게 쉽게 데이터를 보
   낼 수 있는 기능을 갖추고 있을 것

중재 앱 · 기술

교실에서 행동 데이터를 수집하기 위한 다양한 기술 도구 이외에, 문제행동을 보이는 학생들에게 적용할 수 있는 중재를 개발하는 도구들이 많이 있다. 이러한 도구들의 대부분은 디지털 기기(예: 아이패드, 스마트폰)가 포함되어 있다. 다시 한

번 말하지만, 문제는 교육자들이 앱 스토어에서 어떻게 그 수많은 옵션을 탐색할 수 있느냐이다. 어떤 앱이 학생의 문제행동을 하는 학생에게 적합한지 판단할 수 있을까? 학교 관계자들은 그 앱이 사용자 친화적이고 학생에게 동기를 부여할지를 어떻게 알 수 있을까?

이 장에서는 적절한 중재 앱을 선택하기 위한 몇 가지 지침을 제안할 것이다. 그러나 먼저, 다양한 기능으로 유지되는 여러 가지 행동을 보이는 학생들을 위한 BSP 개발의 도구로 사용할 수 있는 다양한 앱의 개요부터 시작할 것이다. 이러한 앱은 배경사건, 대략적이지만 바람직한 행동을 촉진시키기 위한 선행사건 기반의 전략으로 사용할 수 있다. 다른 앱은 특정한 기술이나 행동에 결핍이 있는 경우 수업에서 사용할 수 있는 방법을 다룬다. 또 어떤 것은 강화를 사용하여 기능을 다루는 후속결과 중심의 앱이다.

배경사건 중심의 중재

이 책의 앞부분에서 논의한 바와 같이, 배경사건은 일반적으로 행동의 환경적, 사회적 또는 물리적 맥락을 제공한다(Alberto & Troutman, 2013). 즉, 이러한 요인들은 행동이 일어날지 또는 일어나지 않을지에 대한 맥락을 만들어 낼 수 있을 뿐만 아니라 강화제의 가치를 바꿀 수 있다(Kazdin, 2011). 예를 들어, 한 학생이 전날 밤에 늦게까지 자지 않아 늦잠을 자서 학교에 지각을 할 수도 있다. 이 배경사건은 학생이 많은 잠을 자고 학교에 제 시간에 도착하기 전날과 달리 학생에게 과제를 하라고 하면 반항적인 행동을 보일 가능성이 더 높다는 것을 알려 준다. 아니면 아마도 그 학생이 약물 복용을 하지 않고 오는 바람에, 평소보다 과제 집중 행동을 하지 못할 수도 있다. 또는 이 학생은 가족 내에 죽음을 경험했거나, 친구와 싸웠거나, 학급에서 나쁜 성적을 받았을지도 모른다. 이러한 모든 배경사건은 왜 선행사건(예: 행동 바로 그 직전의 사건)이 문제행동을 유발시키는지를 설명하는 데 도움을 줄 수 있다. 따라서 배경사건 중심의 중재는 선행사건이 부정적인 행동을 촉진할 가능성을 줄이는 데 사용될 수 있다.

〈표 11-4〉에 환경, 사회, 물리적 배경사건을 다룰 수 있는 몇 가지 앱이 제시되어 있다. 이들 앱의 대부분은 특정 시간에 환경 속에서 이루어지는 일을 추적하는

<표 11-4> 문제행동을 예방하고 긍정적 행동을 증진시키는 배경사건 중심의 앱

배경사건, 영역	설명	앱
환경적	직접 환경 및 활동과 관련된 사건(예: 온도, 소음, 환경에 있는 사람들, 수업 활동, 하루 시간, 스케줄 변경)	DayOne($4.99, Bloom Built, 2014) http://dayoneapp.com • 사용자가 매일 사건을 시간 순서대로 기록할 수 있는 앱이다. 앱은 위치, 시간 및 날짜, 날씨, 음악 재생 등과 같은 현재 데이터를 자동으로 기록한다. 사용자는 쓰기 알림을 만들어 소셜 미디어(예: 트위터, 페이스북, 이메일 등)를 통해서도 저널의 내용을 공유할 수 있다. Too Noisy(무료, Walsall Academy, 2012b) http://toonoisyapp.com/features • 그래픽은 소음 레벨이 수용 가능한 레벨과 수용할 수 없는 레벨 사이에서 변화에 따라 바뀐다(학생에게 시각적 촉진 역할을 함).
사회적	다른 사람과의 상호작용과 관련된 사건(예: 친구와의 싸움, 사랑하는 사람의 죽음, 부모의 이혼)	Day One($4.99, Bloom Built, 2014) http://dayoneapp.com • 사용자가 매일 사건을 시간 순서대로 기록할 수 있는 앱이다. 앱은 위치, 시간 및 날짜, 날씨, 음악 재생 등과 같은 현재 데이터를 자동으로 기록한다. 사용자는 쓰기 알림을 만들어 소셜 미디어(예: 트위터, 페이스북, 이메일 등)를 통해서도 저널의 내용을 공유할 수 있다. Social media apps(무료, 예: Twitter, Facebook, Skype, Facetime) • 소셜 미디어 앱을 통해 텍스트, 사진 또는 라이브 대화를 사용하여 즉시 연결할 수 있도록 설계되었다.
생리적	신체적 또는 정신적 과정과 관련된 사건(예: 알레르기, 수면 질환, 배고픔, 고통, 기분)	TracknShare($4.99, Track & Share Apps, 2013) www.trackandshareapps.com/Pro • 여러 가지 건강 관련 항목(예: 기분, 수면, 음식 섭취, 스트레스, 체중, 통증)을 추적하기 위한 자기관리 앱으로, 데이터는 낮에 추적할 수 있고 사용자는 그래프로 볼 수 있는 일일 목표를 설정할 수 있다. My Autism Day(무료, Little App Helpers, 2014) https://itunes.apple.com/us/app/my-autism-day/id509433467?mt=8 • 자폐증을 집중적으로 다루는 앱으로, 사용자들이 다양한 행동에 대해 매일 메모하고, 활동과 목표에 대한 정보를 기록하고, 약물, 수면, 식사와 같은 건강 관련 항목에 대한 데이터를 보관할 수 있다. 이 앱은 사용자가 다양한 배경사건(예: 수면, 음식 섭취)이 행동 및 학습에 미치는 영향을 인식할 수 있도록 도와준다. Pill Monitor($1.99, Maxwell Software, 2013) https://itunes.apple.com/us/app/pill-monitor-for-ipadmedication/id566274100?mt=8 • 사용자가 약물 사용을 관리하는 데 도움이 되는 앱(예: 약물 복용 미리 알림 일정, 부작용 기록)

데 사용될 수 있으며, 학생, 부모, 교사들이 데이터를 사용하여 행동을 더 잘 이해할 수 있는 데 도움이 된다.

TracknShare 앱(Track & Share Apps, 2013)은 사용자에게 전날 밤에 학생이 얼마나 많이 잤는지, 그날 어떤 음식을 먹었는지 등 다양한 생리적 사건을 데이터로 입력할 수 있게 해 준다. 이 정보는 행동을 예측하는 데 도움이 될 수 있으며, 목표를 설정하고 문제행동의 가능성을 줄이는 데 사용될 수 있다. 이전의 예를 사용하면 성인(예: 부모나 학교 관계자)이 TracknShare 데이터를 볼 수 있고, 학생이 주말에 잠을 자지 않아 월요일마다 피곤한 채로 학교에 지속적으로 오는 것을 발견할 수 있다. 이 피로는 학생에게 과제를 완료하라고 할 경우 과민하게 반응하거나 과제를 거부하는 행동을 야기한다. 실제로 성인은 TracknShare 를 사용하여 수면 목표를 설정하고 학생과 함께 지속적으로 자신의 진행 사항을 모니터할 수 있다. 이 앱이 부모와 교사에게 아동이 잠을 더 자야 한다는 것을 상기시키는 역할을 한다. 만약 앱을 사용하여 아이의 행동문제를 다룬다면 아동은 더 많은 수면을 취하고 (예를 들어, 주중에 일정한 취침 시간을 유지하고, 카페인 소비를 줄이고) 과제를 하라고 할 때 적절한 행동의 가능성을 증가시키는 전략을 강조할 수 있다.

선행사건 중심의 중재

선행사건 중심의 중재는 학생 환경의 즉각적인 변화를 포함하는데, 학생의 문제행동을 강조하기보다는 바람직한 행동을 하도록 장려하는 것이다. 일반적으로, 선행사건 조정은 환경, 스케줄 조정, 일과 조정, 조직하는 도구, 시각적·청각적 단서, 학생의 주의집중 보장, 수업 방법, 반응 기회, 자기관리 절차(예: 자기 모니터링, 목표 설정), 감각자극, 의사소통 보조기구 등에 초점을 맞추는 것이다(Kern & Clemens, 2007).

<표 11-5> 바람직한 행동을 촉진시키는 데 초점을 둔 선행사건 중심의 중재

선행사건 중심 전략	설명	앱
물리적 환경	산만하지 않고 학생들의 학습을 촉진할 수 있는 공간을 만들기	Too Noisy(무료, Walsall Academy, 2012b) http://toonoisyapp.com/features • 소음 수준이 수용 가능한 수준과 수용할 수 없는 수준 사이에서 변화함에 따라 소음 측정기와 그래프가 변화되는 것을 보여 줌(학생들에게 시각적인 촉구 역할을 함)
스케줄, 일과 및 조직	큰 과제를 작은 과제로 분할하여 과제 완성의 구체적인 일자나 시간, 활동 완료 및 전이를 위한 일관된 활동 및 절차를 알려 주기	Autiplan Pictoplanner(무료, basic version; Autiplan, 2014) www.autiplan.com • 시각적 스케줄 및 과제 분석을 만드는 데 사용할 수 있는 계획하기 도구 • 사진을 특정 시간 및 날짜에 연결할 수 있음 iPrompts($49.99 or $99.99, Handhold Adaptive, 2013a) https://itunes.apple.com/us/app/iprompts-visual-supports-schedules/id410386084?mt=8 • 시각적 지원을 만들고 제공하기 위한 연구 기반의 앱(예: 시각적 일정, 과제 분석)을 통해 학생들이 전이하고, 다가올 일에 대비하고, 다양한 기술을 배울 수 있도록 도움 My Daily Tasks($4.99, Ablevox, 2013) https://itunes.apple.com/us/app/id554657914?mt=8 • 다양한 기능을 갖춘 앱으로 일일 일정을 작성하고, 보상·포인트를 추적하며, 교사와 학부모가 소통할 수 있는 방법을 제공
시각적·청각적 단서	일어날 활동을 알려 주고, 지시하고 자기 조절 기술을 사용할 수 있는 단서를 주기 위해 시각적 또는 청각적촉진을 사용하기	iPrompts($49.99 or $99.99, Handhold Adaptive, 2013a) https://itunes.apple.com/us/app/iprompts-visual-supports-schedules/id410386084?mt=8 • 시각적 지원을 만들고 제공하기 위한 연구 기반의 앱(예: 시각적 일정, 과제 분석)을 통해 학생들이 전환하고, 다가올 일에 대비하고, 다양한 기술을 배울 수 있도록 도움 Classroom Timer(무료, Walsall Academy, 2012a) • 시각적으로 보여 줄 수 있는 타이머를 사용해 학생들이 얼마나 오랫동안 공부하고 있는지, 언제 멈출 것인지 등을 알려 줌 Motivaider($1.99, Behavioral Dynamics, 2012) http://habitchange.com/iphone_app.php • 자기점검 행동을 위한 진동 및 오디오 촉진 시스템
수업 방법	학생의 요구, 능력, 흥미를 목표로 차별화된 수업과 안내를 제공	Vizzle(30일간 무료 이용 가능, Monarch Teaching Technologies, 2011) www.monarchteachtech.com/vizzle • 상호작용의 멀티미디어 수업은 시각 보조도구를 통해 지원됨 • 수업은 교사 중심 또는 Vizzles 샘플이 사용될 수도 있음

(계속)

관심 확보	모든 학생이 자신이 하고 있는 일을 멈추도록 신호를 주고, 교사를 향해 눈과 귀를 향할 수 있는 신호 주기	iPrompts($49.99 or $99.99, Handhold Adaptive, 2013a) https://itunes.apple.com/us/app/iprompts-visual-supports-schedules/id410386084?mt=8 • 시각적 지원을 만들고 제공하기 위한 연구 기반의 앱(예: 시각적 일정, 과제 분석)을 통해 학생들이 전환하고, 다가올 일에 대비하고, 다양한 기술을 배울 수 있도록 도움 Too Noisy(무료, Walsall Academy, 2012b) http://toonoisyapp.com/features • 소음 수준이 수용 가능한 수준과 수용할 수 없는 수준 사이에서 변화함에 따라 소음 측정기와 그래프가 변화되는 것을 보여 줌(학생들에게 시각적인 촉구 역할을 함)
대답 기회	교사가 촉진을 사용하여 학생이 적극적으로 대답하고 참여할 수 있는 기회를 증가시키기	eClickerPresenter($14.99/audience-free, BigNerdRanch, 2012) http://www.bignerdranch.com/apps/eclicker-audience • 다양한 질문 유형(예: 다중 선택, 참·거짓형)을 사용하여 교실에서 학생들의 생각을 투표하기 • 결과를 즉시 보여 주지만 학생들의 답변은 익명으로 처리됨
감각자극	소리, 시각적 단서, 편안하거나 불편한 행위에 접근하거나 회피할 수 있도록 함	Too Noisy(무료, Walsall Academy, 2012b) http://toonoisyapp.com/features • 소음 수준이 수용 가능한 수준과 수용할 수 없는 수준 사이에서 변화함에 따라 소음 측정기와 그래프가 변화되는 것을 보여 줌(학생들에게 시각적인 촉구 역할을 함)
자기관리	학생들이 자신의 행동을 인식하고 개선하기 위한 목표를 설정하도록 도와주는 다양한 전략들	Motivaider($1.99, Behavioral Dynamics, 2012) http://habitchange.com/iphone_app.php • 자기점검 행동을 위한 진동 및 오디오 촉진 시스템 Percentally($2.99, Expressive Solutions, 2010) http://expressive-solutions.com/percentally.html • 학생들은 자신의 행동을 셀 수 있고, 백분율 그래프로 그려져 있는 수준을 볼 수 있음 Habit Monkey(무료, Boot Strapped Coffee, 2013) http://motivation-monkey.co.uk/habit-monkey • 학생들은 행동 목표를 설정하고, 목표 수행 여부를 세어 자신의 진보 상황을 추적할 수 있음
의사소통 도구	학생의 의사소통능력을 향상시키기 위한 기술중심의 도구들	ProLoQuo2Go($219.99, Assistive Ware, 2013) www.assistiveware.com/product/proloquo2go • 보완대체의사소통(AAC) 앱을 사용하면 말을 할 수 없는 사람들에게 음성으로 투사되는 기호나 입력된 텍스트를 사용하여 의사소통하도록 함

〈표 11-5〉에서 몇 가지 선행사건 중심의 전략과 이러한 전략을 지원하는 앱을 소개하고 있다. 비록 대부분이 앱이 행동 변화를 촉진함에 있어서 그 효과를 문서화하는 엄격한 연구를 하고 있지는 않지만, 선행사건 전략들 그 자체는 연구에 기반한 것이다. 예를 들어, 학생들이 과제에 응답할 기회를 늘릴 것은 학생들의 과제 수행 행동을 개선하고 공격행동을 줄이기 위한 방법으로 인식되어 왔다(Sutherland, Alder, & Gunter, 2003; Sutherland & Wehby, 2001). 이는 학생들이 적극적으로 답변을 쓰거나 말을 함으로써 학업 내용에 반응함에 따라 과제 참여 정도가 향상될 것이라는 것을 의미한다. 이 전략을 지원하는 앱은 eClicker(Big Nerd Ranch, 2012)이다. 실제로 교사는 거의 모든 모바일 기기를 사용해 자신의 학생을 '살펴볼 수 있다(poll)'. 예를 들어, 교사는 "이 진술문 중에 은유는 어느 것인가?" 또는 "64의 제곱근을 찾아보자."와 같은 질문을 할 수 있다. 학생들은 그때 자신의 기기(예: 스마트폰, 아이패드)를 사용하여 답을 할 수 있다. 교사의 모바일 장비를 프로젝터에 연결하면 학생의 응답 빈도가 화면에 투사된다(예: 학생의 75%가 'C'로 답함). 이 앱의 한 가지 장점은 학생들이 익명으로 응답할 수 있고, 선생님이 학급 전체의 이해도를 넓게 할 수 있다. 그리고 교사는 학생 수준의 데이터에 접근할 수 있어 누가 내용을 완전히 습득했는지, 누가 그렇지 않은지를 판단할 수 있다. 행동 기능이 교사의 관심을 회피하기 위한 학생일 경우, 특히 학업적인 촉구와 함께 제시된 경우, eClicker 시스템은 학생에게 응답에 대한 즉각적인 관심을 얻지 않고 참여할 수 있도록 한다(Big Nerd Ranch, 2012).

강력한 연구에 기반을 둔 또 다른 선행사건 중심의 전략은 학생에게 자신의 행동을 관리하도록 가르치는 것이다. 자기관리 전략은 학생들이 자신의 행동을 인식하고, 그러한 행동을 개선하기 위한 목표를 설정하는 데 도움을 주는 다양한 방법을 포함한다. 그리고 학업과 행동 결과를 모두 개선하는 데 효과가 있는 것으로 오래전부터 보고되고 있다. 이러한 전략은 다양한 교육 환경, 여러 학년 수준, 다양한 행동을 보이는 학생들에게 모두 성공적이었다(Briesch & Chafouleas, 2009; Bruhn, McDaniel, & Kriegh, in press; Carter, Lane, Crnobori, Bruhn, & Oakes, 2011; Joseph & Eveleigh, 2011; Mooney, Ryan, Uhing, Reid, & Epstein, 2005; Shef-field & Waller, 2010).

인기 있는 자기관리 전략은 학생들이 자신의 행동을 인식하고 그 행동이 일어나고 있는지를 물리적으로 기록하도록 배우는 자기점검 방법이다. 이 방법은 학생에게 초인지과정을 통해 적절한 행동을 수행하도록 하는 것이다. 이러한 면에서, 자기점검법은 선행사건 중심 전략으로 사용될 수 있다. 최근에 Bruhn 등(in press)은 자기점검 중재에 기술이 어떻게 사용되고 있는지와 사용되는 방법을 확인하기 위해 자기점검에 관한 가장 최근의 연구들을 살펴보았다. 검토한 41개의 연구들 중에 22개에서 자기점검을 위해 부엌 타이머와 오디오 장비(예: iPod)와 같이 미리 녹음된 경고음이 포함된 기술 장비를 사용하고 있었다. 흔히 사용되는 한 가지 도구는 Motivaider®(www.habitchange.com)(Behavioral Dynamics, 2012)인데, 사용자가 설정한 스케줄에 따라(예: 매 2분마다) 진동하는 작은 전자 호출기이다. 이 기기는 약 50~60달러(버전에 따라 다름) 정도이며 교실에서 비교적 눈에 띄지 않게 다룰 수 있는데, 벨트, 허리 밴드에 붙이거나 또는 주머니 안에 넣고 다닐 수 있다. 교사들은 이것을 사용하여 학생들이 자신들의 행동을 점검하도록 촉구할 수 있다. 아니면 학생들 스스로도 사용할 수 있다. 최근 모바일용 Motivaider®(Behavioral Dynamics, 2012)가 iOS와 안드로이드 기기에서 사용할 수 있는 앱으로 제공되었다. 이는 실제 기기와 동일한 방식으로 사용된다. 즉, 사용자가 원하는 행동을 결정하고, 메시지가 나타나면 행동을 해야 한다는 것을 생각하도록 '개인 메시지'를 보내고, 앱이 특정 시간 동안 진동 또는 소리를 전달할 수 있게 설정한다. 이 앱은 1달러 99센트라는 상당히 저렴한 가격에 사용할 수 있다.

기술이 자기점검을 촉진시키기 위해 사용되는 반면에 학생들이 자신의 행동을 기록하기 위한 수단으로 이 기술을 사용한 연구는 소수에 불과하다. 한 연구에서, 정서 및 행동장애를 가진 한 초등학생이 휴대용 모바일 기기를 사용하여 과제 수행 행동을 기록하였다(예: Palm Zire 72; Gulchak, 2008). 다른 연구에서는 중학생 두 명이 휴대전화로 트위터에 문자 메시지를 보내어 자신들이 과제를 하고 있는지 아닌지를 물었다(Bedesem, 2012). 가장 최근의 연구(Big Nerd Ranch, 2012)에서는 세 명의 초등학생이 "선생님의 말씀을 듣고, 교실에서 해야 할 일을 잘 따르고 있나요?"라는 질문을 50분 동안 10번 듣고 이에 대해 eClicker와 같은 학생 반응 시스템에 반응하였다(Szwed & Bouck, 2013). 이 연구에서, 모든 학생의 과제 참여도는 향상되었다. 전자식 자기점검 기기는 데이터 저장 기능이 있는지 여부가 명확하지 않기 때문에 모든 행동 데이터를 수동으로 분석하고 그래프로 나타내야 할 것이다. 데이터 저장 기능이 있는 앱은 Habit Monkey(Boot Strapped Coffee, 2013)로, 사용자가 자신의 행동에 대한 빈도 데이터를 추적할 수 있게 해 주는 사용자 친화적인 무료 앱이다. 이 앱의 핵심은 모니터되는 행동이 기능적으로 관련 있는 것인지를 확인해 주는 것이다(Briere & Simonsen, 2011). 예를 들어, 학생인 TJ가 학업을 회피하기 위해 과제수행 행동을 하지 않는다고 상상해 보자. TJ는 Habit Monkey(Boot Strapped Coffee, 2013)를 사용해 완성한 과제의 수를 추적할 수도 있다. 이 학생은 한 주의 목표를 입력하고(예: 10개 수학 연습지), 과제를 완료할 때마다 '+' 아이콘을 간단하게 선택하면 된다. 학생은 주당 평균 완성률과 합계를 볼 수 있다. 총 실행 수가 도움이 되기는 하지만, 사용자가 데이터를 날짜별로 볼 수 없고 단지 주별로만 볼 수 있다는 단점이 있다.

앱이 학생들에게 자신의 행동을 점검하거나 자신의 행동을 기록하는 데 사용되는지에 관계없이, 행동변화에 대한 기저의 근본적인 이론은 같다. 학생들이 자신의 행동에 대해 생각하고 기록하는 것을 배우면서, 자신의 행동을 위한 기준을 설정하고 지시할 수 있다. 그 결과 긍정적인 행동을 더 많이 보여 줄 것이다.

행동 중심의 중재

긍정적인 행동을 유도하기 위해 선행사건 중심의 전략으로 사용되는 자기관리 이외에도, 자기관리 전략(예: 자기점검, 목표 설정, 자기-교수)의 첫 번째 부분은 그 행동이 무엇인지 배우는 것이기 때문에 행동 중심의 전략을 포함한다. 학생들이 자신의 행동을 점검하고 기록할 수 있기 전에 그 행동이 어떻게 보이는지, 그리고 그 행동이 일어나고 있다는 것을 어떻게 알아야 하는지를 배워야 한다. 자기관리 이외에도, 학생들에게 행동에 대해 가르치고, 학생의 사회적, 행동적 기술을 개선시킬 수 있는 사회적 이야기와 비디오 모델링과 같은 다른 전략들이 포함된다. 이러한 전략들은 〈표 11-6〉에 설명되어 있고, 증거기반 전략을 지원하는 몇 개의 앱 목록도 제시되어 있다.

<표 11-6> 기술 구축에 초점을 둔 행동 중심 중재

행동중심 전략	설명	앱

사회적
이야기
	학생들이 행동의 기대
	수준, 타인의 관점, 사
	회적 상호작용을 더
	잘 이해할 수 있도록
	돕기 위해 고안된 이
	야기
		Story Maker for Social Stories($39.99, Handhold Adaptive,
		2013b)
		https://itunes.apple.com/us/app/storymaker-for-
		social-stories/id570007786?mt=8&affId=2104148
		• iPrompts(Handhold Adaptive)를 만든 사람과 동일한
		  사람에 의해 만들어진 StoryMaker는 사용자가 그림,
		  텍스트 및 오디오로 사회적 이야기를 만들 수 있게
		  함. 이야기를 이메일로 보내고 인쇄할 수 있음

비디오
모델링
	학생들이 적절한 행동
	을 하는 정신적 모델
	을 개발하도록 도움이
	되는 비디오 사용
		My Daily Tasks($4.99, Ablevox, 2013)
		https://itunes.apple.com/us/app/id554657914?mt=8
		• 사용자들이 컨텐츠를 만들어 동영상을 만들고, 다양
		  한 기술을 가르칠 수 있음
		My Pictures Talk($4.99, Grembe, 2011)
		www.grembe.com
		• 사용자들은 행동을 가르치거나 사회적 이야기를 만
		  들기 위해 그림이나 비디오를 입력할 수 있으며, 이
		  는 다른 기기에서 사용할 수 있도록 이메일로 자료를
		  보낼 수 있음

자기관리	학생들이 자신의 행동
	을 인식하고 행동을
	개선하기 위한 목표를
	설정하는 데 도움을
	주는 다양한 전략
		Zones of Regulation($4.99, Selosoft, 2014)
		www.selosoft.com/zones.html
		• 학생들은 자기통제와 문제해결기술을 습득하는 활동
		  에 참여함으로써 감정이나 행동을 조절하는 것을 배움
		Self-Regulation Training Board($4.99, Chapin, 2014)
		https://itunes.apple.com/us/app/self-regulation-
		training-board/id644011272?mt=8
		• 초등학교 3~10학년 학생들에게 감정 유발인자를 인
		  식하고, 감정을 이해하고, 문제를 해결하도록 도와줌
		  으로써 신체적, 정서적, 인지적 자기 조절 기술을 배
		  울 수 있게 하는 앱

비디오 모델링 또는 관찰학습은 학생들이 긍정적인 행동(예: 긍정적인 사회적 상호작용, 주고받기, 요구하는 것을 도와주기 등)을 배우기 위해 바람직한 행동을 관찰하도록 하는 것이다. 예를 들어, 한 학생이 행동에 대해 비디오 시범을 보고 그 이후에 같은 기술을 모방할 수 있는 기회를 가지는 것이다(Bellini & Akullian, 2007). 운동기능(예: 연필 잡기), 사회적 기술, 의사소통기술, 자기점검, 기능적 기술(예: 양치질), 직업 기술, 운동 수행, 정서 조절 등과 같은 행동들은 비디오 모델링을 사용하여 배울 수 있다(Hitchcock, Dowrick, & Prater, 2003; Starek & McCullagh, 1999). 연구자들은 비디오 모델링이 특히 시각적 단서가 붙은 지시로부터 도움을 받을 수 있어 자폐스펙트럼장애 학생을 포함한 다양한 학생에게 중재 효과를 가진다고 하였다(Bellini & Akullian, 2007). 자폐스펙트럼장애 학생들은 두 가지 주요 이유 때문에 비디오 모델링에 긍정적으로 반응하는 경향이 있다. 첫째는 다른 사람과 상호작용을 할 때 자폐스펙트럼장애 학생들은 종종 불안감을 느끼기 때문에 그로 인해 기술과 상호작용을 하는 데 제한성을 가진다. 두 번째는 이 학생들은 비디오를 통해 강하게 동기화되고, 그래서 비디오에 집중하는 경향이 있다(Bellini & Akullian, 2007).

　학교 교직원은 My Pictures Talk(Grembe, 2011)라는 자기 스스로 비디오 모델을 만들어 사용하는 저렴한 앱($4.99)을 사용할 수 있다. 사용자들은 행동을 가르치거나 심지어 사회적 이야기를 만들어 내기 위해 그림과 비디오를 입력할 수도 있다. 그림과 비디오를 실시간 만들어 낼 수 있거나 장치에 미리 입력하거나 저장할 수 있다(아이폰만 가능). 그리고 난 후 사용자가 그림이나 비디오에 오디오를 함께 제공할 수 있다. 'Stories'(예: 비디오 또는 사진 슬라이드 쇼)는 다른 기기에서 사용할 수 있도록 이메일로 전송할 수 있다. 그래서 실제로는 학생들이 학교에서 그 비디오 모델을 사용할 수 있다. 그러면 교사는 학생의 부모님께 'story'를 이메일로 보내서 집에서 부모가 모델링해야 하는 기술을 더 강화할 수 있도록 한다. 학생들이 가정과 학교에서 모두 일반화해야 할 필요가 있는 한 가지 중요한 기술은 서로 공유해야 한다. 교사는 학교에서 친구와 자료를 공유하는 학생의 모습을 사진 찍고 다른 사람과 어떻게 공유하는지, 왜 공유가 중요한지, 가정에서 형제, 친구, 부모와 어떻게 공유하는 연습을 해야 하는지를 설명해 준다. 부모와 학생은 함께 비디오를 보고 난 후 그것에 대해 이야기 나눈다.

후속결과 중심의 중재

마지막으로, 후속결과 중심의 긍정적인 행동의 빈도를 증가시키기 위해 문제행동이 발생한 후에 사용되는 전략이다. 물론, 강화가 행동의 기능과 일치해야 한다. 몇 가지 앱을 사용하여 단일 기능을 정확히 찾아낼 수 있다. 또한 다양한 기능을 한 번에 찾을 수 있도록 보상을 추적하는 앱이 많이 개발되어 있다.

언론과 PBIS 커뮤니티에서 상당히 주목을 받고 있는 하나의 앱은 Class Dojo (Class Twist, 2014)이다. 이 무료 앱은 적극적인 교실 관리 툴로서 권장되고 있으며, 이러한 측면에서 선행사건 중심 전략으로 보일 수 있다. 그러나 이 앱은 행동이 일어난 후에 긍정적 또는 부정적 후속결과를 적용하기 때문에 후속결과 중심 전략이라 할 수 있다. Class Dojo(Class Twist, 2014)를 실행하려면 하나의 기기(전화, 태블릿, iPod Touch, 대화형 화이트 보드, 컴퓨터)와 인터넷 연결이 필요하다. 교실의 각 학생은 괴물 같은 아바타를 선택한다. 이름과 아바타의 차트는 화면에 투영되며, 교사는 학생이 친절한 말을 사용하거나, 질문하기 위해 손을 들거나, 과제를 완성하는 등의 긍정적인 행동을 하게 되면 그 모습을 확인한 후, 학생의 이름을 선택하고 기기에 행동을 클릭하여 입력한다. 그 학생은 긍정적인 행동에 대해 +1을 얻었다는 통보를 즉각적으로 받게 된다. 반대로 교사는 부정적인 행동을 지적할 수 있는데, 붉은색으로 감점을 표시한다. 물론 이와 같은 반응-대가 시스템을 사용하기 전에 교사는 교실 및 학교 전체의 행동 기대수준을 조율할 필요가 있다. Class Dojo(Class Twist, 2014)는 교사들이 학생, 학부모, 행정가를 위한 행동 보고서를 쉽게 인쇄할 수 있도록 모든 데이터를 추정하여 표시한다. 비록 이것이 교실 수준의 도구이지만, 기능 중심의 중재를 시행하는 교사들이 이것을 개별학생의 BSP의 일부로 사용할 수 있다. 예를 들면, 크러크 선생님의 학생 애니가 주의 집중 행동을 보인다면 점수를 받을 확률이 높아질 것이다. 또한 특정 행동에 대한 칭찬(예: "애니가 힘든 주의 집중 행동을 잘 해내다니 기쁘구나!")도 함께 많이 제공될 수 있을 것이다. 그리고 난 후 모인 포인트는 선생님과 점심 식사를 같이하거나 친구와 시간을 같이 보낼 수 있는 관심과 관련되는 것과 교환할 수 있다.

회피에 동기화되는 학생에게는 다른 종류의 앱이 필요하다. 회피성 행동을 보이는 많은 학생은 너무 어렵다고 생각하기 때문에 과제를 회피한다(McIntosh,

Horner, Chard, Dickey, & Braun, 2008). 그래서 이런 학생에게 어려운 과제에 참여하게 하는 것은 종종 투쟁이며, 학생과 교사 사이의 서로 강압적인 상호작용을 하는 기회를 초래할 수 있다(McIntosh et al., 2008). 예를 들어, 읽는 것이 힘든 학생은 문제행동을 보일 것이다. 그리고 이러한 상관관계는 학생이 나이가 들면서 더 높아지는 경향이 있다(Fleming, Harachi, Cortes, Abbott, & Catalano, 2004). Scholastic Reading Timer(Scholastic, 2013)는 읽어야 하는 상황에서 회피성 행동을 보이는 학생에게 도움을 주는 무료 앱이다. 학생은 자신을 위한 프로파일을 만들고 나서 자신이 읽고 싶은 목표 시간을 설정한다. 그리고 나면 앱의 중지-감시 기능이 읽은 시간을 추적한다. 앱을 통해 매일 읽은 시간을 기록할 수 있다. 교사가 수업시간에 이 앱을 사용하여 "일단 5분 동안 읽으면 2분 동안 책을 읽지 않아도 된다."라고 말을 할 수 있다. 이렇게 하면, 학생은 읽기가 끝난 후에 자신들의 학습과정을 점검할 수 있고 목표 과제의 일부를 수행한 이후에 짧게라도 과제를 회피할 수 있다. 한편, 이 앱에는 부모가 자녀의 독서에 대한 주별 진전도를 검토할 수 있고, 읽기를 장려하고 가르칠 수 있는 다양한 팁과 논문에 접근할 수 있고, 도서 목록에서 선택할 수 있는 요소가 구성되어 있다.

다음 단계

우리는 시장에서 이용할 수 있는 관련 앱의 일부만 강조하였고, 〈표 11-7〉에서 다중 요소를 가진 기능 중심 중재의 한 부분으로 사용될 수 있는 다양한 전략과 이러한 전략을 지원하는 데 사용될 수 있는 대응 앱의 간략한 정보를 제공하고 있다. 사용할 수 있는 앱은 많기 때문에 특정 학생에게 어떤 앱이 적합한지 판단하기가 어려울 수도 있다. 이 과정을 돕기 위해 가장 유용하고 적절한 앱을 선택할 수 있는 가이드를 제공해 줄 질문을 정리하였다. 놀랄 것도 없이 이용할 수 있는 앱이 많이 있으며, 이 장의 앞부분에 다양한 앱 평가 루브릭과 체크리스트를 제시하였다. 다음 장에서는 중재를 목적으로 사용할 앱을 선택하고자 할 때 고려해야 할 가장 적절한 다섯 가지 질문에 대해 루브릭으로 정리를 해 두었다.

1. 사용자 친화적이고 직관적(intuitive)인가? 애플리케이션은 본질적으로 사용하고, 이해하기 쉬워야 한다. 특정 기술이 필요하거나 추가적인 설명이 필요한 경우 다음과 같은 추가적인 질문을 해 볼 필요가 있다. '사용자가 추가 도움말 또는 지침을 볼 수 있는 동반 웹 사이트가 있습니까? 아니면, 앱에 FAQ 목록과 사용자 팁이 내장되어 있습니까?' 교사나 다른 성인이 사용하기 쉬운 앱이 아니라면 도움보다는 방해가 될 수 있으며, 특히 사용자를 지원하는 추가 지원이 없는 경우에는 중재에 사용하지 않는 것이 좋다.

2. 비용이 효율적인가? 모든 사람은 학교가 직면하고 있는 예산문제를 잘 알고 있다. 물론 무료 앱은 예산이 부족할 때 아주 좋다. 그렇지만 '무료'라고 주장하는 많은 앱은 사용자가 사용 가능한 기능에 제한적으로만 접근할 수 있도록 되어 있다. 앱이 제공하는 최고의 기능에 접근하려면 사용자가 더 강력한 버전으로 업그레이드하는 데 비용을 지불해야 하는 경우가 많다. 불행하게도 많은 앱은 옛날 속담에서 말하는 것처럼 싼 게 비지떡일 수 있다. 즉, 돈을 지불한 것만큼 좋은 것을 얻을 수 있다는 것이 사실이다. 중요한 핵심은 앱 파는 곳을 둘러보고, 사용자 리뷰를 읽고 그 앱이 예산에 맞는 것인지를 결정하는 것이다.

3. 연령과 사회적으로도 적절한가? 중재에 사용되는 앱은 사용하기 쉽고 저렴할 뿐만 아니라 학생들의 발달 단계에도 부합해야 한다. 예를 들어, 초등학교 저학년 학생은 복잡한 자기관리 앱을 사용하는 데 어려워할 수 있다. 동시에 감각 자극 앱인 Bubbles(Hog Bay Software, 2011)와 보상 앱인 Beep and Boop(Jib-Jab Media, 2013)은 청소년인 고학년 학생이 너무 좋아할 수 있다. 그래서 학생의 연령과 성숙 정도를 고려하는 것이 중요하다.

4. 당신이 실행하려는 중재와 변화시키려는 행동을 제대로 지원하는가? 빈번하게 학교는 교육에서 '최첨단이 되기 위해' 기술을 구입한다. 하지만 기술을 사용하는 방법이 분명하지 않을 때는 대개 이러한 앱이 교실에서 사용하지 않는 채로 있거나 수업이나 중재를 강화하는 방식으로 사용되지 않는다. 교사가 아이패드를 사용할 수 있다고 해서, 매번 아이패드를 사용해야 한다는 것을 의미하는 것은 아니다. 오히려 아이패드는 이미 하고 있는 것을 향상시키고, 학생을 참여시키기 위해 신중하게 사용되어야 한다. '더 스마트하게 작동

되지만, 힘들지는 않아야 한다.'는 것이 중요하다. 학교 관계자는 이 앱이 행동변화를 일으킬 가능성이 가장 높은 전략을 지원한다는 것을 확인해야 한다. 예를 들어, 활동을 시작하기 어려워하는 학생은 전이를 준비하기 위해 시각적 일정이 필요한 것이 아니라 전이를 준비하고 계속 작업하기 위한 촉구(예: Motivaider®; Behavioral Dynamics, 2014)와 적절한 방식으로 시작에 대한 강화가 필요하다(예: Beep and Boop; JibJab Media, 2013).

5. 앱과 용도가 행동의 기능과 일치하는가? 앱이 행동의 기능과 일치해야 하는 것은 중요하다. 자기관리 전략을 사용하는 학생들은 기능적으로 관련된 행동을 점검하고 평가할 필요가 있다(Briere & Simonsen, 2011). 예를 들어, 어떤 학생의 문제행동이 또래의 관심을 얻기 위해 지속되는 부적절한 언어 사용이라면 과제 완료는 기능적으로 관련이 없기 때문에 과제 완료를 점검할 필요가 없다. 마찬가지로 iReward Chart(Gotclues, 2009)나 Caught Being Good(Hyceit, 2012) 등의 후속결과 중심의 앱을 사용할 경우 중재를 제공하는 사람들은 기능과 관련된 행동을 하게 될 경우에 보상을 주도록 설정해야 한다. 이는 사용자가 개인에 대한 보상을 맞춤형으로 지정하거나 아니면 기본설정으로(default) 앱의 환경을 조정해야 한다는 것을 의미한다.

〈표 11-7〉 기능적 강화에 초점을 둔 후속결과 중심 중재

기능	기능적 강화에 초점을 둔 후속결과 중심 중재의 예시
관심	Class Dojo—praise(무료, Class Twist, 2014) http://www.classdojo.com • 교사가 행동에 대해 긍정적이거나 부정적인 점수를 주기 위해 앱을 사용함. 포인트는 화이트보드나 프로젝터 스크린에 표시될 수 있음. 포인트는 구체적인 칭찬과 함께 제공함 LiveSchool—praise($99/user, LiveSchool, 2014) http://whyliveschool.com • 교사가 행동에 대해 긍정적이거나 부정적인 점수를 주기 위해 앱을 사용함. 포인트는 화이트보드나 프로젝터 스크린에 표시될 수 있음. 포인트는 구체적인 칭찬과 함께 제공함
유형물	Class Dojo—points(무료, Class Twist, 2014) http://www.classdojo.com • 교사가 행동에 대해 긍정적이거나 부정적인 점수를 주기 위해 앱을 사용함. 포인트는 화이트보드나 프로젝터 스크린에 표시될 수 있음. 포인트는 가치 있는 물건과 교환할 수 있음 LiveSchool—points, tickets, bucks($99/user, LiveSchool, 2014) http://whyliveschool.com • 교사가 행동에 대해 긍정적이거나 부정적인 점수를 주기 위해 앱을 사용함. 포인트는 화이트보드나 프로젝터 스크린에 표시될 수 있음. 포인트는 구체적인 칭찬과 함께 제공함. 포인트는 은행에 맡기고, 돈, 티켓, 혹은 장학금 차원의 계획에 따라 제공될 수 있음
활동·과제	Scholastic Reading Timer(무료, Scholastic, 2013) www.scholastic.com/apps/scholasticreadingtimer • 읽기 타이머와 읽기 기록장을 이용하여 학생들이 읽고 있는 시간과 분량을 추적하는 데 도움이 됨 • 부모와 교사는 로그인하여 진행사항을 추적하고, 날짜별 정보나 기사를 얻어 읽기를 향상시킬 수 있음 First & Then($1.99, Good Karma Applications, 2010) • 사용자가 만든 시각적 스케줄을 이용하여 학생들이 선호하는 활동에 참여하기 전에 선호하지 않는 활동에 먼저 참여하도록 장려함. 이 앱에는 타이머가 있어 학생들이 얼마나 오랫동안 활동에 참여하는지를 알 수 있음
감각자극	Bubbles(무료, Hog Bay Software, 2011) https://itunes.apple.com/us/app/bubbles/id284288607?mt=8 • 이 앱은 자극이나 주의가 산만한 어린 아동들을 위해 개발됨. 끊임없이 거품을 뿜어내면서 소리를 내는데, 이 앱의 구매를 통해 다른 유사한 게임이나 물건을 이용할 수 있음
기타 기능	Caught Being Good($.99, Hyceit, 2012) www.caughtbeinggoodapp.com/index.html • 부모와 교사는 특정 행동이나 과제의 목표를 설정할 수 있음. 일단 아동이 바람직한 행동을 수행하는 것을 관찰하면, 칭찬하고 아동에게 보상을 얻기 위한 바퀴를 '돌리게' 함 iReward Chart($3.99, Gotclues, 2009) www.irewardchart.com/#home • 부모와 교사들은 아동 개개인 숙제, 보상에 들어갈 수 있음. 전자 스티커 차트와 같은 기능을 보여 주지만, 더 개인에게 맞춤형으로 만들 수 있고, 은행 계좌와 같은 보상 추적 방법을 가지고 있음 Beep & Boop(무료, JibJab Media, 2013) www.storybots.com/beep-boop • 학생들이 긍정적인 행동에 대해서 '삐~소리'를 듣고, 부정적인 행동에 대해서는 '야유음'을 들음. 이를 통해 학생들은 포인트를 계속해서 유지하고, 목표를 설정하며, '삐~소리'가 많이 들리는 보상을 받게 됨

웹 기반의 포괄적인 평가와 중재 기술: ISIS-SWIS

지금까지 논의된 앱은 FBA/BSP 과정의 하나 이상의 측면을 다루었으며, 이는 데이터 수집의 특정 측면에서뿐만 아니라 BSP 실행에서 모두 유용할 수 있다. FBA/BSP 과정을 지원해 주는 좀 더 포괄적이고, 웹 기반 시스템에 흥미를 가진 학교 교직원의 경우, 학교 차원의 정보 시스템[(School-wide Information System: SWIS)이 제공하는 많은 선택사항 중 개별학생정보시스템(the Individual Student Information System: ISIS)]을 고려해야 한다(May et al., 2000). SWIS는 처음 1단계에서 학교 전체의 PBIS 실행의 효과성을 검토하고 평가하기 위해 훈육에 의뢰되는 데이터를 정리하고 요약하도록 설계되었다. 처음부터, 체크-인, 체크-아웃 또는 CICO-SWIS(Crone et al., 2010 참조)라고 하는 행동중재의 2단계에서 데이터를 평가하기 위한 시스템을 포함한 몇 가지 기능이 추가되었다. 이 웹 사이트를 통해 학교 교직원들은 일별 향상 보고서에서 획득한 점수를 요약하고 그래프로 나타냄으로써 심각한 문제 상황에 처해 있지만 현재는 위험군에 있는 학생의 데이터를 추적할 수 있다.

최근에는 ISIS-SWIS 프로그램이 학교 팀에게 집중적인 단계 3인 FBA 중심의 지원을 필요로 하는 학생들의 향상도를 점검할 수 있도록 개발되었다. ISIS-SWIS는 학교 관계자들에게 한 곳에서 주요 정보를 이용할 수 있고, 쉽게 접근할 수 있도록 기록을 검토하고, FBA 관찰 양식, 회의노트 등과 같은 BSP에 관련된 중요 정보를 업로드하고 저장한다. ISIS-SWIS의 주요 특징은 학교 교직원에게 개별적인 학생 데이터를 그래프로 나타내는 시간 효율적인 수단을 제공한다는 것이다. (가상의) 학생 칼리 존슨에 대한 샘플 그래프는 [그림 11-2]에 제시되어 있다.

ISIS-SWIS는 유연성이 있으며, 학교 교직원이 다양한 지표(예: 완료 작업 비율, 획득 점수의 %), 빈도 및 지속 시간을 포함한 다양한 지표를 사용하여 학업 및 사회 행동에 대한 데이터를 모을 수 있도록 해 준다. [그림 11-2]에서 칼리의 문제행동은 공격적인 행동이고, 도표화된 행동은 1분당 파괴적인 평균 속도를 나타낸 것이다. 학교 팀은 그래프에서 목표선으로 보이는 각각의 행동에 대한 목표를 만들어 낸다. 데이터가 수집될 때 목표선 위의 각 데이터 점은 녹색이며, 라인 아래의 데이터 점은 적색이어서, 학교 관계자는 학생의 향상 여부를 쉽게 알 수 있다. 또한 중재가 잘 이루어지지 않아 수정이 필요한 경우, 그래프에 직선이 삽입되고 '지원계획 변경'이라고 적어 둔다. 칼리의 그래프에서, 4월 27일과 5월 11일 각 점에서 두 가지 지원계획 변경이 있음을 알 수 있다. 결과 데이터 이외에도, ISIS-SWIS를 통해 학교 팀은 1에서 5점 척도를 사용하여 중재 충실도를 확인할 수 있다. 1점은 낮은 충실도를 나타내며, 5점은 높은 충실도를 나타낸다(예: 계획한대로 중재가 제대로 이루어진 정도를 교사가 평정함). 칼리의 그래프 오른쪽에서 1에서 5까지의 눈금을 볼 수 있으며, 회색의 자료점이 중재 충실도를 나타내고 있다. 칼리의 그래프에서 볼 수 있듯이, 충실도 척도가 높아졌을 때 칼리의 공격적 행동은 감소했다(5월 11일 행동지원계획 변경에 따른 데이터를 참조).

🖳 [그림 11-2] ISIS-SWIS의 학생 그래프 샘플

ISIS-SWIS 프로그램에 접근하여 사용하고자 한다면, 학교 팀은 SWIS 촉진자 (facilitator)로 자격을 갖춘 사람으로부터 훈련을 받아야 한다. ISIS-SWIS와 훈련을 받는 방법에 대한 자세한 정보는 www.pbisapps.org를 참조하면 된다.

나가면서

이 장의 목표는 FBA/BSP 과정의 효과성과 효율성을 강화시키는 데 사용할 수 있는 일부 기술 도구에 대한 개요를 제공하고자 한 것이다. 기술이 매우 빠르게 변화하고 있기 때문에 활용 가능한 도구의 수는 향후 몇 년 안에 두 배가 될 것이다. 이러한 이유로, 이 장에서는 학교 교직원들이 앱을 활용하는 것이 자신의 요구를 충족시킬 수 있을지를 좀 더 쉽게 판단할 수 있도록 이해를 돕는 내용을 제시하였다.

오늘날 기술은 FBA 데이터를 수집하고 효과적으로 BSP를 실행할 수 있도록 교직원의 능력을 향상시킬 수 있는 실제적인 힘을 가진다. 이 장에서 제시한 바와 같이, FBA/BSP 과정 동안 기술을 사용하는 것의 효과가 있는지를 평가한 몇 가지 연구가 있지만, 기술사용 방법과 사용 시기 및 학교를 위한 가장 효율적인 시스템 지원방법을 결정하기 위해서는 더 많은 연구가 필요하다. ISIS-SWIS는 SWIS웹 기반 시스템에 최근 추가되었으며, 이와 관련하여 FBA/BSP 과정을 실행하는 데 미치는 영향을 평가할 연구가 역시 필요하다.

부록

부록 A. 지원 의뢰 신청서 양식

날짜: _____   교사/팀: _____

IEP 적용 여부: 네, 아니요 (해당 사항에 동그라미)

학생 이름: _____   학년: _____

현재 상황	문제행동	가장 일반적인 결과
사용해 본 방법은 무엇인가? 그 방법의 효과는 있었는가?		

대상 학생을 위한 행동 목표·기대행동은 무엇인가? _____

문제행동이 발생하는 상황을 변화시키기 위해 사용해 본 방법은 무엇인가?

			기타
___ 학생 기술 수준에 맞추어 과제 수정	___ 자리 배치 조정	___ 활동 스케줄 수정	
___ 학생 학업 기술 향상을 위한 개별지도	___ 교육과정 수정	___ 추가 도움 제공	

기대행동을 가르치기 위해 사용해 본 방법은 무엇인가?

			기타
___ 문제행동 발생 가능성이 있을 때 기대행동 상기시키기	___ 모든 학급을 대상으로 규칙과 기대행동 명료화하기	___ 학급에서 기대행동 연습하기	
___ 기대행동에 대한 보상 프로그램	___ 대상 학생과 구두 동의 얻기	___ 자기관리 프로그램	
___ 행동에 대한 체계적 피드백 제공	___ 개별 행동 계약서	___ 학생 또는 부모를 대상으로 한 행동 계약서 만들기	

문제행동에 대한 후속결과는 무엇인가?

			기타
___ 특혜 없애기	___ 학생 부모에게 쪽지 보내기 또는 전화통화	___ 훈육 지도실에 보내기	
___ 타임아웃	___ 방과 후 학교에 남기	___ 혼내기	
___ 학교 상담교사에게 의뢰	___ 학생 부모와 미팅	___ 학생 개별 미팅	

부록 A. 지원 의뢰 신청서 (2/2)

이 문제를 해결할 때는 다음과 같은 질문을 고려하시오.

1. 언제 문제행동이 가장 많이 또는 가장 적게 발생하는가?
    - 특정 요일(예: 월요일) 또는 시간(예: 쉬는 시간 직후)?
    - 특정 사람과의 상호작용 동안이나 상호작용 후(예: 소그룹 협동 활동)?
    - 특정 유형의 활동이나 과제(예: 너무 어려운 과제, 지루한 과제)?
    - 특정 물리적 환경 요인(예: 소음, 많은 사람)?
    - 루틴 특성(예: 예상치 못한 변경, 선호 활동의 취소)?
    - 의학적 또는 신체적 요인(예: 배고픔, 수면 부족)?
    - 기타 영향 요인?

2. 학생이 문제행동을 통해 얻을 수 있는 것은 무엇이라고 생각하는가?
    - 관심? 관심의 유형? 누구로부터?
    - 너무 어려운 활동이나 지겨운 활동으로부터 회피?
    - 교사와의 상호작용으로부터 회피?
    - 상황에 대한 통제력 확보?
    - 또래들 앞에서 창피당하는 것으로부터 회피?

행동 요약

배경사건 및 예측변인	우려되는 행동	유지 후속결과

3. 학생의 문제행동이 필요 없게 만들 수 있는 다른 적절한 행동이 있는가?

4. 교사지원팀의 결정 사항
    - ☐ 시도할 수 있는 중재에 대한 제안
    - ☐ 다른 팀에게 평가 의뢰(언어 청각, 학습)
    - ☐ 기능평가를 실행하고 지원계획을 개발한 수행팀 구성

5. 추후 회의 날짜

부록 B. 기능적 행동평가 · 행동지원계획 프로토콜
(F-BSP 프로토콜)

기능적 행동평가 인터뷰: 교사/교직원/부모용

학생 이름: _____ 나이: _____ 학년: _____ 날짜: _____

인터뷰 대상: _____

인터뷰 진행자: _____

학생 프로필: 학생이 잘하는 것 또는 학교에서 보이는 학생의 강점은 무엇인가? _____

_____

단계 1A: 교사/교직원/부모 인터뷰
행동에 대해 기술하기

문제행동은 어떤 형태로 나타나는가?
문제행동이 얼마나 자주 발생하는가?
문제행동이 한 번 발생하면 얼마나 오래 지속되는가?
문제행동이 방해되는 정도와 위험한 정도는?

The "Functional Behavioral Assessment Interview — Teacher/Staff/Parent" and "Functional Behavioral Assessment Interview — Student" sections are adapted with permission from March et al. (2000). "Step 6. Build a Competing Behavior Pathway" is from O'Neill et al., *Functional Assessment and Program Development for Problem Behavior* (2nd ed.). © 1997 South-Western, a part of Cengage Learning, Inc. Reproduced by permission. www.cengage.com/permissions.

(계속)

선행사건에 대해 기술하기

루틴 파악하기: 언제, 어디서, 누구에게 문제행동이 가장 많이 발생하는가?

스케줄 (시간)	활동	문제행동	문제행동 발생 가능성		문제행동 대상
			낮음 1　2　3　4　5　6	높음	
			1　2　3　4　5　6		
			1　2　3　4　5　6		
			1　2　3　4　5　6		
			1　2　3　4　5　6		
			1　2　3　4　5　6		
			1　2　3　4　5　6		
			1　2　3　4　5　6		

선행사건(배경사건) 요약하기

어떤 상황이 문제행동을 발생시키는 것으로 보이는가? (어려운 활동, 활동 전환, 구조화된 활동, 소그룹 상황, 교사 지시, 특정 개인 등)

문제행동이 가장 많이 발생하는 시간은 언제인가? (시간, 요일)

문제행동이 가장 적게 발생하는 시간은 언제인가? (시간, 요일)

배경사건: 문제행동을 더 심하게 만드는 상황, 사건, 활동이 있는가? (약을 복용하지 않음, 학업 실패 경험, 가정에서의 갈등, 식사를 놓침, 수면 부족, 또래와의 갈등 경험 등)

후속결과에 대해 기술하기

문제행동이 발생하면 주로 어떤 일이 일어나는가? (교사의 반응, 또래의 반응, 훈육 지도실로 학생 보내기, 학습활동에서 학생 제외시키기, 교사와 학생 간 주도권 갈등 등)

- - - - - - 인터뷰 종료- - - - - -

(계속)

단계 2A: 검증 가능한 설명 제시

배경사건	선행사건	행동	후속결과
		1.	
		2.	

행동 기능

위에 목록화된 ABC 순서를 바탕으로 생각하는 행동의 발생 이유는 무엇이겠는가? (교사 관심 획득, 또래 관심 획득, 원하는 물건·활동 획득, 원하지 않는 행동으로부터 회피, 요구 상황으로부터 회피, 특정 사람으로부터 회피 등)

1. _____

2. _____

검증 가능한 설명이 정확하다고 생각되는 확신 정도는?

매우 확신			중간		확신하지 못함
6	5	4	3	2	1

(계속)

기능적 행동평가 인터뷰: 학생용

학생 이름: _____ 나이: _____ 학년: _____ 날짜: _____

인터뷰 대상: _____

인터뷰 진행자: _____

학생 프로필: 학생이 잘하는 것 또는 학교에서 보이는 학생의 강점은 무엇인가? _____

_____

단계 1B: 학생 인터뷰 실시하기

행동에 대해 기술하기

> 자신이 문제를 일으키거나 학교에서 문제가 되는 것은 무엇인가? (허락없이 말하기, 공부하지 않기, 싸우기 등)
>
> 얼마나 자주 (학생이 대답한 문제행동)을 보이는가?
>
> (학생이 대답한 문제행동)이 한 번 발생하면 얼마나 오래 지속되는가?
>
> (학생이 대답한 문제행동)의 심각한 정도는? (자신이나 다른 학생이 결국 다치게 되는가? 다른 학생들이 산만해지게 만드는가?)

선행사건에 대해 기술하기

루틴 파악하기: 언제, 어디서, 누구에게 문제행동이 가장 많이 발생하는가?

스케줄 (시간)	활동	문제행동	문제행동 발생 가능성		문제행동 대상
			낮음 1 2 3 4 5 6 높음		
			1 2 3 4 5 6		
			1 2 3 4 5 6		
			1 2 3 4 5 6		
			1 2 3 4 5 6		
			1 2 3 4 5 6		
			1 2 3 4 5 6		
			1 2 3 4 5 6		

(계속)

선행사건(배경사건) 요약하기

어떤 것 때문에 자신이 문제행동을 보이는가? (어려운 활동, 활동 전환, 구조화된 활동, 소그룹 상황, 교사 지시, 특정 개인 등)

문제행동이 가장 많이 발생하는 시간과 장소는? (요일, 특성 수업 시간, 복도, 화장실)

문제행동이 가장 적게 발생하는 시간은 언제인가? (요일, 특성 수업 시간, 복도, 화장실)

배경사건: 학교나 수업 후 또는 수업 시간 사이에 무슨 일이 생기면 문제가 발생하는가? (약을 복용하지 않음, 학업 실패 경험, 가정에서의 갈등, 식사를 놓침, 수면 부족, 또래와의 갈등 경험 등)

후속결과에 대해 기술하기

문제행동이 발생하면 주로 어떤 일이 일어나는가? (교사의 반응, 또래의 반응, 훈육 지도실로 학생 보내기, 학습활동에서 학생 제외시키기, 교사와 학생 간 주도권 갈등 등)

- - - - - - 인터뷰 종료- - - - -

단계 2B: 검증 가능한 설명 제시

배경사건	선행사건	행동	후속결과
		1.	
		2.	
		3.	

행동 기능

위에 목록화된 ABC 순서를 바탕으로 생각하는 행동의 발생 이유는 무엇이겠는가? (교사 관심 획득, 또래 관심 획득, 원하는 물건·활동 획득, 원하지 않는 행동으로부터 회피, 요구 상황으로부터 회피, 특정 사람으로부터 회피 등)

1. _____

2. _____

3. _____

(계속)

단계 3: 검증 가능한 설명에 대한 신뢰도 평가

두 가지 인터뷰를 모두 마쳤다면, 이 두 인터뷰가 서로 일치하는가? (Y/N)
(a) 배경사건 _____   (b) 선행사건 _____
(c) 행동 _____   (d) 후속결과 _____
(e) 기능 _____

검증 가능한 설명이 정확하다고 생각되는 확신 정도는?

매우 확신		중간			확신하지 못함
6	5	4	3	2	1

단계 4: 관찰 실시(필요한 경우)

- 정학, 퇴학, 다른 학교 배치의 위험성을 가진 학생의 경우, 반드시 학생 관찰을 실시한다.
- 위의 기준을 만족하지 않는 학생이라도 확신 정도가 1, 2, 3, 4로 나온 경우, 언제 어디서, 왜 문제행동이 발생하는지를 파악하기 위해 관찰을 실시한다.
- 위의 기준을 만족하지 않는 학생에 대한 확신 정도가 5, 6이 나온 경우, 단계 6을 실시한다.

관찰 데이터 요약

배경사건	선행사건	행동	후속결과
		1.	
		2.	
		3.	

행동 기능

위에 목록화된 ABC 순서를 바탕으로 생각하는 행동의 발생 이유는 무엇이겠는가? (교사 관심 획득, 또래 관심 획득, 원하는 물건·활동 획득, 원하지 않는 행동으로부터 회피, 요구 상황으로부터 회피, 특정 사람으로부터 회피 등)

1. _____
2. _____
3. _____

단계 5: 검증 가능한 설명 확정/수정하기

위에 목록화된 ABC 순서를 바탕으로 생각하는 행동의 발생 이유는 무엇이겠는가? (교사 관심 획득, 또래 관심 획득, 원하는 물건·활동 획득, 원하지 않는 행동으로부터 회피, 요구 상황으로부터 회피, 특정 사람으로부터 회피 등)

교사 인터뷰와 관찰 결과가 일치했는가? Y/N
a) 배경사건 _____ (b) 선행사건 _____ (c) 행동 _____ (d) 후속결과 _____ (e) 기능 _____

학생 인터뷰와 관찰 결과가 일치했는가? Y/N
a) 배경사건 _____ (b) 선행사건 _____ (c) 행동 _____ (d) 후속결과 _____ (e) 기능 _____

인터뷰와 관찰에 따르면 문제행동 발생 이유에 대한 현재 검증 가능한 설명은 무엇인가?
_____
_____

(계속)

단계 6: 경쟁행동 경로 만들기

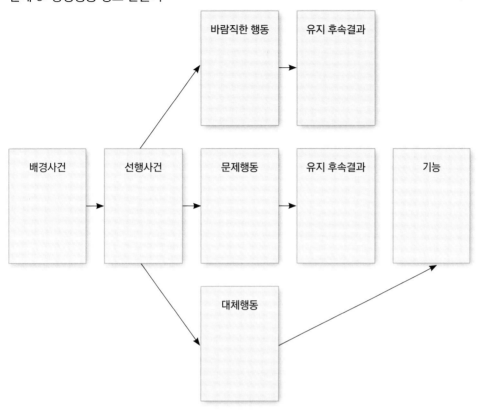

배경사건 전략	선행사건 전략	행동 지도 전략	후속결과 전략

(계속)

단계 7: 중재 전략 선택하기

중재	책임자	언제	검토 날짜	평가 결과 • 모니터하기 • 수정하기 • 중단하기

* 비상 행동관리 절차가 필요한 경우, 별도의 위기관리 계획을 첨부할 것

(계속)

단계 8: 평가 계획

행동 목표(구체적이고, 관찰 가능하고, 측정 가능한 목표를 이용하여 기술)

단기 행동 목표는 무엇인가?   _____ 예상 날짜   장기 행동 목표는 무엇인가?   _____ 예상 날짜

평가 절차

수집 데이터	데이터 수집 절차	책임자	기간

계획 검토 날짜: _____

계획의 내용에 대해 동의함:

_____   _____
학생   (날짜)   부모 또는 보호자   (날짜)

_____   _____
교사   (날짜)   교사   (날짜)

_____   _____
수행팀원   (날짜)   수행팀원   (날짜)

(계속)

기능적 행동평가 · 행동지원계획 프로토콜(F-BSP 프로토콜) 사용방법

F-BSP 프로토콜은 기능적 행동평가(FBA)를 수행하고 개별 행동지원계획(BSP)의 설계에 대한 평가를 수행하는 과정을 위한 도구로 개발되었다. F-BSP 프로토콜은 다음의 8단계로 구성된다. ① 교사/교직원/부모/학생 인터뷰, ② 검증 가능한 설명 제안, ③ 검증 가능한 설명의 확신 정도에 대한 평가, ④ 검증 가능한 설명의 검증/수정, ⑤ 관찰 수행, ⑥ 경쟁행동 경로 수립, ⑦ 중재 전략 선택, ⑧ 계획 평가 등이 그것이다.

F-BSP 프로토콜은 약식 FBA 또는 완전한 FBA를 완료하는 데 사용할 수 있다. 약식 FBA를 실시할 경우, 단계 4와 단계 5는 생략된다. 단계 1의 학생 인터뷰도 생략된다.

기본 정보

인터뷰 전에 인터뷰의 목적을 인터뷰 대상자에게 설명하는 것이 중요하다. 왜 당신이 인터뷰를 실시하는지를 설명하고, 20~30분간 인터뷰가 진행될 것이라고 알려 주고, FBA가 완료된 후에 인터뷰 대상자와 추후 검토할 수 있다는 점을 알려 준다.

첫 번째 페이지의 기본정보를 완성하는 데 짧은 시간을 이용한다. 개인정보 보호를 위해 학생의 이름을 약자로 표시하거나 학생 번호로 기록할 수 있다. '인터뷰 대상'에는 학생과의 관계(수학교사, 점심 모니터링 담당자, 학부모 등)를 기록한다. '인터뷰 진행자'에는 행동지원 과정에서 인터뷰 진행자가 담당하고 있는 역할(수행팀원, 팀장, 학교심리학자 등)을 기록한다.

'학생 프로필'에는 인터뷰 대상자가 제공하는 학생의 강점, 기술, 능력에 대해 기록한다. 또한 학생이 좋아하거나 이것을 위해 공부할 수 있는 물건이나 활동을 목록화한다. 이 정보는 학생의 강점을 바탕으로 BSP를 설계하고 학생을 강화할 수 있는 후속결과를 담은 BSP를 설계하는 데 도움이 될 것이다.

단계 1A: 교사/교직원/부모 인터뷰

단계 1의 목적은 문제행동(들)의 심각성을 명확하게 이해하고 문제행동을 일으키는 예측변인을 파악하는 것이다. 이것은 문제행동에 대한 명확한 정의, 배경사건, 선행사건, 후속결과를 파악함으로써 이루어진다.

첫 번째 인터뷰는 지원 의뢰 신청서를 작성한 사람을 대상으로 이루어진다. 대상자는 학생의 담임교사이거나 학생의 주요 관계자(예: 점심 모니터링 담당자, 상담교사, 수학교사)일 수 있다. 주로 약식 FBA는 오직 한 개의 교사 인터뷰로 이루어진다. 완전한 FBA에서는 다른 교사 및 학부모 등 다른 주요 관계자를 대상으로 한 추가 인터뷰를 실시한다. 다수를 대상으로 인터뷰를 실시하기 위해 교사/교직원/부모 인터뷰 양식을 복사하여 사용할 수 있다.

행동에 대해 기술하기

인터뷰 진행자는 대상자에게 문제행동에 대해 질문한다.

1. 문제행동은 어떤 형태로 나타나는가?
2. 문제행동이 얼마나 자주 발생하는가?

(계속)

3. 문제행동이 한 번 발생하면 얼마나 오래 지속되는가?

4. 문제행동이 방해되는 정도와 위험한 정도는?

　제공된 빈칸에 각 질문에 대한 대답을 기록한다. 인터뷰 대상자가 최대한 자세하게 대답할 수 있도록 도와주어야 한다. 질문에 대한 대답이 명확하지 않거나, 측정 가능하지 않거나, 관찰 가능하지 않은 경우, 인터뷰 대상자가 보다 명확하게 대답할 수 있도록 도와주어야 한다. 예를 들어, 1번 질문에 인터뷰 대상자는 "마리사는 교실에서 멍하게 있고 집중을 못한다."라고 대답하였다. 문제행동에 대한 이런 정의는 명확하지 않다. "멍하게 있고 집중을 못한다."로 인터뷰 대상자가 의미했던 것이 인터뷰 진행자에게 다르게 해석될 수 있다. 이러한 경우, "마리사가 멍하게 있고 집중하지 못하는 것을 어떻게 알 수 있는가? 어떤 모습을 보이는가?"와 같은 질문을 통해 안내한다. 두 명의 관찰자가 독립적으로 해당 문제행동을 파악할 수 있을 정도로 문제행동에 대한 기술이 명확해질 때까지 추가 질문을 제공한다. 1번 질문에 대해 인터뷰 대상자가 1개 이상의 문제행동을 말한 경우, 각각의 문제행동에 대한 2번, 3번, 4번 질문을 제공하고 대답을 확인한다. 인터뷰 양식에 이 사항을 명확하게 기록해 두어야 한다.

선행사건에 대해 기술하기

　선행사건이란 행동 발생 전에 일어난 사건이나 상황을 의미한다. 이것은 문제행동의 예측변인이라고 할 수 있다. 문제행동을 일으키는 예로는 학생에게 요구 상황이나 많은 과제를 시키거나, 학생이 싫어하는 또래 옆에 앉히거나, 비구조화된 학습 시간에 학습 과제를 완료할 수 있도록 시키는 것이다. 동일한 선행사건에 한 학생은 성공적으로 수행을 보일 수 있는 반면, 다른 학생은 문제행동을 보일 수 있다. 다양한 학생에 따라 선행사건은 매우 다르게 나타날 수 있기 때문에, 염려되는 학생에 작용하는 선행사건을 이해하는 것은 매우 중요하다. 학생의 일상 루틴을 관찰함으로써 문제행동의 선행사건을 파악하기 시작할 수 있다.

　첫 번째 페이지 하단에 있는 표를 먼저 작성한다. 첫 번째 세로 칸 두 줄에 학생의 일일 스케줄을 작성한다. 첫 번째 세로줄에는 활동 시간을 표시하고, 두 번째 세로줄에는 활동을 간략하게 설명한다. 예를 들어, 중학생의 경우 첫 번째 시간의 수업 과목 이름과 나머지 스케줄도 작성한다. 초등학생의 스케줄은 학생의 담임교사로부터 얻을 수 있다. 일반적으로 초등학교 스케줄은 더 짧은 시간 단위의 과목이나 활동(예: 수학, 과학, 아침 활동 시간)으로 구성된다. 인터뷰를 실시하기 전에 학생의 스케줄을 파악하고 이 부분을 미리 작성해 두었다면, 인터뷰를 더 빨리 진행할 수 있다. 학부모를 대상으로 인터뷰를 진행할 때는 첫 번째 세로 칸 두 줄을 다소 다르게 작성할 것이다. 학부모에게 학교와 관련된 일일 시간 스케줄을 생각해 보도록 한다. 아침에 학교에 갈 준비, 등교, 하교, 숙제하기 등이 이러한 스케줄의 예가 될 수 있다. 이 모든 내용을 '활동' 칸에 작성한다. 학부모에게 이러한 활동이 일어날 때에 대한 개괄적인 정보를 제공해 달라고 요청한다.

　목록화한 각 스케줄 시간대별로 나머지 칸을 작성한다. 첫 번째 스케줄 시간에 대해 인터뷰 대상자에게 문제행동의 발생 여부를 질문한다. 학생이 문제행동을 보인다면, 어떤 유형의 문제행동이 발생하는지 질문한다. 이 내용을 '문제행동' 칸에 작성한다. 작성한 문제행동은 인터뷰 첫 번째 부분에 이야기 나눈 문제행동을 반영해야 한다. 인터뷰 진행자가 이러

(계속)

한 문제행동을 충분히 작성해 두었다면, 이 칸에는 간략하게 작성할 수 있다(예: 화내기, 싸우기, 산만행동. 첫 번째 부분에 이미 자세하게 기술하였기 때문에 간단하게 작성 가능).

해당 스케줄 시간대에 발생하는 문제행동의 유형을 작성한 후, 인터뷰 대상자에게 해당 시간대에 문제행동이 발생할 가능성의 정도를 질문한다. 인터뷰 대상자에게 1~6점으로 구성된 가능성 척도를 이용하여 작성하도록 한다. 거의 발생하지 않는 경우 1점으로 기록하고, 매일 발생하는 경우 6점으로 기록한다. 해당 번호에 동그라미를 친다.

마지막으로, 문제행동이 발생하는 주요 대상자에 대해 질문한다. 학생이 다른 또래와 문제를 일으키는가? 학생이 교사에게 반항하는가? 이 문제행동이 학생 자신 이외의 다른 사람에게 영향을 주지 않을 수도 있다. 해당 빈 칸에 또래, 학생 자신, 부모, 다른 주요 관련자에게 문제행동을 보이는지 기록한다. 만약 이 문제행동의 대상자가 특정 또래라면, 이 학생의 이름을 약자로 해당 시간대에 맞추어 기록한다.

선행사건(배경사건) 요약하기

다음 영역은 학생 스케줄로부터 파악한 정보를 요약하고 명확화하는 데 도움을 줄 것이다. 이 부분에서는 다음과 같은 네 가지 질문을 제시한다.

1. 어떤 상황이 문제행동을 발생시키는 것으로 보이는가?
2. 문제행동이 가장 많이 발생하는 시간은 언제인가?
3. 문제행동이 가장 적게 발생하는 시간은 언제인가?
4. 문제행동을 더 심하게 만드는 상황, 사건, 활동이 있는가?

첫 번째 질문에 답을 하기 위해서 인터뷰 대상자와 함께 완성된 표를 살펴보아야 한다. 먼저 학생이 가장 문제행동을 많이 보이는 시간(4~6점을 받은 시간대)을 살펴본다. 이 시간대의 공통점이 있는가? 예를 들어, 각각의 시간대가 비구조화된 수업 시간인가? 또는 각각의 시간대에 학생 혼자서 과제를 완료해야 하는 요구가 있는가? 각각의 시간대마다 학생의 특정 또래가 학급에 있을 수도 있다. 문제행동을 일으키는 루틴의 공통점을 파악해야 한다. 만약 인터뷰 대상자가 이 질문에 답하는 데 어려워한다면, "만약 당신이 문제행동을 일으키고 싶어 한다면 어떻게 하겠는가?"와 같은 질문을 통해 도와줄 수 있다.

문제행동이 발생할 가능성이 가장 높은 있는 요일이나 시간대를 질문한다. (스케줄 표를 바탕으로) 당신이 예상한 것과 다르게 대답한다면, 좀 더 명확한 정보를 달라고 부탁한다.

문제행동이 발생할 가능성이 가장 낮은 때가 언제인지 질문한다. 문제행동이 발생하지 않는 시간대를 파악하는 것은 학생에게 영향을 미치는 요소를 파악하는 데 도움을 줄 수 있다. 즉, 학생이 문제를 일으키지 않는 루틴들을 파악하는 것이다. 학생을 성공적이게 만들어 주는 루틴을 파악할 수 있다면, 비성공적인 루틴을 변화시킬 수 있는 방법을 더 잘 결정할 수 있다.

배경사건이란 문제행동이 발생할 가능성을 높이거나 문제행동을 더 심각하게 만들 수 있는 상황을 의미한다. 몇 가지 예는 다음과 같다. 학생이 학교에 가기 직전에 부모님과 다툰 상황, 학생이 충분한 수면을 취하지 못했거나 아침 식사를 하지 못한 상황, 약물을 복용하지 않은 상황 등이 배경사건의 예이다. 인터뷰 대상자에게 학생의 문제행동을 더 심하게 만들거나 발생 가능성을 높이는 특정 상황을 알고 있는지 물어본다.

(계속)

후속결과에 대해 기술하기

이 영역에서는 일반적으로 문제행동 후 어떤 일이 발생하는지 파악해야 한다. 학생이 무시당하거나 모든 또래가 비웃는가? 학생을 훈육 지도실로 보내는가? 학생에게 타임아 웃을 시키는가? 문제행동 후 어떤 일이 발생하는가? 이러한 후속결과가 문제행동에 미치는 영향이 무엇인가? 다시 말해서, 후속결과가 문제행동을 발생시키는가, 멈추는가, 개선시키는가, 더 나빠지게 만드는가?

인터뷰 종료

이 시점에서 실제로 마주보고 실시하는 인터뷰는 끝난다. 다음은 인터뷰를 통해 파악한 정보를 요약하여 왜 그 문제행동이 발생하는지에 대한 '검증 가능한 설명'을 만들게 된다.

다른 교사와 성인(학부모 포함)을 대상으로 추가 인터뷰가 필요하다면, F-BSP 프로토 콜의 첫 두 페이지를 복사하여 사용한다.

단계 2A: 검증 가능한 설명 제시

ABC 순서

검증 가능한 설명은 F-BSP 과정의 가장 중요한 요소 중 하나이다. 이것은 문제행동에 대해 파악한 모든 것에 대한 요약, 그리고 효과적이고 연관성 있는 BSP를 설계하는 것에 대한 요약을 하는 것이다.

문제행동을 나열함으로써 검증 가능한 가설을 세우기 시작한다. 학생은 한 가지 이상의 문제행동을 보일 것이다. 예를 들어, 같은 학생은 다른 학생들과 싸울 수도 있고 교사의 지시 따르기를 거부할 수도 있다. '행동'이라고 표시된 세로줄에 문제행동의 각 유형을 따로 기록한다(학생이 보이는 모든 문제행동을 일일이 열거하면 안 된다. 예를 들어, 만약 다른 학생에게 밀치기, 때리기, 그리고 소리 지르기 행동을 보인다면, 이 모든 세 가지 행동을 '싸우기'라는 한 가지 행동 유형으로 기록한다).

다음으로 나열된 각 행동 유형에 대해, 행동을 유발시키거나 예측할 수 있는 선행사건을 표시한다. 이것들을 '선행사건' 칸에 나열한다. 인터뷰를 통해 얻어진 정보를 참고하여 선행사건을 파악할 수 있다.

나열된 각 행동 유형에 대해, 문제행동을 유지시키는 후속결과를 '후속결과' 칸에 나열한다. 인터뷰 대상자는 다양한 잠재적 후속결과에 대해 말해 줄 것이다. 행동을 지속시키거나 심하게 만드는 것처럼 보이는 후속결과를 나열한다. 예를 들어, 수업 시간에 부적절한 농담을 하는 학생은 두 가지 후속결과를 가질 수 있다. 첫째로, 그 농담은 다른 학생들에 의해 무시될 수도 있고, 그 농담을 다시 하지 않을 것이다. 둘째, 부적절한 농담을 통해 많은 관심과 웃음을 받을 수 있을 것이다. 그런 경우에, 학생은 다른 수업에서도 다른 부적절한 농담을 하거나 똑같은 농담을 하게 될 것이다. 이 예시에서는 무시라는 후속결과는 행동을 유지시키지 않았지만, 관심/웃음이라는 후속결과는 문제행동을 유지시켰다. 문제행동이 발생하는 이유를 설명하는 검증 가능한 설명을 위해, 문제행동을 뒷받침하는 후속결과를 나열해야 한다. 예를 들어, '또래의 관심과 웃음'을 '후속결과' 칸에 기록해야 한다.

마지막으로 문제행동을 심각하게 만들거나 문제행동 발생 가능성을 증가시키는 배경사건이 있다면, 이것들을 '배경사건' 칸에 나열한다.

나열된 각 행동 유형에 대한 배경사건, 선행사건, 후속결과를 작성하여 완성한다. 각각

(계속)

세트를 ABC 순서(ABC sequence)라고 한다.

행동 기능

각각의 ABC 순서대로 문제행동이 발생하는 이유에 대해 파악해야 한다. 이 시점에서 행동에 대해 설명할 수 있고, 어떤 상황이 문제행동을 발생시키는지 알 수 있다. 그리고 문제행동을 지속하고 심각하게 만드는 후속결과를 파악하고 있을 것이다. 그런데 왜 이런 행동이 발생하는가? 이 행동이 학생에게 제공하는 기능이 무엇인가? 공통된 기능들은 또래의 관심 획득, 성인의 관심 획득, 또는 학생이 좋아하지 않는 사람으로부터 회피일 수 있다. 각각의 ABC 순서에 따라 파악된 문제행동의 동기 요소를 결정하고, 제공된 빈칸에 작성한다.

F-BSP 프로토콜에 익숙해지면 단계 2를 완료하기가 상당히 쉬워질 것이다. 그때에는 인터뷰 대상자와 함께 단계 2를 마무리하여 인터뷰 요약 내용과 인터뷰 대상자의 일치도를 파악할 것을 제안한다.

단계 1B: 학생 인터뷰 실시하기

학생 인터뷰는 교사/교직원/부모 인터뷰와 동일한 형식을 따른다. 몇 가지 질문의 단어들은 학생과 대화하기 위해 좀 더 적절하게 바뀌었지만 같은 종류의 정보를 얻게 된다.

학생 인터뷰가 3학년 이상의 학생에게 이루어질 경우 가장 유용할 것이다. 어린 학생은 일반적으로 인터뷰 질문에 유용한 정보를 제공하기 위해 필요한 자기 행동에 대한 인식이 부족할 수 있다. 하지만 어린 학생은 "자신이 잘하는 것 또는 학교에서 자신의 강점은 무엇인가?"와 같은 학생 프로필 질문에 대답할 수 있다. 모든 학생에게 이 질문을 하는 것은 중요하다. 이 질문에 대한 대답은 학생에게 개인적으로 의미 있는 물건이나 활동에 대한 정보를 알려 줄 것이다. 예를 들어, 학생은 체육 수업에 가는 것보다 컴퓨터를 하는 것을 더 선호할 수 있다. 학생에게 개인적으로 의미 있는 것이 무엇인지에 대한 아이디어를 파악하고 있다면, 학생의 BSP에 이것을 포함시킬 수 있다. 예를 들어, 학생은 자신의 행동 목표를 달성하면 컴퓨터를 이용할 수 있는 추가 시간을 얻을 수 있다.

인터뷰 과정에서 학생이 편안함을 느끼게 해 주는 것은 매우 중요하다. 학생이 인터뷰 진행자와 친숙해진다면 도움이 될 것이다. 인터뷰는 학생에게 편한 장소에서 이루어져야 한다. 예를 들어, 어린 아동은 성인용 의자와 책상에 앉아 있을 때보다 아동용 책상에 앉아 있을 때 더 편안함을 느낄 것이다. 또한 훈육 문제 때문에 교장실에 자주 불려 갔던 학생은 교장실에서 인터뷰를 하는 것이 불편할 것이다. 빈 교실, 상담교사 사무실, 가족 지원실과 같이 중립적인 상황을 선택해야 한다. 학생의 비밀을 유지하기 위해서, 모든 인터뷰(교사 인터뷰, 부모 인터뷰 포함하여)는 다른 사람이 없는 곳에서 이루어져야 한다.

학생에게 인터뷰 목적을 명확히 설명하도록 주의해야 한다. 또한 인터뷰 질문에 대한 학생의 대답으로 인해 문제가 발생하지 않을 것을 알려 주어야 하며, 학생이 인터뷰에 참여할 수 있도록 학부모의 동의를 얻는 것도 도움이 된다.

다음은 학생에게 인터뷰 목적을 소개하는 데 유용한 문구이다.

안녕하세요. 나는 _____입니다. 학교에서 나는 (교사, 학교 상담교사 등)라고 해요.

(계속)

내가 하는 일 중 하나는 학교에서 힘든 시간을 보내는 아이들을 위해 일하는 거예요. 아이들이 학교를 더 잘 다니고, 학교에서 더 잘 공부할 수 있도록 도와주는 방법을 알려고 해요. 가장 좋은 방법은 아이들과 이야기 나누고 아이들이 학교에 대해 좋다고 생각하는 것과 나쁘다고 생각하는 것을 알아보는 것이라고 생각해요.

　　그래서 몇 가지 질문을 하고 싶은데요. 학교에 대해 무엇을 좋아하는지 알고 싶고, 학교에서 겪는 일들에 대해 알고 싶어요. 괜찮겠어요?

　　만약 내가 하는 질문이 이해하기 어렵다면, "이해하지 못하겠어요."라고 말해 주세요. 그러면 다시 설명해 줄게요. 알겠지요?

　　내가 알려 주고 싶은 것이 한 가지 더 있어요. 학생이 학교에서 잘 지낼 수 있도록 도와주기 위해 학생이 한 말을 기억할 수 있으면 해요. 나는 글로 받아 적으면 더 잘 기억해요. 여기 종이에 학생이 대답해 주는 내용을 적을 거예요.

　　좋아요. 시작합시다!

단계 2B: 검증 가능한 설명 제시

　　이것은 교사/직원/부모 인터뷰를 끝낸 후에 따른 과정과 동일하다. 자세한 내용은 단계 2A를 참고할 수 있다.

단계 3: 검증 가능한 설명에 대한 신뢰도 평가

　　F-BSP 프로세스를 진행하기 전에, 문제행동을 이해하고 있고 문제행동의 발생 이유에 대한 확신 정도를 평가해야 한다. 이것을 하는 최선의 방법은 당신이 수집한 정보의 출처를 비교하는 것이다.

　　이 시점에서 여러 차례 인터뷰를 진행한다. 단계 3의 칸에는 이러한 인터뷰 결과를 비교할 수 있는 공간을 제공한다. 각각의 인터뷰를 통해 만든 검증 가능한 설명을 검토한다. 전반적으로 다른 인터뷰들이 동일한 정보를 제공한 것처럼 보이는가? 배경사건, 선행사건, 행동, 후속결과, 기능에 있어서 인터뷰 사이에 일치가 이루어지고 있는가? 각 항목별로 인터뷰 내용이 일치하면 'Y'를 작성하고, 일치하지 않는 경우 'N'이라고 작성한다. 다양한 출처 간에 더 많은 일치도를 보일수록, 검증 가능한 설명에 대한 더 높은 확신 정도를 가질 수 있다.

　　다음으로 팀은 검증 가능한 설명에 대한 확신 정도를 평가해야 한다. 문제행동의 발생 이유, 어떤 상황에서 발생하는지에 대한 확신 정도를 1~6점 척도(1=확신하지 못함, 6=매우 확신)로 평가한다. 1~3점은 팀이 행동에 대해 충분히 이해하고 있지 않음을 의미하며, BSP를 개발하기 전에 추가 정보(일반적으로 학급 관찰)가 필요하다.

단계 4: 관찰 실시

　　FBA를 실시하는 동안 관찰을 수행해야 하는 특정 상황이 있다. 이러한 상황은 F-BSP 프로토콜에 직접적으로 설명되어 있다.

　　타당한 상황에 따라 관찰이 시행된 경우, 단계 4에 관찰 데이터를 요약한다. 다시 한번 더 이것의 주요 목적은 문제행동, 배경사건, 선행사건, 후속결과, 기능을 담은 검증 가능한 설명

(계속)

을 만들어 내는 것이다. 단계 1: 교사/교직원/부모 인터뷰에서 설명한 동일한 형식을 따른다.

단계 5: 검증 가능한 설명 확정/수정하기

자연스러운 환경(교실, 운동장 등) 속의 학생을 관찰하는 것은 학생, 교사, 부모에 의해 묘사된 행동에 대해 더 명확한 그림을 보여 준다. 직접 관찰을 통해 인터뷰 정보를 보충함으로써, 초기의 검증 가능한 설명을 확정하거나 수정할 수 있다. 이 검증 가능한 설명을 이용하여 BSP를 개발하게 된다. 먼저, 교사 인터뷰와 관찰 결과를 비교한다. 배경사건, 선행사건, 행동, 후속결과, 기능에 대한 정보가 두 가지 출처 사이에 일치하고 있는가? 각각의 빈칸에 Y 또는 N이라고 작성한다. 부모 인터뷰와 관찰 결과를 비교하고 동일한 방법으로 나머지를 작성한다.

모든 정보를 수집하였으면, 문제행동에 대한 최종 검증 가능한 설명이 무엇인가? 단계 5의 마지막 질문에 작성한다.

단계 6: 경쟁행동 경로 만들기

여러 가지 유형의 문제행동을 파악하였다면, 각각의 문제행동에 대한 서로 다른 검증 가능한 설명을 만들 수 있다. 또한 각 유형의 문제행동에 대한 별도의 경쟁행동 경로(competing behavior pathway)를 만들어야 한다. 필요에 따라 F-BSP 프로토콜에 해당 페이지를 복사하여 사용한다.

먼저, 현재의 검증 가능한 설명을 기록하여 시작한다. '문제행동' 칸에는 학생이 보이는 문제행동의 유형을 작성한다. 다음으로 '배경사건' '선행사건' '유지 후속결과'를 작성한다. 마지막으로 '유지 후속결과' 오른쪽의 빈칸에 문제행동의 기능을 작성한다.

다음으로 바람직하고, 수용 가능한, 대체행동을 선정해야 한다. 바람직한 행동은 장기 목표로 여겨질 수 있다. 당신은 이 문제행동이 어떻게 변화되기를 희망하는가? 예를 들어, 만약 학생이 학습 과제가 너무 어렵다고 생각할 때 학습지를 찢어 버리고 울어 버린다면, 바람직한 행동은 조용히 공부하고, 자율 학습 과제를 완성하는 것이 될 수 있다. 수용 가능한 대체행동은 단기 목표로 여겨질 수 있다. 이것은 교실 안에서 문제행동이 좀 더 수용 가능할 수 있도록 개선된 행동을 말한다. 하지만 이것은 장기간 지속될 수 없기 때문에 단기 목표로 여겨진다. 예를 들어, 이 학생에게 수용 가능한 대체행동은 학생이 이해하지 못하는 학습 문제를 풀게 되었을 때 손을 들어 교사의 도움을 요청하는 것이다. 대체행동이 문제행동과 동일한 기능을 가지는 것은 매우 중요하다. 이것은 학생의 행동을 바꾸기 시작하는 동기를 제공하게 된다. 위의 예를 들어, 만약 학생이 성인의 관심을 받기 위해 울고 학습지를 찢는다면, 수용 가능한 대체행동은 학생의 행동을 변화시키는 데 좀 더 효과적일 수 있다. 이것은 학생이 관심을 획득할 수 있는 수용 가능하며 더 편리한 방법이기 때문이다. 하지만 만약 학생이 학습 과제로부터 회피하기 위해 울고 학습지를 찢어 버린다면, 이 대체행동은 오히려 문제행동을 더 심하게 만들 것이다. 대체행동은 그 과제를 회피하기보다, 과제를 완성하는 데 중점을 두는 행동이어야 한다. 효과적인 대체행동을 결정하는 것은 종종 어려운 도전일 수 있다. 이 개념을 파악하는 데 어느 정도 시간이 필요할 것이다.

다음 단계는 문제행동을 변화시키기 위한 전략들을 찾아내기 시작하는 것이다. 경쟁행동 경로는 가이드로서의 역할을 한다. 경쟁행동 경로는 문제행동이 무엇인지, 어떤 행동

(계속)

으로 변화시킬지 보여 준다는 것을 기억해야 한다. 또한 경쟁행동 경로는 문제행동을 감소시키는 것이 아니라 문제행동이 언제 발생할지 예측할 수 있게 해 주고, 문제행동을 뒷받침하는 후속결과 유형을 알려 준다. 이러한 각각의 부분은 무엇을 해결해야 할지, 무엇을 바꾸어야 할지 알려 준다. 후속결과의 변화는 행동의 변화를 가져올 것이다. 이러한 논의에 학생의 교사, 학부모, 다른 중요 관련자를 포함시켜야 한다. 이 사람들은 학생에 대해 잘 알고 있고, 행동 변화를 위한 창의적이고 개별화된 아이디어를 제안해 줄 것이다. 경쟁행동 경로 아래의 제시된 표에 배경사건 전략, 선행사건 전략, 행동 지도 전략, 후속결과 전략을 작성한다. 각 항목 아래에 문제행동 순서의 부분을 변화시키고 개선하기 위한 제안들을 나열할 것이다.

문제행동, 바람직한 행동, 대체행동 칸을 살펴보는 것부터 시작한다. 문제행동을 바람직한 행동이나 대체행동으로 바꾸기 위해서는 학생에게 이러한 행동을 하는 방법을 가르쳐야 할 것이다. 올바른 행동을 수행하는 데 필요한 기술을 파악한다. 나열된 여러 전략 중 하나는 학생에게 이러한 행동을 가르치는 것이다.

행동을 변화시키는 가장 효과적인 방법은 행동 기대를 명확하게 정의하고, 행동 기대를 가르치고, 학생이 행동 기대를 따를 때 보상을 제공하는 것이다. 행동 기대를 정의하는 것은 선행사건 전략이고, 행동 기대를 가르치는 것은 행동 전략이며, 보상을 제공하는 것은 후속결과 전략이다. 학생이 학교에서 즐거워하는 것에 대해 파악한 내용을 바탕으로 학생에게 보상을 제공해 주어야 한다. 예를 들어, 만약 학생이 미술 시간을 좋아하고 컴퓨터를 사용하는 것을 싫어한다면, 미술 시간을 추가로 제공해 줌으로써 적절한 행동에 대한 보상을 제공한다.

각각의 빈칸에 적합한 전략들을 파악하기 위해서는 가능한 한 전략들을 학생에 맞추어 개별화해야 한다. 예를 들어, 학생이 종종 아침 식사를 거른 것이 문제행동의 배경사건이면, 학교에서 학생에게 아침 식사를 제공할 수 있다. 만약 문제행동의 예측변인이 특정 또래 옆에 앉는 것이라면, 선행사건 전략은 두 학생을 따로 앉히는 것이다. 보다시피, 이러한 전략들은 매우 간단하다. 가능한 한 많은 전략을 찾아내는 것이 필요하다. 모든 전략을 다 사용하지 않을 수 있다. 하지만 선택할 수 있는 다양한 전략을 파악하는 데 도움이 된다. 또한 몇 가지 전략을 사용하여 효과가 없다는 것이 파악되었다면, 다시 이 페이지로 돌아와 아이디어 '뱅크'를 살펴볼 수 있을 것이다. 처음부터 다시 시작할 필요가 없는 것이다.

단계 7: 중재 전략 선택하기

다음 단계는 시작할 수 있는 전략을 선택하는 것이다. 이 시점에서 수많은 전략을 선택할 수 있으며, 또는 최적의 초기 전략으로 범위를 좁힐 필요도 있다. 교사, 학부모, 또는 중재 전략을 적용할 가능성이 큰 관련자를 이 논의에 포함시키는 것이 중요하다. 이 전략을 적용하는 사람의 가치관, 의지, 능력을 고려하지 않고서는 최선의 전략을 선택할 수 없다. 합리적인 수의 전략을 선택하여 적용하기 시작해야 한다. 전략은 해결해야 하는 문제와 사용 가능한 자원에 따라 달라진다. 하지만 전략을 적용하는 사람들은 무엇을 처리할 수 있는지, 그리고 무엇이 자신들에게 부담을 줄 것인지를 알아야 한다. 가장 효율적인 노력을 통해 가장 큰 효과를 가져올 수 있다는 것을 기억해야 한다.

(계속)

적용될 맥락에 적합한 전략을 선택해야 한다. 행동 변화에 대한 교사와 학부모의 가치관과 태도에 따라 적합한 전략을 선택하는 것이 중요하다.

실행할 전략을 선택한 후에는 '중재' 칸에 개별적으로 나열한다. 때때로 중재 사항을 성취하기 위해 여러 가지 다른 부분으로 나눌 수도 있다. 예를 들어, 학생의 행동을 모니터링하고 보상하는 행동 카드 전략을 사용하고자 한다면, 다음과 같은 부분으로 나누어 적용할 수 있다. ① 행동 목표 결정하기, ② 행동 카드 만들기, ③ 학생에게 행동 카드 사용법 가르치기, ④ 학생의 담당 교사와 학부모에게 행동 카드 시스템 설명하기, ⑤ 학생의 적절한 행동이 어떻게 보상 받을 것인지 결정하기, ⑥ 학생 보상 시스템의 책임자 결정하기 등이다. 이러한 각각의 부분들은 원래 전략을 완성하는 데 핵심적이라고 할 수 있다.

각각의 전략과 해당 관련 부분들을 나열한 후에는 해당 부분을 담당할 책임자를 배정해야 한다. 학교에서 개인의 자연스러운 역할을 고려하고 그에 맞추어 해당 부분을 배정한다. 예를 들어, 만약 전략이 학생에게 분노 관리 기술을 가르치는 것이고, 학교 상담교사가 주로 분노 관리 그룹 프로그램을 담당하고 있다면, 그 학교 상담교사가 이 전략을 담당해야 한다. 각 전략에 대한 책임자를 배정하는 것 외에도, 적용 시한도 정해 두어야 한다. 즉, 각 전략을 언제 시작할지 결정해야 한다. 또한 전략의 효과성을 검토할 날짜를 표시한다. 전략을 적용한지 2주 이내에 중재계획을 다시 검토하는 것이 좋다.

이 기록지는 적용 중인 학생의 BSP에 대한 기록으로 보관한다. 다음에 팀이 회의를 가질 때 이 페이지를 검토해야 한다. 첫째로, 전략들이 계획대로 적용되었는지 그리고 전략이 효과가 있었는지 결정한다. 평가 데이터와 교사/학부모/학생 피드백을 바탕으로 결정이 이루어져야 한다. 각 전략의 효과성을 검토한 후, 전략이 계속 모니터링 되어야 하는지, 수정되어야 하는지, 중단되어야 하는지 여부를 결정한다. 해당 전략 옆에 있는 빈칸에 '모니터하기' '수정하기' 또는 '중단하기'라고 작성한다. 전략이 수정되어야 하거나 새로운 전략이 추가되는 경우, 이러한 변경 사항은 '중재' 칸에 추가되어야 한다. 다시 한번, 책임자를 배정하고, 특정 시한을 정하고, 구체적인 검토 날짜를 정한다.

단계 8: 평가 계획

마지막 단계는 학생 행동에 미치는 BSP의 영향을 평가하기 위한 계획을 설계하는 것이다. 장기 목표와 단기 목표를 파악함으로써 이 단계를 시작한다. 바람직한 행동과 수용 가능한 대체행동을 파악할 때 이미 장기 목표와 단기 목표를 선정해 두었다는 것을 기억할 것이다. 이 장기 목표와 단기 목표를 평가 계획에 작성한다. 목표가 달성되었는지 결정하기 쉽도록 목표를 최대한 구체적으로 기술한다. 예를 들어, 만약 여러 목표 중 한 가지가 숙제 완수 백분율을 증가시키는 것이라면, 단기 목표와 장기 목표로서 얼마나 자주 학생이 숙제를 제출할지 구체적으로 정해 두어야 한다. 만약 학생이 숙제를 제출하는 백분율이 0%라면, 단기 목표는 30%로 정할 수 있다. 반면, 장기 목표는 숙제를 제출하는 백분율을 80%로 정할 수 있다. 목표를 구체적으로 작성해 둔다면, 학생의 목표 성취 여부를 객관적으로 판단하는 것이 더 쉬워진다. 단기 목표와 장기 목표를 결정한 후, 학생이 이 목표를 달성할 수 있는 날짜를 결정한다. 학생의 담당 교사와 학부모와 함께 이 날짜를 결정해야 한다.

(계속)

목표가 달성되었는지 확인하려면, 학생 행동에 대한 데이터를 수집해야 할 것이다. 수집할 데이터는 행동지원 전략과 목표에 따라 달라진다. 예를 들어, 학생에게 행동 카드 전략을 적용하고, 일일 기준으로 80% 점수를 획득하는 것이 목표로 설정될 수 있다. 이 경우, 수집할 데이터는 행동 카드의 점수이며, 데이터 수집 방법은 행동 카드 그 자체이다. 또 다른 예로, 학생의 목표가 수업 시간에 다른 학생들과 싸우는 횟수를 감소시키는 것이라면, 교사는 싸우는 행동의 빈도를 기록할 수 있다. 이 경우, 수집할 데이터는 싸움의 횟수이며, 데이터 수집 방법은 빈도 기록법이다. 각 목표에 따라 수집할 데이터 유형과 해당 데이터 수집 방법을 결정해야 한다. 또한 데이터 수집 담당자를 배정하고, 데이터 수집을 시작하는 날짜와 검토 날짜를 정하는 것이 중요하다.

핵심 관련자의 동의

마지막으로 이 과정의 핵심 관련자들은 마지막 페이지에 서명해야 한다. 여기에 서명하는 것은 평가 정보, BSP, 평가 계획을 이해한다는 것을 나타낸다. 또한 자신에게 할당된 책임 역할을 수행하는 데 동의한다는 것을 의미한다. 학생, 학부모, 참여 교사, 참여 수행 팀원으로부터 서명을 받아야 한다.

부록 C. 교사와 관계자를 위한 기능평가 체크리스트(FACTS)

FACTS-Part A

학생 이름/학년: _____ 날짜: _____

인터뷰 진행자: _____ 응답자(들): _____

학생 프로필: 학생의 강점과 학교에 기여하는 점을 최소 세 가지 작성하시오. _____

_____

문제행동(들): 문제행동 파악하기

____ 지각   ____ 부적절한 언어 사용   ____ 방해행동   ____ 절도

____ 무반응   ____ 싸우기/신체적 공격   ____ 반항   ____ 기물 파손

____ 내성적인 행동   ____ 언어 폭력   ____ 학습 과제 불이행   ____ 기타 _____

문제행동을 기술하시오. _____

루틴 파악하기: 언제, 어디서, 누구에게 문제행동이 가장 많이 발생하는가?

스케줄 (시간)	활동	문제행동	문제행동 발생 가능성		문제행동 대상
			낮음 1 2 3	높음 4 5 6	
			1 2 3	4 5 6	
			1 2 3	4 5 6	
			1 2 3	4 5 6	
			1 2 3	4 5 6	
			1 2 3	4 5 6	
			1 2 3	4 5 6	
			1 2 3	4 5 6	
			1 2 3	4 5 6	

추후 평가를 위해서 1~3개의 루틴을 선택하시오. (1) 4~6점을 받은 활동(상황)의 공통점, (2) 문제행동(들)의 유사점을 바탕으로 루틴을 선택해야 한다. 확인된 각각의 루틴에 대해 FACTS-Part B를 작성한다.

Adapted with permission from March et al. (2000). Copyright 2000 by Educational and Community Supports, University of Oregon.

(계속)

FACTS-Part B

학생 이름/학년: _____ 날짜: _____

인터뷰 진행자: _____ 응답자(들): _____

루틴/활동/맥락: FACTS-Part A에서 평가한 루틴은 무엇인가? (한 가지만)

루틴/활동/맥락	문제행동

문제행동(들)에 대한 자세한 정보 제공하기

> 문제행동은 어떤 형태로 나타나는가?
> 문제행동이 얼마나 자주 발생하는가?
> 문제행동이 한 번 발생하면 얼마나 오래 지속되는가?
> 문제행동이 방해되는 정도와 위험한 정도는?

문제행동(들)이 발생할 때를 예상할 수 있는 사건은 무엇인가?

관련 문제(배경사건)		환경적 특성	
___ 질병	기타 _____	___ 질책/처벌	___ 구조화된 활동
___ 약물 사용	_____	___ 신체적 요구 상황	___ 비구조화된 시간
___ 부정적 사회성	_____	___ 사회적 고립	___ 너무 지겨운 과제
___ 가정에서의 갈등	_____	___ 또래와 함께 있는 상황	___ 너무 많은 과제
___ 학업 실패	_____	___ 기타	___ 너무 어려운 과제

어떤 후속결과가 문제행동(들)을 유지시킬 가능성이 가장 높은가?

획득 요소		회피 요소	
___ 성인의 관심	기타 _____	___ 어려운 과제	기타 _____
___ 또래의 관심	_____	___ 질책	_____
___ 선호하는 활동	_____	___ 부정적인 또래	_____
___ 돈/물건	_____	___ 신체적 노력	_____

행동 요약

행동지원계획을 수립하는 데 사용되는 요약 내용 파악하기

배경사건 및 예측변인	문제행동(들)	유지 후속결과

행동 요약이 정확하다고 확신하는 정도는?

매우 확신하지 못함   매우 확신
  6   5   4   3   2   1

이러한 문제행동을 통제하기 위해 사용된 현재의 노력은 무엇인가?

문제행동을 예방하기 위한 전략		문제행동에 대한 후속결과	
___ 스케줄 변화	기타 _____	___ 질책	기타 _____
___ 좌석 배치 변화	_____	___ 훈육 지도실 보내기	_____
___ 교육과정 수정	_____	___ 방과 후 학교 남기	_____

사용방법

FACTS는 행동지원계획을 세우는 학교 관련자가 사용할 수 있도록 두 페이지로 구성되어 있다. FACTS는 초기 기능적 행동평가를 위한 효과적인 전략으로 사용될 수 있도록 만들어졌다. FACTS는 학생을 가장 잘 알고 있는 교사, 가족, 임상가에 의해서 작성되고, 행동지원계획을 개발하는 데 사용될 수 있으며, 더 완벽한 기능평가를 수행할 수 있도록 도움이 될 수 있다. 짧은 시간(5~15분) 내에 FACTS를 작성할 수 있다. 연습을 통해 더 효율적이고 효과적으로 이 양식을 작성할 수 있다.

FACTS-Part A 작성 방법

단계 1: 기본 정보 작성하기

학생의 이름과 평가 데이터가 수집된 날짜, 양식을 작성한 사람(인터뷰 진행자), 정보를 제공한 사람의 이름(응답자)을 기입한다.

단계 2: 학생 프로필 작성하기

학생이 학교에서 보이는 긍정적인 점과 학교에 기여하는 점을 검토하며 각각의 평가를 시작한다. 학생의 강점과 학교에 기여하는 점을 최소 세 가지 찾아내어 작성한다.

단계 3: 문제행동 파악하기

학생의 교육에 장애가 되고, 다른 학생의 교육을 방해하고, 사회적 발달을 지연시키고, 학교 안전을 저해하는 문제행동을 구체적으로 파악한다. 학생이 이러한 행동을 어떻게 보이는지 간략하게 기술한다. 무엇이 학생의 행동을 유발시키는가? 가장 문제가 될 수 있는 행동을 식별하고, 정기적으로 발생하는 문제행동을 파악한다.

단계 4: 언제, 어디서, 누구에게 문제행동이 가장 많이 발생하는가?

A: 학생의 하루 스케줄을 시간과 함께 나열한다. 수업 시간, 점심시간, 등교 전 일정을 시간과 함께 작성한다. 필요한 경우 복잡한 스케줄 특성(예: 짝수 날, 홀수 날)에 따라 맞추어서 작성한다.

B: 나열한 시간대별로 일반적으로 이루어지는 활동을 작성한다(예: 소그룹 수업, 수학, 미술, 활동 전환).

C: 각 활동에 따라 학생이 올바르게 상호작용하는 사람(성인, 또래)을 작성하고, 특히 문제행동을 보일 때 상호작용하는 사람을 작성한다.

D: 1~6점 척도를 이용하여 문제행동이 가장 많이 발생하는 시간/활동과 가장 적게 발생하는 시간/활동을 표시한다. 1점은 문제행동 발생 가능성이 가장 낮은 것을 의미하고, 6점은 문제행동 발생 가능성이 가장 높은 것을 의미한다.

E: 4~6점을 받은 시간/활동은 문제행동 발생 가능성이 가장 높은 것으로 표시한다.

단계 5: 추후 평가할 루틴 선택하기

단계 4의 표에서 4~6점을 받은 각 시간/활동을 평가한다. 활동들(예: 비구조화된 활동, 높은 학업 요구 사항을 가진 활동, 교사 질책이 포함된 활동, 또래 놀림이 포함된 활동)이 서로 유사한 문제행동을 보인다면, '추후 분석을 위한 루틴'으로 처리한다.

추가 분석을 위해 1~3개의 루틴을 선택한다. 활동 이름과 가장 일반적인 문제행동(들)의 이름을 작성한다. 각 루틴에서 가장 많이 발생하거나 가장 문제가 될 수 있는 문제행동(들)을 파악한다.

단계 5에서 파악된 각각의 루틴에 대하여 FACTS-Part B를 작성한다.

FACTS-Part B 작성 방법
단계 1: 기본 정보 작성하기
학생의 이름 및 학년과 평가 데이터가 수집된 날짜, 양식을 작성한 사람, 정보를 제공한 사람의 이름을 기입한다.

단계 2: 목표 루틴 파악하기
FACTS-Part A 하단에 있는 목표 루틴과 문제행동을 나열한다. 하나의 루틴에 대한 정보만을 제공한다. 여러 가지의 루틴이 파악되었다면 여러 장의 Part B 양식을 사용해야 한다.

단계 3: 문제행동(들)에 대한 자세한 정보 제공하기
문제행동(들)의 특성에 대한 자세한 내용을 제공한다. 독특하고 차별적인 특성과 문제행동(들)의 방해 요소와 위험요소에 초점을 맞춘다.

단계 4: 문제행동(들)의 발생을 예상할 수 있는 사건 파악하기
각 루틴 내에서 ① 배경사건, ② 문제행동이 발생하기 직전에 발생하는 사건을 파악한다. 이 루틴에서 무엇이 문제행동을 발생시키는가?

단계 5: 문제행동을 유지시키는 후속결과 파악하기
어떤 후속결과가 그 문제행동에 대한 보상을 제공하는가? 학생이 원하는 것을 획득하는지를 고려하거나, 학생이 불편해하는 것으로부터 회피하는 것인지를 고려해야 한다.

가장 강력한 유지 후속결과를 '1'로 표시하고, 다른 후속결과를 '2' 또는 '3'으로 표시한다. 세 개 이상의 후속결과에 체크해서는 안된다. 여기서의 주안점은 가장 큰 영향을 미치는 후속결과를 파악하는 것이다.

문제행동들이 매우 어려운 문제행동 사건으로 이어지는 작은 사건들로 구성된 경우, 작은 문제행동을 유지시키는 후속결과를 따로 분리해 둔다.

단계 6: 문제행동을 예방하고 통제하기 위해 사용된 방법들을 파악하기
대부분의 경우, 학교에서 이미 몇 가지 전략을 시도해 보았을 것이다. 시도한 방법들을 나열하고, ① 문제행동 발생을 예방하기 위해 사용한 방법과 ② 문제행동을 통제하거나 처벌하기 위해 사용한 (또한 대체행동을 보상하기 위해 사용한) 방법들을 구분하여 정리한다.

단계 7: 요약하기
배경사건, 직접적인 예측변인, 유지 후속결과를 포함하여 요약한다. 이 요약 정보는 효과적인 행동지원계획을 개발하는 데 기초가 된다. FACTS-A와 FACTS-B(특히 FACTS-B단계 3, 4, 5의 정보)에서 얻어진 정보를 바탕으로 요약한다. 요약한 내용이 계획을 수립하기에 충분히 정확하다고 확신한다면, 행동지원계획 설계를 시작한다. 확신 정도가 부족한 경우, 직접 관찰을 수행하여 기능평가를 진행한다.

부록 D. 학생 중심 기능평가 인터뷰(기본형)

학생 이름: _____ 학년: _____ 성별: 남, 여 IEP 여부: Y N

교사: _____ 학교: _____

인터뷰 진행자: _____ 날짜: _____

시작하기

오늘 우리는 학교를 바꾸기 위한 방법을 찾아보려고 만났어요. 그렇게 하면 학생이 학교를 더 좋아하게 될 거예요. 이 인터뷰는 약 30분 정도 걸릴 거예요. 학생이 정직하게 대답해 준다면 나도 학생을 도와줄 수 있어요. 학생에게 문제가 될 수 있는 어떤 것도 물어보지 않을 거예요.

학생의 강점과 능력

학교에서 하고 싶은 것이나 잘할 수 있는 것이 무엇인가요? (예: 활동, 친구 도와주기)

잘하는 수업 시간이나 수업 주제가 무엇인가요?

걱정되는 행동 정의하기

학생이 학교나 학급에서 문제를 일으키는 특정 행동을 파악할 수 있도록 도와준다. 생각을 정리하도록 안내해 주는 것이 학생의 의도를 명확하게 하는 데 도움이 될 수 있다.

학생을 곤경에 처하게 만들거나 문제를 일으키게 만든 것이 무엇인가요? (촉진: 수업 시간 지각? 수업 시간에 떠들기? 수업 과제 마치지 않기? 싸우기?)

   행동에 대한 대답

1.

2.

3.

4.

5.

6.

7.

앞에서 말한 행동들 중에서 함께 발생하는 것이 무엇인가요? 그 행동들이 동시에 일어나요? 어떤 종류의 예측 가능한 순서나 '연쇄 사슬' 같은 것이 있나요? 동일한 상황에 반응해서 발생하나요?

a.

b.

c.

이러한 행동들 중에서 가장 걱정되는 행동이 무엇인가요? 나머지 인터뷰는 이런 행동에 초점을 맞추어 볼게요.

a.

학생 스케줄 및 루틴 매트릭스 작성하기

학생이 대답한 어려움을 겪는 루틴과 활동을 보여 주기 위해 학생에게 스케줄 및 루틴 매트릭스를 작성하도록 도와준다. 먼저, 학생은 스케줄 칸을 작성한다(또는 인터뷰 전에 이 칸을 채우도록 한다). 그리고 학급만의 고유한 루틴이 있다면 추가한다.

어떤 사람들에게는 특정 수업 시간이나 활동이 더 어렵기도 하고 쉽기도 해요. 하루 일정 중 가장 쉬운 시간과 가장 어려운 시간을 말해 줄 수 있나요? '6'은 문제가 일어날 가능성이 가장 높다는 것을 말하고, '1'은 문제가 거의 일어나지 않는다는 것을 말해요. (나머지 루틴에도 반복해서 대답할 수 있어요.)

학생 스케줄 및 루틴 매트릭스

일반적인 스케줄	점수 척도					
	6	5	4	3	2	1
	6	5	4	3	2	1
	6	5	4	3	2	1
	6	5	4	3	2	1
	6	5	4	3	2	1
	6	5	4	3	2	1
	6	5	4	3	2	1
	6	5	4	3	2	1
	6	5	4	3	2	1

루틴	점수 척도					
도움 얻기	6	5	4	3	2	1
교구 얻기, 마실 것 얻기, 연필 깎기	6	5	4	3	2	1
그룹 학습하기	6	5	4	3	2	1
자율 학습하기(혼자서)	6	5	4	3	2	1
허락을 받고 화장실 가기	6	5	4	3	2	1
활동 및 학급 바꾸기	6	5	4	3	2	1
대체 교사 또는 봉사자와 공부하기	6	5	4	3	2	1
	6	5	4	3	2	1
	6	5	4	3	2	1

부록 E. 활동 루틴 평가 양식

목표 학생: _____

날짜: _____

시간	루틴/활동	문제행동 가능성						발생 가능성이 가장 높은 문제행동 유형
		낮음 1	2	3	4	5	높음 6	
		1	2	3	4	5	6	
		1	2	3	4	5	6	
		1	2	3	4	5	6	
		1	2	3	4	5	6	
		1	2	3	4	5	6	
		1	2	3	4	5	6	
		1	2	3	4	5	6	
		1	2	3	4	5	6	
		1	2	3	4	5	6	
		1	2	3	4	5	6	
		1	2	3	4	5	6	
		1	2	3	4	5	6	
		1	2	3	4	5	6	
		1	2	3	4	5	6	
		1	2	3	4	5	6	
		1	2	3	4	5	6	
		1	2	3	4	5	6	
		1	2	3	4	5	6	

부록 F. 약식 기능평가 인터뷰 양식

학생 이름: _____   날짜: _____

우려되는 행동:

예측변인:

유지 기능(들):

더 심각하게 만드는 요인(배경사건):

(각 루틴에 따른) 요약

배경사건 →	예측변인 →	문제행동 →	유지 기능 →

부록 G. 기능평가 관찰 양식

학생 이름: _____

시작 날짜: _____

종결 날짜: _____

시간	행동			예측 변인					감지된 기능								실제 후속결과
				요구 상황	이행 요구적	활동전환	혼자있을때	관심(집중부족)		획득				회피			
									관심	원하는 물건/활동	자기자극	요구 상황	기타( )	특정 사람	기타/불명확		

사건발생: 1 2 3 4 5 6 7 8 9 10 11 12 13 14 15 16 17 18 19 20 21 22 23 24 25

날짜:

총계:

From O'Neill et al., *Functional Assessment and Program Development for Problem Behavior* (2nd ed.) © 1997. South-Western, a part of Cengage Learning, Inc. Reproduced by permission. www.cengage.com/permissions.

부록 H. 행동지원계획 질적 평가 체크리스트: 계획(또는 계획 과정)이 다음과 같은 특성을 갖추고 있는가?

행동지원계획을 수립하고 적용할 때, 다음과 같은 요소를 평가한다.

G=양호함   O=보통   P=부족함   N=해당 사항 없음

1. _____ 행동지원을 위한 학습 및 생활 배경 정의
2. _____ 문제행동에 대한 조작적 기술
3. _____ 문제가 되는 루틴 파악
4. _____ 기능평가 가설 진술
5. 중재/**기본**(루틴에 걸쳐 진행되는 문제)
   a) _____ 건강 및 생리학
   b) _____ 의사소통
   c) _____ 이동성
   d) _____ 예측 가능성
   e) _____ 통제/선택
   f) _____ 사회 관계
   g) _____ 활동 패턴
6. 중재/**예방**(문제행동을 무의미하게 만들기)
   a) _____ 스케줄
   b) _____ 교육과정
   c) _____ 수업 절차
7. 중재/**교육하기**(문제행동을 비효율적으로 만들기)
   a) _____ 대체 기술
   b) _____ 새로운 적응 기술
8. 중재/**후속결과**
   소거(문제행동을 비효과적으로 만들기)
      a) _____ 정적 강화 최소화
      b) _____ 부적 강화 최소화
   강화(적절한 행동을 더 효과적으로 만들기)
      a) _____ 정적 강화 최대화
   벌(필요한 경우)
      a) _____ 문제행동 발생여부에 따른 부정적 후속결과
   안전/비상 중재 계획
      a) _____ 문제행동 해결을 위한 명확한 계획
9. 평가
   a) _____ 수집할 정보에 대한 정의
   b) _____ 측정 절차에 대한 정의
   c) _____ 의사결정 과정에 대한 정의
10. 맥락 적합성 확인
   a) _____ 가치
   b) _____ 기술
   c) _____ 자원
   d) _____ 관리 시스템
   e) _____ 학생의 흥미를 고려한 프로그램에 대한 인식

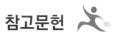

Ablevox. (2013). My daily tasks (Version 1.1) [Mobile application software]. Retrieved from http://itunes.apple.com.

Alberto, P., & Troutman, A. (2013). *Applied behavior analysis for teachers* (9th ed.). Upper Saddle River, NY: Merrill Prentice Hall.

Albin, R. W., Lucyshyn, J. M., Horner, R. H., & Flannery, K. B. (1996). Contextual fit for behavior support plans. In L. K. Koegel, R. L. Koegel, & G. Dunlap (Eds.), *Positive behavioral support: Including people with difficult behavior in the community* (pp. 81-98). Baltimore: Brookes.

Algozzine, B., Barrett, S., Eber, L., George, H., Horner, R., Lewis, T., et al. (2014). School-wide PBIS Tiered Fidelity Inventory. Available from OSEP Technical Assistance Center on Positive Behavioral Interventions and Supports, www.pbis.org.

Algozzine, B., Wang, C., & Violette, A. (2011). Reexamining the relationship between academic achievement and social behavior. *Journal of Positive Behavior Interventions, 13*, 3-16.

Allday, R. A., Nelson, J. R., & Russell, C. S. (2011). Classroom-based functional behavioral assessment: Does the literature support high fidelity implementation? *Journal of Disability Policy Studies, 22*(3), 140-149.

Anderson, C., Childs, K., Kincaid, D., Horner, R. H., George, H. P., Todd, A. W., et al. (2012). *Benchmarks for advanced tiers*. Eugene: Educational and Community Supports, University of Oregon.

Anderson, C. M., Rodriguez, B. J., & Campbell, A. (2014, May). *Functional analysis in schools: Current status and future directions*. Paper presented at the Annual Conference of the Association for Behavior Analysis International, Chicago, IL.

Archer, A. L., & Hughes, C. A. (2011). *Explicit instruction: Effective and efficient teaching*. New York: Guilford Press.

Assistive Ware. (2013). Proloquo2go (Version 3.0.3) [Mobile application software]. Retrieved from http://itunes.apple.com.

Autiplan. (2014). Autiplan (Version 3.16) [Mobile application software]. Retrieved from www.

functional analysis as the basis for intervention. *Journal of Applied Behavior Analysis, 46*(1), 208−218.

Bloom Built. (2014). Day one (journal.diary) (Version 1.14) [Mobile application software]. Retrieved from http://itunes.apple.com.

Boot Strapped Coffee. (2013). Habit monkey (Version 1.0) [Mobile application software]. Retrieved from http://itunes.apple.com.

Bowen, J. M., Jenson, W. R., & Clark, E. (2012). *School−based interventions for students with behavior problems.* New York: Springer.

Bradshaw, C. P., Bottiani, J. H., Osher, D., & Sugai, G. (2014). The integration of positive behavioral interventions and supports and social emotional learning. In M. D. Weist, N. A. Lever, C. P. Bradshaw, & J. S. Owens (Eds.), *Handbook of school mental health: Research, training, practice, and policy* (pp. 101−118). New York: Springer.

Bradshaw, C. P., Reinke, W. M., Brown, L. D., Bevans, K. B., & Leaf, P. J. (2008). Implementation of school−wide positive behavioral interventions and supports (PBIS) in elementary schools: Observations from a randomized trial. *Education and Treatment of Children, 31*(1), 1−26.

Briere, D. E., III, & Simonsen, B. (2011). Self−monitoring interventions for at−risk middle school students: The importance of considering function. *Behavioral Disorders, 36*, 129−140.

Briesch, A. M., & Chafouleas, S. M. (2009). Review and analysis of literature on self− management interventions to promote appropriate classroom behaviors (1988−2008). *School Psychology Quarterly, 24*, 106−118.

Bruhn, A. L., McDaniel, S., & Kreigh, C. (in press). Self−monitoring interventions for students with behavior problems: A review of current research. *Behavioral Disorders.*

Burns, M. K., Scholin, S. E., Kosciolek, S., & Livingston, J. (2010). Reliability of decisionmaking frameworks for response to intervention for reading. *Journal of Psychoeducational Assessment, 28*, 102−114.

Campbell, S. B. (1995). Behavior problems in preschool children: A review of recent research. *Journal of Child Psychology and Psychiatry, 36*, 113−149.

Carr, E. G. (1977). The motivation of self−injurious behavior: A review of some hypotheses. *Psychological Bulletin, 84*, 800−816.

Carr, E. G., Horner, R. H., Turnbull, A., Marquis, J., Magito−McLaughlin, D., McAtee, M., et al. (1999). *Positive behavior support as an approach for dealing with problem behavior in people with developmental disabilities: A research synthesis.* Washington, DC: American Association on Mental Retardation.

Carter, E. W., Lane, K. L., Crnobori, M. E., Bruhn, A. L., & Oakes, W. P. (2011). Self−

determination interventions for students with or at risk for emotional and behavioral disorders: Mapping the knowledge base. *Behavioral Disorders, 36*, 100−116.

CBTAonline. (2009). ABC data (Version 1.2) [Mobile application software]. Retrieved from http://itunes.apple.com.

CBTAonline. (2010). ABC data pro (Version 1.33) [Mobile application software]. Retrieved from http://itunes.apple.com.

CBTAonline. (2011). ABC logbook (Version 1.26) [Mobile application software]. Retrieved from http://itunes.apple.com.

CBTAonline (2013a). ABC video pro (Version 1.1.1) [Mobile application software]. Retrieved from http://itunes.apple.com.

CBTAonline. (2013b). ABC video pro lite (Version 1.0.5) [Mobile application software]. Retrieved from http://itunes.apple.com.

Chandler, L. K., Dahlquist, C. M., & Repp, A. C. (1999). The effects of team−based functional assessment on the behavior of students in classroom settings. *Exceptional Children, 66*(1), 101−121.

Chapin, T. (2014). Self−regulation training board (Version 1.1) [Mobile application software]. Retrieved from http://itunes.apple.com.

Christensen, L., Renshaw, T. L., Caldarella, P., & Young, J. R. (2012). Training a general educator to use function−based support for students at risk for behavior disorders. *Education, 133*(2), 313−335.

Cipani, E., & Shock, K. M. (2007). *Functional behavioral assessment, diagnosis, and treatment: A complete system for educational and mental health settings.* New York: Springer.

Cipani, E. (2008). *Classroom management for all teachers: Plans for evidence−based practice* (3rd ed.). Columbus, OH: Merrill/Prentice Hall.

Class Twist. (2014). Class dojo (Version 2.5.3) [Mobile application software]. Retrieved from http://itunes.apple.com.

Codding, R., Baglici, S., Gottesman, D., Johnson, M., Kert, A., & Lebeouf, P. (2009). Selecting intervention strategies: Using brief experimental analysis for mathematics problems. *Journal of Applied School Psychology, 25*(2), 146−168.

Conroy, M. A., Davis, C. A., Fox, J. J., & Brown, W. H. (2002). Functional assessment of behavior and effective supports for young children with challenging behaviors. *Assessment for Effective Intervention, 27*, 35−47.

Conroy, M. A., Dunlap, G., Clarke, S., & Alter, P. J. (2005). A descriptive analysis of behavioral intervention research with young children with challenging behavior. *Topics in Early Childhood Special Education, 25*, 157−166.

Cook, C. R., Mayer, G. R., Wright, D. B., Kraemer, B., Wallace, M. D., Dart, E., et al. (2012). Exploring the link among behavior intervention plans, treatment integrity, and student outcomes under natural educational conditions. *Journal of Special Education, 46*, 3–16.

Copple, C., & Bredekamp, S. (2009). *Developmentally appropriate practice in early childhood programs serving children from birth through age 8.* Washington, DC: National Association for the Education of Young Children.

Costello, S. (2013). How many apps are in the iPhone App store. Retrieved from http://ipod. about.com/od/iphonesoftwareterms/qt/apps-in-app-store.htm.

Costenbader, V., & Markson, S. (1998). School suspension: A study with secondary school students. *Journal of School Psychology, 36*, 59–82.

Crone, D. A., Hawken, L. S., & Bergstrom, M. K. (2007). A demonstration of training, implementing, and using functional behavioral assessment in 10 elementary and middle school settings. *Journal of Positive Behavior Interventions, 9*(1), 15–29.

Crone, D. A., Hawken, L. S., & Horner, R. H. (2010). *Responding to problem behavior in schools: The behavior education program* (2nd ed.). New York: Guilford Press.

Crone, D. A., & Horner, R. H. (2003). *Building positive behavior support systems in schools: Functional behavioral assessment.* New York: Guilford Press.

Cunningham, E., & O'Neill, R. E. (2007). Assessing agreement among the results of functional behavioral assessment and analysis methods with students with emotional/behavior disorders (E/BD). *Behavioral Disorders, 32*, 211–221.

Daly, E. J., III, Bonfiglio, C., Mattson, T., Persampieri, M., & Foreman–Yates, K. (2006). Refining the experimental analysis of academic skills deficits: Part II. Use of brief experimental analysis to evaluate reading fluency treatments. *Journal of Applied Behavior Analysis, 39*, 323–331.

Daly, E. J., III, Martens, B., Dool, E., & Hintze, J. (1998). Using brief functional analysis to select interventions for oral reading. *Journal of Behavioral Education, 8*, 203–218.

Daly, E. J., III, Persampieri, M., McCurdy, M., & Gortmaker, V. (2005). Generating reading interventions through experimental analysis of academic skills: Demonstration and empirical evaluation. *School Psychology Review, 34*, 395–414.

Desrochers, M. N., Hile, M. G., & Williams–Moseley, T. L. (1997). Survey of functional assessment procedures used with individuals who display mental retardation and severe problem behaviors. *American Journal on Mental Retardation, 101*(5), 535–546.

Division for Early Childhood. (2007). Position statement: Identification of and intervention with challenging behavior. Retrieved June 16, 2014, from http://dec.membershipsoftware. org/files/Position%20Statement%20and%20 Papers/CB%20Position%20statement.pdf.

Division for Early Childhood. (2014). DEC recommended practices in early intervention/ early childhood special education. Retrieved June 16, 2014, from http://dec. membershipsoftware.org/files/Recommended Practices.

Ducharme, J. M., & Schecter, C. (2011). Bridging the gap between clinical and classroom intervention: Keystone approaches for students with challenging behavior. *School Psychology Review, 40*, 257−274.

Duda, M. A., Clarke, S., Fox, L., & Dunlap, G. (2008). Implementation of positive behavior support with a sibling set in a home environment. *Journal of Early Intervention, 30*(3), 213−236.

Duhon, G., Noell, G., Witt, J., Freeland, J., Dufrene, B., & Gilbertson, D. (2004). Identifying academic skill and performance deficits: The experimental analysis of brief assessments of academic skills. *School Psychology Review, 33*, 429−443.

Dunlap, G., & Carr, E. (2007). Positive behavior support and developmental disabilities. In S. Odom, R. Horner, M. Snell, & J. Blacher (Eds.), *Handbook of developmental disabilities* (pp. 469−482). New York: Guilford Press.

Dunlap, G., Iovannone, R., Kincaid, D., Wilson, K., Christiansen, K., Strain, P., et al. (2010). *Prevent−teach−reinforce: The school−based model of individualized positive behavior support*. Baltimore: Brookes.

Dunlap, G., & Kincaid, D. (2001). The widening world of functional assessment: Comments on four manuals and beyond. *Journal of Applied Behavior Analysis, 34*, 365−377.

Dunlap, G., Strain, P. S., Fox, L., Carta, J. J., Conroy, M., Smith, B., et al. (2006). Prevention and intervention with young children's challenging behavior: A summary and perspective regarding current knowledge. *Behavioral Disorders, 32*, 29−45.

DuPaul, G. J., & Ervin, R. A. (1996). Functional assessment of behavior related to ADHD: Linking assessment to intervention design. *Behavior Therapy, 27*, 601−622.

Eber, L., Swain−Bradway, J., Breen, K., & Phillips, D. (2013). Building Tier 2/Tier 3 capacity within a PBIS system of support. Retrieved from www.pbisillinois.org/publications/ reports.

Eckert, T. L., Ardoin, S. P., Daisey, D. M., & Scarola, M. D. (2000). Empirically evaluating the effectiveness of reading interventions: The use of brief experimental analysis and single case designs. *Psychology in the Schools, 37*, 463−473.

Eckert, T. L., Codding, R. S., & Dunn, E. K. (2011). Curriculum−based measurement. In A. S. Davis (Ed.), *Handbook of pediatric neuropsychology* (pp. 1137−1143). New York: Springer.

Edyburn, D. L. (2013). Critical issues in advancing the special education technology evidence base. *Exceptional Children, 80*, 7−24.

Ellingson, S. A., Miltenberger, R. G., Stricker, J., Galensky, T. L., & Garlinghouse, M. (2000). Functional assessment intervention for challenging behaviors in the classroom by general classroom teachers. *Journal of Positive Behavior Interventions, 2*, 85−97.

Epstein, M., Atkins, M., Cullinan, D., Kutash, K., & Weaver, R. (2008). *Reducing behavior problems in the elementary school classroom: A practice guide* (NCEE #2008−012). Washington, DC: National Center for Education Evaluation and Regional Assistance, Institute of Education Sciences, U.S. Department of Education. Retrieved from http://ies.ed.gov/ncee/wwc/pub−lications/practiceguides.

Ervin, R. A., DuPaul, G. J., Kern, L., & Friman, P. C. (1998). Classroom−based functional and adjunctive assessments: Proactive approaches to intervention selection for adolescents with Attention Deficit Hyperactivity Disorder. *Journal of Applied Behavior Analysis, 31*, 65−78.

Ervin, R. A., Radford, P. M., Bertsch, K., Piper, A. L., Ehrhardt, K. E., & Poling, A. (2004). A descriptive analysis and critique of the empirical literature on school−based functional assessment. *School Psychology Review, 30*(2), 193−210.

Etherington, D. (2013). Apple has sold over 8M iPads direct to education worldwide, with more than 1B iTunesU downloads. Retrieved from http://techcrunch.com/2013/02/28/apple-has-sold-over-8m-ipads-direct-to-education-worldwide- with-more-than-1b-itunes-u-downloads.

Expressive Solutions. (2010). Percentally (Version 1.1.1) [Mobile application software]. Retrieved from http://itunes.apple.com.

Filter, K. J., & Horner, R. H. (2009). Function−based interventions for problem behavior. *Education and Treatment of Children, 32*, 1−19.

Fixsen, D. L., Naoom, S. F., Blase, K. A., Friedman, R. M., & Wallace, F. (2005). *Implementation Research: A synthesis of the literature*. Tampa, FL: National Implementation Research Network, Louis de la Parte Florida Mental Health Institute, University of Florida.

Fleming, C. B., Harachi, T. W., Cortes, R. C., Abbott, R. D., & Catalano, R. F. (2004). Level and change in reading scores and attention problems during elementary school as predictors of problem behavior in middle school. *Journal of Emotional and Behavioral Disorders, 12*, 130−144.

Fox, J., & Davis, C. (2005). Functional behavior assessment in schools: Current research findings and future directions. *Journal of Behavioral Education, 14*(1), 1−4.

Future Help Designs. (2012). iBAA (Version 2.2) [Mobile application software]. Retrieved from http://itunes.apple.com.

Gage, N., Lewis, T., & Stichter, J. (2012). Functional behavioral assessment-based interventions for students with or at risk for emotional and/or behavioral disorders in school: A hierarchical linear modeling meta-analysis. *Behavioral Disorders, 37*(2), 55-77.

Gilbertson, D., Witt, J., Duhon, G., & Dufrene, B. (2008). Using brief assessments to select math fluency and on-task behavior interventions: An investigation of treatment utility. *Education and Treatment of Children, 31*(2), 167-181.

Ginsburg-Block, M. D., Rohrbeck, C. A., & Fantuzzo, J. W. (2006). A meta-analytic review of social, self-concept, and behavioral outcomes of peer-assisted learning. *Journal of Educational Psychology, 98*, 732-749.

Ginsburg-Block, M., Rohrbeck, C., Lavigne, N., & Fantuzzo, J. W. (2008). Peer-assisted learning: An academic strategy for enhancing motivation among diverse students. In C. Hudley & A. E. Gottfried (Eds.), *Academic motivation and the culture of school in childhood and adolescence* (pp. 247-273). New York: Oxford University Press.

Goh, A. E., & Bambara, L. M. (2012). Individualized positive behavior support in school settings: A meta-analysis. *Remedial and Special Education, 33*(5), 271-286.

Good Karma Applications. (2010). First then visual scheduler (Version 1.1.6) [Mobile application software]. Retrieved from http://itunes.apple.com.

Google. (2014). *Search operators*. Retrieved from https://support.google.com/websearch/answer/136861?hl=en#.

Gotclues. (2009). iReward chart: Parents reward tracker behavior chore chart (Version 2.12) [Mobile application software]. Retrieved from http://itunes.apple.com.

Grant Technology Services. (2013). Tantrum tracker (Version 2.1) [Mobile application software]. Retrieved from http://itunes.apple.com.

Grembe. (2011). My pictures talk-video modeling tool (Version 4.1) [Mobile application software]. Retrieved from http://itunes.apple.com.

Gresham, F. M., Sugai, G., Horner, R. H., Quinn, M. M., & McInerney, M. (1998). *Classroom and school-wide practices that support children's social competence: A synthesis of research*. Washington, DC: American Institutes of Research and Office of Special Education Programs.

Gulchak, D. J. (2008). Using a mobile handheld computer to teach a student with an emotional and behavioral disorder to self-monitor attention. *Education and Treatment of Children, 31*, 567-581.

Handhold Adaptive. (2013a). iPrompts ® visual supports, schedulers and picture prompts for Autism and special education (Version 3.0.77) [Mobile application software]. Retrieved from http://itunes.apple.com.

Handhold Adaptive. (2013b). Story maker for social stories (Version 3.0.77) [Mobile application software]. Retrieved from http://itunes.apple.com.

Hanley, G. P., Iwata, B. A., & McCord, B. E. (2003). Functional analysis of problem behavior: A review. *Journal of Applied Behavior Analysis, 36*, 147−185.

Harrison, K., & Harrison, R. (2009). The school social worker's role in tertiary support of functional assessment. *Children and Schools, 31*(2), 119−127.

Harrower, J. K. (1999). Functional assessment and comprehensive early intervention. *Exceptionality, 8*(3), 189−204.

Hastings, R. P., & Brown, T. (2000). Functional assessment and challenging behaviors: Some future directions. *Journal of The Association for Persons with Severe Handicaps, 25*(4), 229−240.

Hawken, L., Adolphson, S., MacLeod, K., & Schumann, J. (2009). Secondary−tier interventions and supports. In G. Sugai, R. H., Horner, G. Dunlap, & W. Sailor (Eds.), *Handbook of positive behavior support* (pp. 395−420). New York: Springer.

Hawken, L., O'Neill, R., & MacLeod, K. (2011). An investigation of the impact of function of problem behavior on effectiveness of the Behavior Education Program. *Education and Treatment of Children, 34*, 551−574.

Hemmeter, M. L., Ostrosky, M., & Fox, L. (2006). Social emotional foundations for early learning: A conceptual model for intervention. *School Psychology Review, 35*, 583−601.

Hitchcock, C. H., Dowrick, P., & Prater, M. A. (2003). Video self−modeling in school based settings. *Remedial and Special Education, 56*, 36−45.

Hog Bay Software. (2011). Bubbles (Version 3.3.1) [Mobile application software]. Retrieved from http://itunes.apple.com.

Horner, R. H. (1994). Functional assessment: Contributions and future directions. *Journal of Applied Behavior Analysis, 27*, 401−404.

Horner, R. H., Albin, R. W., Todd, A. W., Newton, J. S., & Sprague, J. R. (2010). Designing and implementing individualized positive behavior support. In M. E. Snell & F. Brown (Eds.), *Instruction of students with severe disabilities* (7th ed., pp. 225−257). Upper Saddle River, NJ: Pearson Education.

Horner, R. H., O'Neill, R. E., & Flannery, K. B. (1993). Building effective behavior support plans from functional assessment information. In M. E. Snell (Ed.), *Instruction of students with severe disabilities* (4th ed., pp.184−214). Columbus, OH: Merrill.

Horner, R. H., Sugai, G., Smolkowski, K., Eber, L., Nakasato, J., Todd, A., et al. (2009). A randomized, waitlist−controlled effectiveness trial assessing school−wide positive behavior support in elementary schools. *Journal of Positive Behavior Interventions, 11*(3), 133–144.

Horner, R. H., Sugai, G., & Todd, A. (1996). Comprehensive functional assessment in schools. Grant application submitted to the Office of Special Education, U.S. Department of Education. Eugene: University of Oregon.

Horner, R. H., Sugai, G., Todd, A. W., & Lewis-Palmer, T. (1999–2000). Elements of behavior support plans: A technical brief. *Exceptionality, 8*, 205–216.

Horner, R. H., Vaughn, B. J., Day, H. M., & Ard, W. R. (1996). The relationship between setting events and problem behavior: Expanding our understanding of behavioral support. In L. K. Koegel, R. L. Koegel, & G. Dunlap (Eds.), *Positive behavioral support: Including people with difficult behavior in the community* (pp. 381–402). Baltimore: Brookes.

Hosp, M. K., Hosp, J. L., & Howell, K. W. (2007). *The ABCs of CBM: A practical guide to curriculum-based measurement.* New York: Guilford Press.

Howell, K. W., & Nolet, V. (1999). *Curriculum-based evaluation: Teaching and decision making* (3rd ed.). Atlanta, GA: Wadsworth.

Hyceit. (2012). Caught being good (Version 1.2) [Mobile application software]. Retrieved from http://itunes.apple.com.

Individuals with Disabilities Education Act, Amendments of 1997. (1997). H.R. 5, 105th Congress, 1st Session. Individuals with Disabilities Education Improvement Act of 2004, Public Law 108–446.

Ingram, K., Lewis-Palmer, T., & Sugai, G. (2005). Function-based intervention planning: Comparing the effectiveness of FBA function-based and non-function-based intervention plans. *Journal of Positive Behavior Interventions, 7*(4), 224–236.

Iwata, B., Deleon, I., & Roscoe, E. (2013). Reliability and validity of the functional analysis screening tool. *Journal of Applied Behavior Analysis, 46*(1), 271–284.

Iwata, B. A., Dorsey, M. F., Slifer, K. J., Bauman, K. E., & Richman, G. S. (1982/1994). Toward a functional analysis of self-injury. *Journal of Applied Behavior Analysis, 27*, 197–209.

Iwata, B. A., & Dozier, C. L. (2008). Clinical applications of functional analysis methodology. *Behavior Analysis in Practice, 1*, 3–9.

Jameson, J., Thompson, V., Manuele, G., Smith, D., Egan, H., & Moore, T. (2012). Using an iTouch to teach core curriculum words and definitions: Efficacy and social validity. *Journal of Special Education Technology, 27*(3), 41–54.

JBROS Software. (2012). FAO observer tool (Version 1.0.1) [Mobile application software]. Retrieved from http://itunes.apple.com.

JibJab Media. (2013). Beep & boop by storybots (Version 2.0.1) [Mobile application software]. Retrieved from http://itunes.apple.com.

Joseph, L. M., & Eveleigh, E. L. (2011). A review of the effects of self-monitoring on reading performance of students with disabilities. *The Journal of Special Education, 45*, 43-53.

Kahng, S., & Iwata, B. A. (1998). Computerized systems for collecting real-time observational data. *Journal of Applied Behavior Analysis, 31*(2), 253-261.

Kalberg, J. R., Lane, K. L., & Lambert, W. (2012). The utility of conflict resolution and social skills interventions with middle school students at risk for antisocial behavior: A methodological illustration. *Remedial and Special Education, 22*, 23-38.

Kame'enui, E. J., & Simmons, D. C. (1990). *Designing instructional strategies: The prevention of academic learning problems.* Columbus, OH: Merrill.

Katsiyannis, A., Conroy, M., & Zhang, D. (2008). District-level administrators' perspectives on the implementation of functional behavior assessment in schools. *Behavioral Disorders, 34*(1), 14-26.

Kauffman, J. M., Mostert, M. P., Trent, S. C., & Hallahan, D. P. (1993). *Managing classroom behavior: A reflective approach* (2nd ed.). Boston: Allyn & Bacon.

Kazdin, A. E. (2011). *Single-case research designs* (2nd ed.). New York: Oxford University Press.

Kern, L., & Clemens, N. H. (2007). Antecedent strategies to promote appropriate classroom behavior. *Psychology in the Schools, 44*, 65-76.

Lambert, J. M., Bloom, S. E., & Irvin, J. (2012). Trial-based functional analysis and functional communication training in an early childhood setting. *Journal of Applied Behavior Analysis, 45*(3), 579-584.

Lee, S. W., & Jamison, T. (2003). Including the FBA process in student assistance teams: An exploratory study of team communications and intervention selection. *Journal of Educational and Psychological Consultation, 14*(2), 209-239.

Leighton, M. S., O'Brien, E., Walking Eagle, K., Weiner, L., Wimberly, G., & Youngs, P. (1997). *Roles for education paraprofessionals in effective schools: An idea book.* Washington, DC: U.S. Department of Education.

Lewis, T. J., & Sugai, G. (1996). Functional assessment of problem behavior: A pilot investigation of the comparative and interactive effects of teacher and peer social attention on students in general education settings. *School Psychology Quarterly, 11*, 1-19.

Lewis, T. J., & Sugai, G. (1999). Effective behavior support: A systems approach to proactive school-wide management. *Focus on Exceptional Children, 31*(6), 1-24.

Lewis, T. J., Sugai, G., & Colvin, G. (1998). Reducing problem behavior through a school-wide system of effective behavioral support: Investigation of a school-wide social skills training program and contextual interventions. *School Psychology Review, 27*, 446-459.

Liaupsin, C., Scott, T. M., & Nelson, C. M. (2006). *Functional behavioral assessment: An interactive training module*. Longmont, CO: Sopris West.

Lillard, A. S. (2007). *Montessori: The science behind the genius*. New York: Oxford University Press.

Little App Helpers. (2014). My Autism day (Version 1.3.3) [Mobile application software]. Retrieved from http://itunes.apple.com.

Live School. (2014). Live school [App and information]. Retrieved from *whyliveschool.com*.

Loeber, R., & Farrington, D. (1998). *Serious and violent juvenile offenders: Risk factors and successful interventions*. London: Sage.

Loman, S. L., & Horner, R. H. (2014). Examining the efficacy of a basic functional behavioral assessment training package for school personnel. *Journal of Positive Behavior Interventions, 16*(1), 18-30.

Loman, S., Strickland-Cohen, M. K., Borgmeier, C., & Horner, R. H. (2013). *Basic FBA to BSP training curriculum.* Eugene: University of Oregon.

Lovaas, O. I., Freitag, G., Gold, V. J., & Kassorla, I. C. (1965). Experimental studies in childhood schizophrenia: Analysis of self-destructive behavior. *Journal of Experimental Child Psychology, 2*, 7-84.

Luiselli, J. K., & Cameron, M. J. (Eds.). (1998). *Antecedent control: Innovative approaches to behavioral support*. Baltimore: Brookes.

March, R., Horner, R. H., Lewis-Palmer, L., Brown, D., Crone, D., Todd, A. W., et al. (2000). *Functional Assessment Checklist for Teachers and Staff (FACTS)*. Eugene: Department of Educational and Community Supports, University of Oregon.

March, R. E., & Horner, R. H. (2002). Feasibility and contributions of functional behavioral assessment in schools. *Journal of Emotional and Behavioral Disorders, 10*, 158-170.

Marquis, J. G., Horner, R. H., Carr, E. G., Turn-bull, A. P., Thompson, M., Behrens, G. A., et al. (2000). A meta-analysis of positive behavior support. In R. M. Gerston & E. P. Schiller (Eds.), *Contemporary special education research: Syntheses of the knowledge base on critical instructional issues* (pp. 137-178). Mahwah, NJ: Erlbaum.

Marz Consulting. (2011). Behavior tracker pro (Version 3.4.5) [Mobile application software]. Retrieved from http://itunes.apple.com.

Maxwell Software. (2013). Pill monitor—medication reminders and logs (Version 2.1) [Mobile application software]. Retrieved from http://itunes.apple.com.

May, S., Ard, W., III, Todd, A. W., Horner, R. H., Glasgow, A., Sugai, G., et al. (2000).

School-wide information system. Eugene: Educational and Community Supports, University of Oregon.

May, S., Ard, W., Todd, A., Horner, R., Glasgow, A., Sugai, G., et al. (2013a). *School-wide Information System* (5.0.7 b52). Eugene: University of Oregon.

May, S., Talmadge, N., Todd, A. W., Horner, R. H., McGovern, S., Morris, J., et al. (2013b). *Individual Student Intervention System* (5.0.7 b52). Eugene: University of Oregon.

May, S., Talmadge, N., Todd, A., Horner, R., & Rossetto-Dickey, C. (2013c). *Check-In/ Check-Out* (5.0.7 b52). Eugene: University of Oregon.

May, S., Talmadge, N., Todd, A., Horner, R., & Rossetto-Dickey, C. (2014). *Check-In/Check -Out* (5.1.9 b181). Eugene: University of Oregon.

McIntosh, K., & Av-Gay, H. (2007). Implications of current research on the use of functional behavior assessment and behavior support planning in school systems. *International Journal of Behavioral Consultation and Therapy, 3*(1), 39-52.

McIntosh, K., Borgmeier, C., Anderson, C. M., Horner, R. H., Rodriguez, B., & Tobin, T. J. (2008). Technical adequacy of the functional assessment checklist: Teachers and staff (FACTS) FBA interview measure. *Journal of Positive Behavior Interventions, 10*(1), 33-45.

McIntosh, K., Filter, K. J., Bennett, J. L., Ryan, C., & Sugai, G. (2010). Principles of sustainable prevention: Designing scale-up of school-wide positive behavior support to promote durable systems. *Psychology in the Schools, 47*(1), 5-21.

McIntosh, K., Horner, R. H., Chard, D. J., Dickey, C. R., & Braun, D. H. (2008). Reading skills and function of problem behavior in typical school settings. *Journal of Special Education, 42*, 131-147.

McIntosh, K., Mercer, S. H., Hume, A. E., Frank, J. L., Turri, M. G., & Mathews, S. (2013). Factors related to sustained implementation of school-wide positive behavior support. *Exceptional Children, 79*(3), 293-311.

Mechling, L. C. (2011). Review of twenty-first century portable electronic devices for persons with moderate intellectual disabilities and autism spectrum disorders. *Education and Training in Autism and Developmental Disabilities, 46*(4), 479-498.

Miller, F., & Lee, D. (2013). Do functional behavioral assessments improve intervention effectiveness for students diagnosed with ADHD?: A single-subject meta-analysis. *Journal of Behavioral Education, 22*(3), 253-282.

Monarch Teaching Technologies. (2011). Vizzle player (Version 4.6.0) [Mobile application software]. Retrieved from http://itunes.apple.com.

Mooney, P., Ryan, J. B., Uhing, B. M., Reid, R., & Epstein, M. H. (2005). A review of selfmanagement interventions targeting academic outcomes for students with emotional and behavioral disorders. *Journal of Behavioral Education, 14*, 203–331.

Motivaider [Apparatus]. (2014). Thief River Falls, MN: Behavioral Dynamics.

Mueller, M. M., & Nkosi, A. (2007). State of the science in the assessment and management of severe behavior problems in school settings: Behavior analytic consultation to schools. *International Journal of Behavioral Consultation and Therapy, 3*(2), 176–202.

Murdock, S., O'Neill, R., & Cunningham, E. (2005). A comparison of results and acceptability of functional behavioral assessment procedures with a group of middle school students with emotional/behavioral disorders (E/BD). *Journal of Behavioral Education, 14*(1), 5–18.

Nahgahgwon, K. N., Umbreit, J., Liaupsin, C. J., & Turton, A. M. (2010). Function–based planning for young children at risk for emotional and behavioral disorders. *Education and Treatment of Children, 33*(4), 537–559.

National Center on Education Statistics. (2010). *The condition of education.* Retrieved May 20, 2014, from http://nces.ed.gov/programs/coe.

Neilsen, S. L., & Mcevoy, M. A. (2004). Functional behavioral assessment in early education settings. *Journal of Early Intervention, 26*, 115–131.

Neiman, S., & Hill, M. R. (2011). *Crime, violence, discipline and safety in U.S. public schools.* Washington, DC: National Center on Education Statistics.

Nelson, J. R., Roberts, M. L., Rutherford, R. B., Jr., Mathur, S. R., & Aaroe, L. A. (1999). A statewide survey of special education administrators and school psychologists regarding functional behavioral assessment. *Education and Treatment of Children, 22*(3), 267–279.

Newcomer, L. L., & Lewis, T. J. (2004). Functional behavioral assessment: An investigation of assessment reliability and effectiveness of function–based interventions. *Journal of Emotional and Behavioral Disorders, 12*(3), 168–181.

Nippe, G. E., Lewis–Palmer, T., & Sprague, J. (1998). *The student–directed functional assessment: An analysis of congruence between student self–report and direct observation.* Unpublished manuscript, Department of Education and Community Supports, University of Oregon, Eugene.

Noldus, L. P. J. J., Trienes, R. J. H., Hendriksen, A. H. M., Jansen, H., & Jansen, R. G. (2000). The Observer Video–Pro: New software for the collection, management and presentation of time–structured data from videotapes and digital media files. *Behavior Research Methods, Instruments, and Computers, 32*, 197–206.

O'Neill, R. E., Albin, R. W., Storey, K., Horner, R. H., & Sprague, J. R. (2015). *Functional assessment and program development: A practical handbook* (3rd ed.). Pacific Grove, CA: Brooks/Cole.

O'Neill, R. E., Bundock, K., Hawken, L. S., & Kladis, K. (2014, May). *Acceptability of functional assessment procedures to special education teachers and school psychologists.* Paper presented at the Annual Convention of the Association for Behavior Analysis International, Chicago, IL.

O'Neill, R. E., Horner, R. H., Albin, R. W., Sprague, J. R., Storey, K., & Newton, J. S. (1997). *Functional assessment for problem behavior: A practical handbook* (2nd ed.). Pacific Grove, CA: Brooks/Cole.

O'Neill, S., & Stephenson, J. (2009). Teacher involvement in the development of function-based behaviour intervention plans for students with challenging behaviour. *Australasian Journal of Special Education, 33*, 6-25.

O'Neill, S., & Stephenson, J. (2010). The use of functional behavioral assessment for students with challenging behaviors: Current patterns and experience of Australian practitioners. *Australian Journal of Educational and Developmental Psychology, 10*, 65-82.

Packenham, M., Shute, R., & Reid, R. (2004). A truncated functional behavioral assessment procedure for children with disruptive classroom behaviors. *Education and Treatment of Children, 27*(1), 9-25.

Park, K. L. (2007). Facilitating effective team-based functional behavioral assessments in typical school settings. *Beyond Behavior*, 21-31.

Parker, R., Tindal, G., & Stein, S. (1992). Estimating trend in progress monitoring data: A comparison of simple line-fitting methods. *School Psychology Review, 21*, 300-312.

Payne, L. D., Scott, T. M., & Conroy, M. (2007). A school-based examination of the efficacy of function-based intervention. *Behavioral Disorders, 32*, 158-174.

Reed, H. K., Thomas, E. S., Sprague, J. R., & Horner, R. H. (1997). The student guided functional assessment interview: An analysis of student and teacher agreement. *Journal of Behavioral Education, 7*, 33-49.

Reid, D. H. (2000). Enhancing the applied utility of functional assessment. *Journal of the Association for Persons with Severe Handicaps, 25*(4), 241-244.

Reid, J. (1993). Prevention of conduct disorder before and after school entry: Relating interventions to developmental findings. *Development and Psychopathology, 5*, 243-262.

Reid, R., & Nelson, R. (2002). The utility, acceptability, and practicality of functional behavioral assessment for students with high-incidence problem behaviors. *Remedial and Special Education, 23*(1), 15-23.

Renshaw, T., Christensen, L., Marchant, M., & Anderson, T. (2008). Training elementary school general educators to implement function-based support. *Education and Treatment of Children, 31*, 495-521.

Reynolds, C. R., & Kamphaus, R. W. (2004). *Behavior assessment system for children* (2nd ed., BASC−2). Bloomington, MN: Pearson Assessment.

Risley, T. R. (1968). The effects and side effects of punishing the autistic behaviors of a deviant child. *Journal of Applied Behavior Analysis, 1*, 21−35.

Robers, S., Kemp, J., Truman, J., & Snyder, T. D. (2013). *Indicators of school crime and safety: 2012.* Washington, DC: National Center for Education Statistics.

Romanczyk, R. G., Gillis, J. M., Callahan, E. H., & Kruser, N. (n.d.). CBTAonline—Tools for behavior analysis. Retrieved from cbtaonline.com.

Rosenshine, B. (2012). Principles of instruction: Research based strategies that all teachers should know. *American Educator, 36*, 12−39.

Royer, E. (1995). Behaviour disorders, exclusion and social skills: Punishment is not education. *Therapeutic Care and Education, 4*, 32−36.

Sailor, W., Dunlap, G., Sugai, G., & Horner, R. H. (Eds.). (2011). *Handbook of positive behavioral support.* New York: Springer.

Schmidt, W., & Finnegan, J. (1993). *The race without a finish line.* San Francisco: Jossey−Bass.

Scholastic. (2013). Scholastic reading timer (Version 2.4.4) [Mobile application software]. Retrieved from http://itunes.apple.com.

Scott, T. M., Alter, P. J., & McQuillan, K. (2010). Functional behavior assessment in classroom settings: Scaling down to scale up. *Intervention in School and Clinic, 46*, 87−94.

Scott, T. M., Alter, P. J., Rosenberg, M., & Borgmeier, C. (2010). Decision−making in secondary and tertiary interventions of school−wide systems of positive behavior support. *Education and Treatment of Children, 33*(4), 513−535.

Scott, T. M., Anderson, C. M., & Alter, P. (2012). *Managing classroom behavior using positive behavior supports.* Upper Saddle River, NJ: Pearson Education.

Scott, T. M., Anderson, C. M., & Spaulding, S. A. (2008). Strategies for developing and carrying out functional assessment and behavior intervention planning. *Preventing School Failure, 52*(3), 39−49.

Scott, T. M., Bucalos, A., Liaupsin, C., Nelson, C. M., Jolivette, K., & DeShea, L. (2004). Using functional behavior assessment in general education settings: Making a case for effectiveness and efficiency. *Behavioral Disorders, 29*(2), 189−201.

Scott, T. M., & Caron, D. B. (2005). Conceptualizing functional behavior assessment as prevention practice within positive behavior support systems. *Preventing School Failure, 50*(1), 13−20.

Scott, T. M., & Eber, L. (2003). Functional assessment and wraparound as systemic school processes: Primary, secondary, and tertiary systems examples. *Journal of Positive*

Behavior Interventions, 5(3), 131.

Scott, T. M., & Kamps, D. M. (2007). The future of functional behavioral assessment in school settings. *Behavioral Disorders, 32*(3), 146−157.

Scott, T. M., Liaupsin, C., Nelson, C. M., & McIntyre, J. (2005). Team−based functional behavior assessment as a proactive public school process: A descriptive analysis of current barriers. *Journal of Behavioral Education, 14* (1), 57−71.

Scott, T. M., McIntyre, J., Liaupsin, C., Nelson, C. M., & Conroy, M. (2004). An examination of functional behavior assessment in public school setting: Collaborative teams, experts, and methodology. *Behavioral Disorders, 29*(4), 384−395.

Scott, T. M., McIntyre, J., Liaupsin, C., Nelson, C. M., Conroy, M., & Payne, L. D. (2005). An examination of the relation between functional behavior assessment and selected intervention strategies with school−based teams. *Journal of Positive Behavior Interventions, 7*(4), 205−215.

Scott, T. M., Nelson, C. M., & Zabala, J. (2003). Functional behavior assessment training in public schools: Facilitating systemic change. *Journal of Positive Behavior Interventions, 5*(4), 216−224.

Scruggs, T. E., Mastropieri, M. A., Berkeley, S., & Graetz, J. E. (2010). Do special education interventions improve learning of secondary content? A meta−analysis. *Remedial and Special Education, 31*, 437−449.

Selosoft. (2014). The zones of regulation (Version 1.2.2) [Mobile application software]. Retrieved from http://itunes.apple.com.

Sheffield, K., & Waller, R. J. (2010). A review of single−case studies utilizing self−monitoring interventions to reduce problem classroom behaviors. *Beyond Behavior, 19*(2), 7−13.

Sherrod, M., Getch, Y. Q., & Ziomek−Daigle, J. (2009). The impact of positive behavior support to decrease discipline referrals with elementary students. *Professional School Counseling, 12*(6), 421−427.

Shore, B. A., & Iwata B. A. (1999). Assessment and treatment of behavior disorders maintained by nonsocial (automatic) reinforcement. In A. C. Repp & R. H. Homer (Eds.), *Functional analysis of problem behavior: From effective assessment to effective support* (pp. 122−145). Belmont, CA: Wadsworth.

Skiba, R., & Raush, M. K. (2006). School disciplinary systems: Alternatives to suspension and expulsion. In G. G. Bear & K. M. Minke (Eds.), *Children's needs III: Development, prevention, and intervention* (pp. 631−650). Bethesda, MD: National Association of School Psychologists.

Skiba, R., Ritter, S., Simmons, A., Peterson, R. L., & Miller, C. (2006). The Safe and

Responsive Schools Project: A school reform model for implementing best practices in violence prevention. In S. R. Jimerson & M. Furlong (Eds.), *Handbook of school violence and school safety: From research to practice* (pp. 631–650). Mahwah, NJ: Erlbaum.

Skinner, B. F. (1953). *Science and human behavior*. New York: Basic Books.

Skinner, B. F. (1966). What is the experimental analysis of behavior? *Journal of the Experimental Analysis of Behavior, 9*, 213–218.

Skinner, C. H., Pappas, D. N., & Kai, A. D. (2006). Enhancing academic engagement: Providing opportunities for responding and influencing students to choose to respond. *Psychology in the Schools, 42*, 389–403.

Skinner, J. N., Veerkamp, M. B., Kamps, D. M., & Andra, P. R. (2009). Teacher and peer participation in functional analysis and intervention for a first grade student with attention deficit hyperactivity disorder. *Education and Treatment of Children, 32*(2), 243–266.

Slavin, R. E., Cheung, A. G., & Lake, C. (2008). Effective reading programs for middle and high schools: A best–evidence synthesis. *Reading Research Quarterly, 43*, 290–322.

Solnick, M. D., & Ardoin, S. P. (2010). A quantitative review of functional analysis procedures in public school settings. *Education and Treatment of Children, 33*(1), 153–175.

Sprick, R. (2008). *Interventions: Evidence–based behavioral strategies for individual students* (2nd ed.). Eugene, OR: Pacific Northwest Publishing.

Sprick, R. (2009). *Champs: A proactive and positive approach to classroom management*. Eugene, OR: Pacific Northwest Publishing.

Stage, S. A., Jackson, H. G., Moscovitz, K., Erickson, M. J., Thurman, S., Jessee, W., et al. (2006). Using multimethod–multisource functional behavioral assessment for students with behavioral disabilities. *School Psychology Review, 35*(3), 451–471.

Starek, J., & McCullagh, P. (1999). The effect of video self modeling on the performance of beginning swimmers. *Sports Psychologist, 13*, 269–287.

Stecker, P. M., Fuchs, L. S., & Fuchs, D. (2005). Using curriculum–based measurement to improve student achievement: Review of research. *Psychology in the Schools, 42*, 795–819.

Steege, M. W., & Watson, T. S. (2009). *Conducting school–based functional behavioral assessments: A practitioner's guide* (2nd ed.). New York: Guilford Press.

Storey, K., & Post, M. (2012). *Positive behavior supports in classrooms and schools: Effective and practical strategies for teachers and other service providers*. Springfield, IL: Charles C. Thomas.

Strickland–Cohen, M. K. (2011). *Behavior support plan knowledge assessment*. Eugene: Educational and Community Supports, University of Oregon.

Strickland-Cohen, M. K., & Horner, R. H. (in press). Typical school personnel developing and implementing basic behavior support plans. *Journal of Positive Behavior Interventions*.

Strickland-Cohen, M. K., Loman, S., & Borgmeier, C. (2012). *From Basic FBA to BSP participant's guide*. Eugene: University of Oregon.

Stormont, M., Reinke, W., & Herman, K. (2011). Teachers' knowledge of evidence-based interventions and available school resources for children with emotional and behavioral problems. *Journal of Behavior Education, 20*, 138-147.

Sugai, G., & Horner, R. H. (2000). Including the functional behavioral assessment technology in schools. *Exceptionality, 8*(3), 145.

Sugai, G., & Horner, R. H. (2006). A promising approach for expanding and sustaining school-wide positive behavior support. *School Psychology Review, 35*, 245.

Sugai, G., & Horner, R. H. (2008). What we know and need to know about preventing problem behavior in schools. *Exceptionality, 16*(2), 67-77.

Sugai, G., & Horner, R. H. (2009). Responsiveness-to-intervention and school-wide positive behavior supports: Integration of multi-tiered system approaches. *Exceptionality, 17*, 223-237.

Sugai, G., Horner, R. H., Dunlap, G., Hieneman, M., Lewis, T. J., Nelson, C. M., et al. (2000). Applying positive behavioral support and functional behavioral assessment in schools. *Journal of Positive Behavioral Interventions, 2*, 131-143.

Sugai, G., Horner, R., Sailor, W., Dunlap, G., Eber, L., Lewis, T., et al. (2005). *School-wide positive behavior support: Implementers' blueprint and self-assessment*. Washington, DC: Technical Assistance Center on Positive Behavioral Interventions and Supports.

Sugai, G., Lewis-Palmer, T., & Hagan-Burke, S. (1999). Overview of the functional behavioral assessment process. *Exceptionality, 8*(3), 149-160.

Sugai, G., Sprague, J. R., Horner, R. H., & Walker, H. M. (2000). Preventing school violence. The use of office discipline referrals to assess and monitor school-wide discipline interventions. *Journal of Emotional and Behavioral Disorders, 8*(2), 94-101.

SuperPsyched, LLC. (2013). Behavior snap (Version 1.3.2) [Mobile application software]. Retrieved from http://itunes.apple.com.

Sutherland, K. S., Alder, N., & Gunter, P. L. (2003). The effect of varying rates of opportunities to respond to academic requests on the classroom behavior of students with EBD. *Journal of Emotional and Behavioral Disorders, 11*, 239-248.

Sutherland, K. S., & Wehby, J. H. (2001). Exploring the relation between increased opportunities to respond to academic requests and the academic and behavioral outcomes of students with EBD: A review. *Remedial and Special Education, 22*, 113–121.

Szwed, K., & Bouck, E. C. (2013). Clicking away: Repurposing student response systems to lesson off–task behavior. *Journal of Special Education Technology, 28*(2), 1–22.

Tapp, J., & Wehby, J. H. (2000). Observational software for laptop computers and optical bar code readers. In T. Thompson, D. Felce, & F. J. Symons (Eds.), *Behavioral observation: Technology and applications in developmental disabilities* (pp. 71–82). Baltimore: Brookes.

Taylor, B. M., Pearson, P. D., Peterson, D. S., & Rodriguez, M. C. (2003). Reading growth in high–poverty classrooms: The influence of teacher practices that encourage cognitive engagement in literacy learning. *Elementary School Journal, 104*, 3–28.

Taylor–Greene, S., Brown, D., Nelson, L., Longton, J., Gassman, T., Cohen, J., et al. (1997). School–wide behavioral support: Starting the year off right. *Journal of Behavioral Education, 7*(1), 99–112.

Todd, A. W., Horner, R. H., Sugai, G., & Colvin, G. (1999). Individualizing school–wide discipline for students with chronic problem behaviors: A team approach. *Effective School Practices, 17*, 72–82.

Track & Share Apps. (2013). Tracknshare (Version 5.0.1) [Mobile application software]. Retrieved from http://itunes.apple.com.

Treptow, M. A., Burns, M. K., & McComas, J. J. (2007). Reading at the frustration, instructional, and independent levels: Effects on student time on task and comprehension. *School Psychology Review, 36*, 159–166.

Umbreit, J., Ferro, J. B., Liaupsin, C. J., & Lane, K. L. (2007). *Functional behavioral assessment and function–based intervention: An effective, practical approach.* Columbus, OH: Pearson.

U.S. Department of Education, National Center for Education Statistics. (2010). *Educational technology in U.S. public schools: Fall 2008* (NCES 2010–034). Washington, DC: Author.

Van Acker, R., Boreson, L., Gable, R. A., & Potterson, T. (2005). Are we on the right course? Lessons learned about current FBA/BIP practices in schools. *Journal of Behavioral Education, 14*(1), 35–56.

VanDerHeyden, A. M., & Witt, J. C. (2008). Best practices in can't do/won't do assessment. In A. Thomas & J. Grimes (Eds.), *Best practices in school psychology V* (pp. 131–140). Washington, DC: National Association of School Psychologists.

Vollmer, T. R., & Northrup, J. (1996). Some implications of functional analysis for school psychology. *School Psychology Quarterly, 11*, 76–92.

von Ravensberg, H., & Tobin, T. J. (2006). IDEA 2004: Final regulations and the reauthorized functional behavioral assessment. Retrieved from www.pbis.org/common/cms/files/pbisre-sources/SSRN_d1151394.pdf.

Walker, H. (2011). Evaluating the effectiveness of apps for mobile devices. *Journal of Special Education Technology, 26*(4), 59–63.

Walker, H., Colvin, G., & Ramsey, E. (1995). *Antisocial behavior in public schools: Strategies and best practices.* Pacific Grove, CA: Brooks/Cole.

Walsall Academy. (2012A). Classroom timer (Version 1.3) [Mobile application software]. Retrieved from http://itunes.apple.com.

Walsall Academy. (2012b). Too noisy pro (Version 1.17) [Mobile application software]. Retrieved from http://itunes.apple.com.

Weber, K. P., Killu, K., Derby, K. M., & Barretto, A. (2005). The status of functional behavioral assessment (FBA): Adherence to standard practice in FBA methodology. *Psychology in the Schools, 42*, 737–744.

WhizzWatt Software. (2014). Functional behavior assessment wizard (Version 1.1.0) [Mobile application software]. Retrieved from http://itunes.apple.com.

Witt, J., VanDerHeyden, A., & Gilbertson, D. (2004). Instruction and classroom management: Prevention and intervention research. In R. B. Rutherford, Jr., M. M. Quinn, & S. R. Mathur (Eds.), *Handbook of research in emotional and behavioral disorders* (pp. 426–445). New York: Guilford Press.

Wolery, M., Bailey, D. B., & Sugai, G. M. (1988). *Effective teaching: Principles and procedures of applied behavior analysis with exceptional students.* Boston: Allyn & Bacon.

Wolf, M. M., Risley, T. R., & Mees, H. (1964). Application of operant conditioning procedures to the behavior problems of an autistic child. *Behaviour Research and Therapy, 1*, 305–312.

Wood, B. K., Blair, K. C., & Ferro, J. (2009). Young children with challenging behavior: Function–based assessment and intervention. *Topics in Early Childhood Special Education, 29*, 68–78.

Yoon, K. S., Duncan, T., Lee, S. W. Y., Scarloss, B., & Shapley, K. L. (2007). *Reviewing the evidence on how teacher professional development affects student achievement.* Washington, DC: National Center for Educational Evaluation and Regional Assistance, Institute of Education Sciences, U.S. Department of Education.

Zuni, N., & McDougall, D. (2004). Using positive behavioral support to manage avoidance of academic tasks. *Teaching Exceptional Children, 37*(1), 18–24.

찾아보기

저자 소개

Deanne A. Crone, PhD는 University of Oregon 교수 · 학습 센터의 연구원이다. 그녀는 행동장애, 긍정적 행동지원, 기능적 행동지원 연구와 훈련을 위한 연구비를 담당하고 있다. Dr. Crone의 기능 기반 지원에 대한 연구는 지역 학회 및 전국 학회에 발표되었다. 그녀는 기능적 행동평가 적용과 사용을 촉진시키기 위해 학교심리학자, 학교관리자, 교사, 보조인력과 같은 다양한 전문가에게 워크숍을 실시하고 있다.

Leanne S. Hawken, PhD는 University of Utah 특수교육과의 교수이다. 그녀는 15년이 넘는 시간 동안 학교가 긍정적 행동중재와 지원을 적용하는 데 도움을 제공하고 있다. 그녀의 연구는 위험군 학생을 위한 체크인 체크아웃 전략(CICO)과 같은 2단계 행동중재에 초점을 맞추고 있다. Dr. Hawken은 CICO의 효과를 향상시키기 위한 기능적 행동평가 방법과 CICO를 적용하기 위한 전국적이고 국제적인 자문을 제공하고 있다.

Robert H. Horner, PhD는 University of Oregon 특수교육과 교수이자 사범대학 지역사회 교육지원(Educational Community Supports) 연구팀의 디렉터이다. 이 기관에서는 장애인과 가족들의 삶을 위한 긍정적이고, 지속 가능하고, 과학적인 변화를 만들어 낼 수 있는 실제 전략을 개발하고 적용한다. Dr. Horner의 35년 연구는 응용행동분석, 자극 통제, 교수방법, 긍정적 행동지원, 대규모 시스템 개선에 초점을 두고 있다.

도움을 준 저자

Courtenay A. Barrett, PhD는 Utah State University 심리학과 조교수이다. 평가와 상담을 위한 생태 행동적 접근법에 대해 연구와 가르침을 전하고 있다.

Allison L. Bruhn, PhD는 University of Iowa 특수교육과에서 행동중재 설계, 적용, 평가에 대한 수업을 가르치는 조교수이다. 그녀의 연구 관심사는 지원 다층 시스템과 기술 기반 행동중재이다.

Kaitlin Bundock, MEd는 University of Utah의 박사 수료 대학원생이다. 그녀의 연구 관심 분야는 2단계 행동중재와 학습중재뿐만 아니라, 중 · 고등학교의 기능적 행동평가이다.

Donna M. Gilbertson, PhD는 Utah State University 학교심리학과 부교수이다. 그녀의 교육 및 연구 관심 분야는 성인이 학생에게 효율적으로 반응하고 청소년기 학생들이 학교에서 보이는 학습, 사회, 정서 적응 문제에 효과적으로 반응하는 방법이다.

J. Matt Jameson, PhD는 University of Utah 특수교육과 조교수이다. 그의 주요 연구 관심 분야는 통합교육 절차, 행동평가 기술 적용, 심각한 인지 장애를 가진 학생을 위한 교육이다.

Sheldon L. Loman, PhD는 Portland State University의 조교수이다. 그의 주요 연구 관심 분야는 공립학교에서의 효율적인 기능 기반 지원 적용이다. 그는 *Basic FBA to BSP Trainer's Manual*(www.pbis.org)의 공동 저자이다.

Robert E. O'Neill, PhD, BCBA-D는 University of Utah 특수교육과의 교수이자 학과장이다. 그는 30년 넘게 교육 및 지역사회 상황에서 이루어지는 기능적 행동평가와 긍정적 행동지원 활동에 관련된 연구, 교육, 컨설팅에 종사하고 있다.

Kathleen Strickland-Cohen, PhD는 Texas Tech University 교육심리학 리더십학과의 조교수이다. 그녀는 기능평가, 학급 관리, 행동관리, 응용행동분석 윤리 수업을 가르치고 있다. Dr. Strickland-Cohen의 주요 연구 분야는 기능 기반 행동지원의 개발 및 효율적인 적용을 위한 학교 역량 향상이다.

역자 소개

최진혁(Choi, Jinhyeok)
컬럼비아대학교 응용행동분석학 전공 박사
국제행동분석전문가(BCBA-D), 버지니아주 면허행동분석가(LBA-VA)
현 부산대학교 특수교육과 부교수

황순영(Hwang, Sunyeong)
부산대학교 특수교육학 박사
한국정서행동장애학회 이사
현 부산대학교 특수교육과 교수

학교에서 긍정적 행동지원 시스템 구축하기:
기능적 행동평가
Building Positive Behavior Support Systems in Schools:
Functional Behavioral Assessment

2020년 1월 20일 1판 1쇄 발행
2022년 4월 20일 1판 2쇄 발행

지은이 • Deanne A. Crone · Leanne S. Hawken · Robert H. Horner
옮긴이 • 최진혁 · 황순영
펴낸이 • 김 진 환
펴낸곳 • (주) **학지사**

  04031 서울특별시 마포구 양화로 15길 20 마인드월드빌딩 5층
대표전화 • 02) 330-5114   팩스 • 02) 324-2345
등록번호 • 제313-2006-000265호

홈페이지 • http://www.hakjisa.co.kr
페이스북 • https://www.facebook.com/hakjisabook

ISBN 978-89-997-1989-9 93370

정가 **22,000원**

역자와의 협약으로 인지는 생략합니다.
파본은 구입처에서 교환하여 드립니다.

이 책을 무단으로 전재하거나 복제할 경우 저작권법에 따라 처벌을 받게 됩니다.

이 도서의 국립중앙도서관 출판시도서목록(CIP)은 서지정보유통지원시스템
홈페이지(http://seoji.nl.go.kr)와 국가자료공동목록시스템(http://www.nl.go.kr/kolisnet)
에서 이용하실 수 있습니다.
(CIP제어번호: CIP2019048421)

출판 · 교육 · 미디어기업 **학지사**

간호보건의학출판 **학지사메디컬** www.hakjisamd.co.kr
심리검사연구소 **인싸이트** www.inpsyt.co.kr
학술논문서비스 **뉴논문** www.newnonmun.com
원격교육연수원 **카운피아** www.counpia.com